한 권으로 읽는
아함경

홍사성

동국대학교 불교학과를 졸업하고, 불교신문 주필과 불교 TV 제작국장, 그리고 불교방송 상무 등을 역임했으며, 현재 불교평론 주간으로 있다.
저서로는 《부처님은 이렇게 말씀했다》, 《마음으로 듣는 부처님 말씀》, 《날마다 읽는 부처님 말씀》, 《세계의 불교》, 《불교입문》, 《동남아불교사》, 《근본불교의 이해》, 《불교상식백과》, 《정법천하를 기다리며》, 《나도 부처님이 될래요》 등의 책을 냈다.

한 권으로 읽는 아함경

초판 1쇄 발행 2009년 5월 28일
초판 5쇄 발행 2012년 10월 20일
개정판 4쇄 발행 2020년 6월 10일

엮은이 홍사성
펴낸이 이규만
펴낸곳 불교시대사

등록일자 1991년 3월 20일
등록번호 제300-1991-27호
주소 서울시 종로구 인사동 7길 12 백상빌딩 1305호
전화 (02)730-2500, 725-2800
팩스 (02)723-5961

ISBN 978-89-8002-118-5 03220

*잘못된 책은 바꾸어 드립니다.
*값은 뒤표지에 있습니다.

한 권으로 읽는 아함경

홍사성

불교시대사
1% 나눔의 기쁨

책머리에

아함부 경전은 부처님의 생생한 육성이 남아있는 불경이다. 대승경전에 익숙한 우리나라 불자들의 눈에는 썩 익숙한 경전은 아니다. 그러나 최근 들어 초기불교에 관심이 높아지면서 아함부 경전은 새로운 주목을 받고 있다.

아함부 경전은 부처님이 입멸한 후 100일 만에 정법의 인멸을 우려한 제자들이 라자가하(王舍城) 칠엽굴에 모여서 최초로 결집했다고 전한다. 카사파(迦葉)가 우두머리가 된 이 모임에서는 아난다(阿蘭)가 부처님의 교법을, 우파리가 계율을 기억해내고 회중은 부처님의 말씀 여부를 가려 승인하면 다시 합송(合誦)하는 형식으로 이루어졌다.

이렇게 결집된 아함부 경전은 오늘날 장아함경(長阿含經) 22권 30경, 중아함경(中阿含經) 60권 222경, 잡아함경(雜阿含經) 50권 1362경, 증일아함경(增一阿含經) 51권 472경으로 남아 있다. 이를 통칭해서 아함부 경전이라고 한다.

이 경전군은 일찍이 중국에 번역되었지만 대승경전에 가려 크게 주목받지 못했다. 우리나라에서도 아함부 경전은 소승경전이라며 읽지 않았다. 그러던 것이 1964년 동국역경원이 설립돼 아함부 경전이 한글로 번역되면서 점차 대중에게 알려지기 시작했다. 최근에는 4부 아함의 팔리어 원전인 니까야(Nikaya)가 번역되면서 더욱 관심이 높아지고 있다. 바야흐로 초기경전이 각광받는 시대가 도래한 것이다.

아함부 경전은 읽어본 사람은 알겠지만 특별히 난해한 말씀이 없다. 옆에서 얘기하듯 자상하게 들려주는 부처님의 말씀은 읽다 보면 자신도 모르게 맑은 눈이 열리는 것을 느끼게 된다. 이것이 이 경전을 읽는 매력이다.

나는 지난 10여 년간(1997~2007) 불교신문에 지면을 얻어 아함부 경전에 담긴 부처님 말씀을 소개하는 기회를 가졌다. 매주 하나씩 경전을 골라 소개하고 간단한 해설을 붙이는 방식이었다. 이 연재물은 뜻밖에도 독자들의 호평을 받아 이미 《부처님은 이렇게 말씀했다》《마음으로 듣는 부처님 말씀》《날마다 읽는 부처님 말씀》이라는 단행본으로 출간된 바 있다. 이때 소개한 경전은 잡아함에서 100개, 중아함에서 78개, 장아함에서 23개, 증일아함에서 99개 등 모두 300개였다. 이 책에 묶인 경전은 그때 뽑았던 경전을 주제별로 모아서 해설은 빼고 부처님 말씀만 한 권으로 정리한 것이다.

이제 지난날에 읽었던 경전을 묶어 다시 한 권의 단행본으로 펴내는 것은 자주 아함부 경전을 읽고 싶어 하는 도반들의 요청 때문이다. 생활에 바쁜 사람들이 4부 아함 전체를 읽기란 현실적으로 힘든 일이다. 이들에게는 읽기 쉬운 요약된 경전이 필요하다. 이 모음집은 그런 요구에 어느 정도 부응할 수 있을 것으로 생각한다.

그동안 이 작업을 응원해준 도반들에게 감사드리며, 이 책을 읽는 모든 사람들이 바른 진리에 눈뜨고 마음의 평화를 얻기를 축원한다.

불기 2557년 겨울
엮은이 합장

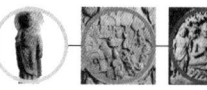

차 례 •••••

책머리에 / 5

제1장 부처님의 생애

부처님의 전생 로맨스 ····· 25
부처님의 출가동기 ····· 27
존중하고 의지할 대상 ····· 28
초전법륜의 역사적 의미 ····· 29
'전도선언' 속에 담긴 뜻 ····· 31
부처님이 귀향했던 이유 ····· 31
부처님은 어떤 분인가 ····· 33
불교의 길, 정치의 길 ····· 35
참다운 스승과 제자의 관계 ····· 36
부처님의 약점 ····· 38
부처님의 인격적 풍모 ····· 40
부처님의 32가지 신체적 특징 ····· 42
부처님의 행로 ····· 44
진리를 등불 삼아라 ····· 45
부처님께 올린 마지막 공양 ····· 47
훌륭한 교사였던 부처님 ····· 49
부처님의 몇 가지 유훈 ····· 51
여래의 화장법 ····· 53
진리를 의지처로 삼으라 ····· 55
사리를 나누어 공양하다 ····· 56

제2장 인과응보

나무는 기운 쪽으로 넘어진다 ·············· 61
바람을 향해 흙을 던지지 말라 ·············· 62
점을 치거나 보면 안 된다 ·············· 63
알고 짓는 죄, 모르고 짓는 죄 ·············· 64
왜 천사를 보지 못하는가 ·············· 66
참회의 공덕 ·············· 68
열 가지 나쁜 업을 짓는 과보 ·············· 70
내가 어떻게 사느냐가 문제 ·············· 72
반드시 지옥에 떨어질 사람 ·············· 74
지옥 가는 법, 극락 가는 법 ·············· 75
지옥이 두렵지 않은가 ·············· 77
인과응보의 네 가지 법칙 ·············· 79
수단도 정당해야 한다 ·············· 80
인과응보의 굴레 ·············· 82
동기론이 맞나, 결과론이 맞나 ·············· 83
윤회전생과 인과응보 ·············· 85
이 세상이 파멸하는 이유 ·············· 88
기복주의를 보는 불교의 입장 ·············· 90
낙태에 대한 불교의 입장 ·············· 91
전쟁의 참상과 그 결말 ·············· 92

제3장 행복과 평화

불교를 공부하는 이유 ·············· 97
가족부터 불자를 만들자 ·············· 98
남편을 불법에 귀의시키라 ·············· 99
스스로 아끼고 사랑하라 ·············· 101
편안하게 잠자는 비결 ·············· 102
청춘과 건강과 장수를 원한다면 ·············· 104
삶의 무상성을 깨닫고 나면 ·············· 105
삼독심을 버린 자의 행복 ·············· 107
좋은 지도자, 나쁜 지도자 ·············· 108
전쟁을 하지 말라 ·············· 110
나라가 부강해지는 일곱 가지 비결 ·············· 111
사랑은 슬픔을 만드는 병 ·············· 113
흉몽과 길몽은 해석하기 나름 ·············· 114
형이상학적 논쟁의 무익함 ·············· 117
불교는 만인의 행복을 위한 길 ·············· 118
불자가 준비할 노후대책 ·············· 120
대중지도자가 갖춰야 할 덕목 ·············· 121
이웃 종교에 대한 불교의 태도 ·············· 123
누가 용 중의 용인가 ·············· 124
인생을 함부로 살지 말라 ·············· 126

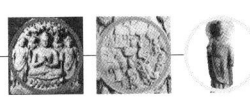

제4장 자비와 공덕

선지식을 가까이 하는 공덕 ················· 131
환자의 태도, 간병인의 태도 ················· 132
사회사업은 최고의 공덕 ··················· 134
육근을 잘 다스린 공덕 ···················· 135
여섯 가지 소중한 일 ····················· 137
자식부터 먼저 교화하라 ··················· 138
불교적 신사가 취할 태도 ·················· 140
부처님의 재난구제 활동 ··················· 142
환자를 위로해주는 불교 ··················· 144
부처님도 환자를 간호했다 ················· 146
환자를 부처님처럼 돌보라 ················· 148
늙음과 죽음에 대처하는 법 ················ 149
팔관재를 실천하는 공덕 ··················· 151
동물학대를 반대하는 불교 ················· 152
술 취한 코끼리가 무릎 꿇다 ··············· 154
배신자도 구원하는 불교 ··················· 156
제자의 옷을 꿰매 주는 부처님 ············· 158
여덟 가지 미증유법 ······················ 159
세상에서 가장 훌륭한 기도 ················ 161
용서하지 않는 것도 허물 ·················· 163

제5장 올바른 신행

꾸준히 절에 나가야 할 까닭 ……………………… 169
종교생활은 맑은 공기를 마시는 것 ……………… 170
다섯 가지 바른 신행 ……………………………… 171
세상이 바르게 돌아가려면 ………………………… 172
갚기 어려운 부모님의 은혜 ………………………… 175
신기한 것은 무익한 것이다 ………………………… 176
재산을 관리하는 방법 ……………………………… 178
밥 먹을 자격이 없는 사람 ………………………… 179
불교식 다이어트 법 ………………………………… 181
재가불자가 해야 할 일 …………………………… 182
재가자는 언제 성불하나 …………………………… 184
인격과 교양의 향기 ………………………………… 186
삼보에 귀의한 공덕 ………………………………… 187
사람을 믿으면 실망하기 쉽다 ……………………… 189
불자가 가져야 할 얼굴 …………………………… 190
명예와 덕망이 높아지는 비결 ……………………… 191
석종사문은 모두 평등하다 ………………………… 192
재가불자의 실천 윤리 ……………………………… 194
부처님과 함께 있는 사람 …………………………… 197
통치자의 열 가지 덕목 …………………………… 198

제6장 불방일과 정진

소원성취의 비결은 불방일 ·················· 203
불방일은 모든 수행의 근본 ·················· 204
부지런해야 좋은 일이 생긴다 ················ 205
불교를 만난 것은 최고의 행운 ················ 207
불법을 모르는 사람의 불행 ·················· 208
부처님은 길을 일러주는 분 ·················· 210
장로의 이름에 합당한 사람 ·················· 212
아직도 기회는 있다 ························ 214
바람을 거스르는 향기 ······················ 215
깨달음을 이루는 두 가지 힘 ·················· 216
성자들이 걸어가는 길 ······················ 218
여성의 기질적 특징 ························ 219
일곱 종류의 불자들 ························ 221
인생이 걷는 네 갈래 길 ····················· 223
세상을 맑고 향기롭게 하는 사람들 ············ 225
일곱 종류의 불자들 ························ 227
불자의 조건 열여섯 가지 ···················· 229
불교만이 위대한 종교인가 ··················· 230
무엇을 해서 먹고 살아야 하는가 ·············· 232
수행자가 세워야 할 서원 ···················· 233

제7장 나눔과 선행

나누어 주는 공덕 ······ 237
도둑도 훔쳐가지 못하는 보물 ······ 238
존경받는 종교인이 되려면 ······ 239
현명한 충고에 귀 기울이라 ······ 240
누가 천박한 사람인가 ······ 242
복 짓기를 게을리 하지 말라 ······ 243
좋은 친구와 사귀는 이익 ······ 245
유녀의 아름다운 보시 ······ 246
깨끗한 보시의 공덕 ······ 248
드러낼수록 아름다운 세 가지 ······ 250
절약은 하되 인색해서는 안 된다 ······ 251
불자의 품위와 책무 ······ 253
기원정사 건립의 내력 ······ 255
전륜성왕이 다스리는 나라 ······ 257
보시의 다섯 가지 공덕 ······ 259
마음만 바꾸면 악인도 선인 ······ 260
두 가지 보시, 두 가지 은혜 ······ 262
대중공양의 공덕 ······ 264
나쁜 보시와 좋은 보시 ······ 266
돈 버는 법, 돈 쓰는 법 ······ 267

제8장 설법과 교화

사람을 평가하는 기준 ·· 271
겉모습으로 판단하지 말라 ··· 272
강을 건넜으면 뗏목은 버려라 ···································· 273
천문지리에 능통한들 무슨 소용인가 ························ 275
불자의 제일 사명은 전법 ··· 276
중생이 중생일 수밖에 없는 까닭 ······························ 278
좋은 친구, 나쁜 친구 ·· 279
어떤 사람과 친해야 하나 ··· 281
상식의 진리를 실천하라 ··· 282
타락한 수행자를 위한 훈계 ······································· 283
부처님이 설법한 이유 ·· 285
시댁식구를 교화한 며느리 ··· 286
부처님의 세 가지 교화방법 ······································· 288
누가 천국에 태어나는가 ··· 290
귀 있는 자는 들으라 ·· 292
위대한 수행자에게 예배하라 ····································· 293
설법을 청해 듣는 이익 ··· 295
모든 사람은 평등하다 ·· 296
비구들이 보여주는 신통술 ··· 297
불교의 종교적 특질 ·· 299

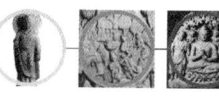

제9장 반성과 참회

부처님도 어쩔 수 없는 사람 ········· 303
불효자에게 들려 주는 노래 ········· 304
나쁜 별명을 없애는 방법 ········· 306
친족을 엄격하게 다스려라 ········· 308
살인마도 제자로 교화하다 ········· 309
강물에 목욕한들 죄가 씻기랴 ········· 311
가산을 탕진하고 망하는 길 ········· 312
밥보다는 법을 구하라 ········· 314
불자가 가져야 할 마음가짐 ········· 316
부처님의 자식 교육 ········· 318
수행자의 겉과 속 ········· 319
아는 것보다 실천이 중요 ········· 321
아름다운 아내의 길 ········· 323
참다운 사람의 조건 ········· 325
미움을 미움으로 갚지 말라 ········· 327
스승에 대한 예의 ········· 329
형식적 종교의례의 무용성 ········· 331
불교는 만민평등의 종교 ········· 332
점이나 주술을 행하지 말라 ········· 334
수행자가 얻는 과보 ········· 336

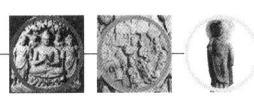

제10장 겸손과 양보와 인욕

교만한 사람에게 주는 교훈 ······················· 341
잘난 척 하는 사람의 뒷모습 ······················ 342
그릇을 비워야 채울 수 있다 ······················ 344
남의 허물을 들추기 위해서는 ···················· 346
좋은 친구, 나쁜 친구의 차이 ····················· 347
인생에서 실패하는 지름길 ························ 350
대립과 투쟁의 원인 ································ 352
이쯤은 돼야 수행자다 ····························· 353
서로 용서하고 화합하라 ··························· 355
권력 측근들이 알아둘 일 ·························· 357
원한을 갚는 방법 ·································· 359
비불교적 태도에 대한 비판 ······················· 361
사람 대접과 사람 노릇 ···························· 362
노여움을 다스리는 지혜 ··························· 364
애욕의 늪에 빠지지 않는 방법 ···················· 365
처음 마음을 잃지 말라 ···························· 367
욕망의 전차에서 하차하라 ························ 369
부끄러움은 수행의 첫걸음 ························ 371
욕심은 칼끝에 바른 꿀 ···························· 372
음식을 대하는 태도 ································ 374

제11장 수행의 길

극단을 피하는 중도의 길 ········· 379
쓸데없는 말보다 침묵이 값지다 ········· 380
성자와 범부의 차이 ········· 381
악마와 싸워서 이기는 법 ········· 383
반드시 출가해야 해탈하는가 ········· 385
수행은 마음을 청정하게 하는 훈련 ········· 386
훌륭한 수행과 쓸모없는 수행 ········· 388
수행자가 삼을 만한 화제 ········· 390
왜 팔정도를 닦지 않는가 ········· 392
수행자의 거룩한 모습 ········· 394
소를 길들이듯 자기를 다스려라 ········· 396
떠돌이와 붙박이가 조심할 점 ········· 398
스승의 스승다운 모습 ········· 399
정말로 중요한 덕목 두 가지 ········· 401
유식함을 자랑하지 말라 ········· 403
훌륭한 사람의 조건 ········· 405
세상을 시끄럽게 하지 말라 ········· 407
인간의 더러운 속성 몇 가지 ········· 409
십대제자들이 걸어간 길 ········· 411
삿된 길을 가르치는 종교들 ········· 413

제12장 마음 닦기

자리를 나누어 앉은 부처님 ················· 417
한 가지라도 제대로 닦으라 ··············· 418
수행이란 금을 제련하는 과정 ············· 419
바보 출라판타카의 깨달음 ················· 421
불교의 명상법 ······························· 423
의식을 집중하는 훈련 ······················ 424
부처님의 아름다운 모습 ···················· 426
고행은 무익한 것이다 ······················ 428
애욕의 강물을 건너간 성자 ················ 430
가난해도 행복한 사람 ······················ 432
아집을 버리고 정견을 따르라 ············· 434
깨달음에는 남녀가 없다 ···················· 436
운명에 대한 세 가지 오해 ················· 437
불자의 이름에 합당한 사람 ················ 439
감각기관을 제어하는 훈련 ················· 440
부처님은 왜 설법하는가 ···················· 442
질투의 일곱 가지 죄악 ····················· 443
자비와 사념처에 관한 명상 ················ 445
누구를 위해 수행하는가 ···················· 447
편안하게 죽는 법 ··························· 449

제13장 청정한 삶

도끼보다 무서운 입을 조심하라 ······· 453
남을 꾸짖을 때 유의할 점 ······· 454
자신을 속일 수는 없다 ······· 456
돼지 같은 수행자, 소 같은 수행자 ······· 457
우바새에게 쫓겨난 사람 ······· 459
출가와 가출이 다른 점 ······· 460
쭉정이는 골라내서 버린다 ······· 462
청정한 승단의 거룩함 ······· 464
내가 싫으면 남도 싫어해 ······· 466
왜 계율이 중요한가 ······· 467
파계의 과보와 지계의 공덕 ······· 469
계율 적용의 원칙은 상식 ······· 471
이성에 대한 욕망을 억제하는 법 ······· 473
여성은 열등한 존재인가 ······· 474
쾌락이 곧 행복은 아니다 ······· 476
머리를 깎고 가사를 입는 이유 ······· 478
재출가를 허락한 부처님 ······· 480
무엇을 잘하는 사람이고 싶은가 ······· 482
모든 부처님의 가르침 ······· 484
불교교단이 의지해야 할 곳 ······· 486

제14장 사색과 성찰

지혜로운 사람과 어리석은 사람 ········· 491
무상의 인식은 수행의 근본 ············· 492
정신과 육체·의식의 삼각관계 ··········· 493
누구에게나 찾아오는 죽음 ·············· 495
부처님의 영가법문 ···················· 496
어떻게 죽음을 맞을 것인가 ············· 497
죽음은 언제쯤 찾아오는가 ·············· 499
자살에 대한 불교의 입장 ··············· 501
이모의 장례를 치르는 부처님 ··········· 503
어리석은 현자가 되지 말라 ············· 505
'대장부'의 불교적 조건 ················ 507
성자도 피할 수 없는 업보 ·············· 508
늙음은 부서진 수레와 같나니 ··········· 510
하루 동안 수행한 공덕 ················ 512
슬픈 우리 인생의 현실 ················ 514
청춘의 아름다움은 어디로 갔나 ········· 516
겹쳐서 오는 불행 이겨내기 ············· 518
나만 불행하지 않다 ··················· 520
불교의 시간론 ························ 522
우주생성과 권력형성의 과정 ············ 524

제15장 부처님의 가르침

부처님의 산상수훈 ················· 529
진실로 내 것이 아니면 버리라 ················· 530
사성제의 진리를 터득하라 ················· 531
전생의 일을 화제 삼지 말라 ················· 532
열반이란 무엇인가 ················· 534
불자의 몸가짐, 마음가짐 ················· 535
지옥의 길, 열반의 길 ················· 537
불교공부는 무상을 깨닫는 것 ················· 538
이 세상에서 가장 소중한 것 ················· 540
세상에서 가장 즐거운 일 ················· 541
영원한 것은 아무 것도 없다 ················· 543
육신과 자아를 관찰하는 법 ················· 544
12개의 고리로 맺어진 인생의 비밀 ················· 546
무엇이 윤회하는가 ················· 547
누가 진리를 만들었는가 ················· 549
사념처를 바르게 닦는 공덕 ················· 550
성적 욕망을 제어하는 법 ················· 552
생명은 거짓 인연의 집합 ················· 554
부끄럽지 않은 패배 ················· 556
번뇌를 극복하는 방법 ················· 558

제 **1** 장

부처님의 생애

부처님의 전생 로맨스

부처님이 사밧티 기원정사에 계실 때의 일이다. 어느 날 담마루치가 자기의 전생에 대한 명상을 하다가 부처님을 찾아왔다. 부처님은 그에게 '참 오랜만에 보는구나' 하면서 반가이 맞아주었다. 그렇지만 비구들은 곁에 있는 제자에게 왜 오랜만이라고 하시는지 궁금했다. 이를 알아챈 부처님은 그 사연을 이렇게 말해주었다.

"과거 무수한 세월 이전에 정광(定光) 여래가 출현하셨을 때의 일이다. 발마(鉢摩)라는 나라의 아냐달 범지에게는 뛰어난 제자 한 사람이 있었다. 모든 공부를 다 마치고 시험을 통과하자 스승은 그에게 '초술(超術)'이라는 이름을 지어주었다. 초술은 스승의 허락을 받아 발마국 도성으로 들어가 학술 강론을 했다. 사람들은 감복하여 많은 선물을 주었다. 초술은 이익을 탐하는 사람이 아니므로 다른 것은 돌려주고 금 5백 냥과 금지팡이, 금물통만 받았다.

초술이 은혜를 갚기 위해 스승에게 돌아가려고 하는데 사람들이 거리를 청소하고 깃발을 내거는 모습이 보였다. 정광 여래가 오시면 공양을 올리기 위해 광명왕(光明王)은 꽃을 팔지도 사지도 못하게 했다. 초술은 자기도 부처님에게 꽃을 공양하고 싶었다. 그때 초술 앞에 바라문의 딸인 선미(善味)라는 아름다운 처녀가 꽃을 들고 지나갔다. 그는 5백 냥을 줄 테니 꽃을 팔라고 했다. 선미는 왕이 꽃이나 향을 팔거나 사지 말라고 했다면서 거절했다. 초술은 거듭 사정했다.

선미는 초술이 마음에 들어 조건을 내걸었다.

'당신은 참 훌륭하신 분입니다. 나는 후생에서라도 당신 같은 분과 부부되기를 원합니다. 허락한다면 꽃을 팔겠습니다.'

'그렇지만 나와 결혼하면 이별을 해야 합니다. 수행을 하자면 집을 떠나야 하기 때문입니다.'

'결혼만 해주신다면 떠나는 것을 막지 않을 것입니다.'

초술은 선미에게 약속을 하고 꽃을 사서 정광 여래가 오시는 길에 뿌렸다. 그런데 꽃길을 가던 정광 여래가 걸음을 멈췄다. 발이 빠지는 진흙탕 때문이었다. 초술은 자신의 머리를 풀어 진흙탕을 덮고 부처님이 지나가게 했다. 친구 담마루치는 '부처님이 어떻게 남의 머리털을 밟을 수 있을까' 하고 생각했다. 그렇지만 정광 여래는 초술의 갸륵한 마음을 가상하게 여기고 '그 공덕으로 오는 세상에 석가모니라는 부처님이 되리라'는 수기를 내렸다."

여기까지 말씀한 부처님은 그때의 아냐달이 백정왕이며, 초술이 당신이며, 선미가 야수다라며, 친구 담마루치가 지금의 담마루치라고 인연을 말했다.

증일아함 11권 제20 〈선지식품(善知識品)〉 제3경

부처님의 출가동기

　부처님이 사밧티의 기원정사에 계실 때의 일이다. 어느 날 부처님은 이런 회상을 했다.
　"내가 출가하기 전 아버지 숫도다나 왕은 나를 봄, 여름, 겨울 세 개의 궁전에 머물게 했다. 궁전 가까운 곳에는 연못이 있었는데 거기에는 언제나 푸른 연꽃, 붉은 연꽃, 흰 연꽃이 화려하게 피어 있었다. 내가 목욕을 마치고 나오면 시종들이 온몸에 전단향을 바르고 비단옷을 입혀 주었으며, 언제나 일산을 받쳐 들고 밤에는 이슬에 젖지 않고 낮에는 볕에 그을리지 않게 도와주었다. 나는 항상 진기하고 맛있는 요리를 먹고 배고픈 줄 몰랐다. 내가 별궁에서 놀 때는 늘 아름다운 미희가 옆에서 즐겁게 해주었으며, 들로 나가 놀 때는 날랜 기병들이 주위를 경호했다. 나는 이렇게 풍족하게 지냈다.
　어느 날 나는 농부가 밭을 갈다가 쉬는 것을 보고 나무 밑에 앉아서 이렇게 생각했다.
　'어리석은 사람은 아직 건강하다고 언제까지 건강할 것으로 생각한다. 아직 젊다고 언제까지 젊을 것으로 생각한다. 아직 살아있다고 언제까지 살 것으로 생각한다. 그러나 사람은 누구나 병들고 고통을 받는다. 지금 나의 건강도 영원한 것이 아니다. 또 누구나 늙고 쇠약해져서 고통을 받는다. 지금 나의 젊음도 영원한 것이 아니다. 또 누구나 늙고 병들어 죽는다. 지금 나의 삶도 영원한 것이 아니다. 얼마나 두려운 일인가. 그럼에도 사람들은 어리석어서 늙고 병들어 죽는다는 사실을 알면서도 범행을 닦지 않는다. 젊고 건강하다고 거들먹거리며 방일하고 욕심을 버리지 않는다.'

이렇게 깨달은 나는 늙고 병들어 죽는 고통을 극복하기 위해 출가를 결심하게 되었다."

중아함 29권 117경 《유연경(柔軟經)》

존중하고 의지할 대상

부처님이 '최고의 완전하고 훌륭한 깨달음'을 얻은 지 얼마 되지 않았을 때의 일이다. 네란자라 강 기슭 보리수 아래에 앉아 명상을 하던 부처님은 문득 이런 생각을 했다.

'이 세상에서 참으로 존경하고 의지할 만한 사람이 없다는 것은 괴롭고 힘든 일이다. 나는 나보다 훌륭한 사람을 의지하고 공경하며 살고 싶다. 그러나 이 세상에서 나보다 훌륭하게 계(戒)를 성취한 사람, 정(定)을 성취한 사람, 혜(慧)를 성취한 사람을 만날 수 없다. 그렇다면 나는 앞으로 누구를 존경하며 의지해서 살아야 하는가……'

이때 범천(梵天)이 나타나 이렇게 말했다.

"부처님, 과거의 정등각자도 법을 존중하며 의지하고 살았습니다.

또한 미래의 정등각자도 법을 존중하며 의지해 살아갈 것입니다. 그러하오니 현재의 정등각자인 부처님도 법을 의지하고 존중하며 살아야 할 것입니다. 이것이 자기의 이익을 버리고 중생들의 근심과 번뇌를 없애는 분들이 의지하고 존중하며 살아가는 방법입니다. 그러므로 부처님께서도 그렇게 사셔야 할 것입니다."

잡아함 44권 1188경 《존중경(尊重經)》

초전법륜의 역사적 의미

부처님이 마가다 국의 보리수 아래서 깨달음을 얻은 직후의 일이다. 어느 날 부처님은 당신이 깨달은 '지극히 미묘해서 보통사람은 알기 어렵고 깨닫기 어려운 법'을 누구에게 설법할까를 생각했다. 알라라 칼라마와 웃다카 라마풋타를 떠올렸으나 그들은 이미 죽고 없었다. 그 대신 과거에 함께 수행하던 다섯 명의 수행자는 아직 바라나시에 있었다. 부처님은 그들을 찾아 갔다. 그들은 부처님이 오는 것을 보고 이렇게 의견을 모았다.

"저기에 타락한 수행자 고타마가 온다. 우리는 그에게 아는 척도 하지 말고, 일어나 자리를 권하지도 말고 말도 건네지 말자."

그렇지만 그들은 약속과는 달리 부처님이 가까이 오자 자기도 모르는 사이에 일어나 자리를 권했다. 그들은 부처님에게 "그대는 어디에 있다가 왔는가?" 하고 물었다. 그러자 부처님이 말했다.

"그대들은 나를 '그대'라고 부르지 말라. 나는 위없는 깨달음을 얻은 여래(如來)니라."

"그대는 고행을 하면서도 깨달음을 얻지 못했다. 하물며 고행을 버리고서 어찌 깨달음을 얻은 여래라고 하는가?"

"그대들은 내 얼굴이 이렇게 환하게 빛나는 것을 본 적이 있는가? 내가 거짓말하는 것을 들은 적이 있는가? 나는 이미 불사(不死)의 법을 얻었다. 그대들은 나의 설법을 들으라."

부처님은 이들에게 괴로움의 진리(苦聖諦)와, 괴로움의 원인이 되는 진리(苦集聖諦)와, 괴로움에서 벗어난 진리(苦集滅聖諦)와, 괴로움에서 벗어나는 방법에 관한 진리(苦集滅道聖諦)의 진리에 대해 설법했다. 다섯 수행자 중 카운디냐가 가장 먼저 번뇌가 없어지고 법의 눈이 깨끗해졌다. 부처님은 기뻐하면서 그를 '아즈냐타 카운디냐'(깨달은 교진여)라고 불렀다.

이어 부처님은 두 사람이 설법을 듣는 동안 세 사람은 나가 걸식하고, 세 사람이 설법을 듣는 동안 두 사람은 나가 걸식하게 했다. 이렇게 하여 다섯 명의 수행자가 다 열반을 얻고 아라한이 되었다. 그리하여 이 세상에는 다섯 명의 아라한과 부처님을 더해 여섯 명의 아라한이 태어나게 되었다.

증일아함 14권 제24 〈고당품(高幢品)〉 제5경

'전도선언' 속에 담긴 뜻

깨달음을 성취한 부처님이 바라나시의 녹야원에서 첫 설법을 한 지 얼마 되지 않았을 때의 일이다. 교진여를 비롯한 다섯 명의 비구를 교화하고 다시 야사와 그의 친구 60여 명을 교화한 부처님은 어느 날 제자들에게 다음과 같이 말했다.

"나는 이미 천상과 인간의 모든 인연과 속박에서 벗어났다. 너희들 또한 그러한 속박의 밧줄로부터 벗어났다. 이제 너희들은 세상으로 나가라. 그리하여 세간의 안락과 모든 사람들의 이익을 위하여 설법하라. 세간으로 나갈 때는 두 사람이 한 길로 가지 말고 따로따로 다녀라. 이제 나도 우루벨라의 세나니가마(兵將村)로 가리라."

잡아함 39권 1096경 《승삭경(繩素經)》

부처님이 귀향했던 이유

부처님이 마가다 국의 네란자라 강가에 계실 때의 일이다. 사화외도 카사파 3형제를 교화하신 부처님은 고향인 카필라바스투로 가서 석가족을 교화하고자 했다. 부처님은 우다이 존자를 시켜 먼저 고향으로 가서 부친인 슛도다나 왕에게 고향 방문 소식을 전하게 했다. 슛도다나 왕은 부처님이 고향을 방문한다는 소식을 듣고 매우 기뻐했다. 사람들을 시켜 길을 닦고 청소를 하며 부처님 일행을 맞을 준비를 했다.

부처님은 이레 뒤에 제자를 거느리고 고향으로 금의환향했다. 슛도다나 왕은 성 밖 교외까지 나와서 부처님을 영접했다. 부처님은 오랜만에 만나는 부왕에게 축복의 말을 했다.

"대왕께서는 무궁한 수명을 누리게 될 것입니다. 대왕께서는 바른 법으로 나라를 다스려 교화하시되 삿된 법은 멀리 하시기 바랍니다. 대왕께서 이렇게 바른 법으로 나라를 다스리고 교화한다면 목숨이 끝난 뒤에는 반드시 천상에 태어날 것입니다."

부처님은 부왕과 함께 성안으로 들어가 자리에 앉았다. 부왕은 맛있는 음식을 마련해 손수 부처님과 그 제자들에게 공양했다. 공양을 받은 부처님은 부왕을 위해 설법했다. '누구나 보시와 지계를 실천하면 천상에 태어날 수 있다'는 차제설법이었다. 슛도다나 왕은 설법을 듣고 마음의 눈이 열렸다. 설법을 마친 부처님은 자리에서 일어나 교외에 있는 살로 동산으로 돌아가 머물렀다. 다음날에는 다시 성안으로 들어가 '괴로움(苦)과 괴로움의 원인(集)과 괴로움이 사라짐(滅)과 괴로움이 사라지는 방법(道)'에 대해 설법했다. 설법을 들은 사람들은 법안(法眼)이 열렸다.

부처님이 고향에 머무는 동안 많은 석가족들이 출가했다. 그 중에는 나중에 부처님을 배반한 데바닷타, 오랫동안 부처님을 시봉한 아난다, 열심히 정진하다가 눈이 먼 아니룻다, 세속의 인연을 그리워하다가 꾸지람을 들은 난타 등이 포함돼 있었다. 이렇게 한꺼번에 여러 사람이 출가를 하자 숫도다나 왕은 부처님과 상의한 후 형제가 있으면 한 사람은 남기고 출가하도록 했다.

증일아함 15권 제24 〈고당품(高幢品)〉 제5경

부처님은 어떤 분인가

부처님이 코살라 국에서 여행할 때의 일이다. 어느 날 우카타(有從迦帝) 마을과 시티비아(墮鳩羅) 마을 중간에 있는 어느 나무 아래서 쉬고 있을 때였다.

그때 바라문인 도나(豆磨)가 지나가다가 부처님의 거룩한 발자국인 천폭륜상(千輻輪相)을 보게 되었다. 그는 '나는 아직 인간의 발자국으로는 이런 것을 보지 못하였다. 누구이기에 이런 아름다운 발자국을 가진 것일까'를 생각하며 발자국을 따라 부처님 계신 곳까지 왔다.

부처님은 나무 밑에 앉아 선정에 들어 있었다. 그 모습을 보니 얼굴은 엄숙하여 세상에서 뛰어나고 모든 기관이 맑고 깨끗하며, 마음은 극히 조용하게 잘 다스려졌으며, 빛나는 풍채는 의젓하여 마치 금(金)으로 된 산을 보는 것 같았다. 그는 놀라워하며 부처님께 여쭈었다.

"당신은 신(天人)이십니까?"

"아니다. 나는 신이 아니다."

"그러면 용(龍)입니까? 아니면 야차(夜叉)나 간다르바(乾達婆), 아수라(阿修羅), 가루다(迦樓羅), 긴나라(緊那羅), 마후라가(摩睺羅伽) 또는 인비인(人非人)입니까?"

"아니다. 나는 그런 것들이 아니다."

"그 무엇도 아니라면 도대체 당신은 어떤 분이십니까?"

이에 부처님은 게송으로 답했다.

나는 신이나 용이 아니다.
간다르바, 긴나라, 야차, 아수라도
마후라가나 인비인도 아니다.
그것은 모두 번뇌로 인해 생긴 것이다.
그러나 나는 그러한 다함이 있는 번뇌를
이미 끊고 부수고 없애버렸다.
마치 물속에서 피어났으나
물이 묻지 않는 연꽃처럼
나 또한 비록 세상에 태어났으나
세상의 더러움에 물들지 않느니라.
지나간 수많은 세월을 살펴보니

이런저런 인연에 얽혀서 방황했지만
이제 번뇌를 끊고 나쁜 버릇을 버려서
삼독번뇌의 가시를 다 뽑아버리고
나고 죽는 고리에서 완전히 벗어났으니
그러므로 '붓다(buddha)'라 이름 하느니라.

잡아함 4권 101경 《인간경(人間經)》

불교의 길, 정치의 길

부처님이 히말라야 부근 한 오두막에 계실 때의 일이다. 어느 날 부처님은 선정(禪定)에 들어서 이런 생각을 잠시 했다.

'내가 왕이 되어서 남을 죽이거나 죽임을 당하는 일도 없고, 남의 것을 빼앗거나 빼앗김을 당하는 일도 없으며, 남을 슬프게 할 일도 없고 스스로 슬플 일도 없도록 한결같이 법대로 행하고 법이 아닌 것은 행하지 않는 통치를 하면 어떨까?'

부처님이 이런 생각을 하자 악마가 나타나 속삭였다.

"부처님이시여, 그렇게 하소서. 부처님은 무엇이든 할 수 있는 분입니다. 정치의 길에 나서기만 하면 반드시 좋은 결과가 있을 것입니다."

그러나 부처님은 다시 생각했다.

'아니다. 비록 저 히말라야만한 황금이 있다고 하자. 그리고 다시 그것을 변화시켜 배로 늘린다 하자. 그래도 사람의 욕심을 다 채우기는 어렵다. 그러므로 지혜로운 사람은 금과 돌을 하나로 보아야 한다.'

악마는 더 이상의 유혹이 어렵다고 판단해 물러가고 말았다.

잡아함 39권 1098경 《작왕경(作王經)》

참다운 스승과 제자의 관계

부처님이 마가다 국 라자가하(王舍城)에 계실 때의 일이다. 어느 날 부처님은 외출을 했다가 날이 저물자 질그릇 만드는 옹기장이 집에 가서 하룻밤 묵기를 청했다. 옹기장이는 자기는 허락하겠으나 다만 먼저 온 어떤 수행자가 있으니 동의를 구해보라고 했다. 부처님은 방에 들어가 그 수행자에게 "하룻밤 같이 머물러도 되겠는가?" 하고 물었다. 그는 "그대만 불편하지 않다면 나는 괜찮다."고 대답했다. 그리하여 부처님은 옹기장이 공방에서 낯모르는 수행자와 하룻밤을 같이 보내게 되었다.

부처님은 발을 씻고 좌구를 깔고 앉아 선정에 들었다. 낯모르는 수행자도 잠자코 선정에 들었다. 그의 행동거지는 매우 기품 있고 수행자다운 데가 있었다. 부처님은 기특한 생각이 들어 그에게 "그대의 이름은 무엇이고 스승은 누구인가?" 하고 물었다. 그는 이렇게 답했다.

"나의 이름은 푸쿠사티이고, 스승은 고타마 붓다입니다. 그분은 석가족의 아들로서 머리를 깎고 출가하여 위없는 깨달음을 이루신 분입니다."

부처님은 다시 "그대는 스승의 얼굴을 본 적이 있는가?" 하고 물었다. 그는 "아직 뵙지 못했다."고 답했다. 부처님은 다시 "만일 그를 보면 알아볼 수 있겠는가?' 하고 물었다.

"아마 알아보지 못할 것입니다. 하지만 그분은 나의 세존이시며, 여래·응공·정변지·명행족·선서·세간해·무상사·조어장부·천인사·불이라는 별호로 불리시는 분입니다. 나는 그분의 가르침에 의지해 도를 배우고 있습니다."

부처님은 얼굴도 본 적이 없는 수행자가 당신을 의지해 출가한 것을 알고, 그를 위해 밤새도록 육계취(六界聚)와 십팔의행(十八意行), 사념처(四念處)에 대해 설법했다.

"수행자여, 이와 같이 수행하는 것은 '나(我)'에 대한 집착을 버리기 위해서다. 나에 대한 집착은 스스로 자랑하고 뽐내고 교만하고 방일해진다. 이것을 떨쳐버려야 미워하지 않으며 근심하지 않으며 열반에 들게 된다."

푸쿠사티는 그 자리에서 법의 눈(法眼)이 열렸다. 그리고 설법을 해준 분이 누구인줄 알았다. 그는 스승의 발 앞에 엎드려 이렇게 용서를 빌었다.

"부처님, 여래를 몰라보고 '그대'라고 부른 저의 무례를 참회하오니 받아주소서."

중아함 42권 162경 《분별육계경(分別六界經)》

부처님의 약점

부처님이 사밧티 기수급고독원 계실 때의 일이다. 어느 날 아난다 존자는 비구들을 데리고 녹자모강당에 가서 볼 일을 마치고 돌아오다가 파세나디 왕을 만났다. 왕은 아난다에게 시간이 괜찮으면 함께 아티라바티 강가에 가서 얘기나 나누었으면 좋겠다고 했다. 아난다는 왕의 소청을 받아들여 강가로 갔다.

"아난다 스님, 한 가지 묻고 싶은 것이 있습니다. 혹시 부처님께서는 사문이나 바라문들이 싫어하는 행동을 한 적이 없었는지요?"

"부처님께서는 결코 세상 사람들이 미워하는 행동을 한 적이 없습니다."

"아난다 스님, 만일 어떤 사람이 나쁜 생각으로 남을 칭찬하거나 비방한다면 우리는 진실을 알 수 없습니다. 그러나 어떤 사람이 정직

한 생각을 가지고 남을 칭찬하거나 비방한다면 우리는 진실을 알 수 있습니다. 스님은 오랫동안 부처님을 시봉하신 분이므로 남들이 알지 못하는 많은 것을 알고 있습니다. 아시는 대로 진실을 말해 주십시오.”

"대왕이시여, 부처님은 탐욕을 떠나고 분노를 떠나고 어리석음을 떠난 분이십니다. 부처님께서는 일체의 착하지 않은 법을 끊고 일체의 착한 법을 성취한 분입니다. 또한 착한 법을 가르치고 이끌어 주시고 모범을 보여 주는 스승이십니다. 이런 분이 어떻게 사람들이 싫어하거나 미워할 행동을 하겠습니까?"

"그러면 부처님께서는 평소 어떻게 행동하십니까?"

"부처님은 어떤 행동을 해도 자기도 해치지 않고 남도 해치지 않아 모두를 해치지 않습니다. 깨달음이 있고 지혜가 있으며 악을 돕지 않고, 열반을 얻게 합니다. 지혜로 나아가고 깨달음으로 나아가며 열반으로 나아가게 합니다. 부처님은 어떤 것이 해도 좋은 행동인지 알며, 어떤 것이 하면 안 되는 행동인지 알아서 해도 좋은 행동은 하고 하면 안 될 행동은 하지 않습니다. 성취해야 할 것이 무엇이고 성취하지 않아도 될 것이 무엇인지 알아 그렇게 행동하며, 받아야 할 것이 무엇이고 받지 않아야 할 것이 무엇인지를 알아서 그렇게 행동하십니다. 끊어야 할 것이 무엇이고 끊지 말아야 할 것이 무엇인지를 알아서 그렇게 행동하십니다. 그리하여 훌륭하고 선한 행동은 더욱 더해 가고 그 반대의 행동은 더욱 감해 갑니다. 부처님은 이렇게 행동하시는 분입니다.”

왕은 아난다의 설명에 큰 감동을 받고 자신이 입고 있던 좋은 옷을 보시했다. 아난다는 그 옷을 가지고 정사로 돌아와 부처님께 올리며 이렇게 말했다.

"이 옷은 코살라 국의 파세나디 왕이 보시한 것입니다. 원컨대 세존께서는 이 옷 위에 두 발을 올려 놓으시어 저들을 축복해 주소서."

중아함 59권 214경 《비하제경(毘訶提經)》

부처님의 인격적 풍모

부처님이 비데바 국에 계실 때의 일이다. 마틸라에 범마(梵摩)라는 바라문이 있었다. 어느 날 그는 부처님이 10가지 이름과 32상을 구족하고 있다는 말을 듣고 제자 우타라를 시켜 사실인지 알아오라고 했다. 우타라는 무려 4개월 동안 부처님을 따라다니며 부처님의 위의와 예절을 관찰하고 돌아와 이렇게 보고했다.

"그분은 옷을 매우 단정하게 입습니다. 옷이 몸에 착 달라붙지도 않고 바람에 날려 떨어지지도 않습니다. 새 옷을 입어도 화려하지 않은 빛깔로 물을 들여 입었고, 벌레나 바람, 햇볕에 몸을 보호하기 위해 옷을 입었습니다. 어떤 장소에 들고 날 때는 몸을 지나치게 구부리거나 젖히지 않았으며, 걸을 때는 비틀거리거나 요란스럽지 않았습니다. 앉을 때는 평상을 바로 하고 앉았으며, 자리에 앉아서는 답답해 하거나 몸을 비틀지 않았습니다.

음식을 받을 때는 발우를 적당한 위치에 들었으며, 음식의 양은 언제나 적당하게 받았습니다. 식사를 할 때는 음식을 잘 다룬 뒤에 천천히 씹어 먹었습니다. 음식은 미각을 즐겁게 하기 위해서가 아니라 다만 몸을 보존하기 위해서 드셨습니다. 공양을 들고 손 씻을 물을 받을 때는 적당하게 받았고 손과 발우를 씻은 뒤에는 적당한 장소에 두셨습니다. 모든 거사를 위해 설법하여 기쁨을 성취케 하신 뒤에는 자리에서 일어나 돌아가셨습니다. 공양이 끝나면 가사와 발우를 챙기시고 손과 발을 씻은 뒤에 방으로 들어가 고요하게 명상에 들었습니다.

그분은 육신과 모든 감각기관이 고요했으며, 대중을 위해 연설할 때는 8가지의 음성을 사용하여 모든 대중이 잘 알아듣도록 했습니다."

여기까지 보고한 우타라는 그 스승에게 이렇게 청했다.

"저는 그분의 풍모를 보고 깊은 존경심이 생겼습니다. 부처님을 따라 출가해 범행을 닦고 싶으니 허락해 주소서."

범마 바라문은 제자의 청을 허락하고 자신도 부처님을 직접 찾아뵈었다. 부처님의 풍모는 우타라가 보고한 그대로였다. 그는 부처님의 설법을 듣고 재가제자가 되었다.

중아함 41권 161경 《범마경(梵摩經)》

부처님의 32가지 신체적 특징

부처님이 사밧티 기수급고독원에 계실 때의 일이다. 어느 날 비구들이 점심을 먹은 뒤 강당에 모여 이런 이야기를 주고받았다.

"위대한 사람(大人)은 32가지 거룩한 모습을 갖추어야 한다고 한다. 그런 상호를 갖춘 사람은 세간에 있으면 전륜성왕이 되어 천하를 다스리며, 출가하면 위없는 도를 성취하여 부처님이 되어 그 이름이 시방세계에 두루 할 것이라고 한다."

그때 마침 부처님이 그곳을 지나가다가 비구들이 하는 말을 들었다. 부처님은 비구들이 대인의 32상호를 궁금해 하는 것을 알고 이에 대해 구체적으로 분별해 가르쳐 주었다.

"대인의 32상은 이렇다. ① 발바닥이 평평하다. ② 발바닥에는 천 폭의 바퀴무늬 지문이 있다. ③ 발가락이 가늘고 길다. ④ 발 둘레가 바르고 곧다. ⑤ 발뒤꿈치가 넓고 편안하다. ⑥ 두 복사뼈가 꽉 찼다. ⑦ 몸의 털이 위를 향하고 있다. ⑧ 손가락, 발가락 사이에 엷은 막이 있어 기러기의 발과 같다. ⑨ 손과 발이 부드럽다. ⑩ 살갗이 부드러워 더러운 것이 붙지 않는다. ⑪ 털은 한 구멍에 하나만 난다. 털은 검푸르며 소라고동처럼 오른쪽으로 감긴다. ⑫ 장딴지는 사슴의 그것과 같다. ⑬ 성기는 말의 그것처럼 감추어져 있다. ⑭ 몸은 위아래가 둥글고 길며 균형을 갖추었다. ⑮ 몸이 구부정하지 않으며 곧다. 꼿꼿이 서면 양손이 무릎을 만질 수 있다.

⑯ 온몸이 자금색으로 빛난다. ⑰ 두 손바닥과 발바닥, 양어깨와 목이 두툼하다. ⑱ 상체가 커서 사자와 같다. ⑲ 뺨이 사자와 같다. ⑳ 등이 평평하고 곧다. ㉑ 양쪽 어깨가 둥글고 원만하다. ㉒ 이빨은 40개나 된다. ㉓ 모든 이는 희고 고르다. ㉔ 어금니 4개는 상아와 같이 희고 깨끗하다. ㉕ 목소리가 범음처럼 아름답다. ㉖ 혀가 넓고 길어서 얼굴을 덮을 정도다. ㉗ 혀는 최고의 미감을 갖추고 있다. ㉘ 눈동자가 검고 푸르다. ㉙ 속눈썹이 길고 아름답다. ㉚ 양미간에 길고 하얀 털이 나서 오른쪽으로 말려 있다. ㉛ 머리카락은 소라고동처럼 동그랗게 말려 있다. ㉜ 머리 꼭대기에 상투모양의 살이 융기돼 있다."

여기까지 설명한 부처님은 다시 32상을 갖춘 대인인 전륜성왕과 법왕의 위덕에 대해 이렇게 말했다.

"전륜성왕은 총명하고 지혜로우며 사군(차군·마군·상군·보군)을 거느리고 천하를 통일하게 된다. 그는 칼이나 몽둥이를 쓰지 않고 오직 정법으로 가르치고 명령하여 나라를 다스려 그 명성을 천하에 떨치게 된다. 그러나 만일 수염과 머리를 깎고 가사를 입고 지극한 믿음으로 출가하여 도를 닦으면 반드시 여래(如來)·무소착(無所着)·등정각(等正覺)이 되어 그 이름은 시방세계에 두루 하게 되느니라."

중아함 11권 59경 《삼십이상경(三十二相經)》

부처님의 행로

부처님이 사밧티 기원정사에 계시던 어느 때의 일이다. 부처님은 당신이 걸어온 길을 이렇게 말씀했다.

"인생에는 두 가지 길이 있다. 하나는 욕망에 집착해 윤회를 반복하는 세속의 길이요, 또 하나는 생로병사가 없는 안온한 열반을 찾는 거룩한 진리의 길이다. 나도 정각(正覺)을 이루기 전에는 생로병사의 세속의 길을 걸었으나, 집을 나와 수행한 끝에 안온한 열반의 길을 걷게 되었다.

내가 출가를 하려고 하자 부모와 친척들은 좋아하지 않았다. 하지만 지극한 믿음으로 수염과 머리를 깎고 가사를 입은 뒤 도(道)를 배우고자 집을 나섰다. 나는 처음에 알라라 칼라마와 웃다카 라마풋타를 찾아가 배웠다. 그러나 그들의 법이 참다운 지혜와 열반으로 향하는 것이 아님을 알고 곧 결별했다. 나는 네란자라 강 언덕 보리수 밑에 자리를 깔고 앉아 '번뇌가 다하기까지 자리에서 일어나지 않으리라.' 결심하고 수행했다. 그리하여 늙음과 죽음과 근심과 더러움에서 벗어나 열반을 얻었다.

나는 누구를 위해 설법할까 생각하다가 함께 수행하던 다섯 비구를 생각하고 그들을 찾아 녹야원으로 향했다. 내가 오는 것을 본 다섯 비구는 서로 '고타마는 좋은 음식을 먹으며 기름을 몸에 바르는 타락한 수행자다. 그를 보거든 일어나지도 말고 자리도 권하지 말자.'고 약속했다. 그러나 그들은 청정하고 광명에 빛나는 나의 얼굴과 위덕을 보고 자리에서 일어나 물을 떠다 내 발을 씻어주었다. 나는 그들에게 말했다.

'나는 정각자다. 나를 '그대'라고 하거나 성과 이름으로도 부르지 말라. …… 수행자는 욕심과 향락에 치우쳐도 안 되고 스스로 고통을 주는 일을 해서도 안 된다. 양극단을 버리고 중도(中道)로서 팔정도(八正道)를 실천하면 지혜와 깨달음을 얻어 열반으로 나아가게 될 것이다.'

설법을 들은 저들은 바른 소견이 생겨, 늙음과 죽음과 근심과 염착이 없는 안온한 열반을 얻었다."

중아함 56권 204경 《라마경(羅摩經)》

진리를 등불 삼아라

부처님이 라자그리하 죽림에 계실 때의 일이다. 그때 라자그리하에는 흉년이 들어 걸식을 해도 음식을 구할 수가 없었다. 부처님은 비구들에게 베살리나 밧지 국으로 가서 안거를 나도록 했다. 부처님 자신은 조금이라도 입을 덜기 위해 아난다와 함께 라자그리하에 남아 안거를 했다. 이 안거 기간 중 부처님은 병이 나서 몹시 위중했다.

아난다가 걱정을 하면서 왜 제자들을 불러 모으지 않는가를 여쭈었다. 그러자 부처님은 이렇게 말씀했다.

"나는 한 번도 비구와 교단을 소유하고 있다고 생각하지 않았다. 그러니 내가 어찌 대중들에게 명령할 수 있겠는가? 대중들이 아직 나에게 더 바라는 것이 있는지 모르나 나는 이미 내가 알고 있는 모든 법을 안팎으로 다 설해 마쳤다. 그렇지만 내가 모든 소견에 다 통달했다고는 말하지 않는다. 아난다야, 나는 이제 늙어 나이가 여든이 다 되었다. 비유하면 나는 지금 낡은 수레와 같다. 그 수레를 임시방편으로 조금 수리해서 쓰고 있을 뿐이다."

여기까지 말씀한 부처님은 이어서 이렇게 일렀다.

"아난다야, 모든 수행자는 자기를 등불로 삼고 진리를 등불로 삼을 일이지 다른 이를 등불로 삼지 말라. 또 자기에게 귀의하고 진리에 귀의할 일이지 남에게 귀의하지 말라. 어떻게 하는 것이 그렇게 하는 것인가. 수행자는 자기의 몸(身)과 마음(心)과 감각작용과 마음에 대해 깊게 관찰하여 항상 잊지 않고 기억하며 세상에 대한 탐욕과 근심을 없앤다. 이렇게 하는 것이 자기를 등불로 삼고 진리를 등불로 삼으며, 자기에게 귀의하고 가르침에 귀의하는 것이라고 한다. 내가 멸도한 뒤에도 이렇게 하는 사람이 있으면 그는 곧 나의 진실한 제자요, 제일가는 수행자일 것이다."

여기까지 말씀한 부처님은 차바라 탑으로 옮겨 어떤 나무 밑에 이르자 "여기에 자리를 깔아라. 등이 아프니 여기서 좀 쉬어야겠다."고 말했다. 아난다가 자리를 깔자 부처님은 거기에 앉아 "나는 사신족을 닦았으므로 마음만 먹으면 1겁이 넘도록 세상을 위해 어둠을 제거하고 인간들에게 많은 이익을 끼칠 수 있다."고 말했다. 하지만 아난다는 그 뜻을 알지 못했다. 그러자 마왕 파순이 나타나 부처님에게 "세존께서는 마음에 욕심이 없으시니 지금 열반에 드는 것이 옳다."며 열반을 권했다. 이에 부처님은 "지금은 때가 아니니 잠시 기다려라. 3개월 뒤에 열반에 들리라."며 마왕의 뜻을 일단 물리쳤다.

장아함 3권 2경 《유행경(遊行經)》

부처님께 올린 마지막 공양

부처님이 베살리를 떠나 쿠시나가라를 향하는 도중 파바(波婆) 마을에 이르렀을 때의 일이다. 대장장이의 아들 춘다가 부처님이 이 마을에 오셨다는 말을 듣고 찾아왔다. 춘다는 부처님의 설법을 듣고 기쁜 마음으로 이렇게 청했다.

"내일은 우리 집에 오셔서 공양을 받으소서."

아침이 되자 부처님은 제자들과 함께 춘다의 집으로 갔다. 춘다는 밤을 새워 준비한 공양을 올렸다. 그 음식은 전단(旃檀)나무 버섯을 지져 만든 아주 귀한 것이었다. 부처님은 이 음식을 공양한 뒤 이렇게 말했다.

"이 버섯은 다른 비구들에게 주지 말라."

부처님은 공양을 마치고 춘다를 위해 설법한 뒤 다시 길을 떠났다. 그러나 부처님은 등병을 앓고 계신 터에 춘다의 공양으로 식중독까지 겹쳐 매우 힘들어했다. 부처님은 너무 힘든 나머지 얼마 가지 못해 어떤 나무 아래 멈추어서 아난다에게 말했다.

"자리를 깔아라. 등병이 심하구나."

아난다는 자리를 깔고 부처님이 앉을 때를 기다렸다가 말했다.

"춘다는 비록 공양을 올렸지만 아무 공덕도 얻지 못할 것입니다. 여래가 그 집에서 마지막 공양을 받고 열반에 드시려고 하기 때문입니다."

"아난다야, 그런 말을 하면 안 된다. 도리어 춘다는 큰 이익을 얻을 것이다. 왜 그런가? 여래가 처음으로 도를 이루었을 때 공양을 베푼 자와 멸도할 때에 이르러 공양을 베푼 자의 공덕은 똑 같아서 다를 바가 없기 때문이다. 너는 춘다에게 가서 이렇게 말해주어라. '춘다여, 걱정하지 말라. 그대는 친히 부처님을 친견하고 설법을 듣고 공양을 올렸다. 그러므로 큰 이익을 거두고 큰 과보를 거둘 것이다.'"

부처님은 자리에서 일어나 다시 길을 재촉했다. 그러나 조금 걸으시다가 다시 어떤 나무 밑에서 다시 아난다에게 말씀했다.

"내 등병이 아주 심하구나. 자리를 깔아다오."

부처님은 아난다가 자리를 깔자 거기에 앉아 쉬셨다.

장아함 3권 2경 《유행경(遊行經)》

훌륭한 교사였던 부처님

    부처님이 열반을 앞두고 사라나무 사이에 누워 있을 때의 일이다. 수바드라라는 바라문이 부처님을 찾아와 뵙기를 청했다. 그는 나이가 120세나 되는 노인이었다.

    "나는 오늘 밤 부처님이 열반에 들 것이란 소문을 듣고 왔습니다. 부처님을 한번 뵙고 의심나는 일을 묻고 싶으니 허락해 주시기 바랍니다."

    시자인 아난다는 이를 거절했다.

    "부처님은 지금 매우 위중합니다. 노인은 부처님을 번거롭게 하지 마시기 바랍니다."

    그럼에도 수바드라는 재삼 부처님을 한번 뵙기를 청했다.

    이때 부처님이 아난다를 불러 말했다.

    "너는 그 노인을 막지 말라. 들어오기를 허락하라. 의심을 풀려고 하는 것이니 조금도 귀찮을 것이 없다. 만일 그가 나의 설법을 듣는다면 반드시 깨달아 알 것이다."

    아난다는 부처님의 지시로 그를 부처님 앞으로 안내했다. 노인은 부처님께 여쭈었다.

    "세상에는 각기 자기가 훌륭한 성자라고 말하는 사람이 있습니다. 아지타 케사캄발린, 파쿠다 캇차야나, 푸라나 캇사파, 막칼리 고살라, 산자야 벨라티풋타, 니간타 나타풋타가 그들입니다. 부처님께서는 이들을 다 아시는지요? 이들의 가르침을 어떻게 보시는지요?"

"나는 그들의 주장이 무엇인지 다 안다. 다 쓸데없는 것이니 더 이상 그 일은 논하지 말라. 그 대신 그대에게 깊고 묘한 법을 일러주리라."

부처님은 그에게 사제·팔정도의 도리를 일러주었다. 그는 곧 깨닫고 구족계를 받기를 원했다. 이에 부처님은 이렇게 말했다.

"다른 종교의 바라문 밑에 있다가 이 교단에 들어오려는 자는 4개월 동안 살펴보아야 한다. 모든 위의를 갖추고 실수가 없는 자라야 구족계를 받을 수 있다. 그러나 이는 필수조건이 아니다. 그 사람의 행이 훌륭하다면 가능하다."

수바드라는 구족계를 받을 수만 있다면 4개월이 아니라 4년 동안이라도 시험을 받겠다고 말했다. 부처님은 그날 밤 그에게 출가를 허락했다. 그리하여 수바드라는 부처님의 최후 제자가 되었다. 그는 그 자리에서 아라한이 되었으며 곧 열반에 들었다. 부처님보다 먼저였다.

장아함 4권 2경 《유행경(遊行經)》

부처님의 몇 가지 유훈

부처님이 베살리를 출발하여 열반지인 쿠시나가라의 두 그루의 사라나무 사이에 이르렀을 때의 일이다. 멀리서 부처님 일행이 오는 것을 본 한 바라문이 존경심을 일으켜 문안드리고 내일 아침 공양을 올리고 싶다고 했다.

"그만 두라. 그대는 이미 내게 공양을 올린 것이나 다름없다."

그러나 바라문은 거듭 간청했다. 그러자 이번에는 아난다가 나서 사정을 설명했다.

"부처님은 지금 매우 피로하고 위중하십니다. 수고롭게 하지 마십시오."

그가 물러가자 부처님이 아난다에게 말했다.

"저 사라나무 아래 누울 자리를 마련하거라. 나를 눕힐 때는 머리는 북쪽, 얼굴은 서쪽으로 향하게 하라. 왜냐하면 앞으로 내 교법은 북방에서 오래 머물 것이기 때문이니라."

부처님을 눕혀 드린 아난다는 이제 드디어 부처님이 열반에 들 것을 알고 슬픔을 참지 못해 한쪽 구석으로 가서 흐느껴 울었다. 부처님은 그런 아난다를 불러 위로했다.

"이제 그만 그쳐라. 그대는 나를 시봉한 이래 몸과 입과 생각으로 한량없는 자비로 공양해왔다. 누구도 그대에게는 미치지 못할 것이다."

아난다는 간신히 울음을 그치고 부처님께 마지막으로 몇 가지 여쭈었다.

"부처님이 돌아가시면 많은 사람들이 우러러볼 데가 없어 찾아오지 않을 것입니다. 그때는 어떻게 해야 할는지요?"

"걱정하지 말라. 그들은 내가 태어난 곳, 정각을 성취한 곳, 처음으로 설법한 곳, 멸도에 든 곳을 찾아 나를 사모하고 내가 설법한 것을 생각하며 탑사(塔寺)를 예경하면 될 것이다. 그러나 도를 얻은 자는 그렇게 할 필요가 없다."

"부처님이 열반한 뒤에 수도를 원하는 자가 있으면 어떻게 해야 할는지요?"

"그들에게는 출가를 허락하되 지체하지 말고 시험 없이 구족계를 주어서 수행하게 하라. 또한 그대들은 오늘부터 내가 말한 소소계(小小戒)는 버리고 위아래가 화합해서 예도를 따르라. 이것이 집을 떠난 자가 공경하고 순종하는 법이니라."

이어서 부처님은 모든 비구들에게 법과 율에 대해 조금이라도 의심이 있는 것이 있다면 물으라고 말했다. 그러나 아무도 입을 여는 사람이 없었다. 그러자 부처님이 최후의 유교를 말씀하셨다.

"비구들이여, 그대들은 방일하지 말라. 나는 게으르지 않음으로써 정각을 이루었다. 또한 한량없는 선법은 방일하지 않음으로써 이루어지는 것이다. 일체 만물은 영원히 존재하는 것은 없다."

말씀을 마치자 부처님은 조용히 열반에 들었다. 그때 땅은 크게 진동하여 모든 사람들은 다 놀랐다. 허공에서는 연꽃과 우담바라가 꽃비가 되어 내렸고 천지는 큰 광명이 비쳐 해와 달이 비칠 때보다도 더 밝았다.

장아함 4권 4경 《유행경(遊行經)》

여래의 화장법

부처님이 파바 마을에서 춘다의 공양을 받고 길을 떠난 지 얼마 되지 않았을 때의 일이다. 그때 부처님은 등병과 식중독이 겹쳐 몹시 힘들어 했다.

"아난다야, 목이 마르다. 물을 먹고 싶다. 물을 떠오너라."

"부처님, 지금 저 위쪽에서는 5백 대의 수레가 강을 건너고 있습니다. 물이 더러워서 마실 수가 없습니다. 조금만 기다리소서."

그러나 부처님은 목이 몹시 마르신 까닭에 세 번이나 물을 떠오라고 했다.

"부처님, 구손 강이 여기서 멀지 않습니다. 그 물은 맑고 시원합니다. 잠시만 참으소서."

구손 강에 이른 부처님은 물을 마시고 목욕도 한 뒤 다시 길을 떠났다. 그러나 극도로 쇠약해진 부처님은 얼마 못 가서 다시 나무 밑에 자리를 깔고 쉬었다. 아난다는 뒷날이 걱정이 되어 부처님께 여쭈었다.

"만약 부처님께서 멸도(滅度)하시면 장례는 어떻게 해야 할는지요?"

"그것은 네가 걱정할 일이 아니다. 나의 장례는 신도들이 알아서 할 것이다. 너는 네가 할 일이나 하거라."

"장례 절차는 어떻게 해야 할는지요?"

"전륜성왕의 장례법을 따르라. 즉 먼저 향탕으로 시신을 씻고 무명천으로 몸을 차례대로 감고 시신을 황금관에 넣은 뒤 깨기름을 그 위에 쏟아라. 이 황금관은 다시 쇠관(鐵槨)에 넣고 쇠관은 전단향 나무관에 안치하라. 나무관 주변에는 온갖 향나무를 쌓고 그 위를 두껍게 덮은 뒤 이것에 불을 붙여 다비를 하라. 다비를 마친 뒤 사리를 거두거든 네 거리에 탑을 세워 거기에 안치하고, 탑 표면에는 비단을 걸어 전국의 길가는 사람들로 하여금 법왕의 탑을 보고 바른 법을 사모하게 하여 그들을 교화하도록 하라. 이 탑을 예배하는 사람은 살아서는 행복을 얻고 죽어서는 천상에 태어나리라."

장아함 3권 3경 《유행경(遊行經)》

진리를 의지처로 삼으라

부처님이 라자가하 죽림정사에 머물고 계실 때의 일이다. 그 무렵 마가다 국의 나라 마을에 있던 장로 사리풋타가 열반에 들었다. 시봉하던 춘다 사미가 사리풋타를 화장하고 사리를 수습한 뒤 아난다를 찾아와 이 사실을 전했다. 아난다는 놀라며 부처님께 찾아뵙고 사뢰었다.

"부처님, 지금 저는 온몸이 풀리고 천지가 뒤바뀐 듯하여 어찌할 바를 모르겠습니다. 조금 전 춘다 사미가 저를 찾아왔는데, 사리풋타 존자께서 열반하여 이미 화장을 마치고 사리를 가져왔나이다.

사리풋타께서는 계율이 완전하고, 욕심이 적어 만족할 줄 알며, 큰 지혜를 성취한 교단의 상좌입니다.

저도 많은 가르침을 받았는데 열반에 들었다 하니 애통한 마음을 금할 수 없나이다."

"아난다야, 너는 근심하고 괴로워하지 말라. 무릇 모든 것은 다함이 있고 무너지는 것이니, 아무리 무너지지 않게 하려 해도 그렇게 할 수는 없느니라. 내가 전에 이미 말한 것처럼 정신과 육체와 의식은 아무리 사랑한다 해도 마침내 버리고 떠나는 것이어서 언제까지나 보존할 수 없는 것이니라. 사리풋타는 대중 속에서 가장 뛰어난 제자이지만 그도 마침내 큰 바위산이 무너지듯이 떠난 것이니라.

아난다야, 너는 알아야 한다. 여래도 오래지 않아 떠날 것이다.

그러므로 아난다야, 마땅히 스스로를 의지처로 삼고, 법을 의지처로 삼아야 한다. 결코 다른 것을 의지처로 삼지 말라."

잡아함 24권 638경 《순타경(純陀經)》

사리를 나누어 공양하다

부처님이 쿠시나가라 사라쌍수 아래서 열반에 들자 모든 비구들은 몸을 땅에 던지고 슬프게 울었다.
"부처님의 멸도하심이 어찌 이리도 빠른가. 이제 중생은 길을 쇠하고, 세간에는 눈이 없어지게 되었도다."
이때 아니룻다는 비구들을 달래고 아난다를 시켜 성중으로 기별을 해 부처님의 멸도를 알렸다. 아침 일찍 소식을 접한 말라유 사람들은 비통해 하지 않는 이가 없었다. 사람들은 각자 향과 꽃을 들고 와 부처님의 시신에 공양했다. 그렇게 하기를 7일이 지나자 사람들은 전륜성왕의 장례절차에 따라 시신을 씻고 향을 바르고 무명으로 감싸서 관에 안치했다. 절차가 끝나자 사람들은 부처님의 시신을 화장하려 했으나 불이 붙지 않았다.
한편 이 무렵 마하카사파는 파바 마을에서 부처님이 계신 곳으로 오다가 한 외도를 만났다. 카사파는 그에게 부처님의 안부를 물었다.

그는 부처님이 멸도한 지 벌써 7일이 지났다고 했다. 카사파와 그를 따르던 5백 명 제자들은 이 소식을 듣고 크게 당황해하며 슬픔을 참지 못하고 눈물을 흘렸다. 그러나 무리 가운데 발난타(跋難陀)라는 비구는 이런 말을 했다.

"형제들이여, 슬퍼하지 말라. 부처님이 돌아가셨으니 이제 우리는 자유를 얻었다. 그 노인은 항상 '이것은 하고 이것은 하지 말라'고 잔소리를 했으나 이제는 듣지 않아도 된다."

카사파는 이 말을 듣고 불쾌했으나 일단 참고 비구들을 재촉해 쿠시나가라로 향했다. 열반지에 도착한 카사파는 부처님의 유신에 예배하고 장작더미에 불을 붙였다. 화장이 끝나자 사람들은 너나없이 사리에 공양하고 예배했다.

부처님이 열반하여 다비하고 사리를 공양한다는 소문이 퍼지자 인근 8개국의 왕과 백성들이 찾아왔다. 파바의 말라 족, 카필라의 석가 족 등이었다. 그들은 부처님과 각별한 인연을 내세워 각기 자기들이 사리를 모셔가야 한다고 주장했다. 어떤 나라에서는 군대까지 동원해서 오기도 했다. 사태가 자못 험악해지려고 하자 마침 향성이라는 바라문이 나서서 중재를 했다.

"여러분은 모두 부처님의 가르침을 받은 분입니다. 부처님은 자비로 모든 중생을 안락하게 하라고 가르쳤습니다. 사리분배로 서로 다투고 죽이는 것은 옳지 않습니다. 사리를 모시고자 하는 것은 부처님의 가르침을 따르고자 하는 것이니 골고루 나누어 모시는 것이 옳습니다."

왕들은 바라문의 중재에 동의했다. 그는 사리를 정확하게 8분으로 나누어 분배했다. 그리고 사리를 담아 나누던 것은 자기가 갖겠다고 해서 허락을 받았다. 사리분배가 끝나자 필발라 마을 사람들이 와서 화장하고 남은 재를 가져다가 공양하고자 했다. 그들도 허락을 받았다. 그들은 각기 부처님의 사리를 모시고 돌아가 탑을 세워 공양했다.

장아함 4권 4경 《유행경(遊行經)》

제 *2* 장

인과응보

나무는 기운 쪽으로 넘어진다

부처님이 고향인 카필라바스투의 니그로다 동산에 계실 때의 일이다. 어느 날 마하나마가 찾아와 부처님께 여쭈었다.

"부처님, 이 카필라바스투는 안온하고 풍족하여 많은 사람이 살고 있습니다. 그러나 미친 사람과 그릇된 생각을 가진 사람도 적지 않습니다. 이들과 함께 살아가다가 보면 삼보를 잊어버리지 않을까 염려됩니다. 또 이러다가 내가 죽게 되면 악도에 태어나지는 않을까 두렵기도 합니다."

부처님은 비유를 들어 마하나마에게 말했다.

"저기 언덕에 큰 나무가 한 그루 있다고 하자. 그 나무는 평소에 한쪽으로 기울어져 있었다. 누가 그 나무의 밑동을 베면 나무는 어디로 넘어지겠는가?"

"그야 기운 쪽으로 넘어지겠지요."

"마하나마야, 너도 그와 같을 것이다.

결코 나쁜 곳에 나지 않을 것이요, 끝끝내 나쁜 일이 없을 것이다. 왜냐하면 너는 오랫동안 삼보에 귀의해 몸과 마음을 닦아 익혔기 때문이다.

네가 목숨을 마친 뒤 비록 몸은 불에 사라지거나 땅에 묻히거나 바람에 내버려지더라도 마음은 오랫동안 바른 믿음의 햇살을 쪼이고 있었다.

또한 계율을 지키고 보시를 행하고 많은 법문을 듣고 지혜의 햇살을 쪼이었으므로 미래에도 반드시 좋은 곳에 나게 될 것이다."

잡아함 33권 930경 《자공경(自恐經)》

바람을 향해 흙을 던지지 말라

부처님이 사밧티의 동쪽 녹자모강당에 계실 때의 일이다. 부처님은 여느 날과 마찬가지로 아침 탁발을 하기 위해 성안으로 들어갔다. 그런데 탁발이 끝나갈 무렵 뜻밖의 곤란한 일이 생겼다. 사밧티에 사는 파라트파차라는 욕쟁이가 부처님을 따라다니며 차마 입에 담기 거북한 욕을 하는 것이었다.

부처님은 그가 정상적인 사람이 아니라는 것을 알고 아무런 대꾸도 하지 않았다. 그러자 파라트파차는 부처님이 자기의 위세에 눌려 아무런 대꾸도 하지 않는 줄 알고 '당신은 나에게 졌다'고 기고만장하였다.

그러나 일체의 분노로부터 해탈한 분이 부처님이다. 그런 일에 얼굴을 붉히거나 화를 낼 부처님이 아니었다. 약이 오른 파라트파차는 흙을 한주먹 쥐고 부처님을 향해 뿌렸다. 그때 마침 맞은편에서 바람이 불어와 흙먼지는 도로 그에게 돌아갔다. 파라트파차는 자기가 뿌린 흙먼지를 고스란히 뒤집어쓰고 말았다. 멀리서 이 모습을 지켜 보던 사람들은 크게 웃었다.

부처님은 딱하다는 듯이 그를 바라보다가 이렇게 타일렀다.

"아무에게나 마음대로 욕하거나 모욕을 주어서는 안 된다. 너를 화나게 하거나 원한이 있는 사람에게도 그렇게 하면 안 된다. 몸과 마음이 청정해서 때가 없는 사람에게 나쁜 말을 하면 허물은 도리어 자기에게 돌아가게 된다. 마치 바람을 거슬러 흙을 뿌리면 그 흙이 되돌아와 자신을 더럽히는 것과 같다."

파라트파차는 그제야 정신을 차리고 참회했다.

"부처님, 제가 잘못했습니다. 제가 왜 미친 사람처럼 부처님에게 거칠고 추악한 말로 욕하고 모욕했는지 모르겠습니다. 저의 참회를 받아주소서."

잡아함 42권 1153경 《건매경(健罵經)》

점을 치거나 보면 안 된다

부처님이 라자가하 죽림정사에 계실 때의 일이다. 그 무렵 마하목갈라나는 락카나와 함께 키자쿠타 산에서 수행 중이었다. 어느 날 목갈라나는 걸식을 하기 위해 라자가하로 들어갔다. 목갈라나가 어떤 골목을 지나가고 있을 때 눈앞에 이상한 모습을 한 중생이 나타났다가 사라졌다. 어떤 모습인가 하면 '쇠 맷돌로 정수리를 갈리고 온몸에는 불이 활활 붙은 꼴'이었다.

목갈라나는 신통이 뛰어난 제자였으므로 그 가엾은 중생이 어떤 존재인 줄 알고 안타까운 표정을 지었다. 궁금하게 여긴 락카나가 물었으나 그가 믿지 않을 것 같아 일부러 대답을 하지 않았다. 목갈라나는 돌아오는 길에 죽림정사에 계시는 부처님을 찾아뵙고 이 같은 사실을 사뢰었다. 그랬더니 부처님은 이렇게 설명해 주었다.

"그 중생은 과거세에 라자가하에 살던 남자 점쟁이와 여자 점쟁이다. 그들은 점치는 것으로써 사람을 속여 재물을 모았다. 남을 속인 죄로 죽어서 지옥에 떨어져 한량없는 고통을 받았으나 아직도 죄가 남아 과보를 받고 있는 것이다."

잡아함 19권 520경 《점복녀경(占卜女經)》

알고 짓는 죄, 모르고 짓는 죄

부처님이 라자가하 기사굴산에 계실 때의 일이다. 그 무렵 데바닷타는 승단을 어지럽히고, 부처님의 발을 다치게 했으며, 아자타삿투를 시켜 그 부왕을 살해하도록 교사하고, 다시 아라한인 비구니를 죽이는 악행을 저질렀다. 그러고도 뉘우치기는커녕 오히려 이렇게 큰 소리를 치고 다녔다.

"악이 어디 있으며 악이 어디서 생기는가. 누가 그 악을 짓고 그 과보를 받는가. 나는 어떠한 악행을 해도 그 과보를 받지 않을 것이다."

부처님의 제자들이 라자가하에 걸식을 나갔다가 데바닷타가 여러 사람들 앞에서 이치에 닿지 않는 터무니없는 말을 하는 것을 들었다. 그들은 걸식을 마친 뒤 발우를 챙겨 부처님이 계신 기사굴산으로 돌아왔다. 제자들은 부처님 발아래 머리를 조아려 예배하고 한쪽으로 물러가 앉은 뒤 이 사실을 아뢰었다.

"부처님, 데바닷타는 '어떤 악을 지어도 재앙이 없고 어떤 복을 지어도 과보가 없다. 선행은 복을 받고 악행은 재앙이 따른다는 말은 다 틀린 말이다'라고 떠들어댑니다."

그러자 부처님은 제자들에게 선행과 악행의 과보가 어떤 것인지에 대해 이렇게 말씀했다.

"그렇지 않다. 선행에는 복이 따르고 악행에는 재앙이 따른다. 선악의 행에는 모두 다 과보가 있다. 만일 저 어리석은 데바닷타가 선악의 과보가 있는 줄 알았다면 언짢고 초조하고 근심스러워 얼굴이 벌개질 것이다. 그러나 그는 선악의 과보를 모르기 때문에 대중 앞에서 '선악에는 과보가 없다. 악을 행해도 재앙이 없고, 선을 행해도 복이 없다'고 하는 것이다."

이어서 부처님은 제자들에게 이렇게 가르쳤다.

"어리석은 사람은 스스로 아는 척하면서 악을 행해도 복을 받는다고 한다. 반대로 지혜로운 사람은 선과 악에는 반드시 그에 맞는 과보가 따른다는 사실을 미리 알고 조심한다. 그러므로 수행자들이여, 그대들은 마땅히 악을 멀리 하고 복 짓기를 게을리 하지 말라."

증일아함 5권 제12 〈일입도품(一入道品)〉 제8경

왜 천사를 보지 못하는가

부처님이 사밧티 기수급고독원에 계실 때의 일이다. 어느 날 부처님은 비구들에게 이렇게 말했다.

"만일 어떤 사람이 몸과 말과 생각으로 악행을 저지르고 성인을 비방하고 삿된 소견을 버리지 않거나, 또는 인간으로 태어나서 부모에게 효도하지 않으며 사문을 존경하지 않으며 복업을 짓지 않으며 후세의 죄를 두려워하지 않는다면 그는 이로 인해 몸이 무너지고 목숨이 끊어지면 반드시 지옥에 떨어지리라."

부처님은 이어 '중생이 악도에 떨어지기 전에 지옥을 다스리는 염라왕은 다섯 천사(天使)를 보내 그를 꾸짖고 가르친다. 지혜로운 사람은 이를 보고 악행을 멈추고 선행을 하면 지옥에 떨어지지 않을 것'이라며 다음과 같이 비유를 들어 가르쳤다.

"첫 번째 천사는 부모(父母)다. 어떤 마을에 어린아이가 태어났을 때 그는 아직 어리고 약해서 자신의 똥오줌도 가리지 못하고 그 속에서 버둥거린다. 아는 것도 없고 말도 제대로 못한다. 그때 부모는 똥오줌 가운데서 안아 일으켜 목욕시키고 깨끗하게 해준다. 그 천사를 보고도 착한 일을 하지 않고 방일하고 악행을 저질렀다면 마땅히 갚음을 받을 것이다.

두 번째 천사는 노인(老人)이다. 어떤 마을에서 이는 빠지고 머리는 희고 허리는 굽고 지팡이를 의지해 걸어가면서 몸을 벌벌 떠는 사람을 보았을 것이다. 그는 한때 젊고 화려한 청춘을 자랑했으나 나이가 들어 수명이 다해 목숨이 끊어지려는 고통을 받는다. 그 천사를 보고도 착한 일을 하지 않고 방일하고 악행을 저질렀다면 마땅히 갚음을 받을 것이다.

세 번째 천사는 병자(病者)이다. 어떤 사람이 병이 들어 몸은 지극히 괴롭고 위독하여 침대에 누워 있는 것을 보았을 것이다. 그도 한때는 건강을 자랑했으나 어느 순간 병이 들어 목숨이 끊어질 듯한 고통에 괴로워한다. 그 천사를 보고도 착한 일을 하지 않고 방일하고 악행을 저질렀다면 마땅히 갚음을 받을 것이다.

네 번째 천사는 사자(死者)이다. 어떤 사람이든 죽으면 하루 이틀, 또는 6, 7일이 지나 육신이 썩기 시작한다. 들이나 산에서 죽은 사람의 시신은 까마귀와 솔개에게 쪼이고 승냥이에게 뜯긴다. 집에서 죽은 사람의 시신은 불에 태워지거나 땅에 묻힌다. 그 천사를 보고도 착한 일을 하지 않고 방일하고 악행을 저질렀다면 마땅히 갚음을 받을 것이다.

 다섯 번째 천사는 감옥의 죄수(罪囚)다. 죄를 지은 사람이 형벌을 받는 모습을 보면 손발이 묶여 옥에 갇힌다. 죄에 따라 손발이 절단되기도 하며 귀와 코를 베고 살을 저미며 수염과 머리를 뽑히기도 한다. 불에 지지며 날카로운 쇠 평상에 눕히거나 거꾸로 매달거나 혹은 뱀에게 물리게 한다. 목을 베기도 하며 나무에 매달기도 한다. 그 천사를 보고도 착한 일을 하지 않고 방일하고 악행을 저질렀다면 마땅히 갚음을 받을 것이다."

중아함 12권 64경 《천사경(天使經)》

참회의 공덕

 부처님이 라자가하 지바카 동산에 계실 때의 일이다. 그날은 마침 칠월 보름 포살회(布薩會)날이었는데 밤중에 샛별이 나타났다. 이를 본 마가다 국의 아자타삿투 왕이 부인을 비롯한 왕자와 대신들에게 차례로 물었다.
 "오늘같이 청명한 밤에는 무엇을 하면 좋겠소?"
 "풍악을 울리며 다섯 가지 욕락을 즐기면 좋겠나이다."
 "군사를 모아 아직 항복하지 않은 다른 나라와 도적떼를 정벌하시는 것이 좋겠나이다."

"산수와 천문, 지리에 밝은 스승을 찾아가 의심나는 것을 물어보는 것이 좋겠나이다."

"교외에는 푸라나 캇사파, 아지타 케사캄발린, 막칼리 고살라, 파쿠다 캇차야나, 산자야 벨라티풋타, 니간타 나타풋타가 있으니 그들을 찾아가서 알고 싶은 것을 물어보는 것이 좋겠나이다."

그러나 왕자인 지바카는 전혀 다른 제안을 했다.

"멀지 않은 빈취(貧聚) 동산에 부처님이 많은 제자와 함께 있습니다. 그분은 삼세의 일을 다 알아 모르는 것이 없습니다. 그분을 찾아뵙고 궁금한 것을 물어보소서."

"그래 그것이 좋겠구나. 누가 나를 깨우쳐줄까 궁금했는데 부처님이 가장 좋을 것 같다."

왕은 지바카와 함께 부처님을 찾아가기로 했다. 부처님이 계신 빈취 동산은 너무나 조용해서 수많은 제자와 같이 있다는 것이 믿어지지 않았다. 왕은 부처님 계신 곳으로 가서 인사를 드리고 어렵게 속마음을 털어놓았다.

"저는 죄 없는 부왕을 해쳤나이다. 그로 인해 몸과 마음이 괴롭나이다. 원컨대 저를 가엾게 여기시고 참회를 받아주소서. 다시는 죄를 범하지 않고 과거를 고치고 미래를 닦겠나이다."

"세상을 살아가면서 허물이 없는 사람은 없다. 그것을 스스로 참회하고 고치면 그가 훌륭한 사람(上人)이다. 지금이 그때다. 때를 놓치지 말고 마땅히 지금 참회하라."

"한 가지 여쭈어 볼 것이 있습니다. 육사외도(六師外道)들은 현세에 복을 지어도 현세에서 그 갚음이 없다고 합니다. 부처님은 어떻게 생각하시는지요?"

"왕은 대신들이나 창고지기가 일을 잘하는 것을 보면 여러 해 동안 쌓은 공로에 따라 상을 줄 것이오. 이 이치로 보아도 현세에 복을 지으면 반드시 과보가 따르는 것이오."

부처님은 이어서 왕을 위해 참회의 공덕과 치자(治者)의 도리를 이렇게 가르쳤다.

"대왕이여, 사람이 악행을 저질렀더라도 허물을 뉘우치면 죄업이 차츰 엷어지고, 날로 뉘우쳐 쉬지 않으면 마침내 그 뿌리조차 뽑히게 될 것이오. 그러므로 대왕은 앞으로 나라를 다스릴 때 법으로 하고 법 아닌 것으로 하지 말도록 하시오. 그러면 뒷사람들은 '옛날 어떤 왕은 바른 법으로 나라를 다스리고 아첨이나 굽힘이 없었다'고 할 것이오."

증일아함 39권 제43 〈마혈천자품(馬血天子品)〉 제7경

열 가지 나쁜 업을 짓는 과보

부처님이 사밧티의 기원정사에 계실 때의 일이다. 어느 날 부처님

은 제자들을 불러모아 놓고 다음과 같이 설법했다.

"만일 살생하기를 좋아하면 죽어서 지옥에 떨어질 것이요, 혹 인간으로 태어나더라도 목숨이 짧아질 것이다. 주지 않는 물건을 훔치기를 좋아하면 죽어서 지옥에 떨어질 것이요, 혹 인간으로 태어나더라도 재물이 곤궁할 것이다. 음행하기를 좋아하면 죽어서 지옥에 떨어질 것이요, 혹 인간으로 태어나더라도 배우자가 남의 꼬임에 빠질 것이다.

거짓말을 많이 하면 죽어서 지옥에 떨어질 것이요, 혹 인간으로 태어나더라도 남의 놀림을 받을 것이다. 이간하는 말을 많이 하면 죽어서 지옥에 떨어질 것이요, 혹 인간으로 태어나더라도 친구가 배반하고 떠날 것이다. 욕설을 많이 하면 죽어서 지옥에 떨어질 것이요, 혹 인간으로 태어나더라도 나쁜 음성을 갖게 될 것이다. 꾸며대는 말을 많이 하면 죽어서 지옥에 떨어질 것이요, 혹 인간으로 태어나더라도 신용을 얻지 못할 것이다.

욕심을 많이 부리면 죽어서 지옥에 떨어질 것이요, 혹 인간으로 태어나더라도 욕심쟁이가 될 것이다. 성내기를 즐겨 하면 죽어서 지옥에 떨어질 것이다.

혹 인간으로 태어나더라도 화내는 일이 많을 것이다. 삿된 소견을 많이 가지면 죽어서 지옥에 떨어질 것이요, 혹 인간으로 태어나더라도 어리석은 사람이 될 것이다."

이어서 부처님은 앞에서 예로 든 열 가지 악업을 짓지 않고 선업을 지으면 '죽어서 천상에 태어날 것이다.

인간으로 태어나면 수명이 길고, 재물이 많으며, 배우자가 정숙하고, 남의 놀림을 받지 않으며, 친구가 의리를 굳게 지키며, 좋은 음성을 갖게 되고, 신용을 얻을 것이며, 탐욕이 적어지고, 화내는 일이 없을 것이며, 지혜로운 사람이 될 것'이라고 말씀하셨다.

잡아함 37권 1048경 《원주경(圓珠經)》

내가 어떻게 사느냐가 문제

부처님이 라자가하 죽림정사에 계실 때의 일이다. 어느 날 대균두(大均頭) 존자가 부처님을 찾아뵙고 이런 것을 여쭈었다.

"하루하루 생활하다 보면 앞이나 뒤, 또는 가운데에 여러 가지 복잡한 생각이 일어납니다. 어떻게 하면 이런 소견들을 없애고, 다른 소견이 생기지 않도록 할 수 있겠나이까?"

"대개 그런 소견에는 62종이 있다. 그러나 그런 소견은 열 가지 선한 소견을 가짐으로써 없앨 수 있다. 그 열 가지란 어떤 것인가.

남은 살생하기를 좋아해도 나는 살생하지 않으며, 남은 도둑질하기를 좋아해도 나는 훔치지 않으며, 남은 음행하기를 좋아해도 나는 깨끗하게 지내며, 남은 거짓말을 해도 나는 하지 않으며, 남은 이간질하는 말을 해서 싸움을 붙여도 나는 하지 않으며, 남은 비단 같은 말을 해도 나는 하지 않으며, 남은 험한 말을 잘해도 나는 하지 않으며, 남은 질투를 잘해도 나는 하지 않으며, 남은 화를 잘 내도 나는 그렇지 않으며, 남은 삿된 생각을 해도 나는 바른 소견을 갖는 것이다.

균두여 알라. 자기는 나쁜 길을 가면서 남은 바른 길을 만나게 해주고, 자기는 삿된 소견을 좇아다니면서 남은 바른 소견에 이르게 할 수는 없다. 그것은 마치 자기가 물에 빠져 있으면서 남을 건너게 해주려는 것과 같다. 마찬가지로 자기는 열반에 들지 못하면서 다른 이를 열반에 들게 하기는 어렵느니라. 그러므로 수행자는 언제나 열 가지 선한 생각을 가짐으로써 스스로 열반에 이르도록 해야 하느니라.

균두여 알라. 중생들은 각자 소견이 같지 않다. 그러나 그 소견들은 모두 덧없는 것이며 삿된 것이다. 그러므로 남은 열 가지 나쁜 짓을 하더라도 우리는 그것을 떠나야 한다. 깊이 생각하고 헤아려 삿된 소견과 열 가지 나쁜 짓을 모두 버려서 그런 행을 익히지 말며, 마음을 오롯이 하여 어지럽지 않게 해야 한다. 또한 남이 교만하더라도 우리는 그것을 버려야 하고, 남은 스스로를 칭찬하고 남을 헐뜯어도 우리는 그렇게 하지 않으며, 남은 계율을 범하더라도 우리는 그렇게 하지 않으며, 남은 게으르더라도 우리는 정진하여야 하고, 남은 삼매를 닦지 않더라도 우리는 닦아야 하며, 남은 어리석더라도 우리는 지혜롭게 그 법을 관찰하고 지혜를 써서 능히 그 법을 관찰하고 분별하면 삿된 소견은 사라지고 다른 소견도 생기지 않을 것이다."

증일아함 43권 제47 〈선악품(善惡品)〉 제9경

반드시 지옥에 떨어질 사람

　부처님이 바기수(婆耆瘦)의 도성인 우다카에 머물 때의 일이다. 어느 날 부처님은 저녁 무렵 아난다와 함께 아치라바티 강에 들어가 목욕을 했다. 목욕을 마친 부처님은 부채질을 하고 있던 아난다에게 이렇게 말했다.
　"아난다야, 데바닷타는 방일하였기 때문에 지극한 고난에 떨어졌다. 이로 인해 그는 지옥에 떨어져 1겁이 지나도록 구제 받지 못할 것이다. 너는 내가 누구에게 이토록 무서운 얘기를 하는 것을 들어본 적이 없을 것이다. 그러나 아난다야, 만약 데바닷타에게 희고 깨끗한 구석이 털끝만큼이라도 있다면 내가 이렇게까지 말하지는 않을 것이다. 비유하면 어떤 사람이 뒷간에 빠졌는데 다른 사람이 자비한 마음으로 그를 건져 주려고 왔다. 그런데 뒷간에 빠진 사람은 온몸 어느 곳도 똥이 묻지 않은 곳이 없었다. 그러면 그에게 구원의 손길을 내밀 수 없는 것과 같다. 그래서 데바닷타는 지옥에 떨어져 1겁이 지나도록 구제 받지 못할 것이라고 말하는 것이다.
　아난다야, 사람들은 여래가 어떻게 데바닷타가 지옥에 떨어질 것을 미리 아는지 궁금할 것이다. 그러나 이는 아주 쉬운 일이다. 여기 한 알의 곡식 종자가 있다고 하자. 그 종자는 깨어지지 않고 썩지 않고 상자 속에 있다가 봄이 되면 파종이 된다. 때를 맞추어 비가 내리고 싹이 트면 그 종자는 열매를 맺게 된다. 그러나 때를 맞추어 씨를 뿌리지 않거나 비가 오지 않으면 열매를 맺을 수 없다. 수행하는 사람도 그와 같아서 때를 맞추어 선법을 닦고 번뇌를 제거하고 더욱 북돋아야 열매를 맺을 수 있다. 그렇지 않으면 번뇌가 깊어져 몸이 무너지고 목숨이 다하면 나쁜 곳에 떨어지게 되는 것이다.

또 비유하면 새벽이 되어 둥근 해가 떠오르는 것을 보면 어둠이 사라지고 밝음이 오는 것을 알 수 있듯이 선법을 행하는 사람은 어둠을 물리치고 해탈할 것을 알게 된다. 그러나 해질녘에 해가 지는 것을 보면 어둠이 오는 것을 알 수 있듯이 한결같이 나쁜 짓을 멈추지 않으면 그것이 미래 생명의 근본이 되어 몸이 무너지고 목숨이 다할 때 나쁜 곳에 떨어지게 되는 것이다."

중아함 27권 113경 《아노파경(阿奴波經)》

지옥 가는 법, 극락 가는 법

부처님이 사밧티 기원정사에 계실 때의 일이다. 어느 날 부처님은 제자들에게 지옥 가기가 얼마나 쉽고 극락 가기가 얼마나 쉬운지에 대해 이렇게 말씀했다.

"내가 어떤 사람이 마음속으로 생각하는 일을 관찰해보니 그는 팔을 굽혔다가 펴는 동안에 지옥에 떨어지는 일을 스스로 하고 있었다.

왜냐하면 그는 스스로 나쁜 마음을 냈기 때문이다. 그가 지옥에 떨어지는 것은 다른 이유가 없다. 마음속에 나쁜 병이 생겨 지옥에 떨어지는 것이다.

만일 어떤 사람이 지금 화를 낸다면 나는 그에게 말하리라. 만약 지금 그대가 목숨을 마친다면 바로 지옥에 떨어질 것이라고. 왜냐하면 마음으로 악한 행을 했기 때문이다.

내가 또 어떤 사람이 마음속으로 생각하는 일을 관찰해보니 그는 팔을 굽혔다가 펴는 동안에 극락에 태어나는 일을 하고 있었다. 왜냐하면 그는 스스로 착한 마음을 냈기 때문이다. 그가 극락에 태어나는 것은 다른 이유가 없다. 마음속으로 착한 생각을 했기 때문에 극락에 태어나는 것이다.

만일 어떤 사람이 지금 착한 일을 한다면 나는 그에게 말하리라. 만약 지금 그대가 목숨을 마친다면 바로 극락에 태어날 것이라고. 왜냐하면 마음으로 착한 행을 했기 때문이다.

그러므로 수행자들이여, 그대들은 항상 마음속으로 나쁜 생각을 하지 말고 착한 생각을 하라. 깨끗한 생각을 내고 더러운 행을 하지 말라. 그대들은 반드시 이렇게 공부해 나가야 한다."

증일아함 4권 제9 〈일자품(一字品)〉 제5-6경

지옥이 두렵지 않은가

부처님이 사밧티 기원정사에 계실 때의 일이다. 어느 날 부처님은 제자들에게 지옥의 모습을 이렇게 설명했다.

"중생들이 죄를 짓고 한량없는 죄과를 받아 큰 고통을 받는 큰 지옥이 여덟 개 있다.

첫째는 환활(還活)지옥이다. 여기서는 온몸을 꼿꼿하게 해놓고 고통에 시달리게 하여 그 몸에는 피도 살도 없고 뼈만 남아 있다. 그래도 죽을 수가 없다. 저희들끼리 '도로 살아나라'고 하면 다시 살아나서 고통을 받는다. 그래서 '도로 살아나는 지옥'이라 한다. 이곳은 바른 소견을 훼손하고 바른 법을 비방하면서 멀리 떠난 중생이 과보로 들어가는 지옥이다.

둘째는 흑승(黑繩)지옥이다. 여기서는 온몸의 힘줄이 모두 밧줄로 변하고 톱으로 그 몸을 켠다. 그래서 '검은 밧줄 지옥'이라고 한다. 이곳은 살생하기를 좋아하는 중생이 과보로 들어가는 지옥이다.

셋째는 등해(等害)지옥이다. 여기서는 같이 있는 중생들이 한곳에 모여 서로의 목을 베며 고통을 주지만 모두 다시 살아난다. 그래서 '서로 해치는 지옥'이라고 한다. 이곳은 소, 염소 따위를 살생하기 좋아하는 중생이 과보로 들어가는 지옥이다.

넷째는 체곡(涕哭)지옥이다. 여기서는 한량없는 고통을 받으면서 울부짖는 소리가 끊이지 않는다. 그래서 '울음 소리 지옥'이라고 한다. 이곳은 주지 않는 물건을 갖거나 남의 것을 훔친 중생이 들어가는 지옥이다.

다섯째는 대체곡(大涕哭)지옥이다. 여기서는 이루 헤아릴 수 없는 한량없는 고통을 받으면서 울부짖고 스스로 가슴을 치고 쥐어짜며 괴로워한다. 그래서 '큰 울음 지옥'이라고 한다. 여기는 음탕하고 거짓말하기를 밥 먹듯 한 중생이 들어가는 지옥이다.

여섯째는 아비(阿鼻)지옥이다. 여기서는 지은 죄업에 따라 온갖 형벌을 고통을 받되 잠시도 쉬는 시간이 없는 무간(無間)의 고통을 받는다. 그래서 '쉴 틈이 없는 지옥'이라 한다. 여기는 부모를 죽이고 절과 탑을 부수며, 수행자들을 괴롭힌 중생이 들어가는 지옥이다.

일곱째는 염(炎)지옥이다. 여기서는 몸에서 불꽃과 연기가 일어나고 몸이 지직지직 녹아 문드러지는 고통을 받는다. 그래서 '불꽃 지옥'이라고 한다. 여기는 이쪽 말을 저쪽으로 옮기고 저쪽 말을 이쪽으로 옮기며 이간질한 중생이 들어가는 지옥이다.

여덟째는 대염(大炎)지옥이다. 여기서는 지옥에 남아 있는 중생조차 볼 수 없을 정도로 큰 불꽃으로 몸을 태우고 또 태운다. 그래서 '큰 불꽃 지옥'이라고 한다. 여기는 남의 물건을 탐내고 인색하며 미워하며 의심하는 중생이 들어가는 지옥이다.

이 여덟 지옥에는 각각 온갖 잡된 죄업을 지으면 들어가는 열여섯 개의 작은 지옥이 있다. 우발(優鉢), 발두(鉢頭), 구모두(拘牟頭), 분타리(分陀利), 미증유(未曾有), 영무(永無), 우혹(愚惑), 축취(縮聚), 도산(刀山), 탕화(湯火), 화산(火山), 회하(灰河), 형극(荊棘), 비시(沸

屎), 검수(劍樹), 열철환(熱鐵丸)지옥 등이다. 그러므로 어리석은 이는 언제나 기뻐하기를 광음천에 사는 것 같이 하고, 지혜로운 이는 언제나 두려워하기를 지옥에 사는 것 같이 여긴다."

증일아함 36권 제42 〈팔난품(八難品)〉 제2경

인과응보의 네 가지 법칙

부처님이 사밧티 기수급고독원에 계실 때의 일이다. 어느 날 부처님은 비구들에게 네 가지 과보에 대해 말씀하셨다.

"세상에는 네 가지 형태로 과보를 받는 법이 있다. 현재는 즐겁지만 미래는 괴로운 법, 현재는 괴롭지만 미래는 즐거운 법, 현재도 괴롭고 미래도 괴로운 법, 현재도 즐겁고 미래도 즐거운 법이 그것이다.

어떤 사람이 현재는 즐겁지만 미래에 괴로운 과보를 받는가? 아름답게 꾸민 여자의 몸에서 즐거운 촉감을 느끼며 애욕에 빠져서 욕락을 즐기는 사람이 있다. 그러나 지나친 애욕은 재환(災患)을 부르나니 반드시 미래에 심한 괴로움을 받게 될 것이다.

어떤 사람이 현재는 괴롭지만 미래에 즐거운 과보를 받는가? 탐욕과 분노와 어리석음이 미래에 괴로움을 가져올 것을 알고 괴로워하는 사람이 있다. 그래서 스스로 자제하고 청정한 범행을 닦는다. 이런 사람은 현재에는 괴로우나 미래에는 반드시 즐거움의 과보를 받게 될 것이다.

어떤 사람이 현재도 괴롭고 미래도 괴로운 과보를 받는가? 올바른 선정을 닦지 않고 맨몸으로 지내거나 칼이나 막대기로 자신을 괴롭히는 수행자가 있다. 그러나 잘못된 수행은 몸만 괴롭힐 뿐 아무런 공덕도 없다. 이런 사람은 현재도 괴롭고 미래도 괴로운 과보를 받게 될 것이다.

어떤 사람이 현재도 즐겁고 미래도 즐거운 과보를 받는가? 올바른 수행을 통해 탐욕과 분노와 어리석음을 소멸시키고, 괴로움과 걱정과 슬픔이 없어져 마음이 편안한 사람이 있다. 그는 악업을 짓지 않으므로 미래도 즐겁다. 이런 사람은 현재도 즐겁고 미래도 즐겁다."

중아함 45권 174경 《수법경(受法經)》

수단도 정당해야 한다

부처님이 라자가하 죽림정사에 계실 때의 일이다. 그 무렵 사리풋타는 사밧티 기원정사에서 여름 안거를 보내고 있었다.

어느 날 죽림정사에서 부처님과 함께 안거를 마친 비구가 찾아왔다. 사리풋타는 그에게 부처님과 제자들, 신심 깊은 재가신자들의 안

부를 차례로 물었다.

그런 다음 옛 친구인 다난자니(陀然)의 근황을 물었다.

"내 친구 다난자니도 건강하고 편안한가? 자주 부처님을 찾아뵙고 설법을 듣는가?"

"그는 건강하고 편안하지만, 부처님을 찾아뵙고 설법 듣는 일은 잘 하지 않습니다.

계를 어기고, 다른 사람을 속이고, 옳지 않은 방법으로 재물을 모은다는 소문이 자자합니다."

사리풋타는 이 말을 듣고 다난자니를 찾아갔다.

"벗이여, 그대는 어찌해서 바른 법을 닦지 않고 금계를 지키지 않으며, 남을 속이고 옳지 않은 방법으로 재물을 모으는가?"

"나는 세속에 사는 사람이네. 부모와 처자를 보살펴야 하네.

국가에 세금도 내고, 조상을 위해 제사도 지내고, 사문과 바라문에게 보시도 해야 하네. 이를 위해서는 많은 재물이 필요하네.

이 점을 이해해주게."

"그럼 내가 한 가지 물어보겠네. 어떤 사람이 부모를 위하느라고 악행을 했다고 하세. 처자를 위해 또는 조상을 위해 악행을 하고, 세금을 내기 위해 악행을 하고, 보시를 하기 위해 악행을 했다고 하세. 그렇다고 그가 지은 죄가 감해질 수 있겠는가?"

친구는 고개를 떨구면서 "그렇지 않다."고 말했다. 사리풋타는 친구를 위해 진심을 다해 이렇게 말했다.

"그렇다면 벗이여, 정당한 행위와 정당한 방법과 정당한 공덕의 결과로 재물을 얻어 부모와 처자를 보살피고, 조상을 위하고 사문에게 보시를 행하는 것이 옳지 않겠는가? 그래야 처자와 친족과 이웃과 사문들로부터 존경받지 않겠는가?"

중아함 6권 27경 《범지타연경(梵志陀然經)》

인과응보의 굴레

부처님이 사밧티 기수급고독원에 계실 때의 일이다. 어느 날 도제(都提)의 아들 앵무마납(鸚鵡摩納)이 찾아와 이렇게 물었다.

"부처님, 어떤 인연으로 중생들은 다같이 사람의 몸을 받았으면서도 지위가 높고 낮으며, 얼굴이 잘생기고 못생겼으며, 목숨이 길고 짧으며, 병이 있고 없으며, 위덕이 있고 없으며, 비천한 집과 존귀한 집에서 태어나며, 재물이 많고 적으며, 총명하고 어리석게 되나이까?"

"그것은 중생들이 자기가 행한 업 때문이니라. 지은 업에 따라 갚음을 받으며 업을 인연하여 높고 낮음이 생기는 것이니라. 예를 들어 어떤 사람의 수명이 짧은 것은 다른 생명에게 모질게 굴거나 짐승을 죽여서 그 피를 마셨기 때문이니라. 어떤 사람이 병이 많은 것은 주먹이나 막대기로 다른 생명을 못살게 굴었기 때문이니라. 얼굴이 못생긴 것은 성질이 급하고, 번민이 많아 화를 잘 내고 걱정과 질투가 많아 다른 사람과 자주 다퉜기 때문이니라. 위덕이 없는 것은 남이 존경을 받으면 질투하며, 남이 좋은 물건을 가진 것을 보면 내 것으로 만들고자 욕심을 부렸기 때문이니라.

어떤 사람이 비천한 집에 태어나는 것은 공경할 사람을 공경하지 않고 소중히 여겨야 할 것을 소중히 여기지 않으며, 오만하고 방자하게 굴었기 때문이니라. 가난하고 재물이 적은 것은 빈궁하고 고독한 사람, 수행자나 거지에게 음식이나 옷, 그리고 그들이 필요로 하는 생필품을 보시하지 않았기 때문이니라. 어떤 사람이 어리석은 것은 자주 지혜로운 이를 찾아가 참다운 진리를 배우지 않고, 죄가 되는 것과 안 되는 것을 묻지 않으며, 검고 흰 것을 깨우치지 않았기 때문이니라."

중아함 44권 170경 《앵무경(鸚鵡經)》

동기론이 맞나 결과론이 맞나

부처님이 사밧티 기수급고독원에 계실 때의 일이다. 어느 날 부처님은 비구들에게 인과응보에 대해 다음과 같이 말씀하셨다.

"만일 어떤 사람이 고의로 업을 지으면 현세나 후세에 반드시 과보를 받을 것이다. 그러나 만일 고의로 지은 업이 아니라면 반드시 과보를 받는다고 나는 말하지 않는다. 고의로 짓는 업에는 세 가지가 있다. 신(身)·구(口)·의(意) 삼업이 그것이다.

고의를 가지고 몸으로 짓는 업에는 세 가지가 있다. 첫째는 산 목숨을 죽이는 것이니 중생에서 곤충까지 사랑하는 마음이 없어서 목숨을 해치고 피를 마시는 것이다. 둘째는 훔치는 것이니 남의 재물에 탐착하여 주지 않는 물건을 갖는 것이다. 셋째는 사음이니 부모, 형제자매의 보호를 받고 있는 여자나 남의 아내를 범하는 것이다.

고의를 가지고 말로써 짓는 업에는 네 가지가 있다. 첫째는 거짓말하는 것이니 자기의 이익을 위해 모르면서도 안다고 하고, 못 보았으면서도 보았다고 하는 것이다. 둘째는 이간질하는 말이니 이 사람에게 이 말 하고 저 사람에게 저 말 하여 합친 것을 갈라서게 하고 파탄나게 하는 것이다. 셋째는 욕설이니 귀에 거슬려 듣기 거북하고 남을 괴롭히는 말을 하는 것이다. 넷째는 꾸미는 말이니 비위를 맞추기 위해 꾸짖거나 가르치지 않고 진실하지 않고 이치에 닿지 않는 말을 하는 것이다.

고의를 가지고 생각으로 짓는 업에는 세 가지가 있다. 첫째는 탐욕이니 남의 재물과 생활도구를 늘 엿보고 자기 것으로 만들고자 하는 것이다. 둘째는 노여워하는 것이니 마음속으로 누구를 미워하여 죽이고 속박하고 체포하고 고통을 주겠다는 생각을 품는 것이다. 셋째는 바르지 않은 견해를 갖는 것이니 선악도 없고 인과도 없으며 보시나 재(齋)의 공덕도 없으며 깨달음도 없다고 생각하는 것이다."

부처님은 계속해서 이렇게 말씀했다.

"만일 어떤 사람이 남을 사랑하는 마음(慈)·함께 슬퍼하는 마음(悲)·기쁨을 함께 하는 마음(喜)·편견 없이 공평한 마음(捨)으로 행동한다면 그는 몸과 말과 생각으로 나쁜 업을 짓지 않을 것이다. 그대들이 알아야 할 것은 업이란 이 몸을 따라 저 세상에 가는 것이 아니라 그 마음을 따라 저 세상에 간다는 것이다. 따라서 비구는 '나는 과거에 악업을 지었으니 그 과보를 후세가 아닌 현세에서 받는 것이 옳다'고 생각해야 한다. 이렇게 닦으면 그는 반드시 아나함과(阿那含果)나 그보다 나은 과보를 얻을 것이다."

중아함 3권 15경 《사경(思經)》

윤회전생과 인과응보

부처님이 멸도하신 지 얼마 안 되어 마하카사파는 500비구와 함께 코살라 국 사파혜 촌 북쪽 싱사파 숲에 머물고 있었다. 그 무렵 인근에는 폐숙(弊宿)이라는 바라문이 있었는데, 그는 '저 세상이란 없으며 윤회전생도 인과응보도 없다'고 주장하며 부처님의 가르침을 인정하지 않는 사람이었다. 어느 날 그 폐숙 바라문이 싱사파 숲에 있는 카사파를 찾아왔다. 사람들이 카사파를 찾아간다는 말을 듣고 같이 온 것이었다. 그는 인사가 끝나자 단도직입으로 말했다.

"나는 저 세상이란 없으며 윤회전생과 인과응보도 없다고 생각한다. 존자의 생각은 어떠한지 말해줄 수 있겠는가?"

"무슨 근거로 그런 말을 하는가?"

"내 친척 가운데 병들어 죽는 사람이 있었다. 그에게 나는 저 세상이 있거든 구경하고 돌아와 나에게 말해달라고 했다. 그러나 그는 아직 돌아오지 않았다."

"내가 비유로 말하겠다. 어떤 사형수가 사형집행장에 이르러 급한 볼일이 있다고 집에 잠깐 다녀오겠다고 하면 그 소원을 들어주겠는가?"

"그것을 인정한다해도 저 세상이 있다는 것을 어떻게 알 수 있는가?"

"다시 비유로 말하겠다. 태어나면서부터 눈먼 사람이 있었다. 그에게 청·황·적·백·흑 오색을 설명하자 그는 그런 색깔은 없다고 했다. 그가 없다고 해서 오색이 정말로 없는 것인가?"

"저 세상이 있다고 치자. 그러나 저 세상으로 가는 사람을 아무도 본 사람이 없다. 예를 들어 흉악한 도적은 가마솥에 넣고 쪄서 죽이는 궁형에 처하는데 그때 그의 혼령이 어디로 가는지 본 사람이 아무도 없다."

"비유를 들겠다. 그대도 잠잘 때 꿈을 꿀 것이다. 그대가 꿈꾸는 것을 그대의 가족들이 볼 수 없다고 그대에게 식신(識神)이 없다고 할 수 있는가?"

"흉악한 범죄자는 살을 저미는 형을 받는다. 그러나 뼈나 살에서 식신을 찾을 수 없다. 그런데도 식신이 있다고 하겠는가?"

"비유로 말하겠다. 어떤 사람이 길을 떠나면서 아이들에게 불씨를 잘 살피라고 했으나 아이가 그만 불을 꺼뜨리고 말았다. 아이는 걱정이 돼서 불씨를 찾으려고 나무를 절구에 넣고 빻았으나 불씨는 살아나지 않았다. 그렇다고 불이 없다고 할 수 있는가? 어떤 사람이 고동소리로 웅장한 소리를 냈다. 이를 본 사람이 웅장한 소리를 듣고자 고동에게 소리를 내보라고 했으나 그 속에 고동소리는 없었다. 그 고동소리가 어디로 갔다고 해야 하는가?"

폐숙은 여기쯤에서 자기의 견해가 잘못된 것임을 알게 되었다. 그러나 그는 자신의 명예와 지식 때문에 지금까지의 사견(邪見)을 버리지 못했다. 이에 존자는 다시 비유로 말했다.

"어떤 사람이 삼을 한 짐 지고 백 리를 가다가 황금을 만났다. 그때 백 리나 지고 온 삼을 버리지 못하겠다면서 금을 취하지 않는다면 과연 그를 어리석다고 하겠는가, 현명하다고 하겠는가?"

폐숙은 더 이상 할 말이 없었다. 그 자리에서 삼보에 귀의하고 재가신자가 되었다.

장아함 7권 7경 《폐숙경(弊宿經)》

이 세상이 파멸하는 이유

부처님이 사밧티 기원정사에 계실 때의 일이다. 어느 날 생루(生漏) 바라문이 부처님을 찾아와 이런 것을 여쭈었다.

"부처님께 한 가지 묻겠습니다. 무슨 인연 때문에 중생들은 없어지고 사라지며 줄어들게 되는 것인지요? 또한 무슨 인연 때문에 어제까지 있던 성곽이 무너지고 사람이 살던 곳이 오늘은 빈터가 되는지요?"

"범지여, 그것이 알고 싶은가? 그것은 다 사람의 소행이 법답지 않기 때문이니라. 그래서 본래 성이 있었는데 오늘은 무너지게 하고, 사람이 살던 곳이 오늘은 빈터가 되었느니라. 그것은 다 사람들이 간탐에 묶이고 애욕을 익혀 행하기 때문이니라. 그러므로 바람이 때를 맞추지 않고 비가 때를 맞추지 않아 심은 종자들이 자라지 못하여 흉년이 들고 죽은 사람이 길에 넘치게 되느니라. 이런 인연으로 나라가 무너지고 백성이 번성하지 못하게 되느니라.

또한 범지여, 사람들의 소행이 법답지 않으면 뇌성과 벽력같은 자연현상이 자주 일어나고 하늘은 우박과 비를 자주 내려 묘판을 못 쓰게 만든다. 그렇게 되면 죽는 사람이 헤아릴 수 없이 많이 생기게 된다.

다시 범지여, 사람들의 소행이 법답지 않으면 서로 싸우고 다툰다. 주먹으로 때리기도 하고 기왓장이나 돌을 던져 각기 제 생명을 잃게 된다. 그렇게 서로 싸우면 그들은 각각의 자리에서 편하지 않게 되며, 마침내 나라의 임금도 편하지 않게 되어 군사를 일으켜 서로 죽고 죽임으로써 죽는 사람이 헤아릴 수 없이 많아진다. 혹은 칼에 죽고 혹은 창이나 화살에 죽는다. 이런 인연으로 백성들은 줄어들고 나라는 번성하지 못하느니라.

범지여, 사람들의 소행이 법답지 않으면 하늘과 땅의 신으로 하여금 도와줄 기회를 갖지 못하게 하여 재앙과 질병이 일어난다. 그리하여 사람들은 자리에 눕게 되는데, 그것을 이기는 사람은 적고 병으로 죽게 되는 사람은 많아지느니라."

생루 바라문은 부처님의 설명을 듣고 감격해서 이렇게 찬탄의 말씀을 올렸다.

"비법을 행함으로써 모든 재앙이 생긴다는 오늘 말씀은 매우 시원하고 즐겁고 유쾌하나이다. 그것은 마치 꼽추가 등을 펴고, 장님이 눈을 얻고, 어둠 속에서 등불을 보며, 눈 없는 이가 눈을 얻은 것과 같습니다. 저는 목숨을 다해 부처님께 귀의하고자 하나이다."

증일아함 26권 제34 〈등견품(等見品)〉 제10경

기복주의를 보는 불교의 입장

부처님이 날란다 성 장촌나림을 방문했을 때의 일이다. 어느 날 가미니라는 사람이 찾아와 이렇게 말했다.

"세존이시여, 하늘의 신을 섬기는 다른 종교의 사제들은 만일 중생이 목숨을 마치면 그를 천상에 태어나게 할 수 있다고 말합니다. 세존께서는 법왕이시니 부디 목숨을 마친 중생이 천상에 태어날 수 있게 하소서."

부처님은 대답 대신 가미니에게 이렇게 되물었다.

"예를 들어 마을에서 멀지 않은 곳에 깊은 연못이 있다고 하자. 어떤 사람이 크고 무거운 돌을 그 속에 던져 넣었다. 그리고 많은 사람들이 와서 합장하고 축원하기를 '돌이 떠오르게 하여 주소서'라고 했다. 그러면 과연 그 돌이 떠오르겠는가?"

"아닙니다. 많은 사람이 축원을 했다고 돌이 떠오를 리 없습니다."

"그러면 이런 경우는 어떠하겠느냐? 어떤 사람이 병 속에 들어 있는 기름을 연못에 부었다. 그러자 많은 사람들이 와서 합장하고 축원하기를 '기름이 가라앉게 하여 주소서'라고 했다. 그러면 과연 기름이 가라앉겠느냐?"

"아닙니다. 많은 사람이 축원했다고 기름은 가라앉지 않습니다."

가미니의 대답을 들은 부처님은 이렇게 말했다.

"그렇다. 가미니여, 어떤 사람이 게을러서 바르고 착한 일을 하지 않고 열 가지 나쁜 업을 지었다고 하자. 그를 위해 사람들이 아무리 합장을 하고 천상에 태어나라고 축원을 했다고 해서 그는 천상에 태어날 수는 없다. 그는 연못에 빠진 무거운 돌처럼 악도에 떨어지리라. 그러나 가미니여, 어떤 사람이 부지런히 착한 일을 하고 열 가지 선한 업을 지었다고 하자. 그런데 어떤 사람들이 합장을 하고 그가 악도에 떨어지라고 저주를 했다고 해도 그는 악도에 떨어지지 않는다. 마치 기름을 물에 가라앉히고자 하나 가라앉지 않는 것처럼……."

중아함 3권 17경 《가미니경(伽彌尼經)》

낙태에 대한 불교의 입장

부처님이 라자가하 죽림정사에 계실 때의 일이다. 그 무렵 마하목갈라나는 락카나 비구와 함께 키자쿠타 산에서 수행 중이었다. 어느 날 목갈라나는 락카나와 함께 라자가하로 탁발을 나갔다. 어느 곳에 이르러 목갈라나는 이상한 것이 눈앞에 나타났다가 사라지는 것을 보았다. '온몸에는 가죽이 없고 모양은 살덩이같이 생긴 몸이 큰 중생'이었다.

목갈라나는 신통이 뛰어난 제자였으므로 이 가엾은 중생이 어떤 존재인지를 알아채고 안타까운 표정을 지었다. 궁금하게 여긴 락카나는 무슨 일이냐고 물었으나 목갈라나는 그가 믿지 않을 것 같아 일부러 대답을 하지 않았다. 탁발을 마친 목갈라나는 마침 죽림정사에 머물고 계신 부처님을 찾아뵙고 이 같은 사실을 아뢴 뒤 짐짓 그 사연을 여쭈었다. 부처님은 이렇게 답변했다.

"그 중생은 과거 세상에 이 라자가하에서 살았는데 태내에 수태된 생명을 떨어뜨렸다. 이 죄로 말미암아 그는 지옥에 떨어져 이미 백천 세 동안 한없는 고통을 받았고 지금도 그 고통을 계속해서 받고 있는 것이다."

잡아함 19권 512경 《타태경(墮胎經)》

전쟁의 참상과 그 결말

부처님이 바라나시 사슴동산에 머물고 계실 때였다. 그 무렵은 부처님도 성도한 지 얼마 안 되었고 코살라 국의 파세나디 왕도 새로 왕위에 오른 직후였다. 왕은 이웃나라와 친교를 맺기 위해 카필라 국에 사신을 보내 청혼을 했다. 청혼을 받은 카필라는 곤경에 빠졌다. 순수한 혈통을 지키려면 왕족을 보낼 수 없고, 청혼을 거절하면 보복이 두려웠다. 이때 카필라의 왕족인 마하나마에게는 여종과의 사이에서 난 비사바카티야라는 처녀가 있었다. 마하나마는 그녀를 아름답게 단장시켜 시집을 보냈다.

그녀는 곧장 임신을 해서 사내아이를 낳았다. 이름을 비루다카(毘琉璃)라고 했는데 얼굴이 단정하고 머리가 총명했다. 비루다카는 8세쯤 되었을 무렵 무술을 연마하러 외가인 카필라로 갔다. 그때 카필라에서는 강당을 새로 짓고 부처님을 초청하여 설법을 들으려고 했다. 아직 철부지였던 비루다카는 시종들과 함께 강당에 들어가 놀다가 부처님이 앉을 높은 사자좌에 앉았다. 이를 본 카필라 사람들은 화를 내며 '역시 종년의 자식이라 버르장머리가 없다'고 비난했다. 비루다카는 출생의 비밀을 알게 된 것도 충격이었지만 '종년의 자식'이라며 모욕을 당한 것이 더욱 분했다. 왕자는 마음속으로 복수를 다짐했다.

세월이 흘러 파세나디 왕이 죽자 비루다카가 왕위에 올랐다. 비루다카는 군사를 일으켰다. 이 소식은 곧 부처님에게도 전해졌다. 부처님은 비류왕이 카필라로 가는 길목에 있는 마른나무 밑에서 명상을 하고 있었다. 비류왕이 부처님께 "잎이 무성한 니그로다 나무도 있는데 왜 마른나무 밑에 앉아 계십니까?" 하고 물었다. 그러자 부처님은 이렇게 대답했다.

"친족의 그늘이 남보다 낫기 때문이오."

왕은 부처님의 뜻을 알고 군사를 돌렸다. 그러나 얼마 뒤 다시 군사를 일으켰다. 부처님은 다시 비류왕을 만류하고 군사를 되돌리게 했다. 그 뒤 왕이 다시 군사를 일으키자 부처님은 "전생의 업보란 하늘로 옮길 수도, 쇠 그물로 덮을 수도 없다."고 한탄했다.

비류왕은 군사를 몰아 카필라를 공격했다. 수많은 카필라 사람들이 코살라의 군사들이 몰고 온 코끼리에 밟혀 죽였다. 참극을 보다 못한 카필라의 왕은 비류왕에게 "내가 연못에 들어가 있는 동안은 살육을 멈춰 달라."고 부탁했다. 당시 카필라의 왕은 부처님의 사촌 동생이자 비류왕의 외할아버지인 마하나마였다. 왕은 연못 속에 들어가서 나무뿌리에 자신의 머리를 묶고 시체가 떠오르지 못하게 했다. 그 사이에 많은 석가족이 탈출해 목숨을 건졌다.

카필라를 멸망시키고 돌아가던 비류왕은 니그로다 동산을 지나가다가 도망친 카필라의 여자들을 만났다. 왕은 술에 취해 그 중 한 여인을 불러 희롱하려고 하다가 거절당했다. 화가 난 왕은 숨어있던 카필라의 여자들을 다 죽이고 말았다.

전쟁에서 승리한 비류왕은 드디어 개선했다. 그런데 궁으로 돌아와 보니 제타 태자는 유흥을 즐기고 있었다. 비류왕이 힐책을 하자 태자는 "차마 사람을 죽일 수 없어서 전쟁에 나가지 않았다."고 했다. 화가 난 왕은 칼을 빼서 그 자리에서 왕자를 베고 말았다.

하지만 비류왕의 이런 악행도 오래가지는 못했다. 전쟁이 끝난 뒤 시녀들을 데리고 아틸라 강에서 연회를 하던 왕은 갑자기 내린 비로 홍수를 만나 물에 빠져 죽었다. 벼락이 쳐서 궁궐은 불에 타고 말았다. 개선한 지 이레만의 일이었다. 살육의 과보였다.

증일아함 26권 제34 〈등견품(等見品)〉 제2경

제 3 장

행복과 평화

불교를 공부하는 이유

부처님이 코삼비의 코시타 동산에 계실 때의 일이다. 하루는 부처님을 시봉하는 아난다에게 한 외도가 찾아와 이런 것을 물었다.

"당신들은 무엇 때문에 집을 나와 부처님 밑에서 수행을 하는지요?"

외도의 질문은 불교 수행의 이유와 목적을 묻는 것이었다. 이에 대해 아난다는 이렇게 대답했다.

"탐욕(貪)과 성냄(瞋)과 어리석음(痴)을 끊기 위해서지요."

"탐·진·치 삼독(三毒)에 무슨 허물이 있기에 끊어야 한다고 말하는지요?"

"탐욕에 집착하면 마음이 캄캄해져 자기와 남을 해치게 됩니다. 그러면 현세에서도 죄를 받고 후세에서도 죄를 받기 때문이지요. 분노와 어리석음에 집착해도 또한 그와 같지요. 탐·진·치 삼독에 집착하게 되면 그 순간 사람은 장님이 됩니다. 지혜가 없고 판단이 흐려집니다. 그것은 옳은 것이 아니요, 밝은 것도 아니며, 열반에 이르는 것을 방해할 뿐입니다. 그래서 삼독을 끊어야 한다고 말하는 것입니다."

"그렇다면 삼독을 끊으면 어떤 이익과 공덕이 있는지요?"

"삼독을 끊으면 자기도 해치지 않고 남도 해치지 않으며, 현세에서도 죄를 짓지 않고 후세에서도 과보를 받지 않게 됩니다. 마음은 언제나 기쁘고 즐거우며, 번뇌를 떠나 현세에서 깨달음을 얻게 됩니다."

"그러면 어떻게 해야 삼독을 끊을 수 있는지요?"

"부처님이 가르친 성스런 여덟 가지 바른 수행(八正道)을 실천하면 됩니다."

아난다의 자상한 설명을 들은 그는 기쁜 얼굴로 돌아갔다.

잡아함 35권 973경 《전타경(旃陀經)》

가족부터 불자를 만들자

부처님이 사밧티의 기원정사에 계실 때의 일이다. 어느 날 기원정사를 지어 불교교단에 기증한 수닷타(給孤獨) 장자가 찾아와 무슨 얘기 끝에 이런 말을 했다.

"어떤 사람이라도 우리집에 있으면 그는 깨끗한 믿음을 얻고, 목숨을 마치면 천상에 태어날 것이다."

이 말을 들은 부처님이 짐짓 그에게 되물었다.

"수닷타 장자는 어떤 일을 하기에 그 같은 말을 자신 있게 하는가?"

"부처님, 저는 우리집에서 어떤 사람이 임신을 하면 이렇게 가르칩니다. '그 아이를 위해 부처님과 그 가르침과 승단에 귀의하라. 그리고 아이가 태어나면 그 아이를 삼보에 귀의시키고, 그 아이가 철이 들면 깨끗한 계를 가지도록 하라'고. 우리집 가족은 물론이고 우리집에서 일하는 하인들까지도 그렇게 하도록 가르칩니다.

저는 또 손님을 재우거나 일꾼을 쓸 때도 반드시 세 가지 귀의와 다섯 가지 계율을 받은 사람을 골라서 쓰며, 아직 삼보에 귀의하지 않은 사람이면 귀의하도록 권합니다. 또한 그들이 깨끗한 마음으로 삼보를 공양하도록 권합니다. 그러므로 어떤 사람이라도 우리집에 있으면 깨끗한 믿음을 얻게 되고 목숨을 마치면 천상에 태어난다고 하는 것입니다."

수닷타의 말이 끝나자 부처님은 최고의 찬사로 수닷타 장자를 칭찬하고 '당신의 말대로 모든 것이 뜻대로 이루어질 것'을 인정했다.

잡아함 47권 1241경 《급고독경(給孤獨經)》

남편을 불법에 귀의시키라

부처님이 기원정사에 머물고 계실 때의 일이다. 어느 날 한 바라문이 잔뜩 화가 나서 부처님을 찾아왔다. 그의 집안은 대대로 외도를 믿어 왔는데 어느 때인가부터 아내 다닌자니가 삼보에 귀의하고는 외도의 가르침을 따르려 하지 않았다.

아내는 불교에 귀의한 뒤부터는 좋은 일이 있을 때나 나쁜 일이 있을 때나 항상 부처님 계신 곳을 향해 "이 세상에서 가장 귀하신 분이며, 공경 받을 만한 분이시며, 완전하게 깨달은 분에게 귀의합니다."라고 말했다.

남편이 미쳤느냐고 화를 내면 아내는 이렇게 대답했다.

"어떤 사람도 부처님과 토론해 이기는 것을 보지 못했다. 내 말이 거짓인지 아닌지 당신이 직접 가서 확인해 보라."

화가 난 남편은 아내를 개종시킨 이교도를 혼내주기 위해 부처님을 찾아왔다.

"내가 어떤 것을 죽이면 편안하고, 걱정 없이 살 수 있는지 아는가?"

그의 질문은 매우 위협적이었다. '내가 당신을 죽여 버리면 편안하고 걱정 없이 살 수 있을 것인데 당신은 그것을 알고 있느냐'는 말투였다. 성난 바라문의 마음을 헤아린 부처님은 이렇게 대답했다.

"성냄을 없애면 편안히 살 수 있다. 성냄을 없애면 마음이 편안해진다. 성냄은 모든 독의 근본이다. 그것은 모든 선근을 해친다. 그 성냄을 죽인다면 모든 성인은 그를 칭찬할 것이다. 만일 네가 능히 그 성냄을 없앤다면 마음에는 걱정이 없어지리라."

이어서 부처님은 그에게 보시와 계율의 공덕과 번뇌를 없애는 법을 차례로 일러주었다. 깨끗한 흰 천이 쉽게 물드는 것처럼 그는 금방 네 가지 진리(四聖諦)를 터득하고 모든 의혹이 사라져 그 자리에서 바른 지혜를 얻었다. 그는 기쁜 얼굴로 집으로 돌아와 아내를 덥석 안으며 이렇게 말했다.

"나는 지금까지 여래이며 세존이며 정등각자인 부처님과 같은 분을 만나 본 적이 없다. 나는 오늘부터 참다운 부처님의 제자가 될 것이다."

잡아함 42권 1158경 《바사타경(婆肆吒經)》

스스로 아끼고 사랑하라

부처님이 사밧티의 기원정사에 계실 때의 일이다. 어느 날 파세나디 왕이 찾아와 이런 것을 여쭈었다.

"부처님, 저는 이렇게 생각합니다. '어떤 사람이 몸과 입과 뜻으로 악행을 하면 그것은 자신을 아끼고 사랑하는 것이 아니며, 자신을 보호하는 것이 아니다. 반대로 몸과 입과 뜻으로 선행을 하면 그것은 자신을 아끼고 사랑하는 것이며 자신을 보호하는 것이다.' 제 생각에 잘못이 없는지요?"

부처님은 이렇게 대답했다.

"왕의 생각이 옳소. 어떤 사람이 몸과 말과 뜻으로 악행을 한다면 그는 자기 자신을 사랑하거나 보호하는 것이 아니오. 왜냐하면 나쁜 행위를 하게 되면 그는 그로 인해 편안해지지 않기 때문이오. 반대로 몸과 입과 뜻으로 선행을 하면 그는 참으로 자기 자신을 사랑하고 보호하는 것이오. 왜냐하면 착한 행위를 하게 되면 그는 그로 인해 안락을 얻을 수 있기 때문이오.

그러므로 진실로 자기를 사랑하고 보호하려는 사람은 잠깐이라도 빈틈이 없이 악행을 막고 선행을 실천해야 하는 것이오."

잡아함 46권 1229경 《자호경(自護經)》

편안하게 잠자는 비결

부처님이 아알라비 사당에 머물 때의 일이다. 어느 날 핫다카 장자 아들이 부처님을 찾아와 "어젯밤에 잘 주무셨는지요?" 하고 문안을 여쭈었다. 부처님은 "기분 좋게 잘 잤다."고 했다. 그러자 장자의 아들이 다시 물었다.

"지금은 한창 추운 때라 나뭇잎도 다 시들어 떨어졌습니다. 더구나 부처님께서는 얇은 옷을 입으시고 풀 자리에 누워 주무셨는데 괜찮으신지요?"

"젊은이여, 잘 들어라. 만일 어떤 장자가 집을 굳게 단속해 먼지나 바람이 들어오지 않도록 하고, 방 안에는 좋은 침구가 있어 불편이 없으며, 넷이나 되는 미녀들은 얼굴이 단정하여 아무리 보아도 싫증이 나지 않으며, 등불도 은은하게 켜져 있으면 그는 잠을 잘 잘 수 있지 않겠는가?"

"그러하나이다. 좋은 친구가 있다면 기분 좋게 잘 수 있을 것입니다."

"그러나 만일 그에게 탐욕이 일어나면 과연 편안하게 잠자리에 들 수 있겠는가?"

"편하게 잘 수 없을 것입니다. 왜냐하면 탐욕이 일어나 편하지 않기 때문입니다."

"그러면 성내는 마음이나 어리석은 마음이 일어나면 어떻겠느냐?"

"편하게 잘 수 없을 것입니다. 세 가지 독한 마음이 번뇌를 불러오기 때문입니다."

"그런데 젊은이여, 나는 그런 마음이 아주 다해서 남음이 없다. 그런 마음의 뿌리조차 없다. 잠자리에는 네 가지가 있다. 전륜성왕의 자리, 제석천왕의 자리, 범천왕의 자리, 부처님의 자리가 그것이다. 전륜성왕의 자리란 수다원을 얻은 자리요, 제석천왕의 자리란 사다함을 얻은 자리요, 범천왕의 자리란 아나함을 얻은 자리요, 부처님의 자리란 네 가지가 평등한 자리니라. 젊은이여, 나는 음욕과 성냄과 어리석은 마음을 일으키지 않느니라. 그러므로 나는 편안하게 잠자리에 들 수 있었느니라."

증일아함 20권 〈성문품(聲聞品)〉 제3경

청춘과 건강과 장수를 원한다면

부처님이 사밧티 기원정사에 계실 때의 일이다. 어느 날 부처님은 이렇게 말씀했다.

"수행자들이여, 세상 사람들이 정말로 좋아하는 것에는 세 가지가 있다. 사람들은 그것을 너무 좋아하여 다 탐내고 사랑한다. 그 세 가지란 무엇인가? 첫째는 청춘이요, 둘째는 건강이요, 셋째가 장수다. 사람들은 이 세 가지를 정말로 좋아하고 사랑한다.

그러나 수행자들이여, 이와는 달리 세상 사람들이 싫어하고 탐내지 않는 것도 세 가지가 있다. 어떤 것이 세 가지인가? 첫째는 늙음이요, 둘째는 병듦이요, 셋째는 죽음이다. 사람들은 청춘을 좋아하지만 반드시 늙게 되니 늙음을 싫어하는 것이다. 사람들은 건강을 좋아하지만 반드시 병들게 되니 병듦을 싫어하는 것이다. 사람들은 장수를 좋아하지만 반드시 죽게 되니 죽음을 싫어하는 것이다.

그러므로 수행자들이여, 그대들이 비록 젊더라도 반드시 늙을 것이니 늙지 않기를 구해 열반의 세계로 나아가야 한다. 그대들이 비록 건강하더라도 반드시 병들 것이니 방편으로써 병에 걸리지 않도록 해야 한다. 그대들이 비록 생명이 있더라도 방편으로써 목숨이 끝나지 않도록 하라."

증일아함 12권 제22 〈삼공양품(三供養品)〉 제8경

삶의 무상성을 깨닫고 나면

부처님이 베살리의 대림에 계실 때의 일이다. 어느 날 부처님이 숲을 산책하다가 욱가 장자를 만났다. 장자는 여자시종을 거느리고 왕과 같은 호사를 누리다가 술이 취해 혼자서 숲 속을 헤매는 중이었다. 장자는 단정하고 원만한 상호와 위신이 의젓한 부처님의 모습을 뵙자 금방 술이 깨었다.

부처님은 그를 위해 품행을 단정히 할 것과 이웃에게 보시할 것, 계율을 잘 지킬 것을 차례로 말씀했다. 이어서 욕심이 재난의 근본이 된다고 꾸짖고, 생사는 더러운 것이라 이르시고, 고·집·멸·도 사제법을 설했다. 부처님의 설법을 들은 장자는 의심과 미혹을 끊고 이내 바른 법을 깨달았다.

삼보에 귀의하고 오계를 받아 재가신자가 된 장자는 집으로 돌아가 모든 아내를 불러 모아놓고 제 갈 길을 가라고 했다. 둘째는 물론 첫째부인마저 개가를 원하자 금은보화를 나누어주며 그녀를 시집보내 주었다. 그리고 많은 재산을 아낌없이 보시했다. 부처님과 제자는 물론이고, 멀리서 오는 여행자, 가난한 사람, 병자에게 널리 자선을 베풀었다.

어느 날 욱가 장자의 장삿배가 바다에 나갔다가 침몰되어 큰 재산을 잃게 되었다. 그럼에도 그는 자선을 베푸는 일을 멈추지 않았다. 도리어 더 많은 재산을 내어 보시를 한다는 소문이 들렸다. 이를 알게 된 비구들은 그가 너무 무리하지 않았으면 좋겠다고 생각했다. 그래서 아난다를 대표로 뽑아 비구 대중들의 뜻을 전하기로 했다.

아난다는 욱가 장자를 찾아가 비구 대중들의 뜻을 전했다. 장자는 비구 대중의 뜻이라는 말을 듣고 마지못해 그 뜻을 받아들이기로 했으나 여전히 섭섭한 눈치였다. 아난다는 장자가 왜 그렇게 무리를 해가며 자선을 베풀려 하는지를 물었다. 이에 장자는 이렇게 대답했다.

"가난한 사람의 소원은 마을에서 제일가는 부자가 되는 것입니다. 마을의 부자는 성중의 제일가는 부자가 되는 것이 소원입니다. 성중의 부자는 나라에서 제일가는 대신이 되는 것이 소원입니다. 나라의 가장 높은 대신은 작은 나라라도 왕이 되는 것이 소원입니다. 작은 나라 왕은 전륜성왕이 되는 것이 소원입니다. 그러나 전륜성왕은 이렇게 생각합니다.

'나는 수행자처럼 머리와 수염을 깎고 가사를 입고 지극한 마음으로 집을 버리고 도를 배우는 사람이 되었으면, 그리하여 위없는 범행을 닦아 스스로 깨닫고 성취하여 다시는 윤회고를 받지 않았으면 ……'

아난다 존자님, 내가 이루고 싶은 것은 저 전륜성왕처럼 모든 재물이 다 마르도록 베풀고 또 베풀어서 마침내 깨달음을 이루고 해탈을 이루는 것입니다."

장자의 말을 들은 아난다는 '그것은 참으로 기특하고 거룩한 생각'이라고 칭찬하고 그의 공양을 받고 설법한 뒤 정사로 돌아왔다.

중아함 9권 39경 《욱가장자경(郁伽長者經)》

삼독심을 버린 자의 행복

부처님이 사밧티 기원정사에 계실 때의 일이다. 어느 날 부처님은 제자들에게 삼독의 과보에 대해 이렇게 말씀했다.

"세 가지 악한 생각이 있다. 어떤 것이 세 가지 악한 생각인가? 탐내는 생각, 화내는 생각, 남을 해치려는 어리석은 생각이 그것이다. 이것을 중생의 세 가지 악한 생각이라 한다.

그러나 수행자들이여, 잘 알아두어야 한다. 만일 탐내는 생각을 가지면 목숨을 마친 뒤에 지옥에 떨어질 것이다. 만일 화내는 생각을 가지면 목숨을 마친 뒤에 개나 닭이나 뱀이나 지네 따위의 축생으로 태어날 것이다. 만일 남을 해치려는 어리석은 생각을 가지면 목숨을 마친 뒤에 아귀로 태어나 온몸이 불타면서 그 고통은 말하기 어려울 것이다.

수행자들이여, 이것이 이른바 중생들이 세 가지 생각을 하게 되면 지옥과 축생과 아귀에 태어나는 이유이니라.

반대로 착한 세 가지 생각이 있다. 어떤 것이 세 가지 착한 생각인가? 탐욕에서 벗어나려는 생각, 화내지 않으려는 생각, 남을 해치지 않으려는 생각이 그것이다.

만일 어떤 중생이 탐욕에서 벗어나려는 생각을 하면 그는 목숨을 마친 뒤에 인간 세상에 태어날 것이다. 만일 어떤 중생이 화내지 않으려는 생각을 하면 그는 목숨을 마친 뒤에 천상에 태어날 것이다.

만일 어떤 중생이 남을 해치려는 어리석은 생각을 하지 않는다면 그는 목숨을 마칠 때 다섯 가지 결박을 끊고 거기서 반열반할 것이다.

그러므로 수행자들이여, 그대들은 항상 세 가지 악한 생각에서 멀리 떠나 세 가지 착한 생각을 하도록 하라. 그러면 큰 이익이 있을 것이다."

증일아함 13권 제23 〈지주품(地主品)〉 제8, 10경

좋은 지도자, 나쁜 지도자

부처님이 라자가하 죽림정사에 계실 때의 일이다. 어느 날 부처님은 다음과 같은 비유를 들어서 설법을 했다.

"마가다 국에 두 사람의 소치는 목자가 있었다. 그 중 한 사람은 어리석고 한 사람은 지혜로웠다. 두 사람은 많은 소 떼를 거느리고 있었는데, 우기(雨期)를 맞아 먹이가 풍부하고 안전한 곳으로 가기 위해 갠지스 강을 건너고자 했다.

그런데 어리석은 목자는 이쪽 언덕과 저쪽 언덕을 잘 관찰하지도 않고, 물살이 빠르고 약한 곳, 깊고 낮은 곳을 살피지 않고, 한꺼번에 소 떼를 몰아 강을 건너게 했다. 그의 소 떼는 강물 한가운데 이르자 거센 물살에 휩쓸려 모두 익사하고 말았다. 왜냐하면 그는 강물의 상

태를 잘 살피지 않고 무모하게 도하를 하려 했기 때문이었다.

그러나 지혜로운 목자는 소 떼를 강물에 밀어 넣기 전에 여러 가지 상태를 잘 관찰했다. 우선 이쪽 언덕과 저쪽 언덕을 잘 살펴 강폭이 좁으면서도 물살이 완만하고 깊지 않은 곳을 도하지점으로 선택했다. 그리고 소 떼 가운데 비교적 힘이 세고 길이 잘 들여진 놈을 먼저 강물에 보내어 저쪽 언덕에 이르게 했다. 이어 암소를 건너게 한 뒤 다시 중간 소와 송아지들을 건너게 했다. 송아지들은 어미소를 보며 용기를 얻어 무사히 강을 건넜다."

부처님은 숨을 한번 고르고 다시 말씀을 이어 나갔다.

"비구들이여, 종교인들도 이와 같다. 잘못된 믿음을 가진 종교인은 이쪽 세계와 저쪽 세계를 잘 관찰하지도 않고 건너는 장소나 방법도 잘 모른다. 그들을 믿고 강을 건너려 하다가는 오히려 불행을 면치 못한다. 그러나 바른 지혜를 가진 종교인은 이쪽 저쪽을 잘 살펴 건널 곳과 물살의 깊이를 헤아리고 적절한 도하방법도 알기 때문에 사람들을 안전하게 행복의 언덕에 도달할 수 있게 한다. 그러면 어떤 사람이 지혜로운 종교인인가? 탐·진·치 삼독을 끊고 바른 깨달음을 성취한 사람이다."

잡아함 47권 1248경 《목우자경(牧牛者經)》

전쟁을 하지 말라

부처님이 사밧티의 기원정사에 계실 때의 일이다. 어느 날 걸식을 나갔던 비구들이 돌아와 이렇게 아뢰었다.

"며칠 전에 코살라 국의 파세나디 왕과 마가다 국의 아자타삿투 왕이 사이가 벌어져 전쟁을 했습니다. 아자타삿투 왕이 코끼리부대, 전차부대, 기병부대, 보병부대를 앞세워 쳐들어오자 파세나디 왕도 군사를 일으켜 나가 싸웠습니다. 이 전투에서 코살라 국의 군대가 패하여 별처럼 흩어졌고 파세나디 왕은 겨우 몸만 빠져 나와 사밧티로 돌아왔다고 합니다."

제자들의 말을 들은 부처님은 안타까워하면서 이렇게 말했다.

"싸워서 이기면 원수와 적만 더 늘어나고, 패하면 괴로워서 누워도 편치 않다. 이기고 지는 것을 다 버리면 잘 때나 깨어 있을 때나 편안하리라."

이 전쟁이 있은 지 얼마 뒤 아자타삿투 왕은 아예 코살라 국을 없앨 심산으로 다시 군사를 일으켜 쳐들어왔다. 파세나디 왕은 군사를 배로 일으켜 나가 싸워서 마가다 국의 군대를 궤멸시키고 아자타삿투 왕까지 사로잡았다. 그러나 파세나디 왕은 독실한 불자인지라 아자타삿투 왕을 놓아 주기로 작정하고 부처님을 찾아와 사뢰었다.

"마가다 국과는 오랫동안 원한이 없었으나 어쩌다 사이가 나빠졌습니다. 그러나 이 젊은 왕은 나의 친구 빔비사라 왕의 아들입니다.

그래서 놓아 주려고 합니다."

"참 잘 생각했습니다. 싸워서 능히 이긴다 한들 끝내는 원한만 더욱 커져서 이익이 없습니다. 그를 놓아 주면 서로 편안하고 안락해질 것입니다."

두 나라 왕은 부처님 말씀을 듣고 기쁜 얼굴로 돌아갔다.

잡아함 46권 1236-1237경 《전투경(戰鬪經)》

나라가 부강해지는 일곱 가지 비결

부처님이 라자가하 기사굴산에 계실 때의 일이다. 마가다 국의 아사세 왕은 소국인 밧지 국을 침공하기 전에 부처님께 사신을 보내왔다. 전쟁을 일으키면 승리할 수 있을지를 묻기 위해서였다. 사신을 맞은 부처님은 대답 대신 제자 아난다에게 물었다.

"아난다야, 내가 예전에 밧지 국에 머물며 칠불쇠법(七不衰法)을 가르쳐준 적이 있는데 요즘 그들은 어떠하더냐?"

"부처님, 밧지 국 사람들은 지금도 부처님이 가르친 칠불쇠법을 실천하고 있습니다. 첫째, 그들은 자주 모임을 갖고 서로 바른 일에 대해 의논합니다. 둘째, 임금과 신하가 공명정대하고 아랫사람들은 윗사람들을 존경하는 기풍이 있습니다. 셋째, 옛 풍습을 지키며 예의를 존중합니다. 넷째, 부모를 효도로 섬기고 어른을 존경합니다. 다섯째, 돌아가신 조상을 받들고 유업 잇기에 노력하고 있습니다. 여섯째, 도덕적이며 음란하지 않습니다. 일곱째, 사문과 바라문을 공경하고, 계율을 지키며 바르게 생활하는 데 게으르지 않습니다."

"아난다야, 칠불쇠법 가운데 한 가지만 지켜도 나라가 망하지 않는다. 그런데 밧지 국은 일곱 가지를 다 지킨다면 그 나라는 더욱 안온하고 강성하여 누구의 침략을 받아도 망하지 않을 것이다."

사신은 이 대화 내용을 왕에게 보고했다. 아사세는 말뜻을 알아듣고 전쟁을 포기했다.

부처님은 아난다를 시켜 라자가하에 있는 모든 비구들을 강당에 모이게 했다. 부처님은 비구들을 위해 교법이 더욱 자라되 줄어들지 않는 칠불쇠법을 일러주었다.

"첫째, 복잡한 일을 적게 하고 단순한 일을 많이 하라. 둘째, 침묵하기를 즐겨 하고, 많은 말을 하지 말라. 셋째, 잠을 적게 자고 쾌락에 빠지지 말라. 넷째, 패거리를 만들어 쓸데없는 짓을 하지 말라. 다섯째, 아무 덕이 없으면서 자랑하지 말라. 여섯째, 악한 사람과 짝하지 말라. 일곱째, 산이나 숲 같은 한적한 곳에 있기를 좋아하라. 비구들이 이렇게 칠불쇠법을 닦으면 교법은 증장하고 닳아서 없어지지 않으리라."

장아함 2권 2경 《유행경》

사랑은 슬픔을 만드는 병

부처님이 사밧티 기수급고독원에 계실 때의 일이다. 어느 날 한 바라문이 부처님을 찾아왔다. 그는 외아들을 잃은 슬픔 때문에 음식도 먹지 못하고 옷도 추스르지 못해 마치 미친 사람과 같았다.

"그대를 보니 본정신이 아닌 것 같구나."

"저는 날이면 날마다 아들의 무덤에서 울기만 했습니다."

"바라문이여, 그렇다. 사랑이란 그렇게 슬픔과 근심, 번민과 괴로움을 생기게 하느니라."

그러나 그는 이 말에 동의하지 않았다. 사랑이 생기면 기쁨과 즐거움이 생기는 것이지, 사랑이 슬픔과 괴로움을 생기게 한다는 것은 있을 수 없다고 생각했다. 바라문은 더 이상 대화를 하지 않고 정사를 나오다가 마침 도박을 하는 사람을 만났다. 그는 도박꾼들과 어울려 부처님과의 대화를 털어놓고 그들의 의견을 물었다. 그들도 바라문과 같은 생각이었다.

도박꾼들과 바라문의 대화는 이내 사밧티에 널리 퍼져 많은 사람들의 화제가 되었다. 그 소문은 파세나디 왕과 말리카 부인에게까지 들어갔다. 왕과 왕비는 부처님의 말씀이 옳으니 그르니 옥신각신하다가 부처님께 직접 여쭈어보기로 했다. 왕은 부처님께 사자를 보내 이 문제를 물어보았다. 부처님은 왕의 사자에게 이렇게 답했다.

"만일 어떤 사람의 어머니가 목숨을 마쳐 죽으면 그는 미친 듯이 슬퍼한다. 만일 어떤 사람의 아버지, 형님, 누나, 동생, 며느리가 죽으면 또한 미친 듯이 슬퍼한다. 이는 모두 그들을 사랑했기 때문에 생기는 슬픔과 근심, 번민과 괴로움이다. 그래서 사랑은 슬픔을 만드는 원인이라고 말하는 것이다."

사자가 돌아와서 사실대로 아뢰자 말리카 부인이 물었다.

"대왕은 진정 나를 사랑하시는지요?"

"나는 진실로 왕비를 사랑하오."

"그렇다면 내가 하루아침에 죽으면 대왕은 어떻게 하겠나이까?"

"나는 반드시 울며 근심하고 슬픔에 잠겨 괴로워할 것이오."

"그렇다면 부처님 말씀이 옳은 것이 아닙니까?"

왕은 그제야 고개를 끄덕이며 부처님이 말씀한 참뜻을 이해했다.

중아함 60권 216경 《애생경(愛生經)》

흉몽과 길몽은 해석하기 나름

부처님이 사밧티 기원정사에 계실 때의 일이다. 어느 날 파세나디 왕이 열 가지 꿈을 꾸었다. 내용이 께름칙해서 혹 재앙이 생기지 않을까 걱정했다. 그래서 꿈 풀이를 하는 바라문을 불러 해몽을 해보라고 했다.

"왕과 태자가 죽을 흉몽입니다. 흉액을 물리치려면 대왕께서 사랑하는 부인과 시자, 중히 여기는 대신을 죽여 하늘에 제사하고, 대왕께서 가진 진기한 보물을 불사르소서."

대왕은 그 말을 듣고 더욱 근심이 되어 사당에 들어가 걱정을 하고 있었다. 그때 말리(末利, 摩利) 부인이 찾아와 부처님을 찾아가 꿈을 다시 해몽하자고 했다. 왕은 말리 부인의 말대로 부처님을 찾아가 열 가지 흉몽을 털어놓고 어떻게 해야 할지를 물었다.

"그것은 대왕이 앞으로 어떻게 해야 할지를 미리 꿈으로 나타낸 것입니다. 꿈에서 첫 번째로 본 '가마솥이 셋인데 두 개는 가득 찼고 가운데 것은 비었다'는 것은 후세 사람들이 빈궁한 이를 구제하지 않고 부모를 봉양하지 않아서 생긴 것이니, 그것을 바로잡으라는 것입니다. 두 번째로 본 '말(馬)이 입으로도 먹고 궁둥이로도 먹는다'는 것은 나라의 관리들이 나라의 녹봉으로도 먹고 백성들의 고혈을 짜 먹는다는 뜻이니, 이것을 바로 잡으라는 것입니다. 세 번째로 본 '큰 나무에서 꽃이 핀다'는 것은 백성들이 부역이 많아 나이 30만 되어도 머리가 하얗게 된다는 뜻이니, 이것을 바로잡으라는 것입니다. 네 번째로 본 '작은 나무가 열매를 맺는다'는 것은 풍속이 문란해 나이 15세도 못 되어 어린애를 안고 돌아온다는 뜻이니, 이것을 바로잡으라는 것입니다.

다섯 번째로 본 '한 사람이 밧줄을 끌고 가는데 뒤에 남은 염소는 그 밧줄을 먹는다'는 것은 남편이 행상이나 군대에 갔는데 정숙하지 못한 부인이 다른 남자와 정을 통해 남편의 재물을 먹으며 부끄러워

할 줄 모른다는 뜻이니, 이를 바로잡으라는 것입니다. 여섯 번째로 본 '여우가 금평상에 올라앉아 금그릇으로 밥을 먹는다'는 것은 천한 사람이 귀하게 되어 귀한 사람을 부리며 호사를 한다는 뜻이니, 이것을 바로잡으라는 것입니다. 일곱 번째로 본 '큰 소가 도리어 송아지 젖을 빤다'는 것은 어미가 딸을 중매하고 그 사람을 집에다 데려다 놓고 살게 하고 스스로는 문간에 나앉아 얻어먹고 살며, 그 아비도 모르는 척하고 살아간다는 뜻이니, 이런 것을 바로잡으라는 것입니다. 여덟 번째로 본 '검은 소 떼가 사방에서 몰려와 울부짖고 싸우면서도 서로 붙어야 할 것이 붙지 않고 소가 간 곳을 모른다'는 것은 왕과 대신, 백성들이 모두 나라가 금하는 법을 두려워하지 않고 음란하며 욕심이 많다는 뜻입니다. 그들은 충성이나 효도는커녕 부끄러움도 모르니 나라를 망치지 않으려면 이들을 바로잡으라는 것입니다. 아홉 번째로 본 '큰 봇물이 복판은 흐리고 사방은 맑다'는 것은 중앙에 사는 사람일수록 충성과 효도를 모르고 불법을 믿지 않으며 은혜와 의리를 모르고 변방에 사는 사람은 도리어 그 반대이니, 이를 바로잡으라는 것입니다. 열 번째로 본 '개울물이 빨갛게 흐른다'는 것은 왕들이 자기 나라에 만족하지 못하고 군사를 일으켜 서로 싸워 피를 흘린다는 뜻이니, 이를 바로잡으라는 것입니다. 그러므로 바르게 행하면 좋은 일이 생길 것이지만 어리석은 행을 하면 나쁜 길로 떨어질 것입니다."

증일아함 51권 제52 〈대애도반열반품(大愛道般涅槃品)〉 제9경

형이상학적 논쟁의 무익함

부처님이 사밧티 기수급고독원에 계실 때의 일이다. 어느 날 말룽가풋타라는 제자가 해질녘에 찾아와 이렇게 말했다.

"세존께서는 지금까지 세상은 영원한가 영원하지 않은가, 세상은 한정됨이 있는가 없는가, 목숨과 몸은 서로 같은 것인가 다른 것인가, 부처님은 사후에도 존재하는가 하지 않는가에 대해서 말씀해주지 않으셨습니다. 저는 어느 것이 진실이고 거짓인지 알고 싶습니다. 만약 부처님께서 저의 궁금증을 풀어주지 않으신다면 저는 여기를 떠나겠습니다."

부처님은 대답 대신 그에게 이렇게 되물었다.

"말룽가풋타야, 어떤 사람이 독 묻은 화살을 맞았다고 하자. 가족들이 그를 구하고자 의사를 불렀는데 그 사람은 이렇게 말했다. '이 화살은 쏜 사람은 누구인가? 성씨는 누구이고 이름은 무엇인가? 피부는 무슨 색이며, 어디에 사는 사람인가? 나를 쏜 화살은 무엇으로 만든 것인가? 활줄은 털실로 된 것인가, 동물의 심줄로 된 것인가? 이런 것을 알기 전에는 화살을 뽑으면 안 된다.' 만약 이 사람의 말대로 한다면 그는 어떻게 되겠는가?"

"그는 그런 것을 다 알기 전에 독이 온몸에 퍼져 죽고 말 것입니다."

부처님은 빙그레 웃으며 그에게 다시 말했다.

"그렇다. 그대는 세상은 영원한가 영원하지 않은가, 여래는 사후에도 존재하는가 존재하지 않는가와 같은 것을 물었다. 그러나 그런 것을 다 알기 전에 그대는 병들고 늙으며 근심과 걱정과 죽음의 고통을 받게 된다. 그러므로 나는 세상은 영원한가 영원하지 않은가, 여래는 사후에도 존재하는가 존재하지 않는가에 대해서 말하지 않는다. 나는 오직 괴로움과 괴로움의 원인과 괴로움의 소멸과 괴로움의 소멸에 이르는 길만을 말한다. 이것만이 지혜와 깨달음과 열반으로 나아가게 하는 길이기 때문이다."

중아함 60권 221경 《전유경(箭喩經)》

불교는 만인의 행복을 위한 길

부처님이 사밧티 기원정사에 머물고 계실 때의 일이다. 어느 날 상가바라라는 바라문 청년이 부처님을 찾아와 인사하고 이렇게 물었다.

"우리 바라문들은 자진해서 신에게 공물을 올립니다. 또 다른 사람에게도 그렇게 하도록 권합니다. 그것이 많은 사람의 행복을 위한 길이라고 믿기 때문입니다. 그런데 부처님의 제자들은 집을 나와 머리를 깎고, 가사를 입고, 마음을 조어하고, 번뇌를 끊는 수행을 합니다. 그것은 혼자만 괴로움을 멸진(滅盡)시키기 위한 것입니다. 따라서 부처님과 그 제자들은 '혼자만을 위한 행복의 길'을 가는 것이지 '만인을 위한 행복의 길'을 가는 것은 아니라고 보는데 이에 대해 어떻게 생각하십니까?"

부처님은 대답 대신 그에게 이렇게 되물었다.

"그대는 어떻게 생각하는가? 어느 날 이 세상에 정각자가 나타나 이렇게 말했다. '이것이 진리의 길이다. 이것이 실천의 법이다. 나는 이 길을 걸으며 실천하여 모든 번뇌를 끊고 마음이 평화로워졌다. 그러니 너희들도 또한 이 길을 걸으며 수행하여 모든 번뇌를 멸진시키고 마음의 평화를 얻으라.' 이 말을 듣고 많은 사람들이 와서 함께 그렇게 했다. 그리하여 그들도 번뇌를 멸진시키고 마음의 평화로움을 얻었다. 그리고 다시 그들은 다른 사람들을 위해 가르침을 펴고, 그 가르침을 받은 사람은 다시 다른 사람을 위해 가르침을 펴서 그 숫자가 수천 수만에 이르렀다. 나와 나의 제자들이 이와 같은 길을 간다면 이를 혼자만을 위한 행복의 길을 간다고 하겠느냐, 만인을 위한 행복의 길을 간다고 하겠느냐?"

질문을 받은 상가바라는 이렇게 대답했다.

"부처님과 제자들이 집을 나와 머리를 깎고 가사를 입고 수도생활을 하는 것은 만인을 위한 행복의 길을 가는 것입니다. 결코 혼자만을 위한 행복의 길을 가기 위해 수행한다고 할 수 없습니다."

중아함 35권 143경 《상가라경(傷歌邏經)》

불자가 준비할 노후대책

　부처님이 라자가하 비다라 산의 칠엽옥에 머물고 계실 때의 일이다. 어느 날 해질녘 부처님은 하루 종일 서 있는 고행을 닦는 니간타 외도들의 처소로 가서 '그대들은 왜 앉지 않고 서 있는가?'를 물었다.
　"우리 스승이 가르치기를 전생에 지은 죄가 있으면 앉지 말고 서 있는 고행을 해야 죄가 멸하고 행복을 성취할 것이라고 해서입니다."
　"그대의 스승은 과거에도 그 같은 고행을 했을 터인데 지금도 고행을 하는 것은 아직도 죄업이 소멸되지 않았기 때문이 아닌가? 그러면 고행이 무슨 의미가 있는가?"
　"행복은 고행에서 비롯됩니다. 고행을 하면 그 공덕으로 죄가 멸하고 물질적으로 풍족해져서 빔비사라 왕처럼 됩니다. 이에 비하면 부처님의 행복은 보잘것없는 것입니다."
　"그대들은 빔비사라 왕처럼 물질적으로 풍족한 것을 행복이라 생각하고 그것을 얻기 위해 고행을 하는 것 같구나. 그러면 내가 묻겠다. 빔비사라 왕은 말없이 침묵할 수 있는가? 침묵의 시간으로 7일을 보내면서 그 가운데서 쾌락과 환희를 얻을 수 있다고 보는가? 아니 단 하루라도 그런 행복을 누릴 수 있다고 생각하는가?"
　외도들은 '그렇지 않다'고 대답했다. 이에 부처님은 다시 물었다.
　"그러면 어떤가? 나는 하루 동안 말없는 침묵의 시간을 보내면서도 즐거움을 누릴 수 있다고 생각하지 않는가? 아니 7일 또는 그 이상의 시간을 침묵으로 보내면서도 그 가운데서 즐거움을 얻을 수 있다고 보지 않는가?"

외도들은 '그렇다'고 대답했다. 부처님은 '그렇다면 누구의 행복이 더 참다운 행복인가?'를 물었다. 그들은 '부처님의 행복이 참다운 행복'이라고 대답했다. 이에 부처님은 다시 말했다.

"그렇다. 그대들은 알아야 한다. 참다운 행복이란 욕심을 비우는 곳에서 생기는 것이다. 욕심이란 행복을 앗아가고 한없는 괴로움과 환란을 가져오는 것이다. 그러므로 참으로 행복하고자 한다면 앉지 않고 서 있는 고행을 하기보다는 욕심을 비워야 한다."

중아함 25권 100경 《고음경(苦陰經)》

대중지도자가 갖춰야 할 덕목

부처님이 알라비칼라에 머물고 계실 때의 일이다. 어느 날 수장자(手長者)가 5백여 명의 장자를 이끌고 부처님을 찾아와 예배하고 한 쪽에 앉았다. 부처님이 수장자에게 물었다.

"그대는 어떤 법으로 이처럼 많은 대중을 이끌고 있는가?"

"저는 부처님께서 말씀하신 네 가지 원칙으로 이들을 이끌어가고 있습니다. 첫째는 은혜를 베풀고(惠施), 둘째는 부드럽고 고운 말을 쓰며(愛語), 셋째는 사람들에게 이익이 되도록 하며(以利), 넷째는 모든 일을 같이 하도록 하는 것(等利)입니다. 저는 이렇게 네 가지 원칙으로 대중을 이끌고 있습니다."

장자의 대답을 들은 부처님은 이렇게 말했다.

"훌륭하구나 장자여, 너는 능히 법답게 좋은 방편으로 대중을 이끌고 있구나. 만일 과거의 모든 장자나 바라문이 방금 말한 사섭법으로 대중을 이끌었다면 어떤 대중도 이끌지 못하는 일이 없었을 것이다. 또 만일 과거·현재·미래의 사문이나 바라문이 이 방법으로 대중을 이끈다면 어떤 대중도 이끌지 못할 대중이 없을 것이다."

설법을 들은 수장자는 매우 기뻐하며 집으로 돌아갔다. 그리고 만나는 사람마다 부처님이 자신에게 들려주었던 말씀을 반복해서 전해주었다. 수장자가 전해주는 부처님의 말씀을 들은 사람들은 모두 성냄과 다툼, 슬픔과 원한이 없어지고 늘 기쁨이 충만해졌다.

중아함 9권 40경 《수장자경(手長者經)》

이웃 종교에 대한 불교의 태도

부처님이 날란다 성 파바리나 숲에 머물 때의 일이다. 어느 날 장고행자(長苦行者) 니간타의 제자가 부처님을 찾아왔다. 부처님이 그에게 '그대의 스승은 어떤 방법으로 악업을 짓지 않도록 가르치는가'를 물었다. 그는 '몸과 입, 생각으로 잘못하면 그것을 벌주는 것(苦行)으로써 악업을 짓지 못하도록 한다'면서 '부처님은 어떻게 가르치고 있는가'를 물었다.

"나는 몸과 입이 잘못을 하더라도 고행을 하라고 말하지 않는다. 다만 마음으로 악업을 짓지 말고 선업을 실천하라고 가르친다."

그는 부처님과의 대화를 통해 큰 깨우침을 받고 스승에게 돌아가 이 사실을 말했다. 마침 그 자리에는 니간타의 재가제자 우팔리 거사가 있었다. 우팔리는 자기가 부처님을 찾아가 대론을 해서 항복을 받고 오겠다고 했다. 니간타는 '자네가 가서 항복을 받으면 다행이겠으나 그렇지 못할까봐 걱정'이라면서 만류했다. 우팔리는 자신 있다면서 나섰지만 그 역시 부처님과의 대론에서 설복 당하고 말았다.

"부처님, 저는 오늘부터 이 몸이 다하도록 삼보에 귀의하는 재가신도가 되겠나이다."

"거사여, 그러면 됐다. 그러나 잠자코 실천할 뿐 굳이 삼보에 귀의한 것을 공포할 필요는 없다. 훌륭한 사람은 오직 선을 행하느니라."

"부처님, 참으로 거룩하십니다. 다른 사람 같으면 깃대를 들고 돌아다니며 자랑할 텐데 '잠자코 실행하고 공포하지는 말라'고 하십니다. 그러면 부처님이시여, 저는 앞으로 장고행자 니간타들이 우리집에 오는 것을 허락하지 않고 부처님 제자만 오도록 하겠나이다."

"거사여, 그러면 안 된다. 저 니간타들은 오랫동안 너의 존경을 받았다. 만일 저들이 오거든 옛날과 같이 존경하고 공양하라."

"부처님, 참으로 거룩하십니다. 다른 이 같으면 '마땅히 나와 내 제자에게만 보시하고 다른 이에게 보시하지 말라'고 할 터인데 부처님은 그렇지 않습니다."

"거사여, 그렇다. 나는 '나와 내 제자에게만 보시하고 다른 이에게 보시하지 말라'고 말하지 않는다. '모든 사람들에게 보시하여 큰 기쁨을 얻으라'고 말한다. 다만 '바르게 정진하는 사람에게 보시하면 큰 복을 얻지만 그렇지 않은 사람에게 보시하면 큰 복을 얻지 못할 것'이라고만 말할 뿐이다."

중아함 32권 133경 《우바리경(優婆離經)》

누가 용 중의 용인가

부처님이 사밧티 동쪽 녹자모강당에 계실 때의 일이다. 어느 날 해질녘 부처님은 명상에서 일어나 옆에 있던 우다이에게 말했다.

"나와 함께 동쪽 강가에 가서 목욕이나 하자."

부처님은 우다이와 함께 강가에 가서 옷을 벗어놓고 목욕을 했다. 부처님이 목욕을 마친 뒤 언덕으로 나와 옷을 입을 즈음 상류에서 파세나디 왕이 큰 코끼리를 타고 강을 건너고 있었다. 이를 본 제자 우다이가 말했다.

"부처님, 저 코끼리는 큰 몸집을 가졌으므로 사람들은 '저것은 코끼리 중의 코끼리며, 코끼리의 왕'이라고 합니다."

"그렇구나. 저 코끼리는 코끼리 가운데 가장 큰 코끼리여서 '코끼리의 왕'이라고 하는구나. 또 말이나 낙타, 소나 나귀, 뱀이나 사람, 나무 중에도 큰 몸집을 가진 것을 본다면 '저것은 말 중의 말, 소 중의 소며 왕'이라고 할 것이다. 그러나 나는 그런 것을 말의 왕, 소의 왕이라고 하지 않는다. 나는 이 세상이나 하늘세계에서 몸과 입, 생각으로 남을 해치지 않고 돕는 것을 일러 용 중의 용, 코끼리 중의 코끼리라고 한다. 그렇다면 우다이야, 너는 이 세상에서 누가 진정한 용 중의 용인 줄 알겠는가?"

우다이는 '용 중의 용'이 어떤 존재여야 하는지를 깨닫고 이렇게 게송을 지어 찬탄했다.

세존께서는 인간으로 태어나
스스로를 다루어 바른 선정을 얻고
깨끗한 행을 닦아 익히고
마음을 쉬어 스스로 즐겁게 지내시네.

널리 듣고 바로 깨닫기는
마치 허공에서 해가 솟는 듯하고
일체의 용 가운데 우뚝하기는
산 가운데서도 가장 높은 봉우리 같네.

중아함 29권 118경 《용상경(龍象經)》

인생을 함부로 살지 말라

부처님이 사밧티 녹자모강당에 계실 때의 일이다. 어느 날 해질녘 이교도 판디타의 제자 아지타가 부처님을 찾아왔다. 부처님은 마침 산책 중이었으므로 아지타도 함께 걸었다. 부처님이 그에게 물었다.
"그대의 스승은 어떻게 살고 있으며, 어떻게 살라고 가르치는가?"
"사문 판디타는 낮이나 밤이나, 걷거나 서거나, 앉거나 눕거나, 자거나 깨거나 항상 걸림이 없이 살라고 합니다. 때로는 달리는 코끼리, 고삐 풀린 말, 달리는 수레, 반역한 군사, 바람난 여자와 바람난 남자와 어울리기도 합니다.
때로는 사나운 코끼리, 사나운 말과 소, 사나운 개와도 어울리며, 독사 떼를 만나고 흙덩이를 받거나 몽둥이를 휘두르며 개천에 떨어지거나 뒷간에 빠지기도 합니다.

누운 소를 타거나 깊은 구덩이에 들어가거나 가시밭 속에도 들어갑니다.

마을과 촌락의 이름을 묻고 남자나 여자를 보면 그 이름을 묻고 빈집을 보면 구경하고 다닙니다.

누가 그에게 '당신은 어디로 가는가?'라고 물으면 '나는 나쁜 길로 간다'고 대답합니다. 그러면서도 그는 스스로 일체를 알고, 남음(有餘)이 없으며, 허물이 없다고 말합니다."

부처님은 걸음을 멈추고 비구들에게 물었다.

"그대들은 어떤 것이 지혜로운 사람이 가야할 길이라고 생각하는가?"

아무도 대답을 하지 않자 부처님이 다시 말했다.

"자세히 듣고 기억하라. 이 세상에는 두 가지 무리의 사람이 있다. 하나는 법다운 무리요, 또 하나는 법답지 않은 무리다. 법다운 무리란 어떤 한 사람이 법다운 일을 행하고, 법다운 일을 말하여 그 무리가 모두 그것을 따르는 것을 말한다.

법답지 않은 무리란 어떤 한 사람이 법답지 않은 일을 행하고, 법답지 않은 일을 말하여 그 무리가 모두 그것을 따르는 것을 말한다."

부처님이 이렇게 말씀하고 자리를 뜨자 비구들은 법다운 것과 그렇지 않은 것이 무엇인지에 대해 토론하다가 아난다에게 그 설명을 요청했다. 아난다는 처음에는 사양했으나 비구들이 재차 간청하자 이렇게 말했다.

"법다움이란 바른 소견과 지혜로 말미암아 생기는 일체의 훌륭한 일이며, 법답지 않음이란 삿된 소견과 생각으로 말미암아 생기는 일체의 훌륭하지 못한 일을 말하는 것입니다."

중아함 49권 188경 《아이나경(阿夷那經)》

제 **4** 장

자비와 공덕

선지식을 가까이 하는 공덕

부처님이 사밧티 기수급고독원에 계실 때의 일이다. 어느 날 생문(生聞) 바라문이 찾아와 악지식과 선지식에 대해 물었다.

"부처님, 어떤 사람을 악지식이라 하는지요?"

"악지식은 마치 그믐으로 향하는 달과 같은 사람이다. 그믐으로 향하는 달은 날로 모양이 점점 어그러지고 광명도 점점 약해진다. 그리하여 나중에는 모양이 아주 없어져 볼 수도 없고 빛도 없어진다. 악지식도 또한 그와 같아서 처음에는 여래의 바른 가르침을 받아 그 법을 믿지만 점점 따르지 않고 공경하지 않으며 소행은 순하지 않으며 바른 지혜를 세우지 않는다. 그러다가 나중에는 문득 믿음을 잃고 계와 믿음과 서원과 지혜도 또한 잃어버린다. 마지막에는 마치 달이 모양을 잃듯이 모든 것을 잃고 만다. 이것이 악지식이 가는 길이다."

"그러면 어떤 사람을 선지식이라 하는지요?"

"선지식은 마치 보름으로 향하는 달과 같은 사람이다. 보름으로 향하는 달은 처음 생길 때 산뜻하고 밝고 깨끗하며 날로 그 모양을 키워 간다. 그리하여 보름이 되면 그 모습이 둥글고 풍만해지며 밝은 빛을 발한다. 선지식도 또한 그와 같아서 처음에 여래의 바른 가르침을 받은 이후 바른 믿음을 견고하게 하여 소행은 순종하며 바른 지혜를 세운다. 믿음을 더욱 증장시키며 계와 서원과 지혜 또한 늘려 나간다. 마지막에는 선법을 구족하기가 보름달과 같다. 이것이 선지식이 가는 길이다."

"악지식을 가까이하는 것과 선지식을 가까이하는 것은 어떤 차이가 있는지요?"

"악지식을 가까이 하면 마치 허공의 달이 간탐의 그늘에 가리워 세간의 모든 별들을 광명을 잃는 것처럼 될 것이다. 그러나 선지식을 가까이 하면 간탐의 그늘이 사라져 허공의 모든 별이 빛나듯이 지혜의 광명이 빛나게 될 것이다."

중아함 36권 148경 《하고경(何苦經)》

환자의 태도, 간병인의 태도

부처님이 사밧티 기원정사에 계실 때의 일이다. 어느 날 부처님은 제자들에게 병든 사람이 빨리 낫기 위해서는 어떤 태도를 가져야 하는지에 대해 말씀했다.

"환자가 다섯 가지 나쁜 태도를 가지면 병이 잘 낫지 않는다. 첫째 음식을 가려서 먹지 않고, 둘째 때를 맞춰 먹지 않고, 셋째 약을 잘 먹지 않고, 넷째 근심과 성내는 마음이 많고, 다섯째 돌보는 사람의 마음을 헤아리지 않는 것이다. 이런 환자는 병이 쉽게 낫지 않는다.

그러나 환자가 다섯 가지 좋은 태도를 가지면 병이 잘 낫는다. 첫째 음식을 가려서 먹고, 둘째 때를 맞춰 먹고, 셋째 약을 잘 먹으며, 넷째 근심과 성내는 마음이 없고, 다섯째 돌보는 사람의 마음을 헤아려주는 것이다. 이런 환자는 병이 쉽게 낫는다.

그러므로 비구들이 만약 병을 얻어 앓게 되면 다섯 가지 나쁜 태도를 버리고 다섯 가지 좋은 태도를 가져야 하리라."

이어서 부처님은 환자를 돌보는 간병인이 어떤 태도를 가져야 하는지에 대해서도 말씀했다.

"환자를 돌보는 간병인이 다섯 가지 나쁜 태도를 가지면 환자의 병이 잘 낫지 않는다. 첫째 좋은 약을 분간할 줄 모르고, 둘째 게을러서 환자를 잘 돌보지 않으며, 셋째 참을성이 없어 화를 잘 내며, 넷째 환자와 친하게 이야기하지 않고 잠자기를 좋아하며, 다섯째 이익을 위해 간호하면서 마음을 다해 공양하지 않기 때문에 환자를 위해 설법해주지 않는 것이다. 이런 간병인은 환자를 잘 낫게 할 수 없다.

그러나 간병인이 다섯 가지 좋은 태도를 가지면 환자의 병이 잘 낫는다. 첫째 좋은 약을 분별할 줄 알고, 둘째 게으르지 않아 먼저 일어나고 늦게 자며, 셋째 참을성이 많아 화를 잘 내지 않으며, 넷째 항상 이야기를 좋아하며 잠이 적으며, 다섯째 이익을 탐해 간호하는 것이 아니라 마음을 다해 공양하기 때문에 환자에게 설법을 해주는 것이다. 이런 간병인은 환자를 잘 낫게 할 수 있다."

증일아함 24권 제32 〈선취품(善聚品)〉 제8-9경

사회사업은 최고의 공덕

부처님이 사밧티 기원정사에 계실 때의 일이다. 어느 날 한 젊은이가 찾아와 부처님께 여쭈었다.

"부처님, 어떻게 해야 공덕이 밤낮으로 항상 증장할 수 있으며, 어떻게 해야 죽은 뒤에도 좋은 곳에 태어날 수 있습니까? 원컨대 저를 위해 그 방법을 일러주십시오."

"젊은이여, 공덕을 짓고자 한다면 동산에 과일나무를 심어라.

그러면 나무에는 그늘이 많고 시원하여 여러 사람들이 쉬어갈 수 있으니 훌륭한 공덕이 될 것이다.

다리를 놓거나 배를 만들어 강을 건너게 해주는 것도 훌륭한 일이다.

또 배고픈 사람들을 도와주는 복덕의 집을 짓고 보시를 하거나 우물을 파서 목마른 사람의 갈증을 풀어 주는 것도 방법이다.

객사를 지어서 지나가는 나그네를 쉬게 하는 일도 매우 훌륭한 일이다. 이렇게 하면 그 공덕은 밤낮으로 자랄 것이다.

만약 그대가 천상에 태어나기를 원한다면 법답게 정해진 계율을 지켜라. 그러면 그 인연으로 천상에 태어나게 되리라."

젊은이는 부처님의 말씀을 듣고 기뻐하면서 이렇게 말했다.

"저는 오랜만에 훌륭한 스승을 뵈옵고 완전한 가르침을 배웠나이다. 이제 일체의 두려움을 버리고 이 세상의 갈애를 뛰어넘을 수 있게 되었습니다."

잡아함 36권 997경 《공덕증장경(功德增長經)》

육근을 잘 다스린 공덕

부처님이 사밧티 기원정사에 계실 때의 일이다. 어느 날 부처님은 인간의 육신를 구성하는 육근(六根)을 어떻게 다스려야할 지에 대해 이렇게 말씀했다.

"수행자는 생각을 온전하게 해서 자기 몸을 닦아야 한다. 가야 하거나 머무르거나, 나아가거나 멈추거나, 굽히거나 펴거나, 굽어보거나 우러러보거나, 옷을 입거나 벗거나, 잠자거나 깨어나거나, 말하거나 침묵하고자 할 때 모두 때를 알아야 한다. 수행자가 만일 마음을 온전하고 바르게 하면 아직 생기지 않은 번뇌와 탐욕과 무명은 앞으로도 생기지 않을 것이며, 이미 생긴 번뇌와 탐욕과 무명은 곧 사라지게 될 것이다.

또 만일 생각을 온전히 하면 여섯 가지 감각기관을 잘 분별해서 마침내 나쁜 길에 떨어지지 않게 할 것이다. 여섯 가지란 눈, 귀, 코, 혀, 몸, 뜻(眼耳鼻舌身意)으로 모양, 소리, 냄새, 맛, 감촉, 관념(色聲香味觸法)을 인식할 때 곱거나 좋은 것은 기뻐하고 추하거나 나쁜 것은 싫어하는 것을 말한다.

그런데 여섯 가지 감각기관이란 마치 여섯 가지 짐승이 그 성향이 각각 다른 것과 같다. 예를 들어 어떤 사람이 개, 여우, 원숭이, 물고기, 독사, 새를 잡아 밧줄에 묶어 한곳에 놓아두면 그것들은 각각 성향이 달라서 서로 가고 싶은 곳으로 가고자 할 것이다. 즉 개는 마을로 달아나고 싶어하고, 여우는 무덤 사이로 가고 싶어하고, 원숭이는 숲으로 가고 싶어하고, 물고기는 물로 가고 싶어하고, 독사는 구멍 속으로 들어가고 싶어하고, 새는 공중으로 날아가고 싶어한다. 그러나 그 여섯 가지 짐승은 단단히 한곳에 매어 두면 아무 데도 가지 못하고 움직이지 못한다. 그것들은 그곳을 떠날 수 없으므로 거기에 있게 되는 것이다.

인간의 여섯 가지 감각도 이와 같이 제각각 좋거나 나쁜 것에 따라 하고 싶은 것이 다르지만 그때 수행자는 그것을 한곳에 매어 둔다. 그렇게 뜻을 온전히 하여 어지럽게 하지 않으면 악마 파피야스도 침투할 틈이 없어서 어쩌지 못한다. 그렇게 되면 수행자는 온갖 공덕을 성취하게 되는 것이다.

수행자들이 이와 같이 공부해나가면 현세에서 아나함이나 아라한의 결과를 얻게 될 것이다."

증일아함 32권 제38 〈역품(力品)〉 제8경

여섯 가지 소중한 일

부처님이 사밧티 기원정사에 계실 때의 일이다. 어느 날 부처님은 수행자들이 명심해야 할 여섯 가지 소중한 일에 대해 말씀했다.

"그대들은 여섯 가지 소중한 법을 잘 명심하라. 그것은 공경하고 소중하게 여길 만한 것이니 마음에 굳게 새겨 잊지 말도록 하라. 그러면 어떤 것이 여섯 가지인가.

첫째는 몸으로 어떤 행동을 할 때 늘 자비를 생각하되 거울에 얼굴을 비춰보듯이 하라. 이것은 공경할 만하고 귀하게 여길 만한 것이니 마음에 새겨 잊지 말도록 하라.

둘째는 입으로 어떤 말을 할 때 늘 자비를 생각하되 거울에 얼굴을 비춰 보듯이 하라. 이것은 공경할 만하고 귀하게 여길 만한 것이니 마음에 새겨 잊지 말도록 하라.

셋째는 뜻으로 어떤 생각을 할 때 늘 자비를 생각하되 거울에 얼굴을 비춰 보듯이 하라. 이것은 공경할 만하고 귀하게 여길 만한 것이니 마음에 새겨 잊지 말도록 하라.

넷째는 법의 이익(法利)을 얻거든 수행자들과 함께 나누고 인색하지 말라. 이것은 공경할 만하고 귀하게 여길 만한 것이니 마음에 새겨 잊지 말도록 하라.

다섯째는 모든 계율은 썩지 않고 무너지지 않아야 하는 것이니 지혜로운 사람과 함께 지켜서 어그러지지 않도록 하라. 이것은 공경할 만하고 귀하게 여길 만한 것이니 마음에 새겨 잊지 말도록 하라.

여섯째는 번뇌를 벗어나는 바른 소견을 가지며 그런 소견을 범행을 닦는 사람과 함께 닦도록 하라. 이것은 공경할 만하고 귀하게 여길 만한 것이니 마음에 새겨 잊지 말도록 하라.

수행자들이여, 그대들은 몸과 입과 뜻으로 행할 때에 항상 바른 것만 생각하고, 만일 이익을 얻거든 나눌 것이며 혼자만 탐하려는 생각을 하지 말라. 항상 이와 같이 수행을 해나가야 하느니라."

증일아함 29권 제37 〈육중품(六重品)〉 제1경

자식부터 먼저 교화하라

부처님이 사밧티 기원정사에 계실 때의 일이다. 독실한 재가신자인 아나타핀디카 장자에게는 네 명의 아들이 있었으나 모두 삼보에 귀의하지 않고 불법을 믿지 않았다. 장자는 아들들이 불법에 귀의할 것을 간곡하게 권했으나 말을 듣지 않았다. 장자는 아들들에게 각각 순금 1천 냥씩 줄 테니 삼보에 귀의하라고 했다. 그래도 그들은 말을 듣지 않았다. 다시 장자는 2천 냥, 3천 냥, 4천 냥을 제안했으나 말을 듣지 않았다.

"이게 마지막이다. 삼보에 귀의하고 불법을 믿으면 순금 5천 냥을 주겠다. 불법을 믿으면 너희들은 긴 밤 동안 한량없는 복을 받을 것이다. 그래도 믿지 않겠다면 그때는 나도 할 수 없다. 너희들에게는 한 푼도 줄 수 없다."

아들들은 그제야 장자의 제안을 수락하고 어떻게 해야 하는지를 물었다.

"우선 나를 따라 부처님에게로 가자. 가서 설법을 듣자. 너희들이 그 설법을 잘 기억하면 긴 밤 동안 고통에서 벗어나 큰 복을 받게 될 것이다"

"부처님은 지금 어디 계십니까? 여기서 얼마나 멉니까?"

"부처님은 지금 내가 지어드린 기원정사에 계신다. 그리로 가자."

장자는 기뻐하면서 그들을 데리고 기원정사로 가서 부처님께 예배하고 아뢰었다.

"이 아이들은 아직 삼보에 귀의하지 않았습니다. 제가 5천 냥의 순금을 준다고 하자 삼보에 귀의하기로 약속했습니다. 원컨대 부처님께서는 이 아이들을 위해 설법하여 주소서."

부처님이 그들을 위해 설법하자 그들은 매우 기뻐하면서 삼보에 귀의할 것을 다짐했다.

"저희들은 지금부터 불·법·승 삼보에 귀의하나이다. 또한 살생과 도둑질과 삿된 음행과 거짓말과 술 마시는 것을 삼가하겠나이다."

네 아들이 삼보에 귀의하자 장자도 매우 기뻐했다. 부처님은 그런 장자를 이렇게 찬탄했다.

"어떤 사람이 방편으로 물질을 내놓고 사람들로 하여금 부처님과 그 가르침과 성중에 귀의하고 불법을 믿게 하면 그 공덕은 한량이 없을 것이다. 그 사람은 그 공덕으로 삼악도에 떨어지지 않을 것이며, 이 세상의 모든 괴로움에서 완전히 벗어날 것이다. 그러므로 많은 사람들을 가엾게 여기고, 방편을 써서 그들이 삼보에 귀의하도록 힘쓰도록 하라."

증일아함 49권 제51 〈비상품(非常品)〉 제7경

불교적 신사가 취할 태도

부처님이 사밧티 기수급고독원에 계실 때의 일이다. 어느 날 한 제자가 찾아와 몰리야파군나 비구의 좋지 못한 소문을 전했다. 그는 비구니들과 자주 어울리는 데다가 누가 그 문제에 대해 말하면 화를 내면서 싸우려든다는 것이었다. 부처님은 즉시 몰리야파군나를 불러 사실 여부를 확인하고 이렇게 가르쳤다.

"그대는 지극한 믿음으로 도를 배우고자 출가했다. 그렇다면 마땅히 마음속으로 세속의 욕심을 끊고 바른 생각을 익혀야 한다. 한번 가르침을 받은 뒤에는 바른 생각을 성취하여 바른 법으로 향해야 한다. 혹시 누가 나에 대해 나쁜 말을 하더라도 성내거나 미워하지 않으며, 시비에 휩싸이지 않으며 멀리 한적한 곳에 머물며, 고운 말과 공순한 법을 성취해야 한다. 결코 화내거나 싸우거나 시비에 휩싸이지 않도록 해야 한다."

이어서 부처님은 베데히카(韓陀提) 부인을 예로 들어 비구들을 훈계했다.

"베데히카 부인은 큰 부자의 아내로서 재산도 풍족했지만 욕됨을 잘 참고 온화해서 명성이 자자했다. 그 부인에게는 카알리라는 여종이 있었는데 그녀는 어려서부터 부인의 몸종으로서 순종적이고 부드러우며 고운 말을 썼다. 그녀는 어느 날 이런 생각을 했다.

'마님은 잘 참고 온화하다는 소문이 자자하다. 과연 그런지 시험해보리라.'

다음날 카알리는 일부러 늦게까지 누워서 일어나지 않았다. 부인은 카알리에게 '이제 그만 일어나라'고 부드러운 말로 타일렀다. 그럼에도 카알리는 다음날에도 아주 늦게까지 일어나지 않았다. 부인은 '내일부터는 일찍 일어나라'고 말했다. 그러나 카알리는 다음날에는 아예 저녁 나절까지 일어나지 않았다. 부인은 화가 나서 욕을 하며 매질을 했다. 카알리는 부인으로부터 흠씬 두들겨 맞고 밖에 나가 이렇게 말했다. '베데히카 부인이 잘 참고 온화하다는 것은 거짓말이다. 부인은 내가 조금 늦게 일어났다고 미치광이처럼 나에게 욕하며 매질까지 했다.' 그리하여 부인의 명성은 하루아침에 땅에 떨어지고 말았다."

여기까지 말한 부처님은 다시 비구들에게 말했다.

"모름지기 출가한 사문이란 어떤 도적이 와서 톱이나 칼로 그대들의 몸을 마디마디 끊는다 하더라도 마음이 변하거나 입으로 나쁜 말을 하지 않고, 도리어 불쌍한 마음을 일으켜야 한다. 그래야 이 세상에서 성냄도 없고 다툼도 없고 걸림도 없는 삶을 살 것이다."

중아함 50권 193경 《모리파군나경(牟梨破群那經)》

부처님의 재난구제 활동

부처님이 라자가하 죽림정사에 계실 때의 일이다. 어느 날 아자타삿투 왕이 찾아와서 정중하게 예배하고 여름 안거를 라자가하에서 보내실 것을 청했다. 부처님은 이를 승낙했다. 왕은 때에 맞춰 의복과 음식과 침구와 의약품을 공양하였다.

그 해 여름 이웃나라인 베살리에서는 귀신의 재앙이 일어나서 하루에도 죽는 사람이 수백이 넘을 지경이었다. 그들은 귀신 나찰들이 옮긴 병에 걸려 얼굴과 눈이 누렇게 되어 3~4일 만에 죽었다. 사람들은 이 사태를 매우 두려워하며 한곳에 모여 의논했다.

"베살리는 크고 번성해서 사람도 많이 살고 물자도 풍성해서 저 제석천왕이 사는 궁전과 같다고 했다. 그런데 귀신의 해침을 받아 많은 사람이 죽어서 쓸쓸하기가 산이나 들과 같다. 누가 이 재난을 구할 수 있을 것인가?"

그들은 의논 끝에 부처님을 모셔오기로 했다. 그러나 부처님은 지금 라자가하에서 아자타삿투 왕의 공양을 받으며 안거를 보내고 있는데 어떻게 모셔올 수 있을 지 방안이 마땅하지 않았다. 사람들은 부처님은 큰 자비로 일체중생을 제도하는 분이시므로 어려운 사정을 말하면 베살리로 오실 것으로 믿고 최대(最大)라는 장자를 대표로 뽑아서 보냈다.

그는 부처님을 찾아가 급박한 사정을 아뢰고 베살리로 와 주실 것을 청했다. 이 소식을 들은 아자타삿투 왕이 반대했다. 그러자 부처님은 베살리의 사자를 왕에게 보내 설득하도록 했다. 베살리의 사자는 부처님이 가르쳐준 대로 왕을 만나 이렇게 간청했다.

"왕은 죄 없는 부왕을 죽였으므로 장차 지옥에 가서 1겁을 보내야 하는데 그 허물을 뉘우치고 불법에 귀의했으니 죄가 조금 감해질 것이오. 그러나 더 많은 선행을 베풀면 더 빨리 죄업을 소멸할 것이오. 그러니 부처님과 그 제자들을 베살리로 보내주시기를 청하나이다."

왕은 부처님을 베살리로 보내드리는 것이 선업을 짓는 것이라는 말에 설득되어 부처님을 모셔가도 좋다고 했다. 부처님은 안거 중임에도 제자들을 데리고 베살리로 갔다. 베살리에 도착한 부처님은 성문에 이르러서 게송으로써 말씀했다.

여래는 이 세상에서 가장 훌륭한 분이시며
그 가르침은 우리를 열반의 세계로 인도하며
비구들은 여러 수행자들 중에 가장 훌륭하시니

이 거룩하온 삼보에 진심으로 귀의하면
베살리 성에는 모든 재앙이 없어지리라.

두발 가진 사람도 안온을 얻고
네발 가진 짐승도 그러하리니
길을 가는 이도 행복하고
길을 오는 이도 또한 그러하리라.
밤이나 낮이나 안온을 얻어
귀찮게 구는 이가 없을 것이다.

이렇게 말하자 모든 귀신은 성안으로 들어오지 못하고 모든 병자들은 병이 낫게 되었다.

증일아함 32권 제38 〈역품(力品)〉 제11경

환자를 위로해주는 불교

부처님이 사밧티의 기원정사에 계실 때의 일이다. 그 무렵 교단의 재정적 후원자였던 수닷타 장자가 병이 들어 매우 위중한 상태였다. 이 소식을 들은 부처님은 어느 날 아침 탁발을 나선 길에 장자의 집을 방문했다. 장자가 감격하여 자리에서 일어나려 하자 부처님은 이를 만류하고 친절하게 병세를 물었다.

"장자여, 병세는 어떤가? 고통은 견딜 만한가?"

"부처님, 저의 병은 너무 심해 견디기 어려울 지경입니다."

"장자여, 두려워하지 말라. 만일 어리석은 사람이라면 평소에 불·법·승 삼보를 믿지 않고 계율을 실천하지 않았기 때문에 목숨을 마친 뒤의 일을 두려워할 것이다. 그러나 그대는 라자가하의 한림(寒林)에서 나를 만난 뒤, 삼보에 귀의하고 청정한 계율을 지켰다. 또한 많은 재물을 승단에 보시해 큰 공덕을 지었다. 그러니 무엇이 두렵겠는가."

부처님의 위로를 받은 장자는 마음이 편안해졌다. 그는 기쁜 마음으로 병중에서도 부처님에게 공양을 올리는 것을 잊지 않았다. 부처님의 문병에 이어 다음날에는 아난다와 사리풋타가 차례로 수닷타 장자의 집을 찾아 위로하고 설법했다.

잡아함 37권 1030경 《급고독경(給孤獨經)》

부처님도 환자를 간호했다

부처님이 라자가하 죽림정사에 계실 때의 일이다. 그때 어떤 비구가 위중한 병을 앓아 누워 있었다. 그는 제힘으로 일어날 수도 없고 대소변을 가리기도 힘들었지만 아무도 돌보는 사람이 없었다. 이를 알게 된 부처님은 그를 찾아가 위로했다.

"어떤가? 좀 차도는 있는가? 간호는 누가 하고 있는가?"

"저의 병세는 갈수록 더해 좋아지지 않고 있습니다. 간호하는 이도 없습니다."

부처님은 그에게 병들기 전에 누구를 간호해준 적이 있는지 물었다. 그는 없다고 했다.

"그대가 문병을 다니지 않았으니 좋은 복을 짓지 못한 것이다. 안타까운 일이다. 그러나 이제는 걱정하지 말라. 내가 친히 간호하여 걱정이 없게 하리라."

동행한 제자들은 민망해 하면서 자신들이 병든 수행자를 보살피겠다고 했다.

"그러지 말라. 내가 하리라. 그대들은 병든 수행자를 외면했지만 나는 부처가 되기 전 보살행을 닦을 때 비둘기 한 마리를 살리려고 목숨을 던졌다. 하물며 지금은 불도를 이루었는데 어찌 이 수행자를 외면하겠는가. 그럴 수는 없다. 나는 일체의 병자를 돌보아주고, 구호할 이 없는 이를 구호해주고, 장님에게는 눈이 되어주려고 한다."

부처님은 손수 비를 들고 더러운 곳을 쓸었다. 자리를 다시 깔고, 옷도 빨았다. 그를 부축해서 깨끗한 물로 목욕을 시킨 뒤 돌 평상 위에 앉아서 그에게 밥을 먹여 주었다. 식사가 끝나자 부처님은 그를 위해 설법을 해주었다.

"수행자여, 그대는 이제 삼세의 모든 병을 다 버려야 한다. 이 세상에 태어나면 다 늙게 되고, 늙으면 또한 병들게 된다. 병이 생기면 앉거나 눕거나 신음하고 사백사병(四百四病)이 한꺼번에 닥친다. 병으로 말미암아 죽음에 이르면 정신과 육체는 갈라져 나쁜 세계로 가게 된다. 다행하게 지금 그대들은 사람으로 태어나 불법을 만났다. 모든 감각기관이 온전해서 바른 법을 들을 수 있다. 이럴 때 열심히 수행하지 않으면 나중에 후회해도 소용없다."

부처님은 다시 아난다를 시켜 수행자들을 강당으로 모이게 한 뒤 이렇게 가르쳤다.

"그대들은 스스로 집을 떠나 같은 스승 밑에서 공부하는 수행자들이다. 젖과 물과 같이 어울려야 하거늘 서로 잘 보살피지 않는다. 그러면 안 된다. 앓는 사람이 있으면 서로 보살펴야 한다. 만일 앓는 비구에게 제자가 없거든 대중이 차례를 정하여 보살펴야 한다. 병자를 돌보는 것은 곧 나를 돌보고 공양하는 것과 같다. 그 공덕은 어떤 것보다 크다. 만일 수행자로서 병자를 보고도 돌보지 않으면 계율로써 다스리도록 하라."

증일아함 40권 제44 〈구중생거품(九衆生居品)〉 제7경

환자를 부처님처럼 돌보라

　부처님이 사밧티 기원정사에 계실 때의 일이다. 어느 날 부처님은 병든 사람을 보살피는 일이 얼마나 훌륭한 공덕인지에 대해 다음과 같이 말씀했다.
　"병자를 돌보는 것은 곧 나를 돌보는 것과 같고 병든 사람을 간호하는 것은 곧 나를 간호하는 것과 같다. 왜냐하면 나는 지금 몸소 병자를 간호하고 싶기 때문이다.
　수행자들이여, 나는 어떤 사람이나 사문이나 바라문이 하는 보시 중에서 병자를 돌보고 간호하는 것보다 더 훌륭한 것을 보지 못했다. 이 병자를 돌보고 간호하는 보시를 행하여야 그것을 참다운 보시라고 할 수 있고, 이 병자를 돌보고 간호하는 보시를 행하여야 큰 과보와 공덕을 얻을 수 있고, 이 병자를 돌보고 간호하는 보시를 행하여야 좋은 이름이 두루 퍼지고 마침내 감로의 법(不死, 解脫)을 얻을 수 있다. 여래나 아라한과 같이 바르게 깨달은 이는 다 이 공덕을 지었기 때문이니라.
　그러므로 모든 보시 가운데 병자를 돌보고 간호하는 보시보다 더 나은 것이 없다는 것을 알고 병자를 돌보고 간호하는 보시를 행하면 그것이 곧 참다운 보시가 되어 큰 공덕을 얻을 것이다. 그래서 나는 지금 그대들에게 이렇게 말한다.
　'병자를 돌보아주는 것은 곧 나를 돌보는 것과 다름없다. 그렇게

하면 그대들은 큰 복을 얻을 것이다.'

거듭 말하거니와 그대들은 병자를 돌보기를 나를 돌보듯이 하라. 이와 같이 하면 언제나 큰 복을 얻을 것이다. 그대들은 이렇게 수행을 해나가야 하느니라."

증일아함 4권 제12 〈일입도품(一入道品)〉 제3경

늙음과 죽음에 대처하는 법

부처님이 사밧티의 기원정사에 계실 때의 일이다. 어느 날 오랜만에 파세나디 왕이 부처님을 찾아왔다.

"오랜만입니다. 그 동안 어떻게 지냈습니까?"

"그 동안 국사를 처리하느라고 바빴습니다. 넓은 국토를 다스리자면 나라의 구석구석을 관찰하고 잘잘못을 가리고 대책을 세우는 등 여러 가지 할 일이 많습니다."

"그렇다면 대왕에게 한 가지 물어볼 것이 있습니다. 어느 날 대왕의 신하가 찾아와 '대왕이여, 저는 지금 동쪽 변방에서 왔는데 그곳에는 태산과 같은 큰 바위가 무너져 모든 생명을 유린하고 있습니다. 어서 대책을 마련해 주소서.'라고 아뢰었다고 합시다. 그런데 또 한 신하가 서쪽에서 달려와 같은 상황을 아뢰고, 남쪽과 북쪽에서도 같은 보고가 들어왔다고 합시다. 만약 이와 같은 일을 당한다면 대왕은 어떻게 하겠습니까?"

"부처님, 제가 아무리 왕이라 하더라도 그와 같은 일을 당해서 무슨 할 일이 있겠습니까? 다만 선업을 쌓고 공덕을 지으며 부처님의 법을 따를 뿐이겠지요."

"그러면 한 가지 더 묻겠습니다. 지금 늙음과 죽음이 바위산이 무너져 내리듯 사방에서 대왕에게 쳐들어오고 있습니다. 무슨 대책이 있습니까?"

"부처님, 비록 제가 왕이기는 하나 늙음과 죽음이 쳐들어오는데 무슨 도리가 있겠습니까? 제게는 강력한 군대가 있지만 큰 바위산이 무너져 내리듯 밀려오는 늙음과 죽음을 어떻게 막아내겠습니까? 제게는 주문을 잘 외우는 신하가 있습니다만 그 주문으로 큰 바위산이 무너져 내리듯 밀려오는 늙은과 죽음을 물리칠 수는 없습니다. 그러므로 이때 제가 할 일은 오직 부처님의 가르침에 따라 행하고 선업을 쌓아 공덕을 짓는 것뿐입니다."

부처님은 대왕의 답변을 듣고 다시 말했다.

"실로 그렇습니다. 지금 대왕에게는 사방에서 돌산이 무너져 내리듯 늙음과 죽음이 닥쳐오고 있습니다. 대왕께서 지금 할 일은 오직 법에 따라 행하고 선업을 지어 공덕을 쌓는 것뿐입니다."

잡아함 42권 1147경 《석산경(石山經)》

팔관재를 실천하는 공덕

부처님이 사밧티 녹자모강당에 계실 때의 일이다. 어느 날 녹자(鹿子)의 아내 비사카가 이른 아침 목욕을 한 뒤 깨끗하고 하얀 옷을 입고 며느리와 권속들을 데리고 부처님에게로 가서 예배하고 말했다.

"부처님, 저는 오늘 재(齋)를 갖고자 하나이다."

"부인이여, 재에는 세 가지가 있다. 그대는 어떤 재를 가지려고 하는가?"

부인이 머뭇거리자 부처님은 세 가지 재에 대해 하나하나 설명했다.

"첫째는 방우아재(放牛兒齋)인데 소를 놓아 풀을 먹이듯 '오늘은 이런 음식을 먹고 내일은 저런 물을 마신다'고 생각하는 것이다. 그러나 그는 밤낮으로 욕심에 집착하나니, 이러한 재는 공덕도 없고 큰 과보를 얻지도 못한다.

둘째는 니건재(尼揵齋)인데 외도를 따르는 재를 말한다. 외도는 입으로는 살생과 도둑질과 거짓말을 하지 말라고 가르치고 중생을 보호하라고 말하지만, 그 자신은 처자를 위해 살생도 하고 도둑질과 거짓말도 한다. 이런 외도를 따라 재를 갖는 것은 공덕도 없고 큰 과보도 얻지 못한다.

마지막으로 여래가 가르치는 거룩한 팔재(八齋)가 있다. 팔재란 이런 것이다. 즉 여래는 그대들이 하루만이라도 수행자와 같이 첫째 모든 살생을 떠나고, 둘째 모든 도둑질을 떠나 보시를 행하고, 셋째 음욕과 음행을 떠나고, 넷째 모든 거짓말을 끊고, 다섯째 모든 술과 방탕에서 떠나고, 여섯째 높고 넓은 평상의 편안함에서 떠나고, 일곱째 꽃다발이나 장신구, 노래와 춤과 놀이에서 떠나고, 여덟째 하루에 한 끼를 먹으며, 때 아닌 때에 먹지 말라고 가르친다.

부인이여, 어떤 사람이 이 같은 거룩한 팔재를 닦는 것은 옷에 더러운 것이 묻었을 때 잿물과 가루비누와 더운 물로 씻어서 깨끗이 하는 것과 같다. 그는 이 공덕으로 몸이 무너지고 목숨이 다한 뒤에 타화자재천에 태어나는 과보를 받게 된다."

설법을 들은 비사카 부인은 기뻐하며 앞으로는 팔재를 실천할 것을 다짐하고 돌아갔다.

중아함 55권 202경 《지재경(持齋經)》

동물학대를 반대하는 불교

부처님이 사밧티의 기원정사에 계실 때의 일이다. 어느 날 키가 큰 장신(長身) 바라문이 찾아와 부처님께 물었다.

"부처님, 저는 지금 사성대회(邪盛大會)를 마련하고자 칠백 마리의 황소를 기둥에 묶어 놓고 그 밖의 동물과 벌레를 희생하여 성안의 온갖 외도를 공양하려고 합니다. 제가 마련한 이 대회에 모자람이 없도록 부처님도 참석해 주십시오."

그러나 부처님은 그에게 이렇게 말했다.

"복을 짓기 위해 마련한 사성대회가 오히려 세 가지 죄를 짓는 대회가 되겠구나. 세 가지 죄란 무엇인가. 너는 지금 '온갖 동물을 희생하겠다'고 했으니, 그렇게 한다면 죽이겠다는 생각(意)으로 죄를 짓고, 입(口)으로 죄를 짓고, 또 죽이게 되면 몸(身)으로 죄를 짓는 것이다. 죄를 짓게 되면 마땅히 그 과보가 따를 것이니 보시를 한다고 하다가 도리어 죄를 짓게 되는 것이다.

그러니 바라문이여, 너는 마땅히 묶어놓은 동물들을 풀어주라. 동물을 풀어줄 때는 '내가 너희들을 자유롭게 풀어줄 테니 산이나 늪이나 들에서 마음껏 풀을 뜯고 물을 마시며 바람을 쐬면서 행복하게 살라'고 말하라."

장신 바라문은 돌아가서 부처님 말씀대로 모든 동물을 풀어주고 희생제를 취소했다. 그 대신 깨끗한 음식을 마련하고 부처님과 제자들을 초청했다. 부처님은 이번 공양 초대에는 기꺼이 응했다.

잡아함 4권 93경 《장신경(長身經)》

술 취한 코끼리가 무릎 꿇다

부처님이 라자가하 죽림정사에 계실 때의 일이다. 어느 날 악인 데바닷타는 아자타삿투 왕에게 부처님을 살해하자고 제의했다.

"대왕이시여, 부처님은 매일 같이 아침이면 성에 들어와 걸식을 합니다. 그때 왕께서 소유하고 있는 사나운 코끼리에게 술을 먹여 풀어놓으면 부처님을 밟아죽이게 할 수 있습니다."

왕은 데바닷타의 말을 듣고 '내일 아침에는 술 취한 코끼리를 풀어놓을 것이니 아무도 밖으로 나오지 말라'고 명을 내렸다. 소문을 들은 성안의 사람들은 이 사실을 부처님에게 전했다. 그리고 내일 아침에는 성안으로 걸식을 나오지 말아달라고 요청했다. 그러나 부처님은 이들의 요청을 물리쳤다.

"걱정하지 말라. 여래의 몸은 아무나 해칠 수 없다. 저들이 온 세상을 술 취한 코끼리로 가득 채운다 할지라도 여래의 몸에 털끝 하나 다치게 할 수 없으리라. 왜냐하면 여래는 세상에 나와 결코 남을 해친 일이 없었으므로 남의 해침도 받지 않을 것이다."

이렇게 말씀한 부처님은 과연 다음 날 아침 라자가하 거리로 걸식을 하러 나갔다. 사람들은 이를 보고 놀라서 큰 소리로 웅성거렸다. 아자타삿투 왕은 부처님이 아침 탁발을 나온 것을 확인하고 조련사를 시켜 코끼리에게 독한 술을 먹이게 했다.

"부처님은 어리석은 사람이다. 닥쳐올 변고의 징조도 알지 못하니 어찌 성인이라 할 수 있으랴. 너는 빨리 코끼리에게 술을 먹여 내보내라. 부처님을 해치게 하라."

사나운 코끼리가 술에 취해 날카로운 칼을 매달고 밖으로 달려 나갔다. 시자 아난다는 술 취한 코끼리가 부처님을 향해 달려오자 불안한 마음에서 피할 것을 권했다. 그러나 부처님은 두려움 없이 술 취한 코끼리 앞으로 걸어갔다.

그러자 이상한 일이 일어났다. 술 취한 사나운 코끼리가 무슨 일인지 부처님 앞에서 칼을 버리고 무릎을 꿇으며 여래의 발을 핥는 것이었다. 이때 부처님은 코끼리의 머리를 어루만지며 이렇게 타일렀다.

"분노의 마음으로 나쁜 짓을 하면 지옥에 떨어지고 독사나 뱀의 몸을 받게 되나니, 그러므로 마땅히 성내는 마음을 버려서 다시는 축생의 몸을 받지 말라."

이 모습을 지켜본 많은 사람들은 크게 감동하여 마음이 깨끗해졌다. 또한 코끼리는 목숨을 마친 뒤 하늘나라에 태어났다.

증일아함 9권 제18 〈참괴품(慚愧品)〉 제5경

배신자도 구원하는 불교

부처님이 라자가하 죽림정사에 계실 때의 일이다. 그 무렵 악인 데바닷타는 오역죄(五逆罪) 가운데 세 가지 죄를 지어 사람들의 비난을 받고 있었다.

첫째, 부처님에게 교단의 지도권의 양보를 요구하다가 받아들여지지 않자 어리석은 비구들을 선동하여 자기를 따르는 별도의 교단을 세웠다. 사리불과 목갈라나가 가서 이들을 설득해서 다시 데려왔지만 이로 인해 교단은 일시적이나마 화합이 깨졌다(破和合). 둘째, 두 차례나 부처님을 해치려고 한 것이다. 기차쿠타 산에서 바위를 굴렸다. 다행히 부서진 돌조각이 겨우 부처님의 발가락에 약간의 피만 흘리게 했다(佛身出血). 셋째, 아자타삿투 왕을 꼬여서 술 취한 코끼리를 풀었으나 도리어 코끼리가 무릎을 꿇었다. 이를 본 법시 비구니가 비난하자 화가 난 데바닷타는 그녀를 주먹으로 때려죽였다(殺阿羅漢).

이렇게 악행을 거듭하자 아자타삿투 왕도 두려운 생각이 들어 조금씩 마음이 변했다. 사람들도 차츰 그를 경원하기 시작했다. 그러자 그도 걱정이 생겨 몸에는 큰 병이 들었다. 그는 그래도 마음을 고치지 못했다. 어떻게 하든 부처님만 살해하면 자기가 부처님 노릇을 할 수 있을 것으로 생각했다. 그는 열 손톱에 독을 묻히고 추종자들의 부축을 받아 가마를 타고 부처님을 찾아갔다. 용서를 구하는 척하면서 부처님을 할퀴어 독을 퍼뜨릴 심산이었다. 그런데 그가 가마에서 내려 부처님을 예배하고 독 묻은 손톱으로 할퀴려는 순간 땅이 갈라지면서 불길이 치솟아 온몸을 에워쌌다. 그 순간 데바닷타는 잘못을 뉘우치고 '나무불(南無佛, 부처님께 귀의합니다)'을 말하려고 하였다. 그러나 그 말을 다 마치지 못하고 '나무'라는 말만 하고 지옥에 떨어졌다. 이를 본 아난다가 크게 슬퍼했다. 아난다는 그가 아무리 악인이지만 자신의 형제임을 상기하면서 언제쯤 지옥의 고통에서 벗어나게 될지 부처님께 여쭈었다. 이에 부처님은 이렇게 말씀했다.

"그는 지옥에서 1겁을 보낼 것이다. 그러다가 업이 다하면 사천왕천에 날 것이다. 다시 33천, 야마천, 도솔천, 화자재천, 타화자재천에 났다가 60겁이 지나면 최후로 사람의 몸을 받을 것이다. 그때가 되면 수염과 머리를 깎고, 세 가지 법복을 입고, 견고한 믿음으로 집을 떠나 도를 배워 '나무'라는 이름의 벽지불(辟支弗)이 될 것이다. 비록 잠깐 사이지만 과거에 배운 착한 법(善法)을 떠올리고 착한 마음으로 '나무'라고 한 그 공덕 때문이다."

증일아함 47권 제49 〈목우품(牧牛品)〉 제9경

제자의 옷을 꿰매 주는 부처님

부처님이 사밧티 기수급고독원에 머물 때의 일이다. 그 무렵 아니룻다도 사밧티의 사라라 산중 바위굴에서 수행하고 있었다. 어느 날 아침 걸식을 나갔다가 아난다를 만난 아니룻다는 이런 부탁을 했다.

"아난다님, 내 옷은 더러워지고 다 해어졌습니다. 시간이 괜찮다면 누가 사라라 산으로 와서 나의 공덕의(功德衣)를 좀 지어주었으면 합니다만……."

아난다는 아침 공양을 마치고 비구들에게 아니룻다의 부탁을 말했다. 많은 비구들은 선뜻 이 부탁을 받아들여 너도나도 사라라 산으로 가겠다고 했다. 비구들이 아니룻다 처소로 가기 위해 정사가 부산해지자 부처님도 그 사실을 알게 되었다. 부처님은 아난다를 불러 경위를 소상하게 들은 뒤 이렇게 말했다.

"그런 일이라면 왜 나에게는 아니룻다를 위해 옷을 지어주기를 청하지 않았는가?"

아난다가 당황해 하며 '부처님께서도 가시겠느냐'고 물었다. 부처님은 흔쾌하게 자리에서 일어서 아니룻다의 해진 옷을 꿰매 주기 위해 제자들을 이끌고 사라라 산중 바위굴로 향하였다. 사라라 산 바위굴에 모인 수행자는 무려 8백여 명이나 되었다. 부처님은 손수 아니룻다를 위하여 해진 옷감을 펴 마름질을 하고 바느질로 잇대어 붙여 나갔다. 부처님과 동료 비구들의 조력으로 아니룻다는 그날 새로운 삼의(三衣)를 마련할 수 있었다.

　삼의가 마련되자 부처님은 그것을 아니룻다에 주면서 그 대신 여기 모인 비구들을 위해 설법하도록 했다. 부처님의 명을 받은 아니룻다는 자신이 출가하여 부처님의 가르침을 따라 수행한 과정을 가감 없이 말했다. 그 설법은 매우 진실한 것이어서 여러 사람들에게 감동을 주었다. 제자들과 함께 아니룻다의 설법을 들은 부처님은 그를 칭찬하며 이렇게 말했다.

　"지금 사라라 산에 8백 비구가 모여 아니룻다의 공덕의를 지어준 것은 그의 수행과 덕망이 그만큼 뛰어났기 때문이다. 지극한 믿음으로 출가하여 머리와 수염을 깎고 수행하는 사람들은 마땅히 아니룻다와 같이 진실한 마음으로 수행해야 할 것이다."

중아함 19권 80경 《가치나경(迦絺那經)》

여덟 가지 미증유법

　부처님이 베란자 황로원에 계실 때의 일이다. 어느 날 바다에서 거친 일로 생업을 삼는 파라다 왕과 그 일행이 부처님을 찾아왔다. 부처님은 이들과 이런 저런 얘기를 나누다가 바다가 가진 미증유의 덕목에는 어떤 것이 있느냐고 물었다.

"부처님, 바다에는 여덟 가지의 미증유법(未曾有法)이 있습니다. 첫째, 큰 바다는 밑에서 위로 올라 갈수록 둘레가 넓고 편편합니다. 둘째, 큰 바다는 조수의 때를 한번도 어긴 적이 없습니다. 셋째, 큰 바다는 물이 매우 깊어 밑이 없을 정도입니다. 넷째, 큰 바다는 물이 짜서 모두 한 가지 맛입니다. 다섯째, 큰 바다는 갖가지 보배가 충만해 있습니다. 여섯째, 큰 바다에는 훌륭한 신들이 많습니다. 일곱째, 큰 바다는 송장을 받지 않으며 송장이 오면 파도로 밀어서 뭍으로 내보냅니다. 여덟째, 큰 바다는 다섯 가지의 강이 들어오면 옛 이름을 버리고 '큰 바다'라고만 부릅니다. 이것이 큰 바다가 갖는 미증유법입니다."

이렇게 대답한 파라다 왕은 불법에는 어떤 미증유의 법이 있는지에 대해 물었다.

"파라다여, 불법에도 큰 바다처럼 여덟 가지 미증유법이 있다. 바다가 밑에서 위로 올라갈수록 넓어지듯이 불법도 그 안에 있으면 점점 배우게 되고 그 둘레가 넓어진다. 바다의 조수가 때를 어긴 적이 없듯이 불법을 따르는 사부대중도 계율을 어기는 일이 없다. 바다가 깊어서 그 끝을 모르듯이 불법도 그 깊이를 알 수 없다. 바닷물이 짜서 한 맛이듯이 불법도 욕심이 없는 것으로 맛을 삼는다. 바다에는 보배가 가득하듯이 불법에도 보배가 충만해 있으니 그 이름은 4념처, 5력, 7각지, 8정도 등이다. 큰 바다에는 신들이 많듯이 불법 안에도 성인이 많으니 그 이름은 수다원, 사다함, 아나함, 아라한이다. 바다는 송장이 오면 파도로 밀어내듯이 불법도 정진하는 성중만 용납

하고 게으르고 악행을 하는 사람은 밀어낸다. 바다는 강물을 받되 옛 이름을 버리고 '큰 바다'라고 하듯이 불법도 천민과 평민, 귀족과 바라문 등 4계급의 사람들이 출가를 하지만 그 이름은 오직 '사문'이라 불린다."

부처님의 설명을 들은 파라다 왕은 '불법이야말로 참다운 미증유법'이라면서 삼보에 귀의하기를 다짐했다.

중아함 8권 35경 《아수라경(阿修羅經)》

세상에서 가장 훌륭한 기도

부처님이 코살라 국 싱사파 숲에 계실 때의 일이다. 어느 날 구라단두 바라문이 부처님의 명성을 듣고 찾아와 제사지내는 법에 대해 물었다.

"저는 부처님이 3종류의 제사와 16가지에 이르는 제사기구에 대해 밝은 식견을 가지고 있다고 들었습니다. 우리들은 큰제사를 지내기 위해 500마리의 수소와 500마리의 암소, 500마리의 수송아지와 500마리의 암송아지, 500마리의 숫염소와 500마리의 암염소를 준비하여 그것을 희생하여 제사를 지내고자 합니다. 어떻게 생각하시는지요?"

부처님은 대답 대신 옛날 어떤 왕의 고사를 들려주었다.

"옛날 어떤 왕이 동물을 희생해 제사를 지내려 하면서 대신들에게 제사법을 물었다. 그때 대신들이 이렇게 아뢰었다.

'제사를 지내기 전에 먼저 집안과 백성을 편안하게 해야 합니다. 왕으로서 백성을 마음대로 때리거나 죽일 수 있다는 생각을 하지 말고, 신하에게는 필요한 물건을 주고, 사업을 하는 사람에게는 재물을 주고, 농사를 짓는 사람에게는 소와 종자를 주어 각각 그들로 하여금 스스로 경영하게 하십시오. 백성을 핍박하지 않으면 인민은 안온하여 그 자손을 기르면서 서로 즐겁게 지낼 수 있습니다. 이렇게 한 다음에 제사를 지낼 때는 모든 사람들에게 보시하면서 10가지 선행을 가르치십시오. 이것이 가장 훌륭한 제사입니다.'

왕은 대신들의 말을 듣고 그대로 했다. 즉 소나 염소, 모든 중생을 죽이지 않고, 우유·깨기름·꿀·흑밀·석밀을 써서 제사를 지냈다. 왕은 제사를 지낼 때 처음도 기쁘고 중간도 기쁘고 나중도 기쁘게 했다. 그랬더니 나라는 안온하고 백성들은 즐겁게 살게 되었다."

부처님의 비유설법에 깨우침을 받은 바라문은 다시 물었다.

"16가지 제구를 써서 3종류의 제사를 지내는 것보다 더 큰 과보를 얻는 방법에는 어떤 것이 있습니까?"

"항상 여러 수행자를 공양하는 것이 제사를 지내는 것보다 더 큰 공덕이다. 이것보다 더 큰 공덕을 쌓는 것은 각지에서 온 초제승(招提僧)을 위하여 승방이나 강당을 짓는 것이다. 이것보다 더 큰 공덕은 환희심으로 삼보에 귀의하고 이것을 입으로 외우는 것이다. 이것보다 더 큰 공덕은 환희심으로 5계를 받들어 평생을 지키는 것이다. 이것보다 더 큰 공덕은 잠깐이나마 자비심으로 일체중생을 불쌍히 여기는 것이다. 이것보다 더 큰 공덕은 여래가 세상에 출현하였을 때 출가하여 도를 닦아 모든 어리석음과 무명을 없애고 밝은 지혜를 구족하는 것이다."

부처님의 가르침을 받은 구라단두 바라문은 이렇게 다짐했다.

"저는 이제 제사를 위해 준비한 모든 소와 염소를 놓아주어서 그들이 물이나 풀을 마음대로 먹도록 하겠습니다. 그리고 오늘부터 저는 삼보에 귀의하여 우바새가 되겠습니다."

장아함 15권 23경 《구라단두경(究羅檀頭經)》

용서하지 않는 것도 허물

부처님이 사밧티의 기원정사에 계실 때의 일이다. 어느 날 아침 탁발을 끝내고 돌아온 부처님이 조용한 명상에 잠겨 있는데 어디에선가 말다툼하는 소리가 들려왔다. 싸움 난 곳으로 사람을 보내 알아보게 했더니 사연은 이러했다.

어느 비구가 동료에게 사소한 잘못을 저질렀다. 그는 곧 자기가 잘못한 것을 깨닫고 상대방에게 정중히 사과를 하고 용서를 빌었다.

그러나 사과를 받은 쪽은 그것만으로는 부족하다고 느꼈던지 그를 용서해주지 않았다. 오히려 그에게 계속 큰소리로 윽박지르고 나무랬다.

옆에서 이를 지켜보던 동료들은 처음에 잘못한 비구보다 사과를 받아들이지 않는 쪽이 너무한다 싶었다. 그래서 '이제는 그만 사과를 받아들이고 용서를 해주라'고 충고를 했다. 그래도 그는 막무가내였다. 오히려 제3자는 참견하지 말라고 호통이었다. 그러자 이번에는 싸움을 말리려던 사람과 시비가 생겨 목소리는 더욱 커지게 됐다. 그러다보니 작은 시비가 큰 시비가 되고 마침내 부처님조차 무슨 일인지 걱정할 정도가 된 것이었다.

싸움의 자초지종을 전해들은 부처님은 혀를 끌끌 차면서 싸우는 비구들을 불러 모아놓고 이렇게 타일렀다.

"잘못을 하고도 뉘우치지 않는 것은 잘못이다. 잘못을 사과하고 용서를 비는데 받아들이지 않는 것도 잘못이다. 그들은 모두 어리석은 사람들이다. 그러나 잘못을 하고 그것을 뉘우치는 것은 훌륭한 일이다. 잘못을 비는 사람을 용서하는 것은 더 훌륭한 일이다. 이들은 모두 현명한 사람이다."

부처님은 이어 수행자가 늘 가져야 할 마음가짐을 게송으로 덧붙였다.

남에게 대해 해칠 마음이 없으면
분노에도 또한 얽매이지 않나니

원한을 품어 오래 두지 말고
분노의 땅에도 또한 머물지 말라.

비록 화가 치밀더라도
그 때문에 나쁜 말을 하지 말라.

구태여 남의 허물을 애써 찾거나
약점과 단점을 들춰내지 말라.
항상 마땅히 스스로를 단속하고
정의로써 스스로를 되살피라.

　　　　　　　잡아함 40권 1108경 《득안경(得眼經)》

제 5 장

올바른 신행

꾸준히 절에 나가야 할 까닭

부처님이 사밧티의 기원정사에 머물고 계실 때의 일이다. 어느 날 상카라(僧迦羅)라는 젊은이가 찾아와 이런 것을 여쭈었다.

"부처님의 가르침을 받은 사람 가운데서도 어떤 사람은 훌륭하고 어떤 사람은 훌륭하지 않습니다. 이들은 왜 그러합니까? 또 어떻게 훌륭한지 그렇지 않은지를 알 수 있습니까?"

이 젊은이의 질문은 요컨대 훌륭한 가르침을 받았으면 다 훌륭하게 되어야 할 텐데 왜 그렇지 않느냐는 것이었다. 이에 대해 부처님은 달(月)을 비유해 그 원인과 결과를 설명해 주었다.

"상카라야, 보름달은 처음에는 비록 조그맣지만 날이 갈수록 광명이 더해 마침내 둥글고 원만해져서 세상을 환하게 비춘다. 그러나 그믐달은 처음에는 둥글고 환하지만 한번 기울기 시작하면 밤낮으로 줄어들어 나중에는 완전히 빛을 잃고 만다. 나의 가르침을 받은 사람도 이와 같다. 어떤 사람이 내게 와서 가르침을 받고 바른 믿음과 고요한 마음을 갖기 시작했다고 하자. 그는 바른 소견으로 깨끗한 계를 지키며, 착한 벗을 가까이하고, 바른 법을 알고, 남에게 은혜를 베풀고 보시를 할 것이다. 그리하여 마침내 보름달처럼 얼굴도 환해지고 인격도 훌륭해질 것이다.

그러나 어떤 사람은 처음에는 잘 했으나 어느 순간 초지를 잃고 바른 소견과 바른 믿음을 잃는다. 그런 뒤에는 점점 깨끗한 계를 지키지 않고 착한 벗을 멀리하며 바른 법을 배우기를 게을리 한다. 몸으로는 나쁜 행동을 하고 입으로는 나쁜 말을 하며 뜻으로는 나쁜 생각을 한다. 이렇게 나쁜 인연을 지음으로써 그는 목숨을 마친 뒤 나쁜 세상에 떨어지게 된다."

잡아함 4권 94경 《승가라경(僧迦羅經)》

종교생활은 맑은 공기를 마시는 것

부처님이 사밧티의 기원정사에 계실 때의 일이다. 어느 날 장로 사리풋타는 부처님의 좋은 설법을 듣고 돌아가는 길에 파루티카라는 외도를 만났다. 그는 불(火)을 섬기는 외도로 사리풋타와도 잘 아는 꽤 유명한 사람이었다.

"어디를 다녀오시는 길이신가?"

"부처님을 찾아뵙고 설법을 듣고 오는 길이네."

"아직도 스승의 설법을 듣고 다니다니, 자네는 아직도 젖을 떼지 못했구먼. 나는 이래 봬도 이미 젖을 떼었네."

외도의 말투는 사리풋타를 놀리는 것이었다. 그러자 사리풋타는 이렇게 말했다.

"그런가. 나는 이렇게 생각하네. 자네가 벌써 스승의 가르침을 받지 않아도 된다면 그것은 참으로 훌륭한 가르침이 아니요, 의지할 만한 가르침이 아니기 때문일 것이네. 비유하면 어미소가 있는데 그 소는 거칠고 사납고 젖이 적어서 젖을 빨아도 젖이 잘 나오지 않으니 송아지들이 떠나는 것과 같네. 그러나 내가 배우는 법은 좋은 진리이고, 바른 깨달음이며, 번뇌를 없애 주는 가르침이며, 의지할 만한 가르침이네. 비유하면 어미소가 거칠거나 사납지 않으며 젖은 맛있고, 오래 먹어도 싫증나지 않고, 항상 잘 나오기 때문에 송아지들이 떠나지 않고 그 젖을 빨고 있는 것과 같네. 내가 오래도록 스승의 설법을 자주 듣는 것은 이처럼 그 가르침이 바른 것이고 훌륭하기 때문이네."

잡아함 35권 974경 《보루저가경(補縷低迦經)》

다섯 가지 바른 신행

부처님이 사밧티 기원정사에 계실 때의 일이다. 어느 날 부처님은 제자들에게 설산에 있는 큰 나무를 비유로 들어서 다섯 가지 바른 신행에 대해 가르쳤다.

"설산에 가면 그 산에 의지해 자라는 크고 높고 넓은 나무가 있다. 그 나무는 다섯 가지가 훌륭하다. 어떤 것이 다섯 가지인가. 첫째는 뿌리가 깊어 흔들리지 않으며, 둘째는 껍질이 매우 두꺼우며, 셋째는 가지가 멀리까지 뻗쳐 있으며, 넷째는 그늘지지 않는 곳이 없으며, 다섯째는 잎이 매우 무성한 것이다. 이것이 설산에 의지해 자라는 큰 나무의 다섯 가지 훌륭한 점이다.

 선남자 선녀인도 저 나무처럼 훌륭한 가르침에 의지하면 다섯 가지를 크고 무성하게 할 수 있다. 그 다섯 가지란 무엇인가. 첫째는 신장익(信長益)이니 믿음을 더욱 크게 자라게 하는 것이다. 둘째는 계장익(戒長益)이니 계율을 더욱 잘 지키는 것이다. 셋째는 문장익(聞長益)이니 법문을 더 많이 듣는 것이다. 넷째는 시장익(施長益)이니 보시를 더 많이 하는 것이다. 다섯째는 혜장익(慧長益)이니 지혜가 더욱 빛나게 하는 것이다. 이것이 선남자 선녀인이 바르게 신행하는 다섯 가지 길이다."

증일아함 48권 제50 〈예삼보품(禮三寶品)〉 제7경

세상이 바르게 돌아가려면

 부처님이 라자가하 죽림정사에 계실 때의 일이다. 그 무렵 악인 데바닷타가 반역을 꾀하기 위해 빔비사라 왕의 아들 아자타삿투 왕자에게 찾아가 이렇게 말했다.

"옛날에는 사람들의 수명이 길었는데 지금은 채 100년을 넘기지 못합니다. 왕자여, 아소서. 사람의 수명은 덧없습니다. 왕위에 오르기 전에 목숨을 마친다면 어찌 원통하지 않겠습니까. 그러니 왕자여, 지금 부왕의 목숨을 끊고 왕위에 올라 이 나라 백성들을 다스리소서. 이제 나도 사문 고타마를 죽이고 가장 높은 자리인 아라한 등정각이 될 것입니다. 그러면 이 마가다 국은 새 임금과 새 부처가 태어나는 것입니다. 어찌 통쾌하지 않겠습니까. 그것은 해가 구름을 헤치고 나와 비추지 않는 곳이 없는 것과 같고, 구름이 사라진 하늘에 달이 뭇별 가운데서 가장 밝은 것과 같은 것입니다."

데바닷타의 꼬임에 빠진 왕자는 부왕을 감옥에 가두고 대신을 새로 임명한 후 스스로 왕이 되었다. 그 무렵 라자가하에서 걸식을 하던 부처님 제자들은 죽림정사로 돌아와 이 사실을 소상하게 아뢰었다. 그러자 부처님은 제자들에게 이렇게 말씀했다.

"만일 임금으로서 정치와 교화를 바른 도리로 행하지 않으면 그때는 대신들도 법이 아닌 짓을 행할 것이다. 대신들이 법이 아닌 짓을 행하면 그때는 왕의 태자도 법이 아닌 짓을 행할 것이다. 왕의 태자가 법이 아닌 짓을 행하면 신하와 관리들도 법이 아닌 짓을 행할 것이다. 신하와 관리들도 법이 아닌 짓을 행하면 백성들도 법이 아닌 짓을 행할 것이다. 백성들이 법이 아닌 짓을 행하면 군대들도 법이 아닌 짓을 행할 것이다. 군대들이 법이 아닌 짓을 행하면 그때는 해와 달이 운행을 잘못해 때를 맞추지 못할 것이다.

해와 달이 때를 맞추지 못하면 곧 절후가 없어질 것이오, 절후가 없어지면 해와 달은 자리를 잃고 광채가 없어질 것이다. 해와 달이 광채가 없어지면 별들이 변괴를 나타낼 것이요, 별들이 변괴를 나타내면 폭풍이 일어날 것이다. 폭풍이 일어나면 하늘과 땅의 신이 성을 낼 것이요, 하늘과 땅의 신이 성을 내면 바람과 비가 때를 맞추지 않을 것이다. 그때는 곡식이 땅에 있어도 자라지 못할 것이요, 사람이나 날짐승이나 벌레들은 형색이 변하고 수명이 매우 짧아질 것이다.

그러나 만일 어떤 때에 어떤 왕이 법대로 다스리면 신하들이 바른 법을 하고, 마침내 만물이 바른 법도를 행하여 군신은 화목하여 친소가 없으며, 중생들은 형색이 광채가 나고 먹는 것은 잘 삭여 탈이 없으며, 수명은 매우 길어져 사람들의 사랑과 존경을 받을 것이다."

이어서 부처님은 군주가 나라를 바르게 다스리는 것은 "마치 소 떼가 물을 건널 때처럼 길잡이 소가 바르게 가면 따르는 소 떼도 바르게 가지만, 길잡이 소가 바르지 못하면 따르는 소 떼도 바르게 가지 못한다."면서 "수행자들도 부디 나쁜 법을 버리고 바른 법을 행하라."고 당부했다.

증일아함 8권 제17 〈안반품(安般品)〉 제11경

갚기 어려운 부모님의 은혜

부처님이 사밧티 기원정사에 계실 때의 일이다. 어느 날 부처님은 제자들에게 은혜를 갚는 일이 얼마나 중요한가에 대해 이렇게 말씀했다.

"만일 어떤 사람이 은혜를 알고 은혜를 갚을 줄 안다면 그는 마땅히 공경할 만하다. 조그만 은혜도 잊지 말아야 하거늘 하물며 큰 은혜는 어떻겠는가. 그는 나에게서 천리만리 떨어져 있어도 내 곁에 있는 것이나 다름없다. 왜냐하면 나는 항상 은혜 갚는 일을 찬탄하기 때문이다.

그러나 만일 은혜를 기억할 줄 모르고 갚을 줄도 모르는 사람이 있다면 그는 나와 가깝지 않다. 비록 가사를 입고 내 곁에 있어도 내 제자가 아니다. 왜냐하면 나는 항상 은혜 갚을 줄 모르는 사람을 좋아하지 않기 때문이다. 그러므로 그대들은 크든 작든 항상 은혜 갚기를 좋아해야 하느니라."

부처님은 이어서 모든 은혜 중에서 부모님의 은혜가 얼마나 큰지에 대해서 이렇게 말씀했다.

"이 세상에서 두 사람에게는 아무리 착한 일을 많이 해도 그 은혜를 갚을 수 없다. 아버지와 어머니가 그 두 사람이다. 수행자들이여, 어떤 사람이 왼쪽 어깨에 아버지를 모시고 오른쪽 어깨에 어머니를 모시고 천년만년 의복과 음식과 평상과 침구와 의약을 풍족하게 하여 공양했다고 하자. 또 그 부모가 어깨 위에서 오줌과 똥을 누더라도 자식은 그 은혜를 다 갚지 못할 것이다.

그대들은 알아야 한다. 부모의 은혜는 너무나 지중하다. 우리를 안아주고 길러주고 때때로 보살펴 주기를 쉬지 않은 까닭에 우리가 저 해와 달을 보게 된 것이다. 그래서 그 은혜를 갚기 어렵다고 하는 것이다. 그러므로 수행자들이여, 부모에게 공양하고 항상 효순하되 그 시기를 놓치지 말라. 그대들은 이와 같이 생각하고 공부해 나가야 하리라."

증일아함 11권 제20 〈선지식품(善知識品)〉 제5, 11경

신기한 것은 무익한 것이다

부처님이 명녕국 아누이 땅에 계실 때의 일이다. 어느 날 부처님은 아침 걸식을 나섰다가 시간이 이른 것을 알고 잠시 방가바 바라문 집에 들리셨다. 오랜만에 부처님을 뵌 방가바는 인사를 하고 선숙이라는 비구의 처신에 대해 말했다.

"이제 선숙 비구가 왔었는데 그는 앞으로 부처님을 따라 범행을 닦지 않겠다고 했습니다. 그 이유를 물었더니 부처님이 자기를 멀리하기 때문이라는 것이었습니다."

부처님은 방가바의 말을 듣고 옛날에 선숙 비구와 있었던 일을 말해주었다.

"내가 베살리에 있을 때의 일이다. 어느 날 선숙 비구는 범행을 닦지 않겠다고 했다. 그 이유를 물었더니 여래가 신통을 보여주지 않기 때문이라는 것이다. 그래서 내가 그에게 '그대는 내가 신통을 보여줄 테니 범행을 닦으라고 해서 출가했는가? 또는 네가 범행을 닦으면 비밀한 재주를 가르쳐준다고 말한 적이 있는가?'를 물었다. 그는 '그렇지 않다'고 말했다. 그래서 그에게 어리석다고 꾸짖은 일이 있다.

또 이런 일도 있었다. 선숙 비구는 가라루라는 니건자 외도를 아라한이라고 믿었다. 이는 가라루가 한평생 옷을 입지 않고, 술이나 고기나 밥이나 국수를 먹지 않으며, 음행하지 않고, 베살리에 있는 4개의 탑을 떠나지 않는 고행을 하겠다고 맹세한 진실한 수행자라고 믿었기 때문이다. 그때 나는 선숙 비구에게 '너는 어리석다. 그 외도는 스스로 한 맹세를 지키지 못할 뿐더러, 누가 그것을 지적하면 화를 낸다. 그런 사람을 아라한이라고 믿는 것은 어리석다.'고 말해주었다.

또 이런 일도 있었다. 구라제라는 고행자는 항상 걸식을 하지 않고 똥무더기 위에 엎드려 그것을 핥았다. 또 파리자라는 바라문은 항상 신족을 나타낼 수 있다고 자랑하며 자기가 항상 사문 고타마 보다 훌륭하다고 자랑했다. 선숙 비구는 이들의 말을 믿고 그들을 존경했다. 나는 그에게 똥무더기에 엎드리거나 신족을 나타내는 것을 자랑하는 것은 어리석다고 일러주었다."

부처님은 다시 방가바에게 말했다.

"어떤 사람은 이 세상은 대범천왕이 창조했다고 말하고, 또 아무 원인 없이 만들어졌다고 말하기도 한다. 그러나 이런 모든 것은 어리석은 생각일 뿐이다. 많은 사람이 해탈의 길에 들고자 하지만 그것은 매우 어려운 일이다. 소견이 다르고 수행방법이 다르기 때문이다. 틀린 소견으로 해탈에 이르기는 어려운 일이다. 그러므로 그대는 나의 가르침을 좋아하며 바르게 믿고 바르게 실천하라. 그렇게 하면 영원한 안락을 얻으리라."

장아함 11권 15경 《아누이경(阿㝹夷經)》

재산을 관리하는 방법

부처님이 기원정사에 계실 때의 일이다. 어느 날 한 젊은이가 찾아와 세속에 사는 사람이 돈을 벌고 재산을 관리하는 법을 물었다.

"부처님, 어떻게 해야 돈을 많이 벌 수 있습니까? 또 어떻게 하면 재산을 잘 관리할 수 있습니까?"

부처님은 그에게 이렇게 가르쳐 주었다.

"우선 일을 잘 하는 법을 배워야 한다. 그리고 재물을 모으게 되면 그것을 넷으로 쪼개서 관리하는 것이 좋다. 즉 한 무더기로는 먹고 사는 데 쓰고, 두 무더기로는 생업을 위해 이윤을 얻는 일에 쓰고,

세 무더기는 보시하는 데 쓰고, 나머지 한 무더기는 곤궁할 때를 대비해 저축해 두는 것이 좋다.

생업을 위해 이윤을 얻을 수 있는 일에는 여섯 가지 직업이 있다. 농사를 짓거나 장사를 하거나 목축업을 하거나 세를 놓아 이익을 구하거나 건축을 하거나 물건을 만드는 것이 그것이다. 이러한 직업에 힘을 다해 열심히 일하면 돈을 모아 안락하게 살아 갈 수 있으리라. 이렇게 재물을 구한다면 모든 물이 바다로 모이듯, 꿀벌이 꿀을 모으듯 재산이 불어날 것이다.

재산이 불어나면 자연히 사람도 많이 모여들 것이지만, 그렇지 못하면 사람들도 찾아오지 않을 것이다. 성공한 사람의 그늘에 사람이 모여들면 그들을 친형제처럼 거두고 받아들여야 한다. 그들에게 이익을 골고루 나누어 주면 목숨이 다한 뒤에는 천상에 태어나 즐거움을 누리게 되리라."

잡아함 48권 1283경 《기능경(技能經)》

밥 먹을 자격이 없는 사람

부처님이 코살라 국의 나라 마을로 여행 중일 때의 일이다. 어느 날 탁발을 나간 부처님은 밭 가는 농부로부터 다음과 같은 질문을 받았다.

"사문이여, 우리는 손수 밭 갈고 씨 뿌리는 노동을 하고 식사를 한다. 그러니 당신도 밭 갈고 씨를 뿌려 수확을 거두어 식사를 하는 것이 옳지 않은가?"

그의 질문은 어째서 일하지 않고 먹으려 하느냐는 것이었다. 이에 대해 부처님은 "농부여, 나도 밭을 갈고 씨를 뿌린다."고 대답했다. 농부는 부처님의 대답을 이해할 수 없다는 듯 다시 말했다.

"거짓말하지 말라. 나는 사문들이 밭 갈고 씨 뿌리며 일하는 것을 한번도 보지 못했다. 만약 당신이 농사를 짓는다면 씨앗은 어디에 있는가? 그대의 보습은 어디에 있으며 소는 어디에 있는가?"

부처님은 농부의 질문에 이렇게 대답했다.

"마음은 나의 밭이고, 믿음은 나의 씨앗이다. 지혜는 나의 보습이며, 몸과 입과 생각으로 짓는 악업을 없애는 것은 내가 뽑는 잡초다. 이런 일을 하는 데 게으르지 않는 것은 나의 소(牛)다. 나는 이와 같이 밭 갈고 씨를 뿌려서 감로의 결실을 수확한다. 이것이 나의 농사다."

잡아함 4권 98경 《경전경(耕田經)》

불교식 다이어트 법

부처님이 사밧티의 기원정사에 계실 때의 일이다. 어느 날 오후 코살라 국의 파세나디 왕이 부처님을 찾아왔다. 왕은 숨을 가쁘게 몰아쉬며 몹시 힘들어했다. 부처님은 그에게 무슨 까닭이냐고 물었다. 그러자 파세나디 왕은 머리를 긁적거리며 이렇게 말했다.

"부처님, 사실 저는 맛있는 음식을 보면 참지 못하고 숨이 가빠질 때까지 먹는 과식하는 버릇이 있습니다. 조금 전 점심식사 때도 맛있는 음식이 있길래 좀 많이 먹었습니다. 많이 먹으니까 자꾸 살이 쪄서 이제는 움직일 때마다 숨이 차고 땀이 날 지경입니다. 몸집이 이렇게 비대하다보니 창피스럽기도 하고 귀찮기도 하고 힘이 듭니다. 무슨 좋은 방법이 없겠나이까?"

부처님은 왕의 하소연을 듣고 빙그레 웃으면서 이런 게송을 하나 지어주었다.

> 사람은 마땅히 음식의 양을 헤아려
> 먹을 때마다 절제할 줄 알아야 한다.
> 그래야 과식에서 오는 괴로움을 줄이고
> 건강도 하고 장수를 누릴 수 있으리라.

그 자리에는 파세나디 왕의 시종인 웃타라가 있었다. 왕은 그에게 자기가 식사할 때마다 이 게송을 외워 달라고 했다.

기원정사에서 돌아온 왕은 식사 때마다 시종이 들려주는 부처님의 가르침을 들었다. 대왕은 그때마다 조금씩 식사의 양을 줄이고 과식을 피했다. 몇 달을 그렇게 하자 살이 빠지고 용모가 단정해졌다. 왕은 몰라보게 변한 자신의 모습을 보자 기쁨에 넘쳤다. 왕은 부처님이 계신 쪽을 향해 무릎을 꿇고 이렇게 말했다.

"부처님은 저에게 현세의 이익과 후세의 이익을 다 주셨습니다. 음식의 양을 조절케 해서 살이 빠지게 했으니 현세에서 이익을 주신 것이요, 또한 중도의 법을 알게 하셨으니 현세와 후세의 이익을 함께 주신 것입니다."

잡아함 42권 1152경 《천식경(喘息經)》

재가불자가 해야 할 일

부처님이 카필라바스투 니그로다 동산에 계실 때의 일이다. 어느 날 석가족의 마하나마가 부처님을 찾아와 여쭈었다.

"부처님, 어떤 사람을 재가신자라고 합니까?"

"재가신자란 집에서 깨끗하게 살면서 '목숨을 마칠 때까지 삼보에 귀의하고 불법을 받드는 신자가 되겠습니다'라고 다짐한 사람들이다."

"재가신자는 어떻게 해야 믿음이 완전하다고 할 수 있습니까?"

"여래에 대한 믿음이 완전하고 견고하여 어떤 바라문이나 외도도 무너뜨릴 수 없어야 한다."

"재가신자는 어떻게 해야 계율을 잘 지킨다고 할 수 있습니까?"

"살생과 도둑질과 음행과 거짓말과 음주를 즐겨 하지 않고 그것을 떠나기를 좋아하는 것이다."

"재가신자는 어떻게 해야 설법을 잘 듣는다고 할 수 있습니까?"

"처음도 좋고 중간도 좋고 끝도 좋으며, 뜻도 좋고 맛도 좋고 순일하고 원만한 부처님의 가르침을 한번 듣고 잘 기억해 두는 것이다."

"재가신자는 무엇을 버려야 합니까?"

"인색함을 버리고 널리 보시할 줄 알아야 한다."

"재가신자는 어떤 지혜를 갖추어야 합니까?"

"괴로움, 괴로움의 원인, 괴로움의 사라짐, 괴로움을 없애는 법(四聖諦)을 바르게 알고 실천하는 것이다."

잡아함 33권 927경 《우바새경(優婆塞經)》

재가자는 언제 성불하나

부처님이 사밧티 기수급고독원에 계실 때의 일이다. 어느 날 수닷타 장자가 500여 명에 이르는 많은 우바새와 함께 사리풋타를 방문했다. 사리풋타는 그들에게 설법하여 큰 기쁨을 얻게 하였다. 우바새들은 사리풋타의 설법이 끝나자 다시 부처님을 찾아뵈었다. 부처님은 그 자리에서 사리풋타에게 이렇게 말씀했다.

"사리풋타여, 백의의 성제자로서 오계를 잘 지키고 사증상심(四增上心)을 성취하여 현세에서 바르게 잘사는 것을 보거든 이렇게 기별(記別, 授記)을 주도록 하라.

'백의(白衣)의 성제자는 오계를 잘 지키고 사증상심을 얻어 현세에서 바르게 살면 나쁜 업이 다하여 수다원과를 얻게 되므로 나쁜 길에 떨어지지 않을 것이다. 그리하여 마지막으로 칠유(七有)를 받아 천상과 인간의 세계를 일곱 번 왕래한 뒤에는 마침내 정각을 성취함으로써 반드시 괴로움의 끝을 볼 것이다.'

그러면 백의의 성제자는 어떻게 오계를 잘 지키고 행하여야 하는가? 살생하지 않기를 맹세하여 칼과 몽둥이를 버리고 참괴심과 자비심을 지녀 일체 미물까지도 요익하게 해야 한다. 도둑질하지 않기를 맹세하여 주지 않는 것은 갖지 않으며 항상 보시하기를 좋아하되 그 대가를 바라지 않아야 한다. 사음하지 않기를 맹세하여 항상 부모, 형제자매가 깨끗한 삶을 살도록 하며 남편 있는 아내, 기생을 범하지 않아야 한다. 거짓말하지 않기를 맹세하여 세상을 속이지 않으며 항상 진실한 말만 해야 한다. 술 마시지 않기를 맹세하여 항상 바른 정신으로 살고 깨끗한 몸가짐을 하도록 해야 한다.

또한 백의의 성제자는 네 가지 증상심을 키워 가야 하나니 첫째는 늘 부처님을 생각해야 한다. 부처님을 여래·응공·정변지·명행족·선서·세간해·무상사·조어장부·천인사·세존이라고 믿고 의지하면 나쁜 욕심을 멸하고 제1의 증상심을 성취하게 된다. 둘째는 늘 부처님의 법을 생각해야 한다. 부처님의 법은 일체의 번뇌를 소멸하고 열반에 이르는 구경의 법이라고 믿고 의지하면 나쁜 욕심을 멸하고 제2의 증상심을 성취하게 된다. 셋째는 늘 중승(衆僧)을 생각해야 한다. 부처님의 제자는 법을 향해 나가며 법을 잇는 분들이며 해탈지견을 가진 분들이라고 믿고 의지하면 나쁜 욕심을 멸하고 제3의 증상심을 성취하게 된다. 넷째는 늘 계를 생각해야 한다. 부처님이 가르친 계는 바른 것이며 깨끗한 것이며 허망하지 않으며 편안하게 하는 것이라고 믿고 의지하면 나쁜 욕심을 멸하고 제4의 증상심을 성취하게 된다.

백의의 성제자가 이렇게 오계를 잘 지키고 네 가지 증상심을 성취하게 되면 일곱 번 이 세상에 오간 끝에 반드시 괴로움의 끝을 볼 것이다."

중아함 30권 28경 《우바새경(優婆塞經)》

인격과 교양의 향기

부처님이 사밧티 기원정사에 계실 때의 일이다. 어느 날 아난다가 찾아와 향기에 대해 부처님께 여쭈었다.

"부처님, 저는 혼자 숲에서 명상을 하다가 문득 이런 것을 생각했습니다.

'모든 향기는 바람을 거슬러 냄새를 풍기지 못한다. 뿌리에서 나는 향기나, 줄기에서 나는 향기나, 꽃에서 나는 향기는 다만 바람을 따라서 냄새를 풍길 뿐이다. 그렇다면 혹 바람을 따라서도 풍기고 바람을 거슬러서도 풍기고, 바람이 불거나 불지 않거나 바람에 상관없이 풍기는 향기는 없을까.'

부처님, 과연 그런 향기는 없을는지요?"

부처님은 이렇게 말했다.

"아난다야, 네 말대로 뿌리의 향기나 줄기의 향기나 꽃의 향기는 바람을 따라 향기를 풍기지만 바람을 거슬러서는 향기를 풍기지 못한다. 그러나 어떤 향기는 바람을 거슬러서도 풍긴다. 그것은 이런 향기다.

어느 마을에 착한 남자와 여자가 있다. 그들은 진실한 법을 성취하여 목숨이 다할 때까지 생명을 함부로 죽이지 않고, 남의 물건을 훔치지 않으며, 음행하지 않고 거짓말하지 않으며, 술 마시고 실수하지 않았다. 이런 사람을 보면 누구든지 '어느 곳에 사는 아무개는 계율이 청정하고 진실한 법을 성취했다'고 말할 것이다. 이것은 그 사람에게서 나는 향기다. 이 향기는 바람을 따라서도 풍기고 거슬러서도 풍기며, 바람이 불거나 불지 않거나 관계없이 풍기는 것이다."

잡아함 38권 1073경 《아난경(阿難經)》

삼보에 귀의한 공덕

부처님이 상업도시로 번창하던 베살리의 마하바나(大林精舍)에 있을 때의 일이다. 어느 날 베살리의 상인들이 먼 나라로 무역을 하러 떠나기 전에 부처님과 그 제자들에게 공양을 올리고 싶다고 했다. 부처님은 그들의 마음을 가상히 여겨 기꺼이 승낙했다. 상인들은 정성으로 마련한 여러 가지 음식을 부처님과 제자들에게 공양했다.

이윽고 공양이 끝나자 상인들은 자리를 정돈하고 부처님 앞에 모여 앉았다. 여행을 떠나기 전에 부처님으로부터 위안이 될 만한 법문을 듣기 위해서였다. 부처님은 상인들의 마음을 헤아리시고 이런 법문을 들려주셨다.

"그대들은 이제 먼 길을 떠나려 한다. 인적도 없고 바람만 부는 벌판 한가운데를 지날 때 그대들은 두렵고 불안한 마음이 생길 것이다. 그러나 그대들은 두렵고 불안한 마음을 갖지 말라. 그때는 마땅히 삼보에 귀의하라.

삼보에 귀의하려면 먼저 여래를 생각하라. 여래는 응공(應供)이며 정등각자(正等覺者)이며 세존(世尊)이니라. 다음에는 법을 생각하라. 부처님의 법을 통달 친근하면 능히 지금 바로 번뇌를 없애고 자각에 의해 알 수 있는 것이니라. 그 다음에는 청정한 승가를 생각하라. 부처님의 제자들은 바르게 수행하므로 세간의 복전(福田)이니라. 이렇게 삼보에 귀의하는 마음을 가지면 모든 불안과 두려움이 곧 사라지리라."

계속해서 부처님은 이런 비유를 들어 두려움이 사라지는 이유를 설명했다.

"옛날 제석천의 군대와 아수라의 군대가 싸움을 한 일이 있었다. 그때 제석천의 군대는 제석천의 이름이 새겨진 깃발을 들고 나가 싸워서 이겼다. 깃발을 보고 제석천의 용맹과 힘을 생각했기 때문이다."

잡아함 35권 980경 《염삼보경(念三寶經)》

사람을 믿으면 실망하기 쉽다

부처님이 사밧티의 기원정사에 머물고 계실 때의 일이다. 어느 날 제자들에게 다음과 같이 가르치셨다.

"진리를 믿지 않고 사람을 믿으면 다섯 가지 허물이 생긴다.

만약 자기가 믿는 사람이 대중으로부터 비난받거나 버림을 받으면 그는 실망해서 이렇게 생각한다. '나는 그를 존중하고 공경하였는데 대중들은 그를 비난한다. 이제 나는 누구를 믿고 절에 갈 것인가.' 이것이 첫 번째 허물이다.

만약 자기가 믿는 사람이 계율을 범하거나 어기면 그는 실망해서 이렇게 생각한다. '나는 그를 존중하고 공경하였는데 그는 계율을 범하였다. 이제 나는 누구를 믿고 절에 갈 것인가.' 이것이 두 번째 허물이다.

만약 자기가 믿는 사람이 그 절에 있지 않고 다른 곳으로 떠나면 그는 실망해서 이렇게 생각한다. '나는 그를 존중하고 공경하였는데 그는 다른 곳으로 떠났다. 이제 나는 누구를 믿고 절에 갈 것인가.' 이것이 세 번째 허물이다.

만약 자기가 믿는 사람이 도를 닦지 않고 속세로 돌아가면 그는 실망해서 이렇게 생각한다. '나는 그를 존중하고 공경하였는데 그는 세속으로 돌아갔다. 이제 나는 누구를 믿고 절에 갈 것인가.' 이것이 네 번째 허물이다.

만약 자기가 믿는 사람이 목숨이 다해 죽게 되면 그는 실망해서 이렇게 생각한다. '나는 그를 존중하고 공경하였는데 그는 죽었다. 이제 나는 누구를 믿고 절에 갈 것인가.' 이것이 다섯 번째 허물이다.

이리하여 그는 마침내 절에 가지 않게 되고, 절에 가지 않으면 스님들을 공경하지 않게 된다. 스님들을 공경하지 않으면 설법을 들을 수 없고, 설법을 들을 수 없으면 진리를 등지거나 물러나게 된다. 이것이 사람을 믿고 공경함으로써 생기는 다섯 가지 허물이다.

그러므로 비구들이여, 그대들은 마땅히 부처님과 교법과 승단과 계율에 대한 무너지지 않는 깨끗한 믿음을 갖고 지나치게 사람을 의지하거나 믿지 말라."

잡아함 30권 837경 《과환경(過患經)》

불자가 가져야 할 얼굴

부처님이 라자가하의 죽림정사에 머물고 계실 때의 일이다. 어느 날 부처님은 설법하던 중에 달을 비유로 들어 다음과 같이 말씀하셨다.

"비구들이여, 그대들이 음식을 얻기 위해 재가자의 집에 가거든 마땅히 달과 같은 얼굴을 하고 가라. 마치 처음 출가한 신참자처럼 수줍고 부드러우며 겸손하게 몸과 마음을 바르게 하고 가라. 또한 훌륭한 장정이 깊은 우물을 들여다보고 높은 산을 오를 때처럼 마음을 단속하고 행동을 진중하게 하라. 마하카사파는 달처럼 몸과 마음을 단정히 하고 처음 출가한 신참자처럼 수줍고 겸손하고 부드러우며 교만하지 않은 겸손한 얼굴로 재가를 찾아간다."

여기까지 말씀하신 부처님은 손으로 허공을 한번 움켜잡았다 놓은 뒤 계속 말씀을 이었다.

"어떠한가? 지금 내 손 안에 허공이 들어 있는가? 그렇지 않다. 이와 같이 재가로 가서 음식을 얻을 때는 집착하고 구속됨이 없이 다만 '공덕을 원하는 자는 공덕을 베풀기를……' 하고 생각해야 한다. 그리하여 자기가 얻게 되면 기쁘게 생각할 것이며, 남이 얻어도 기쁘게 생각해야 한다. 그래야 비구의 자격이 있다 하리라."

잡아함 41권 1136경 《월유경(月喩經)》

명예와 덕망이 높아지는 비결

부처님이 사밧티의 기원정사에 계실 때의 일이다. 하루는 얼굴이 단정하고 행동이 기품 있어 보이는 한 신사가 부처님을 찾아왔다. 그는 교양 있는 신사답게 예의를 다해 부처님께 공손히 예배하고 한쪽 옆에 앉았다.

"부처님, 한 가지 여쭈어 보고 싶은 것이 있습니다. 사람은 어떻게 해야 명예를 얻을 수 있으며, 어떻게 해야 재물을 얻을 수 있습니까? 또 어떻게 하면 덕망이 높아지고, 어떻게 하면 좋은 벗을 얻을 수 있겠습니까?"

"명예를 얻고자 한다면 계율을 지키시오. 재물을 얻고자 하면 보시를 행하시오. 덕망이 높아지고자 한다면 진실한 삶을 살고, 좋은 벗을 얻고자 한다면 먼저 은혜를 베푸시오. 그러면 그대가 원하는 것을 모두 얻을 수 있을 것이오."

부처님의 말씀을 들은 그는 참으로 훌륭한 가르침이라면서 기쁜 얼굴로 돌아갔다.

잡아함 48권 1282경 《명칭경(名稱經)》

석종사문은 모두 평등하다

부처님이 사밧티 기원정사에 계실 때의 일이다. 어느 날 부처님은 이렇게 말씀했다.

"이 세상에는 네 개의 큰 강이 있다. 네 개의 강이란 강가 강, 신두 강, 시타 강, 바차 강이다. 강가 강은 물소의 입에서 흘러 나와 동쪽으로 흐른다. 신두 강은 사자의 입에서 흘러 나와 남쪽으로 흐른다. 시타 강은 코끼리 입에서 나와 서쪽으로 흐른다. 바차 강은 말 입에서 나와 북쪽으로 흐른다. 이 네 강물은 아나바타타 못을 에워싸고 흘러서, 강가는 동쪽 바다로 흘러들어 가고, 신두는 남쪽 바다로 흘러들어 간다. 시타는 서쪽 바다로 흘러들어 가고, 바차는 북쪽 바다로 흘러들어 간다. 그러나 강물이 바다로 들어간 뒤에는 본 이름은 없어지고 다만 '바다'라고만 불려진다.

또한 이 세상에는 네 가지 종성이 있다. 네 가지 종성이란 크샤트리아, 바라문, 수드라, 바이샤가 그것이다. 그러나 그들도 여래의 법에 들어와 수염과 머리를 깎고, 세 가지 법의를 입고 출가하여 도를 배우면 본래의 성은 없어지고 다만 석가의 제자 사문이라 불린다. 왜냐하면 여래의 대중은 큰 바다와 같고, 네 가지 진리는 큰 강과 같아서 온갖 번뇌를 없애고 두려움이 없는 열반성으로 들어가기 때문이니라.

그러므로 비구들이여, 네 가지 종족의 사람일지라도 수염과 머리를 깎고 견고한 믿음으로 집을 나와 도를 배우거든 본이름을 버리고 석가의 제자 사문(釋種沙門)이라고 스스로 일컬어라. 그대들은 법에 의해 태어났고 법을 좇아 출가를 했기 때문이니라.

그러므로 비구들이여, 그대들은 마땅히 석가의 아들이 되고, 석종 사문이 되도록 하라. 마땅히 이와 같이 해야 하느니라."

증일아함 21권 〈고락품(苦樂品)〉 제9경

재가불자의 실천 윤리

부처님이 라자가하 두꺼비 숲에 머물 때의 일이다. 선생이라는 젊은이가 있었는데 아침마다 목욕하고 새 옷을 입고 육방을 향해 예배를 하고 했다. 어느 날 부처님이 아침 걸식을 나갔다가 이 광경을 보고 연유를 물었다. 그의 대답은 이러했다.

"저의 아버지가 죽으면서 유언하기를 '동·남·서·북·상·하 육방에 중생이 있으면 그들에게 예배하고 공경하고 공양하라. 그러면 그들도 너를 섬기리라'고 했습니다. 그래서 아침마다 육방을 향해 예배를 하는 것입니다."

부처님은 그 말을 듣고 '육방에 예배할 때 잘 분별해서 해야 된다'면서 다음과 같이 일러주었다.

"동방은 자식이 부모를 보는 것같이 하라. 자식은 오사(五事)로써 부모를 대해야 하나니 첫째, 부모의 재물이 불어나게 해야 한다. 둘째, 부모를 대신해 많은 일을 처리해야 한다. 셋째, 하고 싶은 일을 하도록 도와드려야 한다. 넷째, 불손하게 뜻을 어기지 않는다. 다섯째, 모든 것을 다 드려도 아까워하지 말아야 한다. 부모도 오사로써 자식을 생각해야 하나니 첫째, 자식을 사랑해야 한다. 둘째, 뒤를 보살피되 모자람이 없도록 해야 한다. 셋째, 자식에게 빚지지 않도록 해야 한다. 넷째, 때를 맞추어 결혼시켜 주어야 한다. 다섯째, 재물을 물려 주어야 한다.

남방은 제자가 스승을 보는 것같이 하라. 제자는 오사로써 스승을 대해야 하나니 첫째, 공경하고 순종해야 한다. 둘째, 가르침을 잘 받들고 따라야 한다. 셋째, 일찍 일어나 배움을 청해야 한다. 넷째, 나쁜 짓을 하지 말아야 한다. 다섯째, 스승의 명예를 빛내야 한다. 스승도 오사로써 제자를 가르쳐야 하나니 첫째, 기술을 잘 가르쳐야 한다. 둘째, 빨리 가르쳐야 한다. 셋째, 아는 것을 다 가르쳐야 한다. 넷째, 좋은 곳으로 나가게 해야 한다. 다섯째, 좋은 벗을 사귀도록 가르쳐야 한다.

서방은 남편이 아내를 보는 것같이 하라. 남편은 오사로써 아내를 대해야 하나니 첫째, 아내를 어여삐 여겨야 한다. 둘째, 업신여기지 말아야 한다. 셋째, 장신구를 해 주어야 한다. 넷째, 집안 일을 맡기고 자유롭게 해 주어야 한다. 다섯째, 아내의 친족들에게 소홀하지 말아야 한다. 아내는 오사로써 남편을 대해야 하나니 첫째, 남편을 존중하고 사랑해야 한다. 둘째, 일가친척을 잘 거두어야 한다. 셋째, 공손한 말씨를 써야 한다. 넷째, 남편이 돌아오면 칭찬하고 격려해야 한다. 다섯째, 맛있는 음식과 편안한 잠자리를 준비해야 한다.

북방은 주인과 하인을 보는 것같이 하라. 주인은 오사로써 하인을 대해야 하나니 첫째, 능력에 따라 일을 시켜야 한다. 둘째, 때에 맞춰 먹여야 한다. 셋째, 때에 따라 마시게 해야 한다. 넷째, 날마다 쉬게 해주어야 한다. 다섯째, 병이 나면 치료를 해주어야 한다. 하인도 오사로써 주인을 대해야 하나니 첫째, 일찍 일어나고 열심히 일해야 한다. 둘째, 주인을 존경하고 우러러 모셔야 한다. 셋째, 재산을 축내지 말아야 한다. 넷째, 거짓말을 하지 않는다. 다섯째, 주인의 비위를 거슬리지 않도록 해야 한다.

하방은 친한 벗이 친한 벗을 보는 것같이 하라. 친한 벗이라면 오사로써 친한 벗을 대해야 하나니 첫째, 사랑하고 공경해야 한다. 둘째, 업신여기지 않는다. 셋째, 속이지 않는다. 넷째, 선물을 준다. 다섯째, 서로 가엽게 생각해야 한다. 상대방의 친한 벗도 오사로써 친한 벗을 대해야 하나니 첫째, 이해관계를 따지지 말아야 한다. 둘째, 벗이 곤궁해지면 도와주어야 한다. 셋째, 방일하는 것을 보면 충고해주어야 한다. 넷째, 나쁜 생각을 갖지 말아야 한다. 다섯째, 급할 때는 서로 의지해야 한다.

상방은 시주가 사문과 바라문을 보는 것같이 하라. 시주는 오사로써 사문과 바라문을 대해야 하나니 첫째, 문을 닫아 놓지 않는다. 둘째, 오는 것을 보면 반갑게 맞는다. 셋째, 자리를 펴고 기다린다. 넷째, 맛있는 음식을 풍족하게 보시한다. 다섯째, 법답게 후원해준다. 사문도 오사로써 시주를 대해야 하나니 첫째, 바른 믿음을 가르쳐주어야 한다. 둘째, 금계를 가르쳐야 한다. 셋째, 설법을 듣기를 좋아하도록 해야 한다. 넷째, 보시를 하도록 가르쳐야 한다. 다섯째, 바른 지혜를 일깨워 실천토록 해야 한다.

육방을 예배할 때 이렇게 다짐하면 반드시 흥할 것이며 쇠하지 않으리라."

중아함 33권 135경 《선생경(善生經)》

부처님과 함께 있는 사람

부처님이 카필라바스투 니그로다 동산에 계실 때의 일이다. 여름 안거를 마친 부처님이 다른 곳으로 떠날 것을 안 재가신자 마하나마가 부처님을 찾아뵙고 이렇게 말했다.

"부처님, 제가 식당에서 여러 비구들이 하는 말을 들으니 가사를 다 꿰매면 곧 다른 곳으로 떠나실 것이라 하였습니다. 저는 아직 근기가 천박하여 부처님이 안 계시면 사방이 아득하여 들은 법도 다 잊어버릴 것 같습니다. 이제 부처님과 여러 친한 스님들과 헤어지면 언제 다시 만나 뵈올 수 있을는지요?"

마하나마의 청은 요컨대 부처님이 더 오래 있어 주었으면 하는 것이었다. 이에 대해 부처님은 이렇게 마하나마를 달랬다.

"마하나마여, 너무 섭섭해 하지 말라. 네가 참으로 믿음이 깊은 신자라면 여래가 곁에 있거나 없거나, 친한 비구들을 보거나 보지 않거나 항상 다섯 가지 바른 법을 생각하고 닦으라. 그러면 너는 항상 여래와 그 제자들과 함께 있는 것이 되리라. 다섯 가지란 어떤 것인가. 첫째는 바른 믿음을 갖는 것이요, 둘째는 계율을 잘 지키는 것이요, 셋째는 자주 설법을 듣는 것이요, 넷째는 널리 보시를 행할 것이요, 다섯째는 바른 지혜를 갖는 것이다.

마하나마여, 재가신자는 이 다섯 가지 법에 의지해 여섯 가지 공덕을 잘 닦아야 하리니 여섯 가지란 어떤 것인가. 첫째는 '여래는 나의 스승'이라고 믿는 것이요, 둘째는 '불법은 가장 귀한 것'이라고 믿는 것이며, 셋째는 승단은 '가장 청정한 집단'이라고 믿는 것이며, 넷째는 '계율은 가장 깨끗한 것'이라고 믿는 것이며, 다섯째는 보시는 가장 훌륭한 공덕이라고 믿는 것이며, 여섯째는 '이러한 믿음의 공덕으로 천상에 태어날 것'이라고 믿는 것이다.

마하나마여, 나의 재가제자는 항상 이상과 같은 열한 가지 법을 잘 닦고 성취하면 내가 있으나 없으나 결정코 그 성취가 허물어지지 않을 것이니라."

잡아함 33권 932경 《십일경(十一經)》

통치자의 열 가지 덕목

부처님이 사밧티 기원정사에 계실 때의 일이다. 어느 날 부처님은 '국왕의 열 가지 덕목'을 비유로 하여 수행자들을 가르쳤다.

"만일 국왕으로서 열 가지 덕을 성취하면 나라를 오랫동안 보존하게 되리라. 열 가지란 어떤 것인가.

첫째, 재물에 집착하지 않으며 조그만 일로 화를 내거나 사람을 해치지 않는 것이다.

둘째, 신하를 비롯한 아랫사람의 충고를 받아들이며 그 말을 따라

주는 것이다.

셋째, 항상 베풀기를 좋아하며 백성들과 함께 즐거워하는 것이다.

넷째, 권력으로 남의 여자를 빼앗지 않으며 자기 아내를 잘 보호하는 것이다.

다섯째, 사람들을 억울하게 가두어서 원망하지 않도록 법 집행을 공정하게 하는 것이다.

여섯째, 술을 적게 마셔서 마음이 거칠거나 어지럽지 않게 하는 것이다.

일곱째, 향락을 멀리하고 정사에 힘써 외적이 침입하지 못하도록 하는 것이다.

여덟째, 법에 따라 다스리고 교화하되 어긋나는 일이 없도록 하는 것이다.

아홉째, 충성스러운 신하들을 믿으며 그들과 늘 화목하게 지내는 것이다.

열째, 병 없이 건강하며 기력이 강성하도록 자기 관리를 잘 하는 것이다.

수행자들도 열 가지 덕을 성취하면 좋은 결과가 있을 것이다. 열 가지란 어떤 것인가.

첫째, 계율을 온전하게 잘 지켜 바른 법을 범하지 않는 것이다.

둘째, 여래를 받들어 섬기며 그 말씀을 진실이라고 믿는 것이다.

셋째, 부처님이 가르친 법을 잘 이해하고 실천하여 물러섬이 없도록 하는 것이다.

넷째, 항상 자기 뜻을 낮추고 여러 청정한 대중을 잘 받들어 섬기는 것이다.

다섯째, 욕심이 적고 만족할 줄 알며 이양에 탐착하지 않는 것이다.

여섯째, 어떤 일을 할 때 항상 계법에 의지하고 자기 마음대로 하지 않는 것이다.

일곱째, 착한 벗과 사귀기를 좋아하며 나쁜 벗을 멀리하는 것이다.

여덟째, 놀이나 일에 집착하지 않고 항상 좌선하기를 좋아하는 것이다.

아홉째, 사람들과 쓸데없이 어울리지 않고 한적한 곳에 머물기를 즐거하는 것이다.

열째, 범행을 닦아 나쁜 습관에서 떠나며, 바른 이치를 배워 그 차례를 지키는 것이다."

증일아함 42권 제46 〈결금품(結禁品)〉 제6경

 제 **6** 장

불방일과 정진

소원성취의 비결은 불방일

부처님이 사밧티의 기원정사에 계실 때의 일이다. 어느 날 코살라국의 파세나디 왕이 부처님을 찾아와 물었다.

"사람은 누구나 소원이 있고 그것을 성취하고자 합니다. 어떻게 해야 현세의 소원을 성취하고 후세의 소원을 성취할 수 있겠나이까?"

이에 부처님의 대답은 이러했다.

"그것은 오직 한 가지 게으르지 않는 것입니다. 누구나 방일하지 않고 부지런하면 현세의 소원을 성취하고 후세의 소원을 성취하게 될 것입니다. 비유하면 씨앗을 뿌리거나, 물이 흐르거나, 사자가 집을 짓거나 이 세상의 모든 사물이 다 대지를 바탕으로 하고 있듯이 현세의 소원과 후세의 소원을 성취하는 것도 불방일(不放逸)의 대지를 바탕으로 하고 있기 때문입니다.

그러므로 대왕이여, 모든 소원을 성취하고자 한다면 방일에 의지하지 말고 불방일에 의지해야 합니다. 만약 대왕이 먼저 불방일에 의지하면 대왕의 부인이 그것을 따를 것입니다. 부인이 그러하면 대신과 장군과 태자가 불방일에 의지할 것입니다. 또한 온나라 백성도 대왕과 대신을 따라 방일하지 않고 불방일에 의지할 것입니다.

대왕께서 불방일에 의지한다면 스스로를 지킬 수 있을 것이며 부인과 채녀도 지킬 수 있을 것입니다. 또한 창고의 재물도 더욱 늘어나 풍족해질 수 있을 것입니다. 그러므로 부지런한 것을 칭찬하고 부지런하지 않은 것을 비난해야 합니다."

잡아함 46권 1239경 《불방일경(不放逸經)》

불방일은 모든 수행의 근본

부처님이 사밧티 기원정사에 계실 때의 일이다. 어느 날 부처님은 모든 수행의 근본이 되는 가장 훌륭한 일이 어떤 것인지에 대해 여러 가지 비유를 들어 말씀했다.

"산과 강과 온갖 풀과 다섯 가지 곡식은 다 땅을 의지해서 자란다. 이 세상의 모든 훌륭한 도는 방일하지 않는 데서 생긴다. 그래서 방일하지 않는 수행자는 네 가지 끊기(四意斷)를 닦고 또 닦는다.

여러 조그만 나라의 왕과 조금 큰 나라의 왕은 다 전륜성왕에게 와서 의지한다. 그와 마찬가지로 서른일곱 가지 훌륭한 가르침(三十七助道品) 가운데서도 방일하지 않는 법이 최고다. 그래서 방일하지 않는 수행자는 네 가지 끊기를 닦고 또 닦는다.

모든 별빛 가운데 달빛이 최고인 것처럼, 여러 착한 공덕을 만드는 서른일곱 가지 훌륭한 수행법 가운데서 방일하지 않는 것이 가장 높고 귀하다. 그래서 방일하지 않는 수행자는 네 가지 끊기를 닦고 또 닦는다.

참파카 꽃, 수나마 꽃을 비롯해 천상과 인간의 모든 꽃 가운데 바시카 꽃이 제일인 것처럼 모든 착한 공덕을 만드는 서른일곱 가지 수행법 가운데 방일하지 않는 것이 제일이다. 그래서 방일하지 않는 수행자는 네 가지 끊기를 닦고 또 닦는다.

그러면 어떤 것이 네 가지인가. 생기지 않은 나쁜 법은 방편을 써서 생기지 않도록 하고(未生惡令不生), 이미 생긴 나쁜 법은 방편을 써서 없어지게 하고(已生惡令滅), 생기지 않는 좋은 법은 방편을 써서 생기게 하고(未生善令生), 이미 생긴 좋은 법은 방편을 써서 더욱 많아지고 오래 가도록 하는 것(已生善令增長)이다. 수행자는 이와 같이 네 가지 끊기를 닦는 데 게으르지 말아야 한다."

증일아함 18권 제26 〈사의단품(四意斷品)〉 제1-4경

부지런해야 좋은 일이 생긴다

부처님이 사밧티 기수급고독원에 계실 때의 일이다. 어느 날 부처님은 부지런하면 생기는 좋은 일에 대해 이렇게 말씀했다.

"함부로 굴지 않고 게으르지 않음(不放逸)은 모든 좋은 일의 근본이며, 모든 좋은 일의 원인이며, 모든 좋은 일의 시작이다.

함부로 굴지 않고 게으르지 않음은 모든 좋은 일 가운데 제일이 된다. 마치 농사를 지을 때 그 모든 것이 다 대지를 원인으로 하고 대지를 의지하며 대지를 바탕으로 이루어지는 것처럼.

함부로 굴지 않고 게으르지 않음은 모든 좋은 일 가운데 제일이 된다. 마치 씨앗을 심으면 초목들과 온갖 곡식, 그리고 약초들이 나서 자랄 때 다 대지를 원인으로 하고 대지를 의지하며 대지를 바탕으로 이루어지는 것처럼.

함부로 굴지 않고 게으르지 않음은 모든 좋은 일 가운데 제일이 된다. 마치 모든 뿌리향 가운데 침향(沈香)이 제일인 것처럼. 또 모든 나무향 가운데 붉은 전단향이 제일인 것처럼. 또 모든 물꽃 가운데 연꽃이 제일인 것처럼. 또 모든 뭍 꽃 가운데 수마나꽃(須摩那華)이 제일인 것처럼. 또 모든 짐승의 발자국 가운데 코끼리 발자국이 제일인 것처럼.

함부로 굴지 않고 게으르지 않음은 모든 좋은 일 가운데 제일이 된다. 마치 모든 짐승 가운데 사자가 제일인 것처럼. 진을 치고 전쟁을 할 때 요새가 제일인 것처럼. 누각을 지을 때 서까래가 의지하는 대들보가 제일인 것처럼.

함부로 굴지 않고 게으르지 않음은 모든 좋은 일 가운데 제일이 된다. 마치 모든 산 가운데 수미산이 제일 높은 것처럼. 모든 왕 가운데 전륜성왕이 제일인 것처럼. 모든 광명 가운데 지혜광명이 제일인 것처럼. 모든 무리 가운데 부처가 제일인 것처럼."

부처님은 이어서 게으르지 않고 부지런함의 공덕에 대해 강조했다.

"함부로 굴지 않고 게으르지 않으면 이 생에서도 좋은 과보를 얻고 내생에서도 좋은 과보를 얻을 것이다. 이렇게 생각하고 수행하기에 게으르지 않으면 반드시 해탈을 얻으리라."

중아함 34경 141경 《유경(喩經)》

불교를 만난 것은 최고의 행운

부처님이 베살리의 원숭이 연못 옆 중각강당에 계실 때의 일이다. 어느 날 제자들과 함께 연못 주변을 산책하시던 부처님이 문득 아난다에게 이런 것을 물었다.

"아난다야, 큰 바다에 눈먼 거북이 한 마리가 살고 있다. 이 거북이는 백 년에 한 번씩 물 위로 머리를 내놓는데 그때 바다 한가운데 떠다니는 구멍 뚫린 나무판자를 만나면 잠시 거기에 목을 넣고 쉰다. 그러나 판자를 만나지 못하면 그냥 물 속으로 들어가야 한다. 그런데 이때 눈먼 거북이가 과연 나무판자를 만날 수 있겠느냐?"

아난다는 '그럴 수 없다'고 대답했다. 눈까지 먼 거북이가 백 년만에 머리를 내밀 때 넓은 바다에 떠다니는 구멍 뚫린 나무판자를 만난다는 것은 확률적으로 도저히 불가능한 것이기 때문이었다. 이에 부처님은 다시 이렇게 말씀했다.

"그래도 눈먼 거북이는 넓은 바다를 떠다니다 보면 서로 어긋나더라도 혹시 구멍 뚫린 나무판자를 만날 수 있을지도 모른다. 그러나 어리석고 미련한 중생이 육도윤회의 과정에서 사람으로 태어나기란 저 거북이가 나무판자를 만나기보다 더 어렵다. 왜냐하면 저 중생들은 선을 행하지 않고 서로서로 죽이거나 해치며, 강한 자는 약한 자를 해쳐서 한량없는 악업을 짓기 때문이니라. 그러므로 비구들이여, 너희들은 사람으로 태어났을 때 내가 가르친 '네 가지 진리(四聖諦)'를 부지런히 닦으라. 만약 아직 알지 못하였다면 불꽃같은 치열함으로 배우기를 힘써야 한다."

잡아함 15권 406경 《맹구경(盲龜經)》

불법을 모르는 사람의 불행

부처님이 사밧티 기원정사에 계실 때의 일이다. 어느 날 부처님은 설법을 해도 들을 수 없고, 알아듣지도 못하고, 수행도 못함으로써 열반에 들지 못하는 여덟 종류의 박복한 중생에 대해 말씀했다.
"첫째, 지옥(地獄)에 태어난 중생이다. 그들은 여래가 세상에 나와서 설법하는 것을 보지도 못하고 듣지도 못한다. 그리하여 도를 닦지도 못하고 열반에 이르지도 못한다.

둘째, 축생(畜生)에 태어난 중생이다. 그들은 여래가 세상에 나와서 설법하는 것을 보지도 못하고 듣지도 못한다. 그리하여 도를 닦지도 못하고 열반에 이르지도 못한다.

셋째, 아귀(餓鬼)에 태어난 중생이다. 그들은 여래가 세상에 나와서 설법하는 것을 보지도 못하고 듣지도 못한다. 그리하여 도를 닦지도 못하고 열반에 이르지도 못한다.

넷째, 장수천(長壽天)에 태어난 중생이다. 그들은 여래가 세상에 나와서 설법하는 것을 보지도 못하고 듣지도 못한다. 그리하여 도를 닦지도 못하고 열반에 이르지도 못한다.

다섯째, 변방에 태어난 중생이다. 그들은 여래가 세상에 나와서 설법하는 것을 보지도 못하고 듣지도 못한다. 그리하여 도를 닦기는커녕 성현을 비방하고 온갖 삿된 업을 짓는다.

여섯째, 중앙국에 태어났어도 여섯 가지 감관이 완전하지 못하고 선악을 분별하지 못하는 중생이다. 그리하여 설법을 듣지도 않고 도를 닦지도 못하고 열반에 이르지도 못한다.

일곱째, 중앙국에 태어나고 여섯 가지 감관을 완전하게 갖추었지만 삿된 소견을 갖는 사람이다. 그는 '보시의 공덕도 없고 받는 이도 없으며 선악의 갚음도 없고 금생 후생도 없다. 사문이나 바라문이 어떤 경지에 오른다는 것도 다 쓸데없는 말이다'라고 주장하며 도를 닦지 않는다. 그리하여 설법을 듣지도 않고 열반에 이르지도 못한다.

여덟째, 중앙국에 태어나고 여섯 가지 감관을 완전하게 갖추었으며 총명하고 재주도 있고 설법을 들으면 바로 이해하고 바른 소견을 갖는 사람이다. 그렇지만 그는 게을러서 여래의 설법을 듣고도 실천하지 않는다. 그리하여 도를 닦지도 않고 열반에 이르지도 못한다.

그러나 수행자들이여, 어떤 사람은 중앙국에 태어나서 지혜와 변재와 총명이 있는 데다가 여래의 설법을 듣고 열반에 이를 수 있다고 믿는다. 그는 바른 소견을 닦으며 선악을 잘 분별하며 범행을 닦는다. 그리하여 열반에 이를 수 있다. 그러므로 그대들은 여래의 설법을 듣고 열반에 이를 수 있다고 믿으며 부지런히 수행해야 할 것이다.

증일아함 36권 제42 〈팔난품(八難品)〉 제1경

부처님은 길을 일러주는 분

부처님이 사밧티 동쪽 녹자모강당에 계실 때의 일이다. 어느 날 수학자 목갈라나가 찾아와 이렇게 물었다.

"부처님, 누구든 10층까지 오르려면 1층부터 차례로 올라가야 합니다. 야생의 코끼리는 순서에 따라 다루어야 길들일 수 있습니다. 마찬가지로 제가 공부하는 수학도 순서에 따라 배워야 합니다. 부처님의 가르침도 이와 같이 순서에 따라 공부하는 길이 마련돼 있는지요?"

"물론 그렇다. 나의 가르침도 순서를 좇아 공부하는 방법과 길이 마련돼 있다. 어떤 사람이 처음으로 교단에 들어오면 먼저 계율을 지킬 것을 가르친다. 그 다음에는 육근(六根)을 잘 지키라고 가르친다. 그 다음에는 혼자 숲 속의 고요한 곳에서 탐욕과 분노와 혼침과 불안과 의혹을 벗어나 지혜로서 번뇌를 제거하도록 가르친다. 그 뒤에 다시 모든 집착과 불선(不善)에서 벗어나 무상안온의 경지에 도달하는 길을 가르친다."

"그렇게 수행하면 반드시 모두 구극의 경지인 열반에 이르는지요?"

"어떤 사람은 열반에 이르지만 어떤 사람은 이르지 못하는 경우도 더러 있다."

"정녕 열반이라는 경지가 있고, 거기에 이르는 길이 있으며, 또 부처님이 거기에 이르는 방법을 가르쳐주는데, 왜 누구는 그곳에 이르고, 누구는 이르지 못하는 것입니까?"

"그대에게 한 가지 묻겠다. 누가 그대에게 라자가하 가는 길을 물었다 하자. 그대는 그 길을 자세히 일러주었다. 그러나 그가 가리켜준 길이 아닌 엉뚱한 길로 간다면 어떻게 되겠는가?"

"그것은 저도 어쩔 수 없습니다. 저는 다만 길을 가리켜 줄 뿐이기 때문입니다."

"바라문이여, 그와 같다. 정녕 열반이라는 목적지가 있고, 가는 길도 있으며, 길을 가리켜 주는 사람도 있다. 내가 바로 그 안내자다. 내 제자가 내 말을 믿고 그 길을 걷는 사람은 구극의 목표인 열반에 도달할 수 있다. 그러나 개중에는 그렇지 못한 사람도 있다. 그 사람에 대해서는 나도 어찌할 수 없다. 나는 다만 길을 가리키는 사람일 뿐이기 때문이다."

중아함 35권 144경 《산수목건련경(算數目犍連經)》

장로의 이름에 합당한 사람

부처님이 라자가하 죽림정사에 계실 때의 일이다. 어느 날 부처님이 제자들에게 둘러싸여 설법을 하고 있는데 어떤 장로 비구가 발을 뻗고 졸고 있었다. 이와는 달리 나이가 겨우 8살인 수마나 사미는 부처님에게서 멀지 않은 곳에서 가부좌를 하고 앉아 생각을 한곳에 모아 정진하고 있었다. 부처님은 다리를 뻗고 앉아 졸고 있는 장로 비구와 단정히 앉아 생각을 한곳에 모으는 사미를 보고 이렇게 말씀하셨다.

"수염과 머리를 깎았다고 해서 그를 장로라고 할 수 없다. 아무리 나이가 많아도 행이 따르지 않으면 어리석은 것이다. 네 가지 진리를 깨닫고 어떤 생명도 해치지 않으며, 더럽고 나쁜 행을 버려야 그를 진정으로 장로라 할 것이다. 내가 말하는 이른바 장로란 반드시 남보다 먼저 집을 떠난 사람을 말하는 것이 아니다. 착한 업을 닦고 바른 행동을 분별할 줄 아는 사람을 말한다. 그러나 아무리 나이가 어리더라도 모든 감각기관에 실수가 없으면 그 사람이야말로 장로의 이름에 합당하다. 그는 바른 법을 분별하여 행동하기 때문이다."

부처님은 다시 비구들에게 졸고 있는 장로 비구와 생각을 한곳에 모으고 있는 사미에 대해 이렇게 말했다.

"이 장로 비구는 지난 5백 생 동안 뱀으로 살았다. 만일 지금 목숨을 마친다면 다시 뱀으로 태어날 것이다. 왜냐하면 그는 하는 마음이 없기 때문이다. 삼보에 대해 공경하는 마음이 없으면 그는 몸이 무너진 뒤에 반드시 뱀으로 태어나느니라. 그러나 이 사미는 이레 뒤에 네 가지 신통(四神足)과 네 가지 진리(四聖諦)를 얻고, 네 가지 선정(四禪定)에서 자재를 얻고 네 가지 끊기(四意斷)를 잘 닦을 것이다. 왜냐하면 이 사미는 여래와 그 가르침과 가르침을 따르는 대중에 대해 공경하는 마음을 갖기 때문이니라.

그러므로 비구들이여, 그대들은 언제나 삼보를 공경하며 열심히 수행하도록 하라."

증일아함 21권 제29 〈수타품(須陀品)〉 제2경

아직도 기회는 있다

　부처님이 사밧티의 기원정사에 있을 때의 일이다. 어느 날 부처님은 아난다와 함께 마을로 아침 탁발을 나갔다가 늙은 거지부부를 만나게 되었다. 그들은 남루한 누더기를 입고 모닥불을 쬐고 있었다.
　"부처님, 저 노인들은 어찌하여 늙은 따오기처럼 신세가 곤궁하나이까?"
　아난다의 질문에 부처님은 이렇게 말했다.
　"저 늙은 부부는 젊고 건강할 때 열심히 일하지 않았기 때문이다. 만약 저들이 젊고 건강할 때 열심히 일을 했더라면 아마도 사밧티에서 제일가는 부자가 되었을 것이다. 만약 출가해서 수행에 전심했다면 훌륭한 아라한이 되었을 것이다. 그러나 저들은 젊은 시절에 그렇게 살지 않았다."
　다시 아난다가 여쭈었다.
　"저들은 청년 시절의 게으름 때문에 늙어서 과보를 받는다는 말씀인지요?"
　"아니다. 만약 장년이 되었을 때 정신을 차리고 열심히 일했다면 사밧티에서 둘째가는 부자가 되었을 것이다. 또 출가해서 수행을 했다면 훌륭한 결과를 얻었을 것이다. 그러나 저들은 장년시절도 그냥 보냈다. 그리고 다시 중년을 맞았다. 그때라도 정신을 차리고 열심히 일했다면 사밧티에서 셋째가는 부자가 되었을 것이다. 또 열심히 수행을 했다면 훌륭한 과위를 얻었을 것이다. 그러나 저들은 그런 기회를 다 허송하고 말았다. 저들은 이제 건강도 없고 재물도 없고, 의욕도 없고 감당할 능력도 없다. 참으로 안타까운 일이 아닐 수 없구나."

잡아함 42권 1162경 《노부부경(老夫婦經)》

바람을 거스르는 향기

부처님이 사밧티 기원정사에 계실 때의 일이다. 어느 날 아난다가 한적한 곳에서 명상을 하다가 이런 생각을 했다.

'이 세상에 과연 바람을 거슬러서도 향기를 풍기고, 바람결을 따라서도 향기를 풍기고, 바람을 거슬리거나 바람결을 따라서나 언제나 향기를 풍기는 향이 있을까?'

아난다는 자리에서 일어나 부처님을 찾아뵙고 "과연 이 세상에 그런 향과 같은 것이 있을 수 있습니까?" 하고 여쭈어 보았다. 부처님은 "그런 향이 세 가지가 있다."고 했다. 아난다가 다시 물었다.

"이 세상에 과연 어떤 향이 있기에 바람을 거슬러서도 향기를 풍기고, 바람결을 따라서도 향기를 풍기고, 바람을 거슬리거나 바람결을 따라서나 언제나 향기를 풍기는 향이 있다고 하시는지요?"

"첫째는 계율의 향(戒香)이고, 둘째는 들음의 향(聞香)이고, 셋째는 보시의 향(布施香)이 그것이다. 이 세 가지 향은 바람을 거슬러서도 향기를 풍기고, 바람결을 따라서도 향기를 풍기고, 바람을 거슬리거나 바람결을 따라서나 언제나 향기를 풍기는 향이다.

이 세상의 모든 향 가운데서 이 세 가지 향은 가장 훌륭한 향이며, 견줄만한 것이 없는 향이다. 그것은 비유하자면 소에서 타락(駝酪)이 생기고, 타락에서 소(酥)가 생기며, 소에서 제호(醍醐)가 생기지만 그중에서 가장 좋은 것은 제호인 것과 같다.

그러므로 아난다야, 그대들은 열심히 정진하여 이 세 가지 향을 얻도록 노력해야 할 것이다."

증일아함 13권 제23 〈지주품(地主品)〉 제5경

깨달음을 이루는 두 가지 힘

부처님이 사밧티 기원정사에 계실 때의 일이다. 어느 날 부처님은 수행자들에게 자신이 어떻게 해서 정각을 이루게 되었는지에 대해 말씀했다.

"여기에 두 가지 힘이 있다. 어떤 것이 두 가지 힘인가. 하나는 참는 힘(忍力)이고 또 하나는 사색하는 힘(思惟力)이다. 만일 내가 이

두 가지 힘이 없었다면 마침내 위없이 바르고 참된 깨달음을 이루지 못했을 것이다.

또 이 두 가지 힘이 없었다면 저 우루벨라에서 6년 동안 고행하지 못했을 것이다. 악마를 항복 받고 위없는 바르고 참된 도를 이루어 도량에 앉지 못했을 것이다. 그러나 나에게는 이 참는 힘과 사색하는 힘이 있었다. 그래서 악마를 항복받고 위없으며 참되며 바른 도를 이루어 정각도량에 앉을 수 있었던 것이다.

수행자들도 이 두 가지 힘을 기르면 수다원의 경지에 이르고, 사다함의 경지에 이르며, 아나함의 경지에 이르고, 아라한의 경지에 이르게 된다. 그리하여 더 이상 남음이 없는 열반(無餘依涅槃)의 세계에서 반열반할 수 있을 것이다.

그러므로 그대들은 이와 같이 참는 힘과 사색하는 힘을 기르는 수행을 하는 데 게으르지 말아야 할 것이다."

증일아함 7권 제16〈화멸품(火滅品)〉제8경

성자들이 걸어가는 길

부처님이 사밧티의 기원정사에 계실 때의 일이다. 어느 날 한 비구가 찾아와 부처님의 사촌 동생인 팃사 비구의 수행에 대해 말했다.

"부처님, 팃사 비구는 몸과 마음이 혼면하여 수행을 게을리 하고, 교법에 대해 의혹을 품고 있습니다."

그 말을 들은 부처님은 즉시 팃사를 불러 여러 가지를 물어본 뒤 다음과 같은 비유로 가르쳤다.

"팃사여, 어떤 사람이 훌륭한 성을 찾아가고 있었다. 그러나 그는 어리석어서 길을 잘 몰랐다. 그래서 길을 잘 아는 지혜로운 사람에게 물었더니 그는 이렇게 가르쳐 주었다.

'나그네여, 이 길을 따라가다 보면 두 갈래 길이 나올 것이다. 그때 그대는 왼쪽으로 가지 말고 오른쪽으로 가라. 한참을 가다 보면 큰 숲과 깊은 늪과 험준한 산을 만나게 될 것이다. 그러나 멈추지 말고 계속 가다 보면 마침내 그대가 가고자 하는 성에 도착할 수 있을 것이다.'

팃사여, 여기서 내가 비유로 말한 나그네는 범부를 말하는 것이며, 길을 잘 알고 있는 사람이란 여래를 말하는 것이다. 또 두 갈래 길이란 의혹을 말하는 것이며, 왼쪽 길이란 탐욕과 분노와 어리석은 생각을 말하는 것이다. 또 오른쪽 길이란 여래가 가르친 여덟 가지 성스럽고 바른 길을 말하는 것이다. 바른 길이란 곧 바른 견해

(正見), 바른 뜻(正思惟), 바른 말(正語), 바른 행동(正業), 바른 생활(正命), 바른 노력(正精進), 바른 생각(正念), 바른 선정(正定)이다. 또 큰 숲이란 무명, 깊은 늪이란 오욕락, 험준한 산이란 분노와 근심과 걱정을 말하는 것이다. 마지막으로 그가 도달한 성이란 열반의 경지를 말하는 것이다.

팃사여, 그러므로 그대는 기쁜 마음으로 정진해야 한다. 여래가 이렇게 너에게 열반에 이르는 길을 자세하게 가르쳐 주고 있으니 게을러서 뒷날 후회하는 일이 있어서는 안 될 것이다."

잡아함 10권 271경 《저사경(低舍經)》

여성의 기질적 특징

부처님이 사밧티 기원정사에 계실 때의 일이다. 어느 날 부처님은 이런 비유로써 설법하여 제자들을 깨우쳤다.

"여자들은 대체로 다음과 같은 다섯 가지 힘을 가지면 그 남편을 가볍게 여기려고 한다. 첫째는 젊음의 힘이고, 둘째는 친척의 힘이며, 셋째는 농사의 힘이며, 넷째는 자식의 힘이며, 다섯째는 스스로 지키는 힘이다. 그러나 만약 남편에게 한 가지 힘만 있으면 아내를 눌러 버릴 수 있다. 그것은 바로 부귀의 힘이니라. 대개 남자가 재물이 많고 지위가 높으면 여자가 젊고, 친척이 많고, 농사를 잘 짓고, 아이를 잘 기르며, 스스로 지키는 힘이 있다고 하더라도 쉽게 눌러버릴 수 있다. 이 한 가지 힘이 다섯 가지를 능히 이길 수 있기 때문이다.

마왕 파순에게도 다섯 가지 힘이 있다. 첫째는 모양의 힘이고, 둘째는 소리의 힘이며, 셋째는 냄새의 힘이며, 넷째는 맛의 힘이며, 다섯째는 감각의 힘이다. 어리석은 사람은 이 다섯 가지에 집착하기 때문에 악마의 손아귀에서 벗어나지 못한다. 그러나 나의 제자로서 한 가지 힘만 성취하면 이 다섯 가지를 다 이길 수 있다. 그것은 방일하지 않는 힘이다. 나의 제자로서 이 불방일을 성취하는 사람은 악마의 다섯 가지 사슬에 얽매이지 않고 온갖 두려움에서 벗어날 수 있다."

부처님은 또한 이런 비유로써 제자들을 가르쳤다.

"여자들에게는 다음과 같은 다섯 가지 욕심이 있다. 첫째는 호화롭고 귀한 집에 태어나고자 하고, 둘째는 부귀한 집으로 시집가는 것이며, 셋째는 남편으로 하여금 자기의 말을 따르도록 하는 것이며, 넷째는 아이를 많이 두는 것이며, 다섯째는 집에서는 혼자 마음대로 하는 것이다. 그러나 수행자들이여, 그대들도 욕심낼 만한 일이 다섯 가지가 있다. 첫째는 계율을 잘 지키고자 함이요, 둘째는 법문을 많이 듣고자 함이요, 셋째는 삼매를 성취하고자 함이며, 넷째는 지혜를 얻고자 함이며, 다섯째는 지혜로써 해탈을 성취하고자 함이다. 이것이 수행자가 욕심낼 만한 다섯 가지다.

수행자들이여, 그대들은 수행을 하되 선한 법을 행하고 나쁜 법을 버리고 꾸준하게 앞으로 나가되 중간에서 물러서지 말라. 이렇게 공부하면 반드시 큰 성취가 있을 것이다."

증일아함 27권 제35 〈사취품(邪聚品)〉 제4-5경

일곱 종류의 불자들

부처님이 사밧티 기원정사에 계실 때의 일이다. 어느 날 부처님은 '물에 빠진 사람의 비유(水喩人)'를 들어 제자들을 가르쳤다.

"나는 지금 일곱 종류의 물에 빠진 사람의 비유를 들어 설명할 테니 잘 듣고 수행하는 데 게으르지 말라.

첫째, 물속에 빠져 있으면서 헤어나오지 못하는 사람이다.

그는 착하지 못한 법이 그 몸에 가득 차서 몇 겹이 지나도 고치지 못하는 사람이다. 이런 사람을 물속에 빠져 있으면서 헤어나오지 못하는 사람이라고 한다.

둘째, 물에서 나왔다가 도로 빠지는 사람이다.

그는 믿음의 뿌리가 점점 엷어져서 비록 착한 법에 있지만 그것이 든든하지 못하다. 그래서 그는 몸과 입과 뜻으로 선행을 하다가도 뒤에 다시 악행을 하여 몸이 무너지고 목숨이 끝난 뒤에는 지옥에 난다. 이런 사람을 물에서 나왔다가 도로 빠지는 사람이라고 한다.

셋째, 물 위로 나와서 바라보는 사람이다.

그는 믿음의 뿌리는 있으나 몸과 입과 뜻으로 행함에 있어서 조금도 나아지지 않고 스스로 안주하나니 그는 나중에 몸이 무너지고 목숨이 끝난 뒤에는 지옥에 난다. 이런 사람을 물위로 나와서 바라보는 사람이라고 한다.

넷째, 물에서 머리를 내밀고 머무는 사람이다.

그는 믿음과 정진으로 세 가지 결박을 끊고 다시는 물러나지 않고 반드시 구경에 이르러 위없는 도를 성취한다. 이런 사람을 물에서 머리를 내밀고 머무는 사람이라고 한다.

다섯째, 물을 건너려는 사람이다.

그는 믿음과 정진으로 항상 부끄러움을 가져 세 가지 결박을 끊고 탐욕과 성냄과 어리석음이 엷어져 이 세상에 태어나 괴로움을 완전히 벗어난다. 이런 사람을 물을 건너려는 사람이라고 한다.

여섯째, 저쪽 언덕으로 가려고 하는 사람이다.

그는 믿음과 정진의 뿌리가 깊어서 욕심세계의 다섯 가지 결박을 끊고 아나함이 되어 거기서 열반에 들어 다시는 이 세상에 오지 않는다. 이런 사람을 저쪽 언덕으로 가려고 하는 사람이라고 한다.

일곱째, 이미 저쪽 언덕에 건너간 사람이다. 그는 믿음의 뿌리와 정진의 뿌리가 깊어서 부끄러워할 줄 알고, 번뇌가 다하여 현재에서 스스로 즐거워한다.

이미 나고 죽음이 다했으며, 할 일을 다 마쳐 다시는 후생의 몸을 받지 않을 줄 알며, 남음이 없는 열반(無餘依涅槃)의 세계에서 반열반한다.

이런 사람을 이미 저쪽 언덕에 건너간 사람이라고 한다."

증일아함 33권 제39 〈등법품(等法品)〉 제3경

인생이 걷는 네 갈래 길

부처님이 사밧티의 기원정사에 계실 때의 일이다. 어느 날 파세나디 왕이 찾아와 이렇게 물었다.

"부처님, 한 가지 여쭈어 보고 싶은 것이 있습니다. 사람이 죽으면 어떻게 됩니까? 바라문이 죽으면 도로 바라문으로 태어나고, 귀족이 죽으면 다시 귀족으로 태어나게 됩니까, 그렇지 않습니까?"

대왕의 질문은 한마디로 '사람의 운명이란 한번 정해지면 영원히 변하지 않는가'라는 것이었다. 이에 대해 부처님은 단호하게 '어찌 그런 일이 있을 수 있겠는가'라고 가로막으면서 다음과 같은 비유를 들어 설명했다.

"인생에는 밝음과 어둠이 있고, 그것은 다시 네 갈래의 길을 만들어 갑니다. 어둠에서 어둠으로 들어가는 길, 어둠에서 밝음으로 들어가는 길, 밝음에서 어둠으로 들어가는 길, 밝음에서 밝음으로 들어가는 길이 그것입니다. 인생에서 이렇게 밝음과 어둠이 교차하는 데는 모두 그럴 만한 이유가 있어서 입니다.

어둠에서 어둠으로 들어가는 길이란 어떤 사람이 비천한 가문에서 태어나 빈궁하고 하천하게 살면서 몸과 말과 생각으로 악업을 지어 다시 비천하게 되는 것을 말합니다. 비유하면 그는 피로써 피를 씻고, 악으로써 악을 갚으며 뒷간에서 뒷간으로 들어가는 것과 같은 길을 걷는 사람입니다.

이와는 달리 어둠에서 밝음으로 들어가는 길이란 비천한 가문에서 태어났지만 어둠 속에서도 몸과 말과 생각으로 선업을 닦아 훌륭하게 되는 것을 말합니다. 비유하면 그는 땅에서 평상으로 올라서고, 다시 평상에서 코끼리에 올라타는 것처럼 날이면 날마다 밝음으로 상승의 길을 걷는 사람입니다.

이와는 반대로 밝음에서 어둠으로 들어가는 길이란 훌륭한 가문에서 태어났으나 몸과 말과 생각이 올바르지 못해 악업을 지음으로써 그 과보로 비천해지는 것을 말합니다. 비유하면 높은 누각에서 코끼리 등으로 내려앉으며, 다시 거기에서 평상으로, 다음에는 맨땅에, 그리고 마침내는 구렁텅이로 떨어지는 것과 같습니다.

한편 밝음에서 밝음으로 들어가는 길이란 좋은 가문에서 태어나 항상 몸과 말과 생각으로 선업을 지음으로써 더욱 훌륭해지는 것을 말합니다. 비유하면 아름다운 누각에서 나와 더 아름다운 누각으로 옮겨가는 것과 같습니다."

잡아함 42권 1164경 《명명경(明冥經)》

세상을 맑고 향기롭게 하는 사람들

　부처님이 발기수의 우각사알라 동산에 계실 때의 일이다. 그 무렵 동산에는 사리풋타, 마하목갈라나, 마하카사파, 카차야나, 아니룻다, 이월다, 아난다 등 유명한 제자들이 함께 있었다. 어느 날 아침 이들은 사리풋타가 있는 곳으로 모여들었다. 아난다는 이월다와 같이 사리풋타에게로 갔다. 사리풋타는 많은 존자들이 모이자 아난다에게 물었다.
　"이 숲은 정말 좋은 곳이요. 밤에는 달이 밝고 모든 사알라 나무들이 묘한 향기를 풍기고 있소. 이런 좋은 곳에 어떤 수행자가 머물러야 더 아름답고 향기롭게 할 수 있다고 생각하는지요?"
　"만일 부처님 제자 중에 법문을 많이 듣고 기억하여 잊지 않으며, 그가 말하는 법은 처음과 중간과 마지막이 다 묘하며, 또 문채가 빛나고 청정한 범행을 드날리게 하는 사람이 있다고 합시다. 그런 비구라면 이 동산을 더욱 아름답고 향기롭게 할 것입니다."
　사리풋타는 같은 질문을 이월다에게 하자 그는 이렇게 대답했다.
　"만일 어떤 비구가 고요하게 앉기를 즐겨하고 좌선을 하여 마음의 번뇌를 끊고 한가하게 살기를 좋아하다면 그런 비구가 이 동산을 더욱 아름답고 향기롭게 할 것입니다."
　사리풋타가 이번에는 같은 질문을 아니룻다에게 하자 그는 이렇게 대답했다.

"어떤 비구가 천안통을 얻어 누각 위에서 아래를 내려다보듯이 1천 세계를 바르게 보고 관찰할 수 있다면 그런 비구가 이 동산을 더욱 아름답고 향기롭게 할 것입니다."

사리풋타가 이번에는 같은 질문을 카차야나에게 하자 그는 이렇게 대답했다.

"만일 어떤 비구 둘이서 깊은 아비담을 의논하되 서로 묻고 답하는 것이 걸림이 없고 설명하는 것이 뛰어나다면 그런 비구가 이 동산을 더욱 아름답고 향기롭게 할 것입니다."

사리풋타가 이번에는 같은 질문을 마하카사파에게 하자 그는 이렇게 대답했다.

"만일 어떤 비구가 스스로 일이 없고 일 없음을 칭찬하며, 스스로 욕심이 적어 욕심이 적음을 칭찬하며, 스스로 만족함을 알고 만족할 줄 아는 것을 칭찬하며, 스스로 즐거이 혼자 살며 혼자 즐거이 사는 것을 칭찬하며 스스로 수행하고 정근하며 바른 지혜를 얻는 것을 칭찬하며, 스스로 정을 얻고 번뇌가 다한 것을 칭찬하는 그런 비구가 이 동산을 더욱 아름답고 향기롭게 할 것입니다."

사리풋타가 이번에는 같은 질문을 마하목갈라나에게 하자 그는 이렇게 대답했다.

"만일 어떤 비구가 큰 여의족을 얻고 큰 위덕이 있으며, 큰 복과 위신이 있으며, 자재하기 한량이 없다면 그런 비구가 이 동산을 더욱 아름답게 할 것입니다."

대답을 마친 마하목갈라나는 이번에는 사리풋타에게 같은 질문을 했다. 그러자 그는 이렇게 대답했다.

"만일 어떤 비구가 마음쓰기를 자재하게 하면서 항상 허물이 없다고 합시다. 그는 어디서 거닐거나 머물거나 할 때 고요한 마음을 잃지 않습니다. 마치 왕의 대신이 많은 옷을 이것저것 꺼내 입어도 잘 어울리듯이 마음쓰기를 자재롭게 하는 비구가 이 동산에 머문다면 그가 이 동산을 더욱 아름답고 향기롭게 할 것입니다."

여기까지 대화를 한 존자들은 부처님을 찾아갔다. 부처님은 이들의 대화 내용을 전해 듣고 크게 찬탄하고 매우 기뻐했다.

중아함 48권 184경 《우각사라림경(牛角娑羅林經)》

수행자가 따라야 할 표상

부처님이 사밧티 기원정사에 계실 때의 일이다. 어느 날 부처님은 제자들에게 어떤 마음과 자세로 공부해야할 지에 대해 다음과 같이 말씀했다.

"어떤 어머니가 외아들을 두고 '어떻게 가르쳐야 사람이 될까'를 생각하다가 좋은 표준이 될 사례를 들어 가르치듯이 나도 좋은 사례를 들어 그대들을 가르치려 하니 잘 들으라.

만일 어떤 청신사가 외동아들이 있다면 '질다(質多) 장자나 상동자(象童子) 같이 되라'고 한다. 왜냐하면 그들은 모든 청신사의 표준이요 모범이기 때문이다. 그와 마찬가지로 나는 머리를 깎고 가사를 입고 집을 나와서 수행을 하려는 사람들에게 저 사리풋타나 목갈라나 같이 되라고 한다. 왜냐하면 그들은 수행자의 표준이기 때문이다.

또 만일 어떤 청신사가 외동딸이 있다면 '난타의 어머니 구수다라(拘讎多羅)같이 되라'고 한다. 왜냐하면 그녀는 모든 청신녀의 표준이요 모범이기 때문이다. 그와 마찬가지로 나는 머리를 깎고 가사를 입고 집을 나와서 수행을 하려는 사람들에게 저 케마 비구니와 연화색 비구니와 같이 되라고 한다. 왜냐하면 그들은 수행자의 표준이기 때문이다.

내가 사리풋타와 목갈라나, 케마와 연화색을 표준으로 삼아 수행하라고 하는 것은 이유가 있다. 이들은 바른 법을 배우기를 좋아하므로 삿된 업을 지어 복잡한 문제를 일으키지 않는다. 그런데 만약 너희들 중 누가 그릇된 법에 물들어 삿된 마음을 내면 곧 삼악도에 떨어질 것이다. 그러므로 잘 생각하고 마음을 오로지 하여 바른 법을 깨닫도록 해야 한다. 왜냐하면 시주의 무거운 보시는 실로 소화하기 어려워서 사람으로 하여금 도에 이르지 못하게 하기 때문이다. 거듭 말하거니와 수행자들은 그릇된 법에 물들어 집착하는 생각을 내지 말아야 한다. 만일 이미 생겼거든 그것을 없애기에 애써야 한다. 수행자는 마땅히 이와 같이 공부를 해나가야 한다."

증일아함 4권 제9 〈일자품(一字品)〉 제1-2경

불자의 조건 열여섯 가지

부처님이 고향인 카필라바스투 니그로다 동산에 계실 때의 일이다. 어느 날 마하나마라는 재가신자가 여러 사람들과 함께 부처님을 찾아왔다.

"어떤 사람을 가리켜 재가신자라 합니까?"

"집에서 깨끗하게 살면서 '목숨을 마칠 때까지 삼보에 귀의하는 우바새(우바이)가 되겠습니다. 이를 증명하여 주십시오'라고 다짐한 사람들을 말한다."

"그러면 재가신자들은 어떤 조건을 갖추어야 이름에 걸맞는다고 할 수 있습니까?"

"마하나마여, 다음과 같은 열여섯 가지 조건을 갖추어야 참다운 재가신자라 할 수 있을 것이다. 첫째는 스스로 바른 믿음을 가져야 한다. 둘째는 스스로 깨끗한 계율을 가져야 한다. 셋째는 언제나 보시를 행하여야 한다. 넷째는 절에 자주 나가 스님을 공경해야 한다. 다섯째는 스님을 보면 법을 청하여 들어야 한다. 여섯째는 항상 바른 법만을 받아 지녀야 한다. 일곱째는 자신이 받아 지닌 법이 옳은 것인지 그른 것인지 그 뜻을 깊이 관찰해야 한다. 여덟째는 바른 법에 따라 실천을 게을리 하지 말아야 한다.

이 여덟 가지를 자기 자신뿐만이 아니라 남에게도 가르쳐 낱낱이 그렇게 하도록 해야 한다.

그러면 모두 열여섯 가지를 성취하는 것이 된다. 이런 사람을 일러 나는 참된 재가신자라 부른다."

잡아함 33권 929경 《일체사경(一切事經)》

불교만이 위대한 종교인가

부처님이 위야국 금반 녹야림에 계실 때의 일이다. 어느 날 벌거 벗고 수행하는 나형외도(裸形外道) 카사파가 부처님을 찾아와서 물었다.

"저는 이렇게 들었습니다. 부처님은 다른 종교의 수행자들을 인정하지 않고 모든 고행하는 사람들은 비방한다는 말을 들었습니다. 만약 이렇게 말한 것이 사실이라면 이는 부처님의 인격에 흠이 되는 일이 아니겠습니까?"

"내가 만약 다른 종교의 수행자들을 인정하지 않고 모든 고행하는 사람들은 비방하는 말을 했다면 그것은 옳은 말도 아니고 진리를 깨달은 사람의 말도 아니다. 그것은 도리어 나를 비방하는 말이다. 무슨 까닭인가? 나는 저들 고행하는 사람들이 목숨이 끝나 몸이 무너지면 나쁜 곳에 떨어지는 것도 알고, 또 어떤 고행하는 사람들은 목숨이 끝나 몸이 무너지면 좋은 곳에 태어나는 것도 알고 있기 때문이다. 또 어떤 사문이나 바라문의 가르침은 나의 법과 같은 것도 있지만 다른 것도 있다. 그런데 내가 어찌 모든 고행자를 인정하지 않고 비방하겠는가? 그럼에도 그런 말이 나도는 것은 내가 옳다고 말하면 그르다고 말하고, 그르다고 말하면 옳다고 말하는 사람들이 있기 때문일 것이다. 그러나 카사파여, 만약 저들 가운데 지혜 있는 사람이라면 이렇게 관찰할 것이다. 부처님의 제자와 외도의 제자가 어두운 상태에 있다면 당연히 부처님의 제자가 빨리 더러움과 어둠을 멸할 것이다."

"부처님은 때를 알고 말하는 분, 진실을 알고 말하는 분, 이치를 알고 말하는 분입니다. 그런데 고행을 하는 수행자 가운데 어떤 사람은 바라문의 이름을 얻고 어떤 사람은 사문의 이름을 얻기도 합니다. 그것은 무슨 까닭입니까?"

"옷을 벗고 고행을 하는 사람은 여러 가지 방법으로 자신을 괴롭힌다. 그러나 바른 계와 바른 소견을 구족하지 못하면 아무리 부지런히 수행해도 좋은 결과를 얻을 수 없다. 성내는 마음, 원한의 마음, 남을 해치고자 하는 마음을 버리지 못하기 때문이다. 그러나 나의 제자들은 어리석음과 무명을 멸하고 누진지(漏盡智)를 얻는다. 혼자 한적한 곳에서 정근하고 전념하여 방일하지 않기 때문이다."

"저와 같은 사람도 이 교단에 들어와 구족계를 받고 수행할 수 있는지요?"

"만약 이학외도로서 우리 교단에 들어와 수행하고자 한다면 마땅히 4개월 동안 머물면서 관찰하여 여럿의 뜻에 맞아야 한다. 그런 연후에 구족계를 받고 출가할 수 있다. 비록 이런 법이 있지만 이 또한 사람에 따라서 다르다."

이에 그는 곧 불법에 귀하여 구족계를 받고 오래지 않아 아라한이 되었다.

장아함 16권 25경 《나형범지경(裸形梵志經)》

무엇을 해서 먹고 살아야 하는가

부처님이 라자가하 죽림정사에 계실 때의 일이다. 그 무렵 사리풋타도 이곳에 머물러 있었다. 어느 날 사리풋타는 마을에 들어가 탁발을 해서 나무 밑에 앉아 공양을 했다. 이를 본 정구(淨口)라는 외도의 여승이 사리풋타에게 물었다.

"존자께서는 입을 어디로 향하고 공양을 하시는지요?"

"나는 입을 밑으로 하거나, 위로 향하거나, 사방으로 향하거나, 또는 중간으로 향하게 하고 식사를 하지 않습니다."

"그러면 존자께서는 입을 어디로 향하게 하고 공양을 하시는지요?"

"입을 아래로 향하고 식사를 하는 것은 천박한 방법으로 음식을 구하는 것이니 이는 하구식(下口食)이라 합니다. 입을 하늘로 향하고 식사를 하는 것은 별을 관찰하고 음식을 구하는 것이니 이는 앙구식(仰口食)이라 합니다. 입을 사방으로 향하고 식사를 하는 것은 심부

름을 해서 음식을 구하는 것이니 이는 방구식(方口食)이라 합니다. 입을 중간으로 향하고 식사를 하는 것은 병을 고쳐 주고 음식을 구하는 것이니 이를 사유식(四維食)이라 합니다. 나는 이러한 방법으로 음식을 구하지 않습니다. 오직 청정한 법을 행하는 것으로써 음식을 구하여 살아갈 뿐입니다."

그녀는 사리풋타의 대답을 듣고 존경하는 마음을 일으켜 칭찬했다. 그러나 그녀는 다른 외도들의 미움을 사서 죽임을 당했다.

잡아함 18권 500경 《정구경(淨口經)》

수행자가 세워야 할 서원

부처님이 사밧티 기수급고독원에 계실 때의 일이다. 어느 날 한 수행자가 '구족계를 받고 고요한 곳에서 관법을 닦아 성취하리라'고 생각하고 부처님께 이 뜻을 말했다. 부처님은 이를 계기로 수행자가 어떤 원을 세우고 수행해야 하는지에 대해 말씀했다.

"수행자들이여, 그대들은 마땅히 이와 같은 서원을 세워야 한다. 부처님의 은혜를 갚기 위하여 구족계를 받고 고요한 곳에서 관법을 수행하여 성취하리라는 원을 세워야 한다. 친족이 천상에 태어나게 하기 위하여 구족계를 받고 고요한 곳에서 관법을 수행하여 성취하리라는 원을 세워야 한다. 내게 음식과 의복과 모든 생활도구를 보시하는 사람에게 큰 공덕이 있도록 하기 위해 구족계를 받고 고요한 곳에서 관법을 수행하여 성취하리라는 원을 세워야 한다. 굶주림과 목마름, 추위와 더위, 모기와 등에의 욕설과 매질을 참으며 몸에 병이 들어 목숨이 끊어지려 한다 하더라도 구족계를 받고 고요한 곳에서 관법을 수행하여 성취하리라는 원을 세워야 한다. 즐겁지 않은 일을 견디고 즐겁지 않은 일이 생기더라도 집착하지 않기 위하여 구족계를 받고 고요한 곳에서 관법을 수행하여 성취하리라는 원을 세워야 한다.

수행자들이여, 그대들은 두려움을 견디고 두려움이 생기더라도 끝내 거기에 집착하지 않기 위하여 구족계를 받고 고요한 곳에서 관법을 수행하여 성취하리라는 원을 세워야 한다.

내게 만약 욕심과 분노, 해침의 생각이 생기더라도 거기에 집착하지 않기 위하여 구족계를 받고 고요한 곳에서 관법을 수행하여 성취하리라는 원을 세워야 한다. 욕심을 떠나고 초선과 내지 4선을 성취하기 위하여 구족계를 받고 고요한 곳에서 관법을 수행하여 성취하리라는 원을 세워야 한다.

수행자들이여, 그대들은 모든 번뇌를 끊고 수다원과를 얻기 위하여, 사다함과를 얻기 위하여, 아나함과를 얻기 위하여, 아라한과를 얻기 위하여 구족계를 받고 고요한 곳에서 관법을 수행하여 성취하리라는 원을 세워야 한다."

중아함 26권 105경 《원경(願經)》

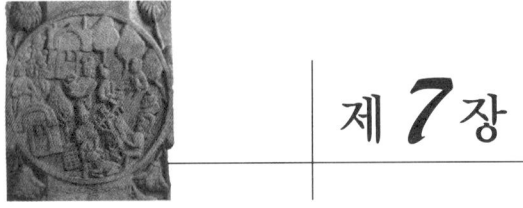

제 7장

나눔과 선행

나누어 주는 공덕

부처님이 사밧티 기원정사에 머물고 계실 때의 일이다. 어느 날 얼굴이 단정하게 생긴 사람이 부처님을 찾아와 보시의 공덕에 대해 여쭈었다.

"부처님, 저는 보시에 대해 묻고자 합니다. 무엇을 보시해야 큰 힘을 얻고, 무엇을 보시해야 단정한 얼굴을 얻고, 무엇을 보시해야 편안함을 얻고, 무엇을 보시해야 밝은 눈을 얻을 수 있는지요. 또 어떻게 해야 모든 것을 보시했다고 말할 수 있는지 설명해 주시기 바랍니다."

부처님은 그에게 이렇게 대답했다.

"큰 힘을 얻고자 한다면 음식을 나누어 주라. 단정한 얼굴을 얻고자 한다면 의복을 나누어 주라. 안락을 바란다면 수레를 보시하고, 밝은 눈을 얻고자 한다면 등불을 보시하라. 또한 모든 것을 보시했다고 말하려면 무엇을 얻기 위해 찾아오는 손님을 기다려라. 아울러 진리를 중생에게 가르쳐 주면 그것이야말로 보시 중에서도 가장 훌륭한 보시라 할 것이다."

잡아함 36권 998경 《시하득대력경(施何得大力經)》

도둑도 훔쳐가지 못하는 보물

부처님이 사밧티 기원정사에 머물고 계실 때의 일이다. 어느 날 한 단정한 젊은이가 찾아와 부처님께 이런 것을 여쭈었다.

"부처님, 어떤 것이 불로도 태우지 못하는 것입니까? 어떤 것이 바람이 불어도 날아가지 않는 것입니까? 어떤 것이 홍수가 져서 모든 것을 떠내려가게 할 때 떠내려가지 않는 것입니까? 나쁜 임금이나 도적이 사람의 재물을 겁탈해 갈 때 어떤 사람이 그들에게 빼앗기지 않을 수 있습니까? 어떤 보배창고를 지어야 끝끝내 허물어지지 않나이까?"

부처님은 젊은이에게 이렇게 가르쳐 주었다.

"젊은이여, 그대가 지은 복만이 불로도 태우지 못하고 바람으로도 날리지 못한다. 홍수가 져서 모든 것을 쓸어간다 해도 복은 떠내려가지 않는다. 나쁜 임금과 도적이 사람의 재물을 억지로 빼앗아 간다 해도 착한 남자와 여자가 지은 복은 빼앗아 갈 수 없다. 착한 일을 해서 지은 공덕의 보배창고는 끝끝내 허물어지지 않는다."

젊은이는 부처님의 가르침에 감사하고 돌아갔다.

잡아함 48권 1291경 《화소경(火燒經)》

존경받는 종교인이 되려면

부처님이 사밧티 기원정사에 계실 때의 일이다. 어느 날 파세나디 왕이 부처님을 찾아와 어떤 종교인에게 보시해야 큰 과보를 얻을 수 있겠느냐는 질문을 했다.

부처님은 직접적인 답변 대신 왕에게 한 가지 비유를 들어 이렇게 되물었다.

"대왕이여, 당신이 만약 전쟁을 치르기 위해 군사를 모으고 있다고 합시다. 그때 어떤 잘생긴 바라문의 아들이 찾아왔습니다. 그런데 그는 아직 무술이나 병법을 잘 알지 못할 뿐더러 적을 보고도 싸울 줄 모르는 청년이었습니다. 대왕은 그런 청년에게 상을 주겠습니까?"

"아닙니다. 그는 상을 받을 만한 자격이 없습니다."

"그러면 다시 묻겠습니다. 이번에는 서쪽에서 수드라의 아들이 찾아왔습니다. 그는 비록 천민의 아들이나 무술에 능하고 병법을 잘 알며 싸움에 나가 용맹을 떨쳤습니다. 대왕은 그가 천민의 아들이라고 상을 주지 않겠습니까?"

"아닙니다. 그에게는 후한 상을 주겠습니다."

그때 부처님은 다시 본론으로 돌아와 대왕에게 이렇게 설법했다.

"대왕이여, 그와 같습니다. 중생의 복전인 종교인도 형상이 아니라 그가 갖춘 덕성이 중요합니다. 그 덕성이란 오개(五蓋)를 걷어내고 오분법신(五分法身)을 성취한 상태를 말합니다. 오개란 탐욕과 성냄과 혼침과 들뜸, 그리고 의심의 뚜껑입니다. 오분법신이란 계율과 선정과 지혜와 해탈과 해탈지견의 몸입니다. 이런 사람은 중생의 복전이며 존경과 보시를 받을 자격이 있습니다. 이들에게 보시하면 큰 과보를 얻을 수 있습니다."

잡아함 42권 1145경 《복전경(福田經)》

현명한 충고에 귀 기울이라

부처님이 사밧티 기원정사에 계실 때의 일이다. 어느 날 부처님은 이렇게 말씀했다.

"수행자들이여, 설법을 하고자 해도 설법을 할 수 없는 대상이 두 종류가 있다. 하나는 믿음이 없는 사람에게 믿음을 가지라고 설법하기가 어려운 것이고, 또 하나는 인색한 사람에게 보시하라고 설법하기가 어렵다.

믿음이 없는 사람에게 믿음을 가지라고 말하면 그는 곧 화를 내며 그 말을 한 사람을 해칠 생각을 한다. 마치 코를 다친 사나운 개의 코를 어루만져주면 더 사나워지듯이, 믿음이 없는 사람에게 믿음을 가르쳐주면 그는 더욱 화를 낸다. 인색한 사람에게 보시하라고 가르치는 것도 같다. 그는 그런 말을 들으면 화를 내고 말한 사람을 해칠 생각을 한다. 마치 아직 곪지 않은 종기를 칼로 째면 그 고통을 참을 수 없듯이, 인색한 사람에게 보시를 가르치면 그는 더욱 화를 낸다.

그러나 수행자들이여, 설법을 하기가 쉬운 사람도 두 종류가 있다. 하나는 믿음을 가진 사람에게 믿음을 가지라고 설법하는 것이고, 또 하나는 인색하지 않은 사람에게 보시하라고 설법하는 것이다.

믿음이 있는 사람에게 믿음을 가지라고 말하면 그는 기뻐한다. 마치 병든 사람을 위해 치료하는 약을 말하면 그는 곧 병을 고칠 것을 기대하며 기뻐하듯이, 믿음을 가진 사람에게 믿음을 말하면 그는 기뻐하면서 마음이 변치 않는다. 인색하지 않은 사람에게 보시를 하라고 말하면 그는 기뻐한다. 마치 잘생긴 남녀가 스스로 세수하기를 좋아하고 얼굴을 단정하게 하는 것을 좋아하는데 누가 꽃을 가지고 와서 선물을 하면 그 얼굴은 더욱 아름다워지고, 다시 좋은 옷을 선물하면 더욱 기뻐하는 것처럼, 탐욕이 없는 사람에게 보시하는 것을 말하면 그는 더욱 기뻐한다. 그러므로 수행자들이여, 그대들은 믿음과 보시를 배우고 탐욕을 내지 말라. 이렇게 수행하기를 게을리 하지 말라."

증일아함 11권 제20 〈선지식품(善知識品)〉 제9경

누가 천박한 사람인가

　부처님이 라자가하의 죽림정사에 계실 때의 일이다. 아침 탁발을 나간 부처님은 바라드바자(婆羅墮奢)라는 불을 섬기는 바라문의 집 앞을 지나게 되었다. 그때 바라드바자는 부처님에게 '그대는 불을 섬기지 않는 천한 사람이다. 그러니 불을 밝혀놓은 신성한 곳에 접근하면 안 된다.'고 고함을 질렀다. 부처님은 그에게 이렇게 물었다.
　"너는 나를 천박하다고 했는데 참으로 천한 사람이 누구인지 아는가?"
　그가 우물쭈물 대답을 못하자 부처님이 타일렀다.
　"성내는 마음으로 원한을 품은 자, 위선을 행하며 그릇된 소견을 가진 자, 거짓을 꾸미고 아첨하는 자가 천한 사람이다.
　생명을 해치고 자애로운 마음이 없는 자, 다른 사람을 핍박하고 압제하는 자, 남의 재물을 빼앗고 약탈하는 자가 천한 사람이다.
　빚을 지고도 발뺌하는 자, 길가는 사람의 물건을 강탈하는 자, 자기이익을 위해 거짓말을 하는 자가 천한 사람이다.
　친척이나 남의 아내를 간음하는 자, 부자이면서 부모를 부양하지 않는 자, 부모나 형제자매를 괴롭히는 자가 천한 사람이다.
　바른 것을 은폐하고 도리에 맞지 않는 것을 가르치는 자, 나쁜 일을 하고도 숨기는 자, 대접을 받고도 남을 대접할 줄 모르는 자, 수행자를 속이고 공양을 올리지 않는 자가 천한 사람이다.

남의 물건을 탐내어 거짓말을 하는 자, 재물에 인색하고 고집을 세우는 자, 자기는 추켜세우고 남은 깔보는 자, 타인이 가르쳐 줘도 부끄러움을 모르는 자가 천한 사람이다.

부처님을 헐뜯고 부처님의 제자를 비난하는 자, 성자가 아니면서 그런 척하는 자, 이런 모든 사람이 바로 천한 사람이다.

사람은 출생에 따라 천한 사람이 되거나 성자가 되는 것이 아니다. 사람은 그 행위에 의해서 천한 사람도 되고 또한 성자도 되는 것이다."

잡아함 4권 102경 《영군특경(領群特經)》

복 짓기를 게을리 하지 말라

부처님이 사밧티 기원정사에 계실 때의 일이다. 어느 날 부처님은 제자들에게 복 짓기를 권하며 이렇게 말씀했다.

"그대들은 복 받는 과보를 두려워하지 말라. 왜냐하면 그것은 그대들이 오늘의 복된 즐거움을 누리는 원인을 만들었기 때문이니, 그것은 매우 사랑하고 좋아할 만한 것이니라. 그것을 복이라고 하는 것은 반드시 좋은 과보가 있기 때문이니라.

그대들은 복이 없음을 두려워해야 한다. 왜냐하면 괴로움의 근본으로서 근심과 괴로움은 이루 다 말할 수 없으며 즐거움이 없기 때문이니 이것을 복이 없는 것이라 하느니라.

수행자들이여, 나는 기억한다. 나는 과거에 7겁이 지나도록 이 세상에 오지 않았으며, 또 7겁 동안은 광음천(光音天)에 태어났고, 또 7겁 동안은 공범천(空梵天)에 태어나서 대범천(大梵天)이 되어 짝할 이가 없이 대천세계를 통솔하였으며, 36번이나 제석천(帝釋天)이 되었고, 수없는 세상에서 전륜성왕이 되었다.

또한 금생에 이르러서는 보리수 아래서 수행했는데, 그때 악마 파순이 수천만억의 군사를 거느리고 나를 방해했다. 그러나 나는 복덕의 큰 힘으로 마군을 항복 받았다. 그리고 모든 번뇌의 때가 사라져 더러움이 없어졌으며 위없이 바르고 참된 도를 이루었다.

그러므로 수행자들이여, 그대들은 '복 짓기(作福)'를 게을리 하지 말라. 복이 있으면 즐겁고 복이 없으면 괴롭나니 금생과 내생에 즐겁고자 하면 복을 지어야 하리라."

증일아함 4권 제10 〈호심품(護心品)〉 제7경

좋은 친구와 사귀는 이익

부처님이 라자가하의 어느 골짜기 작은 정사에 머물고 계실 때의 일이다. 그 무렵 아난다도 골짜기의 조용한 곳에서 명상을 하고 있었는데 그는 친구에 대한 생각을 하다가 이런 결론에 도달하게 되었다.

'좋은 친구를 갖는다는 것은 참으로 소중한 일이다. 나에게 좋은 친구가 있고, 또 좋은 친구와 함께 있다는 것은 수행하는 데 큰 도움이 된다. 아마도 내 수행의 절반은 좋은 친구가 있기 때문에 가능할 것이다.'

아난다는 명상에서 일어나 부처님께 갔다. 그리고 자신이 생각한 바를 솔직하게 아뢰고 부처님의 의견은 어떠한지를 여쭈었다.

"아난다야, 네 생각은 틀렸다. 그렇게 생각하면 안 된다. 좋은 친구와 함께 있으면 수행의 절반을 이룩한 것이나 다름없다는 생각은 잘못된 것이다."

아난다는 평소 부처님이 좋은 친구와 함께 있는 것은 참으로 좋은 일이고 수행에도 큰 도움이 된다고 말씀해 온 것으로 알고 있었다. 그러므로 절반은 아니더라도 많은 이익은 있다고 격려해 줄 것으로 짐작했다. 그런데 부처님은 그렇지 않다고 하니 당황스럽기까지 했다. 그러나 부처님이 아난다의 생각이 잘못됐다고 한 뜻은 다른 데 있었다.

"아난다야, 너는 이렇게 생각해야 한다. 너에게 좋은 친구가 있고, 그 친구와 함께 있게 되면 수행의 절반을 이룩한 것이 아니라 전부를 이룩한 것이나 다름없다고 생각해야 한다. 이것이 올바른 생각이다. 왜냐하면 순수하고 원만하고 깨끗하고 바른 행동은 언제나 좋은 벗을 따라다니지만 나쁜 벗은 그 반대이기 때문이다. 그러므로 너희들은 언제나 좋은 벗과 사귀고 좋은 벗과 함께 있어야 한다."

잡아함 27권 726경 《선지식경(善知識經)》

유녀의 아름다운 보시

부처님이 마가다에 계시다가 베살리로 오셨을 때의 일이다. 부처님은 베살리 북쪽의 암라나무 동산에 머물며 제자들을 가르치고 있었다. 이 소식을 들은 아름다운 유녀(遊女) 암라팔리는 깃털로 장식된 화려한 수레를 끌고 부처님을 친견하러 왔다. 부처님은 제자들에게 그녀를 보더라도 '마음을 한결같이 하여 흔들림이 없어야 한다.'고 주의를 주었다.

부처님을 친견한 암라팔리는 훌륭한 가르침에 큰 감동을 받았다. 그 자리에서 부처님과 제자들을 초청했다. 부처님은 이를 승낙했다. 암라팔리는 뛸 듯이 기뻐하며 자리에서 일어났다. 돌아가는 길에 그녀는 성안의 귀공자들을 만났다. 그들도 부처님이 오셨다는 말을 듣고 공양청장(供養請狀)을 올리려고 숲으로 가는 중이었다.

"그대는 어디를 가는데 그렇게 바삐 가는가?"

"나는 부처님과 그 제자들을 초청해 놓고 집으로 가는 중이오. 내일 아침 공양을 올리려면 빨리 가서 준비해야 하므로 바쁩니다."

"그런가? 우리도 부처님을 초청하러 가는 길인데 난처하게 되었구려. 그대에게 1천 냥을 드릴 테니 내일 우리가 부처님과 제자들을 공양할 수 있도록 양보해주면 고맙겠소."

그러나 암라팔리는 일언지하에 거절했다.

"1천 냥이 아니라 2천 냥, 3천 냥, 5천 냥을 준대도 양보할 수 없습니다. 부처님이 이르기를 '중생은 재물과 목숨에 대해 기대와 집착을 하지만 내일을 보장하지 못한다'고 했습니다. 나의 목숨이 내일을 보장하지 못하는데 어떻게 복 짓는 일을 양보하겠습니까."

그들은 암라팔리의 양보를 받지 못하자 부처님을 찾아뵙고 설법만 듣고 돌아갔다. 한편 암라팔리는 집으로 돌아와 밤새도록 음식을 장만했다. 부처님은 약속대로 다음날 아침 암라팔리의 집을 방문했다. 암라팔리는 공양을 올린 뒤 이렇게 사뢰었다.

"이 암라팔리 동산을 부처님과 비구중에게 바쳐 그분들이 여기서 지내도록 하고 싶습니다. 원컨대 이 동산을 받아주옵소서."

부처님은 암라팔리의 희사를 기쁜 마음으로 받아들이면서 이렇게 칭찬했다.

"그대는 과수원 숲으로 시원한 쉼터를 마련했다. 다리를 놓아 사람들을 건너게 했다. 길가에는 화장실을 지어 사람들의 고달픔을 쉬게 했구나. 남에게 낮이나 밤이나 안온을 주었다. 그대가 받을 복은 헤아릴 수 없도다."

증일아함 10권 제19 〈권청품(勸請品)〉 제11경

깨끗한 보시의 공덕

부처님이 카필라바스투 니그로다 동산에 계실 때의 일이다. 어느 날 이모인 고타미 비구니가 부처님을 위해 금색의 화려한 가사를 만들어 가지고 와서 받아줄 것을 청했다.

"부처님, 이 새 옷은 제가 세존을 위해 손수 지은 것입니다. 받아주소서."

"고타미여, 이 옷을 비구들에게 보시하라. 비구들에게 보시한 뒤에 나에게 공양하라."

고타미는 재차 새 옷을 받아줄 것을 청했으나 부처님은 거듭 사양했다. 옆에서 이를 지켜보던 아난다가 고타미 비구니가 부처님이 어렸을 때 젖을 먹여 길러주던 이모였음을 상기하면서 옷을 받아줄 것을 청했다. 그러나 부처님은 고타미 비구니가 여래를 위해 옷을 지은 것을 칭찬할 일이지만, 대중에게 보시하는 것이 더 큰 공덕이라면서 보시의 종류와 공덕에 대해 말했다.

"아난다야, 보시에는 네 가지 종류가 있다. 첫째는 주는 사람은 깨끗한데 받는 사람이 깨끗하지 못한 것이요, 둘째는 받는 사람은 깨끗한데 주는 사람이 깨끗하지 못한 것이요, 셋째는 주는 사람도 깨끗하지 못하고 받는 사람도 깨끗하지 못한 것이요, 넷째는 주는 사람도 깨끗하고 받는 사람도 깨끗한 것이 그것이다.

주는 사람은 깨끗한데 받는 사람이 깨끗하지 못한 보시란 이런 것이다. 주는 사람은 순수한 마음으로 보시란 훌륭한 일이며 큰 공덕이라고 생각하는데 반해, 받는 사람은 정진도 하지 않고 받을 자격도 없으면서 보시를 많이 해야 공덕이 있다고 말하는 사람에게 하는 것이다. 받는 사람은 깨끗한데 주는 사람이 깨끗하지 못한 보시란 이런 것이다. 주는 사람이 보시란 아무 공덕도 없다고 생각하고 억지로 주는데 반해, 받는 사람은 겸손하고 고마운 마음으로 받으며 정진도 열심히 하는 사람에게 하는 것이다. 주는 사람도 깨끗하지 못하고 받는 사람도 깨끗하지 못한 보시란 이런 것이다. 주는 사람도 보시란 아무 공덕도 없다고 생각하고 억지로 주고, 받는 사람도 정진은 하지 않고 받을 자격도 없으면서 보시를 많이 해야 공덕이 있다고 말하는 사람에게 하는 것이다. 주는 사람도 깨끗하고 받는 사람도 깨끗한 보시란 이런 것이다. 주는 사람은 보시란 훌륭한 일이며 큰 공덕이라고 생각하며 순수한 마음으로 보시하고, 받는 사람도 겸손하고 고마운 마음으로 받으며 정진도 열심히 하는 사람에게 하는 것이다."

중아함 47권 180경 《구담미경(瞿曇彌經)》

드러낼수록 아름다운 세 가지

부처님이 사밧티 기원정사에 계실 때의 일이다. 어느 날 부처님은 수행자들에게 이렇게 말씀했다.

"덮어두면 아름답고 드러나면 아름답지 못한 일이 세 가지가 있고, 반대로 드러나면 아름답고 덮어두면 아름답지 못한 일도 세 가지가 있다.

어떤 것이 덮어두면 아름답고 드러나면 아름답지 못한 세 가지 일인가. 첫째는 여자다. 여자는 덮어두면 아름답고 드러내면 묘하지 않다. 둘째는 바라문의 주술이다. 바라문의 주술을 덮어두면 아름답고 드러내면 묘하지 않다. 셋째는 삿된 소견이다. 삿된 소견은 덮어두면 아름답고 드러내면 묘하지 않다. 이것이 덮어두면 아름답고 드러내면 묘하지 않은 일이다.

이와는 반대로 어떤 것이 드러나면 아름답고 덮어두면 아름답지 못한 세 가지 일인가. 첫째는 해와 달이다. 해와 달은 드러나면 아름답고 덮어두면 아름답지 않다. 둘째는 여래의 법이다. 여래의 법은 드러나면 아름답고 덮어두면 아름답지 않다. 셋째는 여래의 말씀이다. 여래의 말씀은 드러나면 아름답고 덮어두면 아름답지 않다. 이것이 드러나면 아름답고 덮어두면 아름답지 못한 일이다."

부처님은 이어 제자들에게 이렇게 당부했다.

"여자와 주술과 삿된 소견은 드러나지 않아야 가장 아름다운 것이다. 해와 달, 여래의 법과 여래의 말씀은 드러나야 가장 아름다운 것이다. 그러므로 수행자들이여, 여래의 법을 밝게 드러내고 덮어지지 않도록 힘쓰라. 그대들은 이와 같이 수행해나가야 할 것이다."

증일아함 12권 제22 〈삼공양품(三供養品)〉 제4경

절약은 하되 인색해서는 안 된다

부처님이 사밧티의 기원정사에 계실 때의 일이다. 어느 날 파세나디 왕이 부처님을 찾아왔는데 몰골이 말이 아니었다.

"대왕이여, 어디서 오는데 먼지를 뒤집어쓰고 피로한 모습입니까?"

"부처님, 이 나라의 유명한 부자였던 마하나마가 며칠 전 목숨을 마쳤습니다. 그에게는 자식이 없으므로 재산을 모두 조사해 국고에 넣었습니다. 며칠 동안 그 일을 하느라고 먼지를 뒤집어썼더니 행색이 이 꼴입니다."

"그는 어느 정도로 큰 부자였습니까?"

"그는 창고에 백천 억의 순금을 쌓아둔 부자였습니다. 그는 재산을 모으기 위해 평생 싸라기밥과 썩은 시래기죽을 먹었으며 굵고 남루한 베옷만을 입었습니다. 그리하여 많은 재산을 모은 부자가 됐습니다. 하지만 그는 돈을 모으기만 했지 쓸 줄 몰랐습니다. 가난한 사람이나 불쌍한 사람이 찾아오면 문을 닫고 식사를 했습니다. 부모와 처자권속에게까지 인색했으니 수행자를 위해 보시하는 일은 더더욱 없었습니다. 말할 수 없는 구두쇠였습니다."

왕의 얘기를 전해 들은 부처님은 다음과 같이 말했다.

"왕이여, 그는 결코 훌륭한 재산가가 아니오. 그는 자기의 재물을 널리 써서 큰 이익을 얻을 줄 모르는 바보요. 비유하면 어떤 사람이 넓은 들판에 물을 가득 가두어 두었으나 그 물을 마시거나 목욕을 하지 않으면 말라서 사라지는 것과 같소. 그는 재산이 있으면서도 복을 짓지 못하고 말았소.

그러나 왕이여, 재산을 모아 먼저 부모를 공양하고 처자권속을 돌보며 가난한 이웃과 친구들에게 나누어줄 줄 아는 사람은 현명한 부자라 할 것이오. 이는 비유하면 어떤 사람이 마을 부근에 연못을 만들고 나무를 심어 사람들이 찾아와 쉬게 해주는 것과 같소. 그는 사람들의 칭찬을 받을 것이며 그 공덕으로 천상에 태어날 것이오. 돈은 이렇게 쓰려고 아끼고 모으는 것이오."

잡아함 46권 1232경 《간경(慳經)》

불자의 품위와 책무

부처님이 사밧티 기원정사에 계실 때의 일이다. 어느 날 부처님은 제자들에게 과일의 비유를 들어 이렇게 말씀했다.

"네 가지 종류의 과일이 있다. 어떤 과일은 설고도 익은 것 같고, 어떤 과일은 익고도 선 것 같다. 또 어떤 과일은 겉도 설고 속도 선 것 같고, 어떤 과일은 겉도 익고 속도 익은 것 같다.

사람도 이와 같다. 어떤 사람이 설고도 익은 것 같은가. 그는 오고 갈 때 행동이 산만하지 않고 눈빛이 늘 법다워 보인다. 그러나 그는 계율을 범하고 바른 행을 행하지 않으며 사문이 아니면서 사문인 척 하는 사람이다. 어떤 사람이 익고도 설은 것 같은 사람인가. 그는 성질이 급하고 행동이 추하며 눈길이 단정하지 않고 좌우를 두리번거린다. 그러나 항상 계율을 지키며 위의를 잃지 않으며 조그만 허물을 보아도 두려워하는 사람이다. 어떤 사람이 겉도 설고 속도 선 것 같은 사람이라 하는가. 그는 계율도 지키지 않고 예절도 모른다. 사문이 아니면서 사문인 척 하는 사람이다. 어떤 사람이 겉도 익고 속도 익은 사람이라 하는가. 그는 계율을 잘 지키고 행동을 조심한다, 위의와 예절을 모두 성취하였으며 조그만 허물을 보아도 두려워하는 사람이다. 그대들은 이 네 가지 과일 중에 잘 익은 과일과 같은 사람이 되어야 한다."

부처님은 다시 구름의 비유를 들어 이렇게 말씀했다.

"네 종류의 구름이 있다. 어떤 구름은 우레는 치는데 비는 내리지 않고, 어떤 구름은 비는 내리는데 우레는 치지 않는다. 또 어떤 구름은 우레도 치고 비도 내리며, 어떤 구름은 우레도 치지 않고 비도 내리지 않는다.

사람도 이와 같다. 어떤 사람이 우레는 치는데 비는 내리지 않는 사람인가. 그는 경전을 읽거나 소리 내어 잘 외운다. 그러나 남을 위해 널리 설법하지 않는 사람이다. 어떤 사람이 비는 내리는데 우레는 치지 않는 사람인가. 그는 온갖 착한 법을 닦아 털끝만큼의 실수도 없다. 그러나 그는 경전을 소리 내서 외우지도 않고 남을 위해 설법하지도 않는 사람이다. 어떤 사람이 비도 내리지 않고 우레도 치지 않는 사람인가. 그는 행동에 법도가 없고 경전을 소리 내서 외우지도 않고 남을 위해 설법하지도 않는 사람이다. 어떤 사람이 우레도 치고 비도 내리는 사람인가. 그는 행동이 단정하며 배우기를 좋아하며 배운 것은 남을 위해 설법해서 받들어 가지게 하는 사람이다. 그대들은 이 네 가지 구름 중에 우레도 치고 비도 내리는 사람이 되도록 해야 한다."

증일아함 17권 제25 〈사제품(四諦品)〉 제7, 10경

기원정사 건립의 내력

　부처님이 사밧티 기원정사에 계실 때의 일이다. 어느 날 병이 난 수닷타 장자가 사람을 보내 사리풋타를 청했다. 한번 뵙고 싶다는 것이었다. 사리풋타는 다음날 아침 가사를 걸치고 수닷타 장자의 집으로 갔다. 장자는 병이 깊어 매우 위중했다. 사리풋타는 그를 위해 여러 가지로 위로하고 설법했다.

　"장자여, 두려워하지 말라. 그대는 한번 부처님의 가르침에 귀의한 후 법에 대한 깊은 믿음을 성취했다. 바른 계를 지켰다. 설법을 많이 들었다. 간탐을 끊고 은혜를 베풀었다. 지혜를 얻었다. 삿된 소견을 가지고 있지 않다. 바른 해탈을 알고 있다. 그러므로 그대는 이미 수다원과를 얻었으며 악도에 떨어지지 않을 것이다. 그리고 곧 사다함과와 아나함과를 얻을 것이다."

　장자는 한결 기분이 좋아져 자리에서 일어났다. 그리고 사리풋타와 함께 옛날 기원정사를 짓던 시절을 회상했다.

　"사리풋타님, 존자님을 뵈오니 벌써 병이 다 나은 것 같습니다. 몸이 건강하니 옛날 일이 생각납니다. 내가 처음으로 부처님을 뵌 곳은 라자가하 죽림정사였습니다. 그때 저는 무슨 일이 있어 어떤 장자의 집에 묵고 있었는데, 그 집은 마치 잔치를 준비하는 듯이 즐거워 보였습니다. 내가 무슨 좋은 일이 있느냐고 묻자 그는 이렇게 말했습니다.

'나는 내일 부처님과 비구중에게 공양을 올리려고 하네.'

저는 그때까지 '부처님'이라는 말을 듣지 못했는데 어떤 분이 부처님이며 지금 어디에 계시냐고 물었습니다. 그는 석가족의 아들이 깨달음을 얻어 부처님이 되었으며 죽림정사에 있다고 말했습니다. 저는 그분을 뵙고 싶은 마음에 새벽같이 성문을 나와 죽림정사로 갔습니다. 그분은 저를 위해 사성제와 갖가지 설법을 해주셨습니다. 저는 그 자리에서 삼귀의를 하고 우바새가 되었습니다. 저는 부처님이 사밧티에 오셔서 안거하시기를 청했습니다. 부처님은 비구들이 머물 정사가 있으면 그리하겠다고 약속하셨습니다. 그리고 사리풋타 당신을 공사감독으로 보내주셨습니다.

저는 사밧타로 돌아와 어느 곳이 부처님이 말씀한 마을에서 멀리 떨어지지 않아서 사람들이 오고가기가 편하고, 낮이나 밤이나 시끄럽지 않아서 명상하기 좋으며, 모기나 등에가 없는 곳인가를 물색했습니다. 그것은 기타 태자 소유의 숲이었습니다. 저는 그곳에 정사를 짓기로 했습니다. 그러나 기타 태자는 일억 금을 내서 숲을 황금으로 덮기 전에는 팔지 않겠다고 했습니다. 저는 창고의 보물을 꺼내 숲을 덮었습니다. 처음에는 반대하던 태자도 나중에는 자기가 정사를 지을 땅을 남겨 달라고 했습니다. 그리하여 우리는 16개 큰 집과 60개의 방사를 지어 약속대로 그해 여름 부처님을 모실 수 있었습니다. 그때 존자께서는 그 공사를 감독하시며 저를 도와주셨는데 오늘은 병든 저를 위해 설법해주셨습니다. 이제 저는 병이 나았습니다. 원컨대 저의 공양을 받아주소서."

사리풋타는 잠자코 그의 청을 허락했다.

중아함 6권 28경 《교화병경(敎化病經)》

전륜성왕이 다스리는 나라

부처님이 많은 제자들과 마가다 국에 계실 때의 일이다. 어느 날 부처님은 비구들에게 이렇게 말씀했다.

"그대들은 마땅히 스스로를 등불 삼고 진리를 등불로 삼되 다른 것을 등불로 삼지 말라. 스스로에 귀의하고 진리에 귀의하되 다른 것에 귀의하지 말라. 왜 그런가? 이렇게 하기를 게으르지 않으면 악마도 방해하지 못하며 탐욕과 걱정이 없어지기 때문이다."

부처님은 이어서 견고념(堅固念)이라는 전륜성왕의 비유를 들어 비구들을 가르쳤다.

"옛날 금륜보(金輪寶)·백상보(白象寶)·감마보(紺馬寶)·신주보(神珠寶)·옥녀보(玉女寶)·거사보(居士寶)·주병보(主兵寶)를 갖춘 견고념이란 전륜성왕이 있었다. 그는 많은 아들을 두고 있었는데 모두 용맹하고 건장하여 무기를 쓰지 않고도 적국을 항복 받았다. 왕은 오랫동안 태평성대를 누렸다. 왕은 나이가 들자 자신의 수명과 복락이 얼마 남지 않았음을 알고 태자에게 왕위를 물려주고 수염과 머리를 깎고 수행자의 길로 나섰다. 그런데 왕이 출가한 지 얼마 되지 않아 윤보가 사라지면서 나라가 뒤숭숭해지고 뜻하지 않은 어려움이 생겨나기 시작했다. 태자는 출가한 아버지를 찾아가 이 사실을 아뢰었다. 늙은 왕은 아들의 보고를 받고 이렇게 말했다.

'너는 걱정하거나 기분 나빠하지 말라. 너는 다만 전륜성왕의 법을 부지런히 행하라. 마땅히 법에 의해 법을 세우고, 법을 갖추어 그것을 존중하라. 법을 관찰하고 법으로써 우두머리를 삼으며 바른 법을 보호하라. 법으로써 예쁜 여자를 가르치며 법으로써 보호해 살펴라. 법으로써 모든 왕자 대신 친구, 관리, 백성, 사문과 바라문을 가르쳐라. 밑으로는 금수까지 보호하고 살펴라.'

왕은 거듭해서 이렇게 말했다.

'왕국 내에 있는 사문이나 바라문으로서 수행과 공덕이 구족한 자에게 법을 물어 마음으로부터 깊이 관찰하여 마땅히 행할 것은 행하고 버릴 것은 버려라. 외로운 노인이 있거든 마땅히 구제하여 보살피고 가난하고 곤궁한 자가 와서 구하거든 거절하지 말라. 또 옛날부터 지켜온 법을 고치지 말라. 이런 것들이 전륜성왕이 수행해야 할 법이니라.'

태자는 아버지의 말대로 했다. 그랬더니 사라졌던 윤보가 나타나고 뒤숭숭한 일들도 없어졌다. 태자는 그 윤보를 굴려 사해를 평정했다."

장아함 6권 6경 《전륜성왕수행경(轉輪聖王修行經)》

보시의 다섯 가지 공덕

부처님이 베살리의 잔나비 숲에 계실 때의 일이다. 어느 날 인근에 사는 사자대장이 찾아와 예배하고 한쪽에 앉았다. 부처님이 그에게 늘 보시를 잘 하고 있는지를 물었더니 그는 이렇게 대답했다.

"때에 맞춰 항상 보시를 하되 조금도 모자라지 않게 합니다. 음식을 요구하면 음식을 주고 의복이나 향, 수레, 말, 좌구를 요구하면 다 주나이다."

"너는 늘 보시를 하면서 아까워하지 않는다니 참으로 장하구나. 시주가 너처럼 보시를 하면 다섯 가지 공덕이 있다. 어떤 것이 다섯 가지인가.

첫째, 시주의 이름이 사방에 퍼져 사람들의 칭찬을 받을 것이다. 즉 '어느 마을에 가면 아무개는 항상 사문과 바라문을 대접하기를 좋아한다. 그는 보시를 하되 요구하는 것을 모두 주어서 모자람이 없게 한다.'고 칭찬을 받게 된다. 둘째, 수행자 바라문 부자들 속에 들어가더라도 부끄러움도 두려움도 없을 것이다. 마치 짐승의 왕 사자가 사슴 떼 속에 들어가도 아무 부끄러움이 없는 것과 같다. 셋째, 사람들이 공경하고 우러러본다. 비유하면 마치 자식이 부모를 우러러보되 싫어하지 않는 것과 같이 한다. 넷째, 목숨을 마친 뒤에 반드시 천상에 오르거나 인간으로 태어난다. 천상에서는 하늘의 존경을 받고 인간세상에서는 사람들의 존경을 받는다. 다섯째, 지혜가 뛰어나 현세의 몸으로 번뇌를 없애고 후세까지 가지 않게 된다."

부처님은 이어서 보시의 공덕을 찬탄하고 더욱 보시를 행하라고 권했다.

"보시는 뒷세상의 좋은 양식이 되나니 반드시 구경처에 가게 되리라. 또한 선신이 항상 그를 돌보고 그리고 또 언제나 기뻐하리라. 왜냐하면 보시할 때 그 사람은 항상 기쁜 마음으로 하기 때문이다. 그래서 몸과 마음이 든든하고 온갖 좋은 공덕을 두루 갖추며, 삼매를 얻어 마음이 어지럽지 않으며 참다운 법을 여실하게 알게 되느니라. 그러므로 그대는 항상 보시하기를 즐겨하라. 그렇게 하면 다섯 가지 공덕이 항상 그를 따르게 되리라."

증일아함 24권 제32 〈선취품(善聚品)〉 제10경

마음만 바꾸면 악인도 선인

부처님이 사밧티 기원정사에 계실 때의 일이다. 어느 날 부처님은 밧지 국에 사는 비사(毘沙)라는 악귀가 수없이 사람을 해친다는 소문을 들었다. 그는 신에게 지내는 제사를 핑계로 하루에 한 사람, 때로는 수십 명을 죽인다는 것이었다. 사람들이 무서워서 도망을 가려고 하자 비사는 끝까지 쫓아가 제물을 잡아올 것이라고 겁을 주었다.

마을사람들은 비사와 협상을 했다. 하루에 한 명씩 동굴로 보낼 테니 한꺼번에 여러 명을 죽이지 말라는 것이었다. 그러나 산 사람을 제물로 바쳐야 하는 사람들의 고통은 이만저만이 아니었다.

어느 날 재산가인 선각 장자가 외동아들을 제물로 바쳐야 할 때가 됐다. 선각 장자는 아들 나우라를 목욕시킨 뒤 귀신의 동굴로 데리고 갔다. 부모는 울면서 누군가 이 아이를 구해주기를 기도하고 돌아왔다. 이처럼 참혹한 사정을 알게 된 부처님은 나우라가 바쳐진 동굴을 찾아갔다. 부처님은 공포에 떠는 나우라를 안심시키고 보시(布施)·지계(持戒)·생천(生天)의 차제설법을 했다. 그는 곧 마음이 깨끗하고 법안이 청정해져서 삼보에 귀의한 불자가 되었다.

얼마 뒤 악귀가 돌아왔다. 뜻밖에도 부처님이 와 계신 것을 안 악귀는 부처님을 해치고자 했으나 신력(神力)으로도 뜻을 이루지 못했다. 악귀가 당황하자 부처님이 말씀했다.

"과거의 네가 지은 업이 현재의 너의 모습이다. 현재 네가 짓는 업이 미래의 네 모습이다. 그러나 그대가 이제부터 몸과 입과 생각으로 열 가지 나쁜 업을 짓지 않으면 과거의 나쁜 업이 사라질 것이다."

"저는 지금 몹시 굶주렸습니다. 왜 저의 먹이를 빼앗으려고 하시는지요?"

"나는 과거에 보살도를 닦을 때 비둘기를 살리기 위해 내 몸을 내준 바 있다. 그런데 어찌 이 아이의 목숨을 너에게 맡기겠느냐."

악귀는 부처님의 말씀을 듣고 참회하는 마음을 일으켜 그 자리에서 출가했다. 악귀는 사문이 되어 마을로 내려가 부처님의 제자가 됐음을 알리고, 사람들의 근심을 덜어주었다. 나우라의 아버지 선각 장자는 기쁜 마음으로 부처님을 초청해 공양을 올렸다. 장자는 부처님의 허락을 얻어 많은 음식과 평상과 침구와 의약품을 승단에 보시했다.

증일아함 14권 제24 〈고당품(高幢品)〉 제2경

두 가지 보시, 두 가지 은혜

부처님이 사밧티 기원정사에 계실 때의 일이다. 어느 날 부처님은 제자들에게 두 가지 보시와 은혜에 대해 이렇게 말씀했다.

"수행자들이여, 세상에는 두 가지 보시가 있다. 어떤 것이 두 가지 보시인가. 하나는 법의 보시(法施)요, 또 하나는 재물의 보시(財施)니라. 세상의 모든 보시 중에는 법의 보시가 최상의 보시니라. 그러므로 항상 법의 보시에 힘쓰도록 하라.

수행자들이여, 세상에는 두 가지 업이 있다. 어떤 것이 두 가지 업인가. 하나는 도를 닦는 업(有法業)이요, 또 하나는 재물을 모으는 업(有財業)이니라. 세상의 모든 업 가운데는 도를 닦는 업보다 나은 것이 없다. 그러므로 항상 도 닦는 업을 닦는데 힘쓰도록 하라.

수행자들이여, 세상에는 두 가지 은혜가 있다. 어떤 것이 두 가지 은혜인가. 하나는 진리를 가르쳐준 은혜(法恩)요, 또 하나는 재물을 베풀어준 은혜(財恩)니라. 세상의 모든 은혜 가운데 최상의 은혜는 법을 베풀어준 은혜니, 항상 법은에 감사하는 마음을 갖도록 하라.

수행자들이여, 세상에는 두 가지 종류의 사람이 두 가지 모습을 보여주고 있다. 어떤 것이 두 가지 종류의 사람이고 어떤 것이 두 가지 모습을 보여주는 것인가. 하나는 어리석은 한 사람이고, 또 하나는 지혜로운 모양을 한 사람이다. 어리석은 이는 자기가 할 수 없는 일을 하려고 하고, 자기가 할 수 있는 일은 하지 않으려고 한다. 이것이 어리석은 사람의 두 가지 모습이니라. 그러나 지혜로운 이는 자기가 할 수 없는 일은 하지 않고, 자기가 할 수 있는 일은 기꺼이 한다. 이것이 지혜로운 사람의 두 가지 모습이니라.

그러므로 수행자들이여, 그대들은 항상 재시보다는 법시에 힘쓰며, 유재업보다는 유법업을 닦는데 힘쓰며, 재은보다는 법은에 감사하며, 어리석은 모습보다는 지혜로운 모습을 갖추기에 힘써야 하느니라.

증일아함 7권 제15 〈유무품(有無品)〉 제3-6경

대중공양의 공덕

부처님이 라자가하 죽림정사에 계실 때의 일이다. 어느 날 사자(師子) 장자가 사리풋타에게 찾아와 공양청(供養請)을 했다. 사리풋타는 잠자코 허락했다. 다시 목갈라나, 레바타, 마하카사파, 아니룻다, 카차야나, 푼나, 우팔리, 수붓티, 라훌라, 균두 등 큰 비구와 대중들을 찾아가 공양청을 했다. 장자는 다 공양에 응한다는 허락을 받았다.

장자는 집으로 돌아가 갖가지 음식준비를 했다. 좋은 자리도 마련했다. 그런 뒤 여러 존자와 대중을 초대했다. 존자들은 각기 가사를 입고 발우를 들고 장자의 집으로 와서 정성으로 마련한 음식을 공양했다. 공양이 끝나자 장자는 흰 천을 한 벌씩 보시했다. 사리풋타는 대표로 장자를 위해 묘한 법을 설했다. 여러 존자들이 기쁜 마음으로 정사로 돌아왔다. 부처님이 라훌라를 불러서 어디를 다녀오는지 물었다.

"저는 여러 존자들과 함께 사자 장자의 공양을 받고 오는 길입니다. 장자는 음식을 맛있고 정갈하게 장만하여 공양을 올렸습니다. 여러 존자들은 맛있게 먹었습니다. 장자는 공양이 끝난 뒤 흰 천을 한 벌씩 보시했습니다. 사리풋타는 우두머리가 되어 설법을 해주었나이다. 아마 그 장자는 큰 복을 받게 될 것입니다."

"그렇다. 그 장자는 큰 복을 지었다. 왜냐하면 한 사람에게 공양한 것보다 여러 대중에게 공양한 것이 백배 천배 더 크기 때문이다. 어떤 사람이 이 세상에 있는 모든 강물의 물맛을 보려고 한다면 그는 수고만 더할 뿐 결코 모든 강물의 물맛을 다 볼 수 없을 것이다. 왜냐하면 이 세상에는 강물이 헤아릴 수 없이 많기 때문이다. 그러나 방법이 한 가지 있다. 바닷물을 마시면 된다. 이 세상의 모든 강물은 다 바다로 흘러 들어가기 때문이다. 그와 마찬가지로 사사로운 일체의 공양과 보시는 저 강물과 같다. 그래서 복을 얻기도 하고 못 얻기도 한다. 대중은 저 바다와 같다. 모든 훌륭한 사람도 다 대중 가운데 있다. 사쌍팔배(四雙八輩)의 성중과 벽지불과 여래도 다 대중가운데서 나온 사람들이다. 그러므로 성중(聖衆)에게 공양하면 정말로 큰 복을 짓게 되는 것이다."

이 말을 들은 사자 장자가 어느 날 부처님을 찾아와서 말했다. 앞으로는 '대중에게만 공양하고자 한다'고 했다. 부처님이 사사로이 하는 공양을 별로 칭찬하지 않았기 때문이라는 것이었다. 그러자 부처님이 '나는 그렇게 말하지 않았다'면서 장자에게 이렇게 가르쳤다.

"아니다. 그렇지 않다. 축생에게 보시해도 복을 받거늘 하물며 사람이겠느냐. 나는 다만 복의 많고 적음에 대해 말했을 뿐이다. 왜냐하면 여래의 성중은 공경할 만해서 세상의 위없는 복밭(福田)이기 때문이니라."

증일아함 45권 제48 〈불선품(不善品)〉 제5경

나쁜 보시와 좋은 보시

부처님이 사밧티 기원정사에 계실 때의 일이다. 어느 날 부처님은 복을 얻는 보시와 복을 얻지 못하는 보시에 대해 말씀했다.

"다섯 가지 나쁜 보시는 복을 얻지 못한다. 어떤 것이 다섯 가지인가. 첫째는 칼을 남에게 주는 것이요, 둘째는 독약을 남에게 주는 것이요, 셋째는 들소를 남에게 주는 것이요, 넷째는 음녀를 남에게 주는 것이요, 다섯째는 귀신사당을 남에게 주는 것이다. 이 다섯 가지는 남에게 아무리 많이 주어도 아무 복도 받지 못한다.

그러나 다섯 가지 좋은 보시는 큰 복을 얻게 된다. 어떤 것이 다섯 가지인가. 첫째는 동산을 만드는 것이요, 둘째는 숲을 만드는 것이요, 셋째는 다리를 놓는 것이요, 넷째는 큰 배를 만드는 것이요, 다섯째는 미래와 과거를 위해 살 집을 짓는 것이다. 동산이나 숲은 시원하고 맑은 기운을 주고, 강에 다리를 놓거나 배를 띄우는 것은 사람을 건너게 해주고, 나그네를 위해 좋은 집을 지으면 그들이 쉬어갈 수 있다. 그러므로 이 다섯 가지의 보시는 베풀면 베풀수록 큰 복을 얻는다."

증일아함 27권 제35 〈사취품(邪聚品)〉 제3경

돈 버는 법, 돈 쓰는 법

부처님이 사밧티 기수급고독원에 머물 때의 일이다. 어느 날 수닷타 장자가 부처님을 찾아와 여쭈었다.

"부처님, 세상에는 재산을 모으고자 욕심을 부리는 사람들이 많습니다. 그들이 어떻게 돈을 벌고, 돈을 써야 할지 가르쳐 주십시오."

"거사여, 돈을 모으는 방법도 여러 가지고 돈을 쓰는 방법도 여러 가지다. 첫째는 수단과 방법을 가리지 않고 재산을 모은 뒤, 부모나 처자를 돌보지 않고 복도 짓지 않는 사람이다. 둘째는 수단과 방법을 가리지 않고 재산을 모은 뒤, 그 재산을 자기 가족을 위해서만 쓸 뿐 남을 위해서는 쓰지 않는 사람이다. 셋째는 수단과 방법을 가리지 않고 재산을 모은 뒤, 자기 가족은 물론 남을 위해서도 돈을 쓰는 사람이다. 넷째는 어떤 때는 정당하지 않은 방법으로 어떤 때는 정당한 방법으로 재산을 모은 뒤, 부모나 처자를 돌보지 않고 복도 짓지 않는 사람이다. 다섯째는 어떤 때는 정당하지 않은 방법으로 어떤 때는 정당한 방법으로 재산을 모은 뒤, 재산을 자기 가족을 위해서만 쓸 뿐 남을 위해서는 쓰지 않는 사람이다.

여섯째는 어떤 때는 정당하지 않은 방법으로 어떤 때는 정당한 방법으로 재산을 모은 뒤, 자기 가족은 물론 남을 위해서도 돈을 쓰는 사람이다. 일곱째는 언제나 정당한 방법으로 재산을 모은 뒤, 부모나 처자를 돌보지 않고 복도 짓지 않는 사람이다. 여덟째는 언제나 정당한 방법으로 재산을 모은 뒤, 그 재산을 자기 가족을 위해서만 쓸 뿐 남을 위해서는 쓰지 않는 사람이다. 아홉째는 언제나 정당한 방법으로 재산을 모은 뒤, 자기 가족은 물론 남을 위해서도 돈을 쓰는 사람이다. 열째는 언제나 정당한 방법으로 재산을 모은 뒤, 자기 가족은 물론 남을 위해서도 돈을 쓴다. 그러나 재물에 집착하지 않으며 재물에 대한 집착이 우환을 가져오는 것임을 알고 그것에서 벗어나도록 노력하는 사람이다."

이렇게 설명한 부처님은 다시 수닷타 장자에게 어떻게 벌고 어떻게 쓰는 것이 옳고 그른지에 대해 말했다.

"만일 정당하지 않게 재물을 구하거나 또는 어떤 때는 정당하고 어떤 때는 정당하지 않게 재물을 구해서 자기와 남을 위해 쓰지도 않고 또한 널리 베풀어 복도 짓지 않으면 이는 모두 옳지 않다. 그러나 만약 정당하게 재물을 구하며 스스로 수고해서 재물을 구해 가족과 남을 위해 쓰고 또한 널리 베풀어서 복을 지으면 이는 둘 다 최상이니라."

중아함 30권 126경 《행욕경(行欲經)》

제 **8**장

설법과 교화

사람을 평가하는 기준

부처님이 제자 가운데 외모가 보기 민망할 정도로 추하게 생긴 비구가 있었다. 그는 늘 외모 때문에 다른 사람들로부터 업신여김과 따돌림을 받았다. 어느 날 부처님이 기원정사에서 설법을 하고 있는데 이 비구가 나타났다. 사람들은 못생긴 비구가 온다면서 모두 고개를 돌리고 업신여기려 했다. 그러자 부처님이 제자들을 타일렀다.

"너희들은 저 못생긴 비구를 업신여기거나 따돌리지 말라. 왜냐하면 저 비구는 이미 모든 번뇌가 다하고 할 일을 마친 사람이다. 온갖 무거운 짐을 벗어버리고 모든 결박에서 벗어났으며 바른 지혜로 마음의 해탈을 얻었기 때문이니라. 그러므로 너희들은 외모만 보고 함부로 사람을 평가하지 말라. 오직 여래만이 사람을 평가할 수 있느니라."

부처님은 이어서 그 외모가 못생긴 비구를 이렇게 평가했다.

"몸이 크고 얼굴이 잘생겼다 하더라도 지혜가 없다면 어디다 쓰랴. 저 비구는 비록 얼굴은 추하지만 마음이 지혜로운 사람이다. 그러니 외모만 보고 사람을 업신여기지 말라. 모든 번뇌에서 벗어난 저 비구야말로 최고의 장부니라."

잡아함 38권 1063경 《추루경(醜陋經)》

겉모습으로 판단하지 말라

부처님이 사밧티의 기원정사에 계실 때의 일이다. 어느 날 파세나디 왕이 부처님을 찾아왔는데, 니간타 나타풋타를 따르는 외도와 또 다른 외도의 무리가 정사 바깥을 배회하고 있었다. 그들은 수행자의 옷을 입고 고행자의 모습을 하고 있었다. 착한 왕은 그들에게 공경을 다해 합장하고 예배했다.

"저는 코살라 국의 파세나디 왕입니다."

부처님은 왕의 이러한 모습을 보고 물었다.

"대왕이 저들에게 세 번씩이나 이름을 말하며 예배한 까닭은 무엇 때문인지요?"

"저분들의 행색을 보니 이 세상에 성자가 있다면 바로 저런 사람일 것 같아 존경을 바치고 예배를 했나이다."

그러자 부처님은 왕에게 이렇게 말했다.

"대왕은 저들이 참다운 종교인인지 아닌지를 그렇게 쉽게 단정하지 마시오. 저들이 훌륭한 종교인인지 아닌지는 가까이서 그의 행실을 살펴보아야 하오. 역경이나 고난을 겪으면서 그것을 어떻게 극복하는지 참과 거짓을 어떻게 분별하는지, 말하는 것과 행동하는 것이 다른지 같은지를 살펴보고 판단하는 것이 옳소. 겉모습만 보고 판단하는 것은 삼가는 것이 좋소."

부처님의 이 같은 말씀을 듣자 왕은 생각나는 것이 있었다. 왕의 친척 중에도 한때는 성자인 척하다가 집에 돌아와서는 다시 오욕을 추구하는 사람이 있었기 때문이다. 이를 상기한 왕은 '마땅히 행실을 살펴보라'는 부처님의 말씀에 동의했다. 이에 부처님은 다시 이렇게 가르침을 베풀었다.

"나타난 형상과 겉모양으로만 그 사람의 선악을 말하지 마시오. 또 잠깐 동안 사귀어 보고서 마음과 뜻을 같이하지 마시오. 원래 겉모습에는 속이 잘 드러나지 않나니 그것은 마치 놋쇠를 순금으로 도금한 것과 같기 때문이라오."

잡아함 42권 1149경 《형상경(形相經)》

강을 건넜으면 뗏목은 버려라

부처님이 사밧티 기수급고독원에 계실 때의 일이다. 그 무렵 출가하기 전에 소리개를 길들이다가 출가한 아리타 비구는 이런 말을 하고 다녔다.

"나는 부처님이 욕심을 부려도 장애가 없다고 말하는 것으로 안다."

다른 비구들이 그의 잘못된 소견을 고쳐주려고 했으나 아리타는 말을 듣지 않았다. 비구들은 이 사실을 부처님께 아뢰었다. 부처님은 아리타를 불러 사실 여부를 확인하고 크게 나무란 뒤 여러 비구들에게 물었다.

"그대들은 내가 어떻게 설법한다고 알고 있는가?"

"부처님께서는 욕심이 장애가 있다고 설법하셨나이다. 욕심은 비유하면 불구덩이와 같으며 독사와 같다고 말씀하셨나이다."

"그렇다. 그대들은 나의 설법을 잘 이해하고 있다. 그러나 저 어리석은 비구는 내 설법을 거꾸로 이해하고 있다. 내가 설법하는 것은 법을 바르게 가르쳐 고통에서 벗어나도록 하기 위한 것인데 그 뜻을 바로 알지 못하면 고통만 더욱 커질 것이다. 비유하면 이렇다. 어떤 어리석은 사람이 뱀을 잡으러 숲으로 들어가 큰 뱀을 찾았다. 그는 뱀을 포획하기 위해 뱀의 허리를 잡았다가 도리어 뱀에게 물려 큰 고통만 받는 것과 같다. 그러나 지혜로운 사람은 뱀을 포획할 때 먼저 쇠막대기로 대가리를 눌러 움직이지 못하게 하고 손으로 목을 잡아 뱀을 포획하는 것과 같다."

부처님은 다시 뗏목의 비유를 들어 비구들을 가르쳤다.

"어떤 사람이 물살이 센 강가에 이르러 강을 건너고자 나무와 풀을 엮어 뗏목을 만들었다. 그는 그 뗏목을 타고 무사히 저쪽 언덕으로 건너갔다. 그러나 강을 건넌 뒤에는 그 뗏목을 메고 갈까 놔두고 갈까 고민에 빠졌다. 비구들이여 너희들 생각에는 어떠하냐? 그 사람이 뗏목을 메고 가야 하는가, 놔두고 가야 하는가?"

"강을 건넜으면 놔두고 가는 것이 더 유익합니다."

"그렇다. 너희들은 이 뗏목 비유의 뜻을 안다면 응당 법도 버려야 하거늘, 하물며 법이 아닌 것에 집착해야 하겠느냐."

중아함 54권 200경 《아리타경(阿梨吒經)》

천문지리에 능통한들 무슨 소용인가

부처님이 바라나시의 녹야원에 머물고 계실 때의 일이다. 하루는 어떤 바라문이 부처님을 찾아와서 이런 것을 여쭈었다.

"부처님, 저에게는 젊은 제자가 한 사람 있는데 그는 천문과 지리에 능통할 뿐만 아니라 길흉화복을 점치는 데도 탁월한 능력이 있습니다. 만약 그가 있을 것이라고 하면 반드시 있고, 없을 것이라고 하면 정말로 없습니다. 또 반드시 이루어진다고 하면 이루어지고, 망할 것이라고 하면 반드시 망합니다. 이런 것을 부처님은 어떻게 생각하십니까?"

부처님은 직접적인 답변 대신 몇 가지 반대 질문을 던져 그를 깨우쳤다.

"그 답변은 나중에 하기로 하고 우선 그대의 생각 몇 가지를 묻겠다. 아는 대로 대답해 보라. 물질이나 정신은 본래 종자나 실체가 있는 것인가, 없는 것인가?"

"없는 것입니다."

"그렇다면 그 젊은 제자가 있을 것이라고 해서 반드시 있다는 것은 거짓이 아닌가. 다시 묻겠다. 물질이나 정신은 영원히 멸하지 않는 것인가, 아닌가?"

"영원한 것이 아닙니다."

"그렇다면 그 젊은 제자가 망하지 않을 것이라고 하는 말은 거짓이 아닌가."

바라문은 최고의 찬사로 부처님의 가르침에 승복했다.

"그렇습니다. 부처님의 말씀은 참으로 이치에 합당한 것이어서 저의 어두운 마음을 열어 주나이다. 마치 어떤 사람이 물에 빠졌을 때 건져 주고, 길을 몰라 헤맬 때 길을 가르쳐 주고, 어둠 속에서 등불을 주는 것처럼 오늘 가르침도 그와 같나이다."

잡아함 2권 54경 《세간경(世間經)》

불자의 제일 사명은 전법

부처님이 사밧티의 기원정사에 계실 때의 일이다. 어느 날 푼나가 찾아와 교법을 널리 펴기 위해 전법의 길을 떠나겠다며 허락을 청했다.

"저는 지금까지 부처님의 훌륭한 가르침을 배웠습니다. 이제부터는 아직도 이 법을 모르는 사람들에게 법을 전하고자 합니다. 허락해 주시옵소서."

"그래, 좋은 일이다. 너는 이제 어디로 떠나고자 하는가?"

"저는 서쪽에 있는 수로나 국으로 가고자 합니다."

"하지만 푼나야, 수로나 사람들은 거칠고 모질며, 성급하고 사납기가 그지없다고 한다. 그들이 너에게 욕하고 헐뜯으면 어떻게 하려는가?"

"부처님, 만약 저들이 그러하다면 저는 그들을 어질고 착한 사람이라고 생각하겠습니다. 왜냐하면 그들은 아직 저를 때리지는 않았기 때문입니다."

"만약 저들이 너를 때리면 어찌 하겠느냐?"

"그래도 저는 그들을 어질고 착한 사람이라고 생각하겠습니다. 왜냐하면 아직 몽둥이나 칼로 저를 상하게 하지는 않았기 때문입니다."

"만약 저들이 몽둥이나 칼로 너를 상하게 하면 어찌 하겠느냐?"

"그래도 저는 그들을 어질고 착한 사람이라고 생각하겠습니다. 왜냐하면 아직 저를 죽이지는 않았기 때문입니다."

"만약 너를 죽이면 어찌 하겠느냐?"

"부처님, 그래도 저는 그들을 어질고 착한 사람이라고 생각하겠습니다. 왜냐하면 수행자는 자신에 대한 집착을 버려야 하는데 저들이 그 집착에서 벗어나게 해주었기 때문입니다."

"너는 참으로 나의 교법을 잘 배워 익혔구나. 너는 수로나 국으로 가서 그들과 함께 살면서 그들에게 바른 교법을 전하라. 그리하여 그들을 편안하게 하고 열반을 얻게 하라."

잡아함 13권 311경 《부루나경(富樓那經)》

중생이 중생일 수밖에 없는 까닭

부처님이 마구라 산에 계실 때의 일이다. 어느 날 시자인 라다 비구가 평소에 궁금해 하던 문제 한 가지를 여쭈었다.

"부처님, 이른바 중생이란 어떤 것을 말하는 것입니까?"

이 당돌한 질문은 요컨대 중생을 왜 중생이라 하는가, 중생이 중생인 이유는 무엇인가 하는 것이었다. 이에 대한 부처님의 답변은 다음과 같았다.

"라다여, 나는 물질(色)에 집착하고 얽매이는 사람, 또한 어떤 대상을 느끼고(受) 생각하고(想) 행위하고(行) 의식하는(識) 데 집착하고 얽매이는 사람을 중생이라 한다. 라다여, 나는 평소 너희들에게 오온에 의해 생기는 경계를 무너뜨리고 없애버려야 한다고 가르쳐 왔다. 그래서 애욕을 끊고, 애욕을 끊으면 괴로움이 다할 것이며, 괴로움이 다하면 '괴로움의 끝을 본 사람(해탈한 사람)'이라고 말해 왔다. 그것은 비유하면 이렇다.

어떤 어린아이들이 흙으로 성을 쌓거나 집을 지어 놓고 거기에 집착하면 사랑이 끝이 없고 욕망이 끝이 없으며 생각이 끝이 없으며 안타까움이 끝이 없게 된다. 그리하여 아이들은 '이 성과 집은 내 것'이라고 말한다. 그러나 어느 순간 그것이 한갓 흙무더기인 줄 알게 되면 그것을 발로 차고 허물어 버리면서도 안타까워하거나 슬퍼하지 않는다.

라다여, 이와 같이 중생도 물질에 대한 집착을 흩어버리고 무너뜨리고 없애버리면 사랑이 다할 것이고 사랑이 다하면 괴로움도 다하고 괴로움이 다하면 괴로움의 끝을 보게 될 것이다. 그러면 그는 중생이란 허물도 벗게 되는 것이다."

잡아함 6권 122경 《중생경(衆生經)》

좋은 친구, 나쁜 친구

부처님이 나라 마을 호의암라 동산에 계실 때의 일이다. 어느 날 이 마을에서 장사를 하는 외도 한 사람이 찾아왔다. 그는 나이가 120세나 되는 노인으로 오랫동안 장사를 하다 보니 친구와의 우정과 배신에 대해 많은 것을 생각하게 되었다. 여러 사람을 찾아가 좋은 친구와 나쁜 친구를 가리는 방법을 물어보았으나 시원한 대답을 듣지 못하던 터였다.

"한 가지 여쭈어 볼 일이 있습니다. 어떤 친구가 착한 척 겉모습만 꾸미는 나쁜 친구입니까? 또 어떤 친구가 두 몸을 한 몸처럼 생각하는 좋은 친구입니까?"

부처님은 그에게 이렇게 일러주었다.

"마음으로는 진실로 싫어하면서 입으로는 좋다고 말하는 사람, 입으로는 은혜롭고 부드러운 말을 하면서 마음으로는 그렇지 않은 사람, 일을 같이하면서도 하는 일마다 속으로는 어긋나는 사람이 있다. 이런 사람은 착한 척 겉모양만 꾸미는 사람이니 그는 좋은 친구가 아니다.

그러나 두 몸을 한 몸같이 생각하는 좋은 친구는 어떤 일을 할 때 방해하거나 의심을 품지 않으며 허물이나 꼬투리를 잡으려 하지 않는다. 착한 친구를 의지하는 편안함은 자식이 아비의 품에 안긴 듯하여 아무도 그 사이를 뗄 수 없나니 이런 친구가 좋은 친구다."

잡아함 35권 978경 《상주경(商主經)》

어떤 사람과 친해야 하나

부처님이 사밧티의 기원정사에 계실 때의 일이다. 어느 날 부처님은 제자들에게 다음과 같이 설법했다.

"세상에는 서로 친하게 지내는 사람들이 있다. 그들은 누구와 서로 친하게 지내는가. 살생하는 사람은 살생하는 사람과 친하고 도둑질하는 사람은 도둑질하는 사람과 친하게 지낸다. 음행하는 것을 좋아하는 사람은 그런 부류의 사람과 친하게 지낸다. 거짓말하고 이간질하고 욕 잘하고 꾸미는 말 잘하는 사람은 그런 사람들과 잘 어울린다. 욕심 많고 성내고 삿된 소견을 가진 어리석은 사람은 같은 부류를 따라 서로 친하게 지낸다.

비유하면 더러운 물건이 더러운 물건과 서로 화합하는 것처럼 열 가지 악업 짓기를 좋아하는 사람은 그런 사람들과 서로 친하게 지낸다.

이와는 달리 살생하지 않고 훔치지 않으며 음행하지 않는 사람은 같은 부류와 어울리기를 좋아한다. 거짓말, 이간질, 나쁜 말, 꾸미는 말을 좋아하지 않는 사람은 같은 부류의 사람과 친하게 지낸다. 욕심과 성냄과 삿된 소견을 갖지 않은 사람은 비슷한 사람들끼리 어울린다.

비유하면 소젖은 소젖과 어울려 서로 화합하는 것처럼 열 가지 선업 짓기를 좋아하는 사람들은 같은 사람들끼리 서로 친하게 지낸다."

잡아함 37권 1045경 《수류경(隨類經)》

상식의 진리를 실천하라

부처님이 사밧티의 기원정사에 계실 때의 일이다. 어느 날 웃차야라는 청년이 찾아와 부처님께 여쭈었다.

"부처님, 재가자가 현세에서 어떤 일을 잘 해야 편안하고 행복하겠나이까?"

이에 대해 부처님은 현세의 이익을 위한 네 가지 덕목을 제시했다.

"첫째는 직업에 충실해야 한다. 직업이란 재가자가 살아가는 방편이니 농사를 짓거나 장사를 하거나 혹은 관리가 되거나 또는 글씨를 쓰거나 그림을 그리거나 간에 그 직업에 충실해야 한다.

둘째는 재산을 잘 보호하는 것이다. 돈이나 곡식이나 모든 재산은 직업에 충실해서 내손으로 일하고 벌어들인 것이니, 관리에게 수탈당하거나 도둑에게 빼앗기지 않도록 하며, 물에 떠내려가거나 불에 타는 재앙을 입지 않도록 잘 지켜야 한다.

셋째는 착한 벗과 사귀는 것이다. 법도에 어긋나지 않고 방탕하지 않으며 음흉하지 않은 사람과 사귀어야 한다. 좋은 벗은 근심과 걱정을 만들지 않으며, 기쁨과 즐거움을 가져다 주는 사람이니 이런 벗과 사귀어야 한다.

넷째는 바르고 절도 있는 생활을 해야 한다. 지출과 수입을 비교해 수입보다 지출을 적게 하고 낭비를 하지 않아야 한다. 만일 재물이 없는데도 마구 쓰는 것은 우담바라꽃처럼 화려하나 종자가 없는 것과 같고, 재물이 풍부하면서도는 그것을 쓰지 않으면 굶어죽는 개와 같이 어리석은 일이다.

이와 같이 네 가지 덕목을 실천하면 현세에서 행복하고 편안해질 것이다."

잡아함 4권 91경 《울사가경(鬱此迦經)》

타락한 수행자를 위한 훈계

부처님이 사밧티의 기원정사에 계실 때의 일이다. 어느 날 저녁 부처님은 마하카사파를 불러 이렇게 당부했다.

"나는 이제 늙고 병들었다. 그러니 네가 대신해서 젊은 비구들을 가르치고 훈계하라."

"부처님, 요새 비구들은 훈계하고 가르치기가 매우 어렵습니다."

"어째서 그러한가?"

"요새 비구들은 장로가 오면 그가 지혜가 있고 큰 덕이 있는지를 살피지 않습니다. 그들은 오직 낯선 비구가 오면 재물과 의복, 음식과 침구, 약을 가지고 있는지를 살핀 뒤 일어나 인사를 합니다. 그래야 그들도 음식과 침구가 풍족해질 것이기 때문입니다."

카사파의 말을 들은 부처님은 매우 안타까워하면서 이렇게 말했다.

"만약 그것이 사실이라면 그런 비구는 승단의 멸망이며 근심이며 큰 재앙이다. 그들은 생사윤회를 거듭해서 늙고 병들고 근심하고 슬퍼하는 과보를 받을 것이다.

카사파야, 옛날에는 그렇지 않았다. 옛날에는 혼자 열심히 수행하는 비구, 검소한 누더기를 입고 걸식하는 비구, 욕심이 적어 만족할 줄 아는 비구, 바른 생각과 바른 선정과 바른 지혜를 터득한 비구가 오면 서로 반갑게 일어나 인사를 나누었다. 왜냐하면 그래야 훌륭한 수행자가 될 수 있기 때문이다."

여기까지 말씀한 부처님은 다시 카사파에게 당부했다.

"그러므로 카사파야, 너는 어떻게 하든지 검소하고 청정하며 욕심이 적으며, 바른 생각과 선정과 지혜를 닦는 사람을 찬탄하는 사람이 많아지도록 젊은 비구를 가르치고 훈계해야 한다. 그래야 승단의 근심과 재앙이 없어질 것이다."

잡아함 41권 1140경 《불위근본경(佛爲根本經)》

부처님이 설법한 이유

부처님이 사밧티 기수화림굴에 1,200비구와 함께 계실 때의 일이다. 어느 날 부처님은 과거7불의 역사에 대해 이렇게 말했다.

"지금부터 91겁 전에 비바시불(毘婆尸佛)이 세상에 오셨다. 31겁 전에는 시기불(尸棄佛)이 오셨고, 31겁 중에는 비사바불(毘舍婆佛)이 오셨다. 현겁 중에는 구루손불(拘樓孫佛)과 가섭불(迦葉佛)이 오셨고, 석가모니불(釋迦牟尼佛)인 나도 이 현겁 중에 와서 깨달음을 얻었느니라.

비바시불은 12인연법을 순역(順逆)으로 관찰하여 깨달음을 얻은 뒤 이렇게 생각했다.

'나는 위없는 깨달음을 얻었다. 이 법은 매우 깊고 미묘하여 세상의 일들과 반대되는 것이다. 오직 번뇌가 없고 깨끗한 사람만이 알 수 있으며 범부는 알 수 없다. 내가 중생을 위해 설법한다 해도 저들은 알지 못하고 도리어 번거로움만 더할지 모른다. 그래서 나는 차라리 입을 다물려고 한다.'

이때 부처님의 생각을 알아챈 범천이 찾아와 이렇게 청했다.

'원컨대 설법을 하소서. 지금의 중생들은 업장이 엷고 공경하는 마음이 있으므로 교화하기 쉽나이다. 그들이 뒷세상에서 고통받지 않도록 제발 법을 설해 주소서. 지금 만약 법을 설하지 않으시면 이 세상은 망할 것입니다.'

이에 비바시불은 범천의 권청을 받아들여 이렇게 말씀했다.

'내 이제 너희들을 가엾게 여겨 마땅히 감로의 법문을 연설하리라. 그러나 내 말을 듣고 즐겨 받아 지니는 자를 위해서는 설법하겠지만 덤비고 어지러워 아무 이익이 없는 자를 위해서는 설법하지 않으리라.'

이렇게 하여 비바시불은 설법을 시작했다. 이것이 모든 부처님이 설법하게 된 인연의 전부다. 나도 또한 그렇게 했느니라."

장아함 1권 1경 《대본경(大本經)》

시댁식구를 교화한 며느리

부처님이 사밧티 기원정사에 계실 때의 일이다. 어느 날 기원정사를 기증한 수닷타 장자가 찾아와 부처님께 딸의 결혼문제를 상의했다.

"저에게 수마제라는 딸이 있는데 만부성(滿富城)의 만재(滿財) 장자가 며느리로 삼고 싶어합니다. 그러나 만재 장자는 외도를 섬기는 사람입니다. 저는 그것이 마음에 걸립니다. 어떻게 하면 좋은지요?"

"수마제가 만재 장자의 며느리가 되면 그 집안에 이익을 주고, 많은 사람을 교화할 것이다."

수닷타는 부처님의 말씀을 듣고 보름 뒤에 수마제를 시집보내기로 했다.

그런데 결혼 직후 한 가지 문제가 생겼다. 만부성 사람들은 성안에 살던 처녀가 다른 성으로 시집을 가거나, 다른 성에 사는 처녀가 이곳으로 시집을 오는 것을 금하는 규칙이 있었다. 만재 장자는 수마제를 며느리로 삼음으로써 이 규칙을 어겨 벌칙을 받게 된 것이다. 만재 장자가 받아야 할 벌칙은 돼지를 잡아 국을 끓이고 고기와 술로 많은 범지(梵志)를 공양하는 것이었다.

만재 장자는 벌칙을 받기 위해 음식을 준비하고 범지들을 초대했다. 만재 장자 집에 초대된 범지들은 모두 벌거벗은 나형외도(裸形外道)들이었다. 만재 장자는 새로 시집온 며느리 수마제를 그들에게 인사시키려고 했다. 그러나 수마제는 그렇게 할 수 없다고 했다.

"저들은 벌거벗은 채 맨살을 법의(法衣)라고 우깁니다. 그것은 분별이 있는 말이 아니며 부끄러움을 모르는 짐승과 같은 짓입니다. 저는 그런 사람들에게 예배할 수 없습니다."

그러자 이번에는 수마제의 남편이 나서서 '이 분들은 우리가 하늘처럼 섬기는 사람'들이라면서 인사를 드리라고 했다. 그러나 수마제는 '예의를 모르는 짐승 같은 사람에게는 예배할 수 없다'며 완강하게 거절했다. 이 일로 만재 장자는 커다란 근심이 생겼다. 누각에 올라가 생각하니 수마제를 며느리로 삼은 것이 후회됐다.

그때 수발이라는 범지가 지나가다가 왜 그토록 근심에 싸였는가를 물었다. 만재 장자가 자초지종을 설명하자 수발은 며느리가 섬기는 부처님을 한번 만나보라고 했다. 만재 장자는 며느리를 시켜 부처님을 뵙고 싶다는 뜻을 전했다. 부처님은 목갈라나, 카사파, 아니룻다, 수붓티, 라훌라, 출라판타카 등을 먼저 보내고 당신은 나중에 사리풋타, 카운디냐, 아난다 등을 데리고 만재 장자의 집으로 갔다. 이 행차에는 파세나디 왕과 수닷타 장자도 동행했다.

만재 장자는 부처님이 여러 사람과 함께 오는 것을 보자 그 거룩한 모습에 저절로 무릎을 꿇고 예배를 올렸다. 외도들은 그 모습을 보자 사자왕이 나타나면 모든 짐승들이 자취를 감추듯이 만재성을 떠났다. 부처님은 장자의 집에 들어가 공양을 받은 뒤 보시와 지계의 공덕으로 천상에 태어나는 법, 괴로움과 괴로움에서 벗어나는 사제법(四諦法)을 설했다. 만재 장자를 비롯한 많은 사람들은 그 자리에서 번뇌가 사라지고 법안(法眼)이 깨끗해졌다.

증일아함 22권 제30 〈수타품(須陀品)〉 제3경

부처님의 세 가지 교화방법

부처님이 우루벨라에 이르렀을 때의 일이다. 네란자라 강에는 5백 명의 제자를 거느린 우루벨라 가섭이라는 외도가 있었다. 부처님은 그에게로 가서 하룻밤 묵어갈 것을 청했다. 그는 불을 뿜는 독룡(毒

龍)이 있는 동굴에서라면 묵어가도 좋다고 했다. 부처님은 두려움도 없이 동굴에 들어가 독룡을 교화했다. 아침에는 독룡을 발우에 담아서 나왔다. 우루벨라 가섭은 부처님의 위신력에 감복되어 제자가 되기를 청했다. 우루벨라 가섭을 따르던 5백 명의 외도들도 스승을 따라 한꺼번에 제자가 되기를 청했다.

"잘 왔구나. 비구들이여. 나의 법은 미묘하다. 부지런히 범행을 닦으라."

우루벨라 가섭과 그를 따르던 5백 명의 수행자들은 그 동안 주술용 도구들을 모두 강물에 내던지고 불교교단의 새로운 일원이 됐다.

우루벨라 가섭에게는 두 명의 동생이 있었다. 한 사람은 나제 가섭, 또 한 사람은 가제 가섭이었다. 그들은 각기 3백 명과 2백 명의 제자를 거느리고 있었다. 어느 날 강에 나가보니 우루벨라 가섭이 사용하던 의식용구가 떠내려 왔다. 놀라서 강 상류로 올라왔더니 형이 부처님의 제자가 되어 있었다.

"형님은 남의 존경을 받는 스승이더니 남을 존경하는 제자가 됐습니다. 무슨 일입니까?"

"부처님의 법이 가장 묘하다. 이것보다 나은 것이 없다."

우루벨라 가섭의 말을 들은 두 동생은 형을 따라 부처님 제자가 됐다. 그를 따르던 무리들도 머리를 깎고 제자가 됐다. 이렇게 해서 한꺼번에 1천여 명의 제자를 얻은 부처님은 세 가지 방법(三事敎化)으로 이들을 교화했다. 신족교화(神足敎化)·언교교화(言敎敎化)·훈회교화(訓誨敎化)가 그것이다. 신족교화란 여러 가지 장애에 걸림이 없이 신변자재한 모습을 보여줌으로써 교화하는 것이다. 언교교화란 말로써 가르치되 '깨달음으로 나가기 위해서는 이것을 버리고 저것을 두라'고 하는 것이다. 훈회교화란 마을에 들어가거나 할 때 '이것은 하지 말고 저것은 하지 말라'고 가르치는 것이다. 부처님은 이렇게 1천 명의 비구를 가르쳐서 그들이 모두 아라한이 되도록 하였다.

증일아함 15권 제24 〈고당품(高幢品)〉 제5경

누가 천국에 태어나는가

부처님이 코살라 국 이차능가라 바라문 촌에 계실 때의 일이다. 어느 날 이 마을에 비기라바라와 다리차라는 바라문이 찾아왔다. 이들은 모두 훌륭한 가문의 출신으로 비기라바라에게는 바실타라는 제자가 있었고, 다리차에게는 파라타라는 제자가 있었다. 두 사람의 제자는 우연한 기회에 만나 서로 이렇게 주장했다.

"내가 믿는 종교는 진실하고 바른 가르침이다. 능히 출요(出要)를 얻어 범천에 이를 수 있다. 나의 스승은 이렇게 가르친다."

그들은 다툼이 끝나지 않아 부처님을 찾아가 물어보기로 했다. 부처님은 대답대신 두 사람에게 '그대의 스승이나 또는 과거의 유명한 바라문으로서 베다를 외워 통달한 사람이라 하더라도 범천에 가본 적이 있는가?'를 물었다. 그들은 '가본 사람이 없다.'고 답했다. 그러자 부처님은 이렇게 말했다.

"가보지도 못한 사람이 범천을 말한다면 그것은 마치 어떤 사람이 아름다운 여자를 보지도 못했으면서 그를 보았다고 하고, 심지어는 그 여자와 잠자리를 같이 했다고 말하는 것과 무엇이 다른가?"

부처님은 다시 두 사람에게 '범천이 있다면 질투하는 마음, 화내는 마음, 원한을 갖는 마음, 가족과 재물에 대해 애착하는 마음을 가진 사람이 갈 수 있다고 생각하는가?'를 물어보았다. 그들은 '그럴 수가 없다'고 답했다.

부처님은 또 그들에게 '그대의 스승이나 그대의 종교를 수행하는 사람들은 질투하는 마음, 화내는 마음, 원한을 갖는 마음, 가족과 재물에 대해 애착하는 마음을 끊었는가?'를 물어보았다. 그들은 '아직 끊지 못했다'고 답했다.

"그러면 다시 묻겠다. 나와 나의 제자들은 질투하는 마음, 화내는 마음, 원한을 갖는 마음, 가족과 재물에 대해 애착하는 마음이 있다고 생각하는가, 없다고 생각하는가?"

부처님의 반문설법(反問說法)을 들은 두 사람은 어리석음을 깨닫고 불법에 귀의했다.

장아함 16권 26경 《삼명경(三明經)》

귀 있는 자는 들으라

부처님이 깨달음을 성취하고 아직 마가다 국의 정각도량에 계실 때의 일이다. 보리수 아래서 명상에 잠긴 부처님은 이렇게 생각했다.

'내가 얻은 이 법은 알기도 어렵고 깨닫기도 어렵고 생각하기도 어렵다. 이 법은 번뇌가 사라지고 미묘한 지혜를 가진 사람만이 깨달을 수 있고 알 수 있다. 이치를 분별하여 배우기를 게을리 하지 않아야 깨달음의 기쁨을 얻을 수 있다. 이처럼 미묘한 법을 사람들을 위해 설법한다 하더라도 사람들은 이 법을 받들어 행하지 않으면 나는 헛수고만 하게 된다. 그러니 나는 차라리 침묵을 지키리라. 수고로이 설법하지 않으리라.'

부처님이 이러한 생각을 하자 세상을 다스리는 범천왕(梵天王)은 매우 근심이 되었다. 여래가 출현하신 것은 설법을 하기 위함인데 부처님이 침묵하면 이 세상은 악법이 횡행하여 눈을 잃고 방황하게 될 것이기 때문이었다. 이에 범천왕은 하늘에서 내려와 부처님 앞에 예배하고 설법해주실 것을 간곡하게 권청했다.

"원컨대 여래께서는 중생을 위하여 미묘한 법을 널리 설하여 주옵소서. 중생들 가운데는 훌륭한 근기를 가진 자도 있사온데, 만일 그들도 설법을 듣지 못한다면 진리의 눈을 잃게 되고 버려진 아이처럼 되고 말 것입니다. 비유하면 연꽃이 진흙 속에서 싹을 틔우기는 했지만 물 속에서 벗어나지 못하는 것과 같나이다. 중생들도 그와 같아서 근기는 이미 익었으나 생로병사에 시달려 설법을 듣지 못하고 그만 죽는 자도 있습니다. 어찌 가엾다 하지 않겠나이까. 하오니 원컨대 세존께서는 저들을 위해 법을 설하여 주옵소서. 지금이 바로 그때이옵니다."

부처님은 범천왕이 권청하는 뜻을 아시고 또 일체중생을 불쌍하게 여기는 마음을 일으켜 다음과 같이 말씀했다.

"범천이 지금 나에게 와서 설법하여 주기를 간청하는구나. 그렇다면 내 이제 감로의 문을 열 터이니 귀 있는 사람은 듣고 법의 요지를 잘 분별하여 낡은 믿음을 버리도록 하라."

범천왕은 부처님이 설법을 결심한 것을 확인하고 이제 중생들은 바른 가르침을 얻게 될 것을 기뻐하며 천상으로 돌아갔다.

증일아함 10권 제19 〈권청품(勸請品)〉 제1경

위대한 수행자에게 예배하라

부처님이 사밧티 기원정사에 계실 때의 일이다. 어느 날 부처님은 한 사람의 바른 수행자가 나타나면 이 세상을 어떻게 변화시킬 수 있는지에 대해 말씀했다.

"만일 이 세상에 위대한 사람이 나타나면 그는 모든 사람들을 이익케 하고, 중생들을 안온하게 하며, 세상의 뭇 생명을 가엾게 여기고, 천상과 인간으로 하여금 복을 얻게 할 것이다.

만일 이 세상에 위대한 사람이 나타나면 그는 이내 도에 들어 살며, 두 가지 진리와 세 가지 해탈문, 네 가지 진리, 다섯 가지 뿌리, 여섯 가지 그릇된 소견의 사라짐, 일곱 가지 깨달음에 이르는 길, 여덟 가지 바른 길, 아홉 갈래 중생이 사는 길, 열 가지 여래의 힘, 열한 가지 자비의 해탈도가 세상에 나타날 것이다.

만일 이 세상에 위대한 사람이 나타나면 곧 지혜광명이 세상에 나타날 것이다. 만일 이 세상에 위대한 사람이 나타나면 무명의 큰 어두움이 스스로 사라질 것이다. 만일 이 세상에 위대한 사람이 나타나면 서른일곱 가지 도가 이 세상에 나타날 것이다. 만일 이 세상에 위대한 사람이 사라지면 사람들은 모두 근심에 잠길 것이요, 천상과 지상은 모두 의지처를 잃을 것이다. 만일 이 세상에 위대한 사람이 나타나면 천상과 지상의 모든 사람들이 믿음이 생기고 계율과 보시와 지혜가 원만하여 마치 가을달이 모든 것을 원만하게 비추듯 할 것이다.

만일 이 세상에 위대한 사람이 나타나면 그때는 천상과 지상의 모두 번영하고 삼악도에 빠진 중생들은 스스로 줄어들 것이다. 만일 이 세상에 위대한 사람이 나타나면 그와는 더불어 견줄 이가 없고, 본뜨지 못하고, 모든 면에서 그를 짝할 이가 없고, 보시와 지계와 지혜에서 그에 미칠 이가 없을 것이다.

그러면 누가 그런 사람인가. 바로 여래, 아라한, 정변지가 그 사람이다. 그러므로 수행자들이여, 그대들은 여래, 아라한, 정변지를 공경하고 받들어 섬겨야 한다. 마땅히 이와 같이 수행을 해야 한다."

증일아함 3권 제8 〈아수륜품(阿須倫品)〉 제2-10경

설법을 청해 듣는 이익

부처님이 사밧티 기원정사에 계실 때의 일이다. 어느 날 부처님은 수행자들에게 자주 설법을 청해 듣는 이익에 대해 이렇게 말씀했다.
"자주 설법을 청해 들으면 다섯 가지 이익이 있다. 어떤 것이 다섯 가지 공덕인가.

첫째, 일찍 듣지 못한 것을 들을 수 있다(未曾聞者便得聞之).
둘째, 이미 들은 것은 외울 수 있다(以得聞者重諷誦之).
셋째, 소견이 삿된 곳으로 기울어지지 않는다(見不邪傾).
넷째, 여우처럼 의심하던 것이 사라진다(無有狐疑).
다섯째, 깊고 깊은 뜻을 바르게 이해하게 된다(卽解甚深之義).

자주 설법을 청해 들으면 이와 같은 다섯 가지 공덕을 얻게 되느

니라. 그러므로 수행자들이여, 그대들은 자주 설법을 청해 듣는 일을 게을리 하지 말라. 이렇게 하는 것이 바르게 수행하는 길이니라."

증일아함 28권 제36 〈청법품(聽法品)〉 제1경

모든 사람은 평등하다

부처님이 사밧티의 기원정사에 계실 때의 일이다. 그 무렵 마하카트야나는 서방의 전도를 개척하기 위해 마투라 국에 가 있었다. 어느 날 마투라의 국왕은 나무가 빽빽한 숲(稠林)에 머물고 있는 존자를 찾아와 이런 질문을 했다.

"바라문들은 스스로 말하기를 '우리는 제일의 종성이요, 다른 사람은 하천하다. 우리는 희고 깨끗하며 다른 사람은 검고 더럽다. 바라문은 범신의 입에서 태어났고 다른 사람은 그렇지 않다'고 합니다. 이에 대해 존자의 생각은 어떠하신지요?"

"그것은 세상의 관습이요, 틀린 생각입니다. 그것은 업에 의한 것이지 처음부터 그렇게 결정돼 있다는 것은 잘못된 것입니다."

"어째서 그런지 설명해 주십시오."

"대왕께서는 만약 바라문이 도둑질을 하면 어떻게 하겠습니까? 잡아다가 벌을 줄 것입니다. 귀족이나 부자가 해도 마찬가지일 것입니다. 이렇게 벌은 업에 의해 받는 것이지 바라문은 받고 다른 종성은 받지 않는 것이 아닙니다. 그렇다면 사성은 평등한 것이지 차별이 있는 것이 아닙니다.

한 가지 예를 더 들겠습니다. 만약 바라문으로서 열 가지 악업을 지은 자가 있다면 그는 죽은 뒤에 어떻게 되겠습니까? 악도에 떨어질 것입니다. 귀족이나 부자나 다른 종성도 마찬가지입니다. 이렇게 사람은 다 평등합니다. 그러므로 모든 것은 업에 의한 것이니 사성계급은 옳은 것이 아닙니다."

잡아함 20권 548경 《마투라경(摩偸羅經)》

비구들이 보여주는 신통술

부처님이 날란다 성 파바리엄차 숲에 계실 때의 일이다. 어느 날 견고(堅固)라는 장자의 아들이 부처님을 찾아와 예배하고 이렇게 청했다.

"거룩한 부처님께 원합니다. 비구들에게 명하여 바라문이나 장자의 아들이나 거사가 오거든 그들에게 신통(神通)을 보이도록 하소서."

그러나 부처님은 그 청을 거절했다.

"나는 모든 비구들에게 바라문이나 장자나 거사들을 위해 신족(神足)을 나타내는 것을 가르치지 않을 것이다. 나는 다만 제자들에게 공한(空閑)한 곳에 있으면서 고요히 도를 생각하라고만 할 것이다. 만일 공덕이 있으면 마땅히 스스로 그것을 숨기고, 만일 잘못이 있으면 마땅히 그것을 드러내라고 가르칠 뿐이다."

"저는 부처님이 말씀하신 뜻을 잘 알겠습니다. 그렇지만 이 날란다 성은 국토가 풍요롭고 사람들이 많습니다. 그들에게 신통을 보여 준다면 이익됨이 많을 것이며 부처님과 대중이 훌륭하게 교화를 넓힐 수 있을 것입니다."

부처님은 다시 견고에게 말씀했다.

"나는 끝내 비구들에게 사람들을 위하여 신족을 나타내라고 하지 않을 것이다. 무슨 까닭인가? 사람들에게 스스로의 능력을 보이기 위해 신족을 보이면 그들은 나의 법이 신족을 얻기 위한 것이라고 할 것이다. 이것은 나의 법을 바르게 믿는 것이 아니며 도리어 훼방하는 것이나 다름없기 때문이다.

그러므로 나는 비구들에게 명하여 신통변화를 나타내게 하지 않는다. 다만 공한한 곳에 있으면서 고요히 도를 생각하고, 만일 공덕이 있으면 마땅히 스스로 그것을 숨기고, 만일 잘못이 있으면 마땅히 그것을 드러내라고 가르칠 뿐이다. 장자의 아들아 이것이 곧 내 제자들이 나타내는 신통이니라."

장아함 16권 24경 《견고경(堅固經)》

불교의 종교적 특질

부처님이 사밧티의 기원정사에 계실 때의 일이다. 어느 날 파세나디 왕이 부처님을 찾아와 이렇게 말했다.

"부처님, 저는 혼자 고요한 곳에서 명상을 하다가 이런 생각을 했습니다. '부처님의 바른 가르침은 현실적으로 증명되는 것이며, 때를 격하지 않고 과보가 있는 것이며, 와서 보라고 말할 수 있는 것이며, 잘 열반으로 인도하는 것이며, 지혜 있는 사람이라면 각기 알 수 있는 것이다.' 저의 이런 생각이 맞는 것인지요."

부처님은 왕을 칭찬하며 이렇게 말했다.

"대왕이여, 그러합니다. 대왕이여, 그러합니다. 여래의 바른 가르침은 현실적으로 증명되는 것(現見)이며, 때를 격하지 않고 과보가 있는 것(不待時節)이며, 와서 보라고 말할 수 있는 것(來見)이며, 잘 열반으로 인도하는 것(親近涅槃)이며, 지혜 있는 사람이라면 각기 알 수 있는 것(應自覺知)입니다.

따라서 여래의 가르침은 또한 중생의 좋은 짝이며 벗입니다. 왜냐하면 여래의 가르침은 중생이 태어나고 늙고 병들고 죽으며 근심과 슬픔과 번뇌와 괴로움에 빠져 있으면, 그 모든 번뇌를 떠나, 시절을 기다리지 않고, 현재에서 그 고통을 벗어나게 하며, 바로 보고 통달하게 하며, 스스로 깨달아 증득하게 하기 때문입니다."

왕은 부처님의 칭찬을 받고 기쁜 얼굴로 돌아갔다.

잡아함 46권 1238경 《왕경(王經)》

제 9 장

반성과 참회

부처님도 어쩔 수 없는 사람

부처님이 라자가하의 죽림정사에 계실 때의 일이다. 어느 날 말(馬)을 잘 길들이는 촌장이 찾아왔다. 부처님이 그 촌장과 이런 저런 얘기를 하다가 물었다.

"말을 길들이는 기술에는 몇 가지 방법이 있는가?"

"세 가지 방법이 있습니다. 첫째는 부드럽게 다루는 것이요, 둘째는 엄하게 다루는 것이요, 셋째는 부드러움과 엄격함을 섞어서 다루는 것입니다."

"만약 세 가지 방법으로도 길들여지지 않을 때는 어떻게 하는가?"

"쓸모없는 말이니 죽여 버립니다."

이번에는 촌장이 부처님께 여쭈었다.

"부처님은 조어장부(調御丈夫)이시니, 제자들을 잘 다루시는 것으로 알고 있습니다. 부처님은 몇 가지 방법으로 제자들을 길들이시는지요?"

"나도 세 가지 방법으로 다룬다. 어떤 때는 부드럽게 하고, 어떤 때는 엄격하게 하고, 어떤 때는 엄격하면서도 부드럽게 다룬다."

"세 가지 방법으로도 길들여지지 않으면 어떻게 합니까?"

"나도 또한 죽여 버린다."

"부처님은 살생이 나쁜 일이라고 말씀하시면서 어찌 길들여지지 않는 제자들을 죽인다고 말씀하시는지요?"

"네 말대로 살생은 나쁜 것이다. 그러나 촌장이여, 내가 세 가지 방법으로 길들이는 데도 그가 말을 듣지 않으면 나는 그와 더불어 말하지 않고 가르치거나 훈계하지 않는다. 이것이 그를 죽이는 것이 아니고 무엇이겠느냐."

잡아함 32권 909경 《조마경(調馬經)》

불효자에게 들려 주는 노래

부처님이 사밧티의 기원정사에 계실 때의 일이다. 어느 날 부처님은 외출을 했다가 늙고 쇠약한 노인이 구걸하는 모습을 보았다. 부처님은 그 모습이 안타까워 노인에게 까닭을 물었다.

"노인장께서는 늙고 쇠약하신데 어떤 사정으로 지팡이에 의지해 밥을 얻고 계십니까? 집도 없고 자식도 없습니까?"

"아닙니다. 집도 있고 자식도 있기는 합니다. 그러나 재산은 모두 아들과 며느리에게 물려주고 저는 이렇게 남의 집으로 다니며 밥을 얻어 먹고 있습니다."

노인의 대답으로 미뤄 보건대 재산을 물려받은 자식들이 효도를 다하지 않자 집을 나와 거리를 방황하는 것이 틀림없었다. 이에 부처님은 노인에게 다음과 같은 노래(偈頌)를 가르쳐 주며 자식에게도 들려주라고 하였다.

아들을 낳고는 얼마나 기뻐했던가.
아들을 위하여 재물을 모았으며
또한 장가까지 보내 주었네.
그러나 나는 집을 나온 거지의 신세.

어떤 시골의 못된 자식은
저를 길러준 아비의 뜻을 등지니
그는 얼굴만 사람일 뿐 마음은 나찰
끝내 늙은 아비를 버리고 말았구나.

늙은 말이라 쓸데가 없다 하며
보리껍질까지 다 빼앗아 가니
자식은 아직 젊지만 아비는 늙은 몸
그래도 살자니 밥을 얻어야 하네.

자식을 귀해 하며 사랑할 필요 있나
차라리 구부러진 지팡이가 더 낫도다.
나를 위해 사나운 소도 막아주고
험한 곳을 갈 때는 편안케 해주네.
내가 살아가는 것은 지팡이 때문

개도 물리치고 가시밭길도 피하네.
구덩이나 빈 우물 어두운 곳 지날 때도
지팡이에 의지해 겨우 넘어지지 않네.

노인은 부처님이 하라는 대로 마을로 돌아가 이 노래를 불렀다. 자식들은 그제야 눈물을 흘리며 잘못을 깨달았다. 그리하여 노인을 집으로 모셔 가서 목욕을 시키고 좋은 옷을 입혀드린 뒤 집안의 어른으로 모셨다.

잡아함 4권 96경 《바라문경(婆羅門經)》

나쁜 별명을 없애는 방법

부처님이 라자가하 죽림정사에 계실 때의 일이다. 어느 날 '흉악'이라는 별명을 가진 촌장 한 사람이 찾아왔다. 그는 마을사람들이 자신을 '흉악'이라는 별명으로 부르는 것에 대해 무척 속이 상해 있었다.

"부처님, 사람들은 저를 가리켜 자꾸 '흉악'이라고 부릅니다. '선량'이라고 불려도 뒤에서 욕하는 사람이 많은 터에 '흉악'이라고 불리고 있으니 그 다음은 듣지 않아도 뻔할 것입니다. 도대체 저는 어띤 행동을 했기에 이렇게 나쁜 이름으로 불리고 있는지요."

부처님은 촌장의 질문을 받고 이렇게 대답했다.

"촌장이여, 그대는 무엇보다도 바른 견해를 갖지 못하여 남에게 화를 잘 내고, 화를 내기 때문에 나쁜 말을 하며, 남들은 그 때문에 그대에게 나쁜 이름을 붙이느니라. 또 바른 뜻, 바른 말, 바른 업, 바른 생활, 바른 노력, 바른 생각, 바른 선정을 닦지 않기 때문에 스스로 화를 내는 것이니라. 스스로 화를 내면 남을 화나게 만들고, 남이 화를 내면 자신은 더욱 화를 내게 되느니라. 그리하여 그대는 흉악이라는 이름으로 불리게 되었느니라."

"부처님, 참으로 그렇습니다. 저는 바른 소견을 닦지 않기 때문에 남에게 화를 잘 내고, 화를 잘 내기 때문에 나쁜 별명이 붙었나이다. 그러므로 이제부터는 화내기와 거친 말을 삼가 하겠나이다."

부처님의 가르침이 간단하면서도 마음에 와 닿았던지 그는 그 자리에서 삼보에 귀의하고 재가신자가 되기를 다짐했다.

잡아함 32권 910경 《흉악경(凶惡經)》

친족을 엄격하게 다스려라

부처님이 기원정사에 머물고 계실 때의 일이다. 그 무렵 텃사 비구도 기원정사에 있었는데 그는 '나는 부처님과 외사촌이다. 그러므로 누구를 공경할 필요도 없고 거리낄 것도 없다. 두려울 것도 없고 충고를 받을 이유도 없다'고 하면서 돌아다녔다. 소문을 들은 부처님이 텃사를 불렀다.

"텃사야, 듣자 하니 네가 '나는 부처님과 형제뻘이다. 그러므로 누구를 공경할 필요도 없고 충고도 들을 것이 없다'고 했다는데 사실인가?"

대중 가운데 불려 나온 텃사는 사태가 심상치 않음을 알아차리고 솔직하게 시인했다.

부처님은 엄하게 텃사를 타일렀다.

"텃사야, 그래서는 안 된다. 오히려 '나는 부처님 고모의 아들로 형제뻘이 되므로 누구에게나 공경해야 하고 두려워하고 충고를 참고 받아들여야 한다'고 생각해야 한다. 만일 이렇게 하면 사람들은 네가 '부처님과 형제뻘이어서 훌륭한 수행자가 되었다'고 하리라."

훈계를 받은 텃사는 그 후 겸손한 수행자가 되어 사람들의 존경을 받았다.

잡아함 38권 1068경 《저사경(低沙經)》

살인마도 제자로 교화하다

　부처님이 앙구다라 국을 여행할 때의 일이다. 부처님이 타바사리카 숲을 지나려는데 마을 사람들이 그 길로 가지 말라고 만류했다. 숲 속에 살인마 앙굴리말라(央崛利摩羅)가 있다는 것이다. 부처님은 이를 개의치 않고 앙굴리말라가 있는 숲으로 들어갔다.
　살인마는 부처님을 보자 칼을 들고 쫓아오며 말했다.
　"멈춰라. 거기 서라!"
　"나는 언제나 멈춰 있는데 네가 멈추지 않는구나."
　"너는 걸어가면서 쫓아가는 나보고 멈추지 않는다니 무슨 헛소리냐!"
　"나는 일체중생을 해칠 생각을 멈췄는데, 너는 사람을 죽임으로써 나쁜 업을 멈추지 않는구나. 나는 벌레까지도 칼이나 막대기로 해치지 않는데, 너는 언제나 핍박하고 두렵게 하는 짓을 멈추지 않는구나."
　이 말을 들은 앙굴리말라는 문득 잘못을 깨닫고 칼을 버렸다. 그리고 부처님의 발아래 엎드려 참회하고 출가하기를 원했다. 부처님은 그를 가엾이 여겨 기꺼이 출가를 허락했다. 그는 열심히 정진하여 거룩한 아라한이 되었다. 어느 날 그는 자신의 심경을 게송으로 읊었다.

소를 길들이려면 채찍을 쓰고
코끼리를 다루려면 쇠갈퀴를 쓰지만
하늘이나 사람을 길들이려면
칼이나 막대기는 쓰지 않나니.

칼을 갈 때는 숫돌을 쓰고
화살을 바루려면 불을 쓰고
재목을 다룰 때는 도끼를 쓰고
자기를 다룰 때는 지혜로 하네.

사람들 속에서 방탕하게 놀다가도
이내 스스로 마음을 거둬 잡으면
그는 곧 세간을 밝게 비추기를
구름 걷히고 나온 달같이 하리.

잡아함 38권 1077경 《적경(賊經)》

강물에 목욕한들 죄가 씻어지랴

부처님이 코살라 국의 순타리카 강가에 있는 조촐한 명상의 숲에 계실 때의 일이다. 어느 날 이 강가에 사는 한 바라문이 부처님을 찾아왔다. 이 무렵 부처님은 깨달음을 얻은 지 오래 되지 않은 터여서 외도들은 부처님이 아직 누구인지 제대로 모르고 있었다. 그 바라문은 젊은 수행자의 모습을 한 부처님에게 자기와 함께 순타리카 강에 들어가 목욕을 하자고 권했다. 부처님은 짐짓 모른 척하면서 왜 강물에서 목욕을 해야 하는지, 그리고 그 성스러운 강에서 목욕을 하면 무슨 좋은 일이 있는지를 물었다.

"사문이여, 순타리카 강은 구원의 강이요, 깨끗한 강이며, 상서로운 강입니다. 만약 누구나 여기서 목욕을 하면 모든 죄업이 다 사라지게 될 것입니다."

그러자 부처님은 그에게 이렇게 말해 주었다.

"순타리카 강이나 바후카 강이나 강가 강이나 사라사티 강이나 어떤 강물도 사람의 죄업을 깨끗하게 할 수는 없다. 만약 그 강물에 목욕을 해서 죄업이 사라진다면 그 강물 속에 사는 물고기는 죄업이 하나도 없다고 해야 할 것이다. 그러나 어찌 사람이 물고기보다 못하다고 할 수 있을 것인가.

죄업을 깨끗이 하고 싶으면 오로지 청정한 범행(梵行)을 닦는 것이 옳다. 즉 생명을 함부로 해치지 말 것이며, 남의 물건을 훔치지 말 것이며, 남의 아내를 탐하지 말 것이며, 남을 속이지 말아야 한다. 이러한 사람은 우물물에 목욕을 해도 깨끗할 터이므로 굳이 갠지스 강에 들어가 목욕할 이유가 없다. 그러나 범행을 닦지 않는 사람은 아무리 자주 갠지스 강에 들어가서 목욕을 한다고 하더라도 그 죄업을 깨끗하게 할 수는 없다."

잡아함 44권 1158경 《손타리경(孫陀利經)》

가산을 탕진하고 망하는 길

부처님이 라자가하 기사굴산에 계실 때의 일이다. 어느 날 걸식을 나간 부처님은 동·서·남·북·상·하 여섯 방위를 향해 예배하는 선생(善生)이라는 젊은이를 만났다. 부처님은 그에게 사람들이 가산을 탕진하는 이유에 대해 이렇게 말씀했다.

"사람들이 가산을 탕진하는 것은 여섯 가지 손재업(損財業)을 짓기 때문이다. 무엇이 여섯 가지인가. 첫째 술에 빠지는 것이요, 둘째 노름질하는 것이요, 셋째 방탕하는 것이요, 넷째 기악잡기에 빠지는 것이요, 다섯째 나쁜 벗을 사귀는 것이요, 여섯째 게으른 것이다.

술을 마시면 여섯 가지 손실이 생긴다. 첫째 재물이 줄어들고, 둘째 병이 생기며, 셋째 싸우게 되며, 넷째 나쁜 이름이 퍼지게 되며,

다섯째 화를 내게 되며, 여섯째 판단력이 흐려진다.

노름질을 좋아하면 여섯 가지 손실이 생긴다. 첫째 재산이 점점 줄어들며, 둘째 이기더라도 원한을 사게 되며, 셋째 슬기로운 사람에게 나무람을 들으며, 넷째 사람들이 공경하거나 믿지 않으며, 다섯째 사람들이 멀리 하게 되며, 여섯째 급기야 도둑질할 마음을 내게 된다.

방탕을 좋아하면 여섯 가지 손실이 생긴다. 첫째 자기 몸을 보호하지 못하며, 둘째 재물을 보호하지 못하며, 셋째 자손을 보호하지 못하며, 넷째 항상 스스로 놀라고 두려워하게 되며, 다섯째 모든 괴로움과 나쁜 일이 그 몸을 감게 되며, 여섯째 끝내 허망해진다.

기악잡기를 좋아하면 여섯 가지 손실이 생긴다. 첫째 노래하기를 좋아하며, 둘째 춤추기를 좋아하며, 셋째 거문고나 비파를 좋아하며, 넷째 박수 소리를 좋아하며, 다섯째 북소리를 좋아하며, 여섯째 이야기를 좋아한다.

나쁜 벗을 사귀면 여섯 가지 손실이 생긴다. 첫째 수단을 써서 속이게 되며, 둘째 으슥한 곳을 좋아하게 되며, 셋째 남의 집 사람을 꼬이게 되며, 넷째 남의 물건을 도모하게 되며, 다섯째 재물과 이익만 따르게 되며, 여섯째 남의 허물 들추기를 좋아하게 된다.

게으르면 여섯 가지 손실이 생긴다. 첫째 부유하고 즐겁다면서 일하기를 좋아하지 않으며, 둘째 가난하고 궁핍하다면서 부지런히 일하지 않으며, 셋째 추운 때라며 부지런히 일하지 않으며, 넷째 더운 때라며 부지런히 일하지 않으며, 다섯째 때가 이르다며 부지런히 일하지 않으며, 여섯째 때가 늦었다며 부지런히 일하지 않는다.

그러므로 선생아, 만약 장자나 장자의 아들로서 술에 빠지거나, 노름질 좋아하거나, 방탕하거나, 기악잡기에 빠지거나, 나쁜 벗을 사귀거나, 게으르게 되면 반드시 재산이 줄어들고 망하게 될 것이다.

장아함 11권 16경 《선생경(善生經)》

밥보다는 법을 구하라

부처님이 코살라 국 오사라 촌에 계실 때의 일이다. 그곳에는 사리풋타, 목갈라나, 마하카사파, 카트야나, 아니룻다, 아난다 등 이름과 덕망이 높은 장로제자들이 함께 있었다. 어느 날 부처님은 제자들에게 이렇게 말했다.

"그대들은 마땅히 법을 구하기에 힘쓰고, 음식 구하기를 힘쓰지 말라. 나는 그대들을 진실로 사랑하기 때문에 법을 구하기에 힘쓰고, 음식 구하기에는 힘쓰지 않기를 당부한다. 만일 그대들이 음식 구하기에 힘쓰고 법을 구하기에 힘쓰지 않으면, 이것은 나의 가르침을 제대로 따르는 것이 아니다. 그렇게 하면 수행자로서의 깨끗한 명예도 잃게 된다.

법이 아니라 음식을 구하기 위해서 나를 의지해 수행하는 제자는 굶주리고 목마를 때 음식이 생기면 그것을 가져다 먹는다. 그래서 하루 동안은 즐겁고 안온하지만 욕심이 생겨 쉽게 자족하지 못하고, 때와 한정을 알지 못하게 되며, 정진과 연좌를 하지 못하게 되어 열반을 얻지 못한다.

음식이 아니라 법을 구하기 위해 나를 의지해 수행하는 제자는 굶주리고 목이 마를 때 음식이 생기면 그것을 가져다 먹지 않는다. 그래서 비록 하루 동안은 괴롭고 안온하지 않지만 욕심이 적어지고 자족할 줄 알게 되며, 때와 한정을 알게 되며, 정진과 연좌를 하게 되어 열반을 얻는다."

여기까지 말씀한 부처님은 그만 물러나 누우셨다. 나이가 든데다가 등병이 심한 탓이었다. 그 대신 사리풋타로 하여금 설법하도록 했다. 사리풋타는 부처님 대신 수행자들이 번거로움을 떠나 한적한 곳에서 사는 세 가지 이익에 대해 설법하여 많은 수행자들을 이롭게 했다.

중아함 22권 88경 《구법경(求法經)》

불자가 가져야 할 마음가짐

부처님이 사밧티 기수급고독원에 계실 때의 일이다. 존자 사리풋타는 부처님을 모시고 여름 안거를 마친 뒤 사람들에게 설법하기 위해 행각을 떠났다. 사리풋타가 기원정사를 떠난 지 얼마 되지 않아 어떤 수행자가 부처님을 찾아와 '그는 나를 업신여기고 여기를 떠나갔다'고 말했다. 부처님은 이 말을 듣고 즉각 사람을 보내 사리풋타를 기원정사로 되돌아오게 했다. 일이 이렇게 되자 존자 아난다는 사리풋타가 공개적인 해명을 할 수 있도록 기원정사에 머무는 대중들을 모두 강당으로 모이게 했다. 부처님이 사리풋타에게 물었다.

"그대는 어떤 수행자를 업신여기고 유행을 떠난 적이 있는가?"

"부처님, 땅(地)은 온갖 깨끗하고 더러운 것, 대변과 소변, 눈물과 침을 받아들입니다. 그러나 땅은 이를 미워하거나 사랑하거나, 깨끗하다거나 더럽다거나, 부끄럽다거나 창피스럽다거나 하지 않습니다. 수행자의 마음도 저 땅과 같이 지극히 넓고 커서 맺힘도 원한도 없고, 성냄도 다툼도 없나이다. 그런 마음을 배우는 제가 어찌 그런 짓을 했겠나이까?

또한 흐르는 물(水)은 온갖 깨끗하고 더러운 것, 대변과 소변, 눈물과 침을 받아들입니다. 그러나 흐르는 물은 이를 미워하거나 사랑하거나 깨끗하다거나 더럽다거나 부끄럽다거나 창피스럽다거나 하지 않습니다. 수행자의 마음도 저 흐르는 물과 같이 지극히 넓고 커서 맺힘도 원한도 없고, 성냄도 다툼도 없나이다. 그런 마음을 배우는 제가 어찌 그런 짓을 했겠나이까?

또한 불(火)은 온갖 깨끗하고 더러운 것, 대변과 소변, 눈물과 침을 피하지 않습니다. 그러나 불은 이를 미워하거나 사랑하거나 깨끗하다거나 더럽다거나 부끄럽다거나 창피스럽다거나 하지 않습니다. 수행자의 마음도 저 불과 같이 지극히 넓고 커서 맺힘도 원한도 없고, 성냄도 다툼도 없나이다. 그런 마음을 배우는 제가 어찌 그런 짓을 했겠나이까?

또한 바람(風)은 온갖 깨끗하고 더러운 것, 대변과 소변, 눈물과 침을 피하지 않습니다. 그러나 바람은 이를 미워하거나 사랑하거나 깨끗하다거나 더럽다거나 부끄럽다거나 창피스럽다거나 하지 않습니다. 수행자의 마음도 저 바람과 같이 지극히 넓고 커서 맺힘도 원한도 없고, 성냄도 다툼도 없나이다. 그런 마음을 배우는 제가 어찌 그런 짓을 했겠나이까?"

사리풋타의 진실한 해명을 들은 부처님은 오해를 한 수행자를 나무라고 대중 앞에서 참회토록 했다.

중아함 5권 24경 《사자후경(獅子吼經)》

부처님의 자식 교육

부처님이 라자가하의 칼란다카 대나무 숲에 계실 때의 일이다. 그 무렵 부처님의 아들 라훌라도 출가하여 라자가하 근처 온천림에서 수행하고 있었다. 어느 날 부처님은 라훌라를 가르치기 위해 몸소 온천림으로 찾아왔다. 라훌라는 부처님이 오시자 제자의 예로써 대야에 물을 떠서 발을 씻겨 드렸다. 발을 씻고 난 부처님이 대야의 물을 반쯤 쏟아버리고 라훌라에게 말했다.

"라훌라야, 너는 곧잘 거짓말을 한다. 거짓말을 하면 대야에 물을 반쯤 쏟아버린 것처럼 수행의 공덕이 적어진다."

부처님은 이어 나머지 물을 다 쏟아버리고 말했다.

"거짓말을 하고도 뉘우치지 않고 부끄러워하지 않으면 대야에 물을 다 쏟아버린 것처럼 수행의 공덕도 아무 것도 남는 것이 없다. 그러므로 너는 마땅히 짖꿎은 장난과 망령된 거짓말을 하지 말아야 한다."

부처님은 다시 라훌라에게 '사람들이 거울을 보는 이유는 무엇인가?'를 물었다. 라훌라는 '얼굴이 깨끗한가 더러운가를 살피기 위해서'라고 답했다. 그러자 부처님은 이렇게 타일렀다.

"라훌라야, 너는 앞으로 이렇게 해야 한다. 사람들이 거울로 얼굴을 비춰보듯이 어떤 일을 하기 전에 반드시 이렇게 자신을 돌아보아야 한다. 즉 '이 일이 깨끗하고 옳은 일인가, 남에게 괴로움을 주는 일은 아닌가'를 살펴야 한다. 그리하여 착한 일은 행할 것이며 악한 일은 행하지 말아야 할 것이다. 모든 행동을 이렇게 한다면 너는 언제나 사람들로부터 존경을 받을 것이다."

중아함 3권 14경 《라운경(羅云經)》

수행자의 겉과 속

부처님이 사밧티 기원정사에 계실 때의 일이다. 어느 날 부처님이 많은 제자들에게 둘러싸여 설법을 하고 있는데 파세나디 왕이 찾아왔다. 왕은 부처님에게 예배하고 한쪽 옆에 앉았다. 그때 마침 일곱 명의 나간타와, 일곱 명의 옷을 입지 않은 수행자와, 일곱 명의 검은 범지와, 일곱 명의 옷을 입지 않은 바라문이 멀지 않은 곳에서 지나가고 있었다. 왕은 이들을 보고 부처님에게 칭찬하는 말을 아끼지 않았다.

"지금 저 앞으로 지나가는 사람들을 보니 모두 욕심이 적고 만족할 줄 아는 수행자들 같습니다. 저는 이 세상의 아라한 중에 저들이 가장 훌륭하다고 생각합니다. 저들은 집을 나와 직업도 갖지 않고 고행을 닦으면서 세상의 이익을 탐하지 않기 때문입니다."

그러나 부처님은 왕의 칭찬을 인정하지 않았다.

"대왕께서는 어떤 사람이 참된 아라한인지 모르는 것 같습니다. 옷을 벗고 다닌다고 참된 수행자라고 할 수 없습니다. 저것은 진실한 수행이 아닙니다. 왜 그런지 그 이유를 말해줄 테니 잘 듣고 친해야 할 사람과 친하고, 가까이 해야 할 사람을 가까이 하십시오."

부처님은 파세나디 왕에게 지난 날 일곱 명의 범지들이 수행할 때의 얘기를 들려주었다.

어느 때 범지들은 풀로 옷을 만들어 입고 나무 열매를 따먹으면서 도를 닦았다. 그들의 목적은 고행을 한 덕으로 뒷날 큰 나라의 왕이 되거나 혹은 제석천이나 사천왕이 되는 것이었다. 이런 생각으로 수행하던 범지들이 어느 날 길을 가다가 앞에서 걸어가는 아시타라는 노인을 만나게 되었다. 그런데 노인의 걸음이 빠르지 못해 길을 방해하자 그들은 화를 내며 이렇게 저주의 말을 했다.

"어떤 건방진 사람이 앞을 가로막는가. 지금 주문을 외워 저 사람을 재로 만들리라."

그러나 그들의 주문에도 불구하고 노인은 재가 되지 않았다. 왜냐하면 자비로운 마음은 성내는 마음을 이기기 때문이었다. 노인은 그들을 불쌍하게 여겨서 이렇게 말해주었다.

"마음속에 여러 가지 나쁜 생각이 있으면서 겉모양만 수행자인 척 하는구나. 그러나 그대들은 설사 벌거벗은 몸으로 고행을 한다고 해도 천상에 태어날 수는 없다. 천상에 태어나고 싶으면 부지런히 바른 소견을 닦고 마음을 잘 거두어 써야 한다. 마음으로 계율을 지켜 행을 깨끗하게 하고 입으로도 그와 같이 하며 나쁜 생각에서 멀리 떠나야 천상에 태어날 수 있다. 결코 사소한 일에도 화를 내면 천상에 태어날 수 없다."

여기까지 말한 부처님은 다시 파세나디 왕을 위해 이렇게 가르쳤다.

"옷을 벗고 고행을 한다고 해서 다 아라한이라고 할 수는 없습니다. 전통과 습관이라고 해서 고행을 훌륭한 수행이라고 보면 안 됩니다. 겉보다는 속을 볼 줄 알아야 합니다."

증일아함 35권 제40 〈칠일품(七日品)〉 제9경

아는 것보다 실천이 중요

부처님이 사밧티 기원정사에 계실 때의 일이다. 몰리야파구나 비구는 여러 비구니들과 서로 어울려서 놀기를 좋아했다. 비구니들도 같이 어울려 놀기를 좋아했다. 이를 보고 비구를 비방하면 비구니들이 화를 내고, 비구니를 비방하면 몰리야파구나 비구가 화를 냈다.

어느 날 이 사실을 알게 된 부처님이 몰리야파구나 비구를 불렀다.

"너는 수염을 깎고 집을 나와 수행을 하는 비구로서 왜 비구니와 친하게 사귀는가?"

"저는 부처님께서는 음행을 즐기는 죄를 말하는 것을 들은 적이 없사옵니다."

"이 미련한 사람아. 여래가 어찌 음행을 즐기는 것을 옳다고 했겠는가. 내가 무수한 방편으로 음행의 문제를 말했는데 듣지 못했다는 말인가. 그렇다면 내가 지금 다른 비구들에게 물어보리라."

부처님은 평소 음행 문제에 대해 어떻게 말했는지를 다른 비구들에게 물었다. 비구들은 '음행은 죄가 되지 않는다는 말을 듣지 못했다.'고 증언했다. 그러자 부처님이 다시 말씀했다.

"그대들은 알라. 어리석은 사람은 여래가 설한 십이부경전을 외우고 익히더라도 그 뜻을 모른다. 그 뜻을 관찰하지 않고 순종해야 할 법에 순종하지 않기 때문이다. 행은 따르지 않은 채 입으로만 법을 외우는 것은 남과 경쟁하여 승부를 다투는 것일 뿐이다. 그것은 자기를 위한 것도 아니요, 남을 제도할 수도 없다.

비유하면 어떤 사람이 독사를 잡으려 할 때 꼬리를 잡으면 뱀은 머리를 돌려 손을 물어 죽게 되는 것과 같다. 마찬가지로 십이부경전을 모두 어림해 알더라도 그 뜻을 관찰하지 못하면 차라리 모르는 것만 못하니라. 그러나 지혜로운 사람은 하나를 외우더라도 행이 따르므로 마침내 열반에 이르게 된다. 마치 독사를 잡으려고 하면 쇠집게로 머리를 누르고 모가지를 잡아 움직이지 못하게 하면 비록 그 뱀이 꼬리로 해치려 해도 어쩌지 못하는 것과 같다.

수행자로서 여래가 한 말을 다 안다고 하면서 도리어 죄를 짓는 사람이 있으면 그대들을 서로 충고해 주어야 한다. 그래서 그가 그

행실을 고치면 좋지만 끝내 고치지 않으면 타락하고 말 것이다. 그리고 그 일을 숨겨 주는 사람까지 타락하고 말 것이다. 그러니 조심해야 한다."

증일아함 48권 제50 〈예삼보품(禮三寶品)〉 제8경

아름다운 아내의 길

부처님이 사밧티 기원정사에 계실 때의 일이다. 그 무렵 수닷타 장자가 며느리를 보았는데, 이름은 옥야(玉耶)라고 했다. 그는 미모가 매우 뛰어난 여인으로 파세나디 왕 대신의 딸이었다. 그러나 자기의 종성이 뛰어난 것을 믿고 시부모와 남편을 공경하지 않고 불법을 믿지 않았다.

어느 날 장자는 부처님을 찾아와 이런 사정을 아뢰고 며느리를 교화해달라고 청했다. 부처님은 장자의 며느리를 교화하기 위해 제자들과 함께 장자의 집으로 갔다. 장자는 따로 자리를 마련해서 며느리가 부처님을 친견할 기회를 마련했다. 부처님은 그녀를 위해 설법했다.

"그대는 알아야 한다. 아내에게는 네 가지 모습이 있다. 어머니 같은 아내, 친척 같은 아내, 도적 같은 아내, 하인 같은 아내가 그것이다.

　어머니 같은 아내는 때에 따라 남편을 보살펴 모자람이 없도록 받들어 섬기고 공양한다. 그 여자는 하늘이 보호하므로 다른 어떤 것도 찾아와 괴롭히지 못하며 죽으면 천상에 태어난다. 친척 같은 아내는 남편을 보고는 마음에 변동이 없이 고통과 즐거움을 함께 한다. 도적 같은 아내는 남편을 보면 화를 내고 미워하며, 받들어 섬기거나 공경하지 않으며 도리어 해치려고 한다. 아내는 마음이 늘 다른 곳에 가 있으므로 남편은 아내를 사랑하지 않고 아내는 남편을 사랑하지 않는다. 그리하여 남의 사랑과 존경을 받지 못하고 하늘의 보호를 받지 못하며 나쁜 귀신이 침해한다. 그는 목숨을 마치고 죽으면 지옥에 들어간다. 하인 같은 아내는 현명하고 어질어서 남편을 때에 따라 보살피고, 하고 싶은 말도 끝까지 참으며, 추위와 고통을 참으며, 항상 사랑하는 마음을 갖는다. 그는 거룩한 삼보에 귀의하여 '이것이 있으므로 내가 존재하고 이것이 쇠하면 나도 쇠한다'고 안다. 그녀는 모든 하늘의 보살피고 사랑하므로 몸이 무너지고 목숨이 다하면 천상의 좋은 곳에 태어난다.

　그런데 장자의 며느리야, 너는 지금 이 중 어떤 아내에 속한다고 생각하는가?"

　장자의 며느리는 부처님의 말씀을 듣고 한 발 앞으로 나가 예배한 뒤 이렇게 말했다.

　"저는 지금부터 과거를 고치고 미래를 닦아 다시는 그렇게 하지 않겠나이다. 앞으로는 하인과 같은 아내가 되겠나이다."

또 남편을 찾아가서 앞으로 보살피기를 하인과 같이 하겠다고 약속했다. 부처님은 그녀가 마음이 열리고 뜻이 풀린 것을 알고 다시 고·집·멸·도 사성제를 가르쳐 주었다. 그녀는 그 자리에서 법안(法眼)이 깨끗하게 되었다. 마치 흰옷에 쉽게 물감이 번지는 것처럼 온갖 법을 분별하고 묘한 이치를 잘 이해했다.

증일아함 49권 제51 〈비상품(非常品)〉 제8경

참다운 사람의 조건

부처님이 사밧티 기수급고독원에 머물고 계실 때의 일이다. 어느 날 부처님은 제자들에게 이렇게 말씀했다.

"오늘은 참다운 사람과 참답지 못한 사람이란 어떤 사람인지에 대해 말해주겠다. 잘 듣고 잘 기억했다가 참다운 사람이 되도록 하라.

탐욕과 성냄과 어리석음을 끊지 못했으면서도 자신이 귀족출신이었음을 자랑삼는 사람이 있다. 그가 참되지 못한 사람이다.

탐욕과 성냄과 어리석음을 끊지 못했으면서도 용모가 남보다 뛰어난 것을 자랑삼는 사람이 있다. 그가 참되지 못한 사람이다.

탐욕과 성냄과 어리석음을 끊지 못했으면서도 자신의 말재주를 자랑삼는 사람이 있다. 그가 참되지 못한 사람이다.

탐욕과 성냄과 어리석음을 끊지 못했으면서도 자신이 유명한 장로인 것처럼 선전하는 사람이 있다 그가 참되지 못한 사람이다.

탐욕과 성냄과 어리석음을 끊지 못했으면서도 자신의 박학다식을 자랑삼는 사람이 있다. 그가 참되지 못한 사람이다.

탐욕과 성냄과 어리석음을 끊지 못했으면서도 자신의 옷차림이 위의에 맞는다고 자랑하는 사람이 있다. 그가 참되지 못한 사람이다.

탐욕과 성냄과 어리석음을 끊지 못했으면서도 자신은 검소하고 걸식 규칙을 잘 지키고 있음을 자랑삼는 사람이 있다. 그가 참되지 못한 사람이다.

탐욕과 성냄과 어리석음을 끊지 못했으면서도 자신의 아란야행을 자랑삼는 사람이 있다, 그가 참되지 못한 사람이다.

탐욕과 성냄과 어리석음을 끊지 못했으면서도 자신은 초선을 성취했다고 자랑하는 사람이 있다. 그가 참되지 못한 사람이다.

탐욕과 성냄과 어리석음을 끊지 못했으면서도 자신이 2선, 3선, 4선을 성취하고 공처, 식처, 무소유처, 비상비비상처의 성취를 자랑삼는 사람이 있다. 그가 참되지 못한 사람이다.

이에 비해 참된 사람은 정반대다.

비록 자신이 귀족출신이고, 용모가 단정하며, 말재주가 뛰어나며, 박학다식하고, 장로이며, 옷차림이 위의에 맞고, 검소하고, 절제가 엄정하고, 아란야행을 하고, 초선과 비상비비상처정을 성취했다고 하더라도 그것을 자랑하지 않고 오히려 자신을 살피며 삼독심을 끊어 없애려고 한다. 그가 참된 사람이다."

중아함 21권 85경 《진인경(眞人經)》

미움을 미움으로 갚지 말라

　부처님이 코삼비의 코시타 동산에 계실 때의 일이다. 그 무렵 코삼비의 비구들은 항상 싸우기를 좋아하여 온갖 악행을 범했다. 서로 욕하고 칼이나 막대기를 휘둘러 다치게 했다. 부처님은 이들을 찾아가 여러 가지 말로 타일렀다.
　"너희들은 서로 싸우지 말고 시비하지 말라. 한 스승을 섬기는 제자들이니 물과 젖이 어울리듯 화합해야 하거늘 왜 싸우는가."
　그러나 비구들은 말을 듣지 않고, 도리어 이렇게 말대꾸를 했다.
　"이 일은 저희들의 일입니다. 부처님께서는 걱정하실 필요가 없으니 참견하지 마십시오."
　부처님은 다시 이들에게 부모를 죽인 원수를 갚기 위해 나섰던 장생 왕자의 이야기를 들려주었다. 옛날 장수왕의 아들 장생이 아버지를 죽인 원수 범마달왕을 죽이지 않고 용서했듯이 서로 이해하고 용서하라는 것이었다. 원한은 용서해야 갚아진다는 가르침이었다.
　부처님은 거듭해서 이렇게 말씀했다.

"수행자들이여, 알아야 한다. 옛날 세속의 왕들도 싸우는 것이 어리석은 줄 알고 서로 참고 견디었다. 집을 나와 도를 닦는 그대들은 견고한 믿음을 가지고 탐욕과 미움과 어리석음을 버려야 하거늘 서로 화순하지 않고 참을 줄 모르고 참회하여 고치지 못하니 안타깝구나. 수행자들이여, 그대들은 한 스승의 제자인데 싸우는 것은 옳지 않다. 그러니 부디 싸우지 말라. 싸우지 말고 시비하지 말며 서로 사랑하고 가엾게 여겨 일체중생을 괴롭히지 않는 것이 모든 부처님이 바라는 바이니라."

그러나 그들은 끝내 부처님의 말씀을 듣지 않았다. 더 이상 이들을 설득하는 것이 어렵다고 판단한 부처님은 코삼비를 떠나 밧지 국으로 가셨다. 그곳에는 아니룻다와 난디야와 킴빌라가 수행하고 있었다. 그들은 규칙을 정해서 어떤 사람이 걸식을 나가면 남은 사람은 청소를 했다. 음식이 넉넉하면 넉넉한 대로, 모자라면 모자라는 대로 나누어 먹었다. 서로 다투거나 시기하지 않았다. 부처님은 이들을 칭찬하시면서 남은 우기 동안 함께 안거를 했다.

증일아함 16권 제24 〈고당품(高幢品)〉 제8경

스승에 대한 예의

부처님이 사화외도(事火外道)였던 우루벨라 가섭 3형제를 교화한 뒤 1천 명으로 늘어난 제자들과 함께 마가다 국으로 향할 때의 일이다. 마가다 국의 빔비사라 왕은 부처님이 오신다는 말을 듣고 사군(四軍:象軍·馬軍·車軍·步軍)을 이끌고 마중을 나왔다.

부처님은 멀리서 빔비사라 왕이 먼지를 일으키며 사군을 이끌고 오는 것을 보자 짐짓 길을 피해 니그로다 나무 밑에 가부좌를 틀고 앉으셨다. 이를 본 왕은 수레에서 내려 사군을 물리치고 걸어서 부처님께 나아가 예배를 하고 자신을 소개한 뒤 한쪽 곁에 좌정했다.

부처님 뒤에는 며칠 전 교화된 우루벨라 가섭도 있었다. 그는 많은 무리를 이끈 도사로서 이미 집착이 없는 진인이 되어 있었다. 마가다 국 사람들은 우루벨라 가섭을 보자 이런 생각을 했다.

'부처님이 우루벨라 가섭을 따라 수행을 하는가, 우루벨라 가섭이 부처님을 따라 수행을 하는가? 누가 스승이고 누가 제자인가?'

우루벨라 가섭은 마가다 국 사람들의 생각을 간파하고 자신이 왜 불을 섬기는 외도의 길을 버리고 부처님의 제자가 되었는가를 게송으로 말했다.

옛날 아무 것도 몰랐을 때에는
해탈을 위하여 불을 섬겼었네.

나이는 늙었어도 눈 뜬 장님처럼
사특하여 참 이치를 보지 못했네.

내 이제 제일의 자취를 보매
위없는 용이 말하는 바는
다함이 없어 괴로움 벗어나네.
그것을 보자 나고 죽음이 다했네.

우루벨라 가섭의 게송을 들은 마가다 국 사람들은 참 스승이 누군지 알게 되었다. 때가 무르익은 것을 아신 부처님은 그들을 위해 보시(布施), 지계(持戒), 생천(生天)의 차제설법과 고통에서 벗어나는 길인 사성제를 설했다. 이어 왕을 위하여 오온무상(五蘊無常)과 연기법을 설하시니 왕을 비롯한 모든 사람들은 법의 눈을 뜨고 두려움이 없게 되었다. 왕은 삼보에 귀의하고 우바새가 될 것을 맹세했다.

중아함 11권 62경 《빈비사라왕불영경(頻鞞娑羅王佛影經)》

형식적 종교의례의 무용성

부처님이 우루벨라 네란자라 강가 니그로다 나무 아래 계실 때의 일이다. 그때는 아직 도를 이룬지 얼마 되지 않았을 무렵이었다. 어느 날 수정(水淨) 바라문이 부처님 계신 곳으로 왔다. 이를 본 부처님 제자들에게 말했다.

"만일 21가지 더러움에 마음을 더럽힌 자가 있다면 그는 반드시 악도에 태어날 것이다. 반대로 21가지 더러움에 물들지 않았다면 그는 반드시 좋은 곳에 태어날 것이다. 어떤 것이 21가지 더러움인가? 잘못된 소견, 법답지 않은 욕심, 나쁜 탐욕, 잘못된 법을 지님, 탐하는 마음, 성내는 마음, 잠자는 마음, 들뜨는 마음, 의심하는 마음, 분노에 얽매인 마음, 가만히 품는 원한, 아끼는 마음, 질투, 속임, 아첨, 스스로에 부끄러움이 없음, 남에 대하여 부끄러움이 없음, 거만함, 크게 거만한 마음, 경멸, 방일한 마음이 그것이다. 만일 이러한 더러움이 마음의 때인 줄 알고 끊어서 사무량심(四無量心)을 성취하면 이것이 바로 마음을 목욕시키는 것이다."

그러나 바라문은 말뜻을 알아듣지 못하고 부처님에게 말했다.

"사문이여, 물이 많은 강물에 가서 목욕을 하시지요."

"강물에 들어가 목욕을 하면 무슨 이익이 있는가?"

"일체의 악이 깨끗하게 없어집니다."

"그렇다면 그대의 집 샘물에서 목욕을 하면 어떠한가?"

"그러면 깨끗하지 못합니다."

"바라문이여, 몸을 깨끗하게 하려면 깨끗한 물에 몸을 씻어야 한다. 그러나 마음을 깨끗하게 하려면 깨끗하고 바른 법으로 마음을 씻어야 한다."

바라문은 그때서야 말뜻을 알아듣고 삼보에 귀의할 것을 다짐했다.

중아함 23권 93경 《수정범지경(水淨梵志經)》

불교는 만민평등의 종교

부처님이 사밧티 기수급고독원에 계실 때의 일이다. 그 무렵 많은 바라문들이 코살라 국의 한 장소에 모여서 '부처님이 사성계급이 모두 평등하고 청정하다고 말하는 것'에 대해 불만을 토로했다. 그들은 누가 가서 이 일을 따지고 항복 받을 사람이 없을까를 논의하다가 7대 동안 깨끗한 혈통을 지닌 아섭화라연다나를 대표로 뽑아 보내기로 했다. 그는 내키지는 않았으나 할 수 없이 부처님을 찾아가 물었다.

"바라문은 다른 종성보다 훌륭하다고 생각합니다. 바라문은 희나 다른 종성은 검으며, 바라문은 청정하나 다른 종성은 더러우며, 바라문은 범천의 아들로서 그 입에서 나왔으니 곧 범천이 변화된 종성이나 다른 종성은 그렇지 않습니다. 부처님은 어떻게 생각하는지요?"

"사람은 누구나 노예가 될 수도 있고, 주인도 될 수 있다. 사랑하는 마음과 미워하는 마음을 가질 수도 있다. 만약 마른나무를 비벼서 불을 낸다면 똑 같은 성질의 불을 낼 것이다. 비누로 때를 씻으면 누구라도 깨끗해질 수 있다. 그렇다면 사성계급이 무슨 차이가 있겠는가?"

이어서 부처님은 바라문에게 "만일 바라문 족 여자와 찰제리 족 남자가 결혼해서 자식을 낳았다면 그 신분은 어디에 해당되겠는가?"를 물었다. 그가 우물쭈물하자 부처님이 다시 물었다.

"그러면 어떤 바라문에게 자식이 넷이 있었는데 둘은 착하고 학문을 좋아하고 둘은 그렇지 않았다. 누구에게 좋은 자리와 음식을 주겠는가?"

"착하고 학문을 좋아하는 아들에게 주겠습니다."

"어떤 바라문에게 자식이 넷이 있었는데 두 아이는 학문을 좋아하되 정진하지 않고 악법을 행하기를 즐기며, 두 아이는 학문은 좋아하지 않지만 정진하기를 좋아하고 묘법을 행하기를 좋아했다. 누구에게 좋은 자리와 음식을 주겠는가?"

"정진과 묘법을 행하는 두 아이에게 먼저 줄 것입니다."

"바라문이여, 그렇다. 학문을 하지 않는 것보다 학문을 하는 것이 더 낫고, 학문을 하되 악법을 행하는 것보다 학문을 하지 않더라도 정진하고 묘법을 행하는 것이 더 낫다."

바라문은 부처님을 설복하러 왔다가 오히려 설복당하고 돌아갔다.

중아함 37권 151경 《아섭화경(阿攝恕經)》

점이나 주술을 행하지 말라

부처님이 라자가하 죽림정사에 계실 때의 일이다. 어느 날 비구들은 한 자리에 모여 어떤 바라문이 삼보를 헐뜯거나 찬양한다면 그것을 어떻게 볼 것인가에 대해 토론을 벌였다. 마침 명상에서 일어나 산보를 하다가 이를 본 부처님은 제자들에게 이렇게 말했다.

"그대들은 누가 삼보를 비방한다고 해서 분결심(忿結心)을 내거나 칭찬한다고 해서 환희심(歡喜心)을 내지 말라. 저들이 삼보를 비방하는 것은 소소한 인연과 계행과 위의 때문이요, 칭찬하는 것도 마찬가지 이유 때문이다.

이것은 진정으로 찬탄하는 것도 비방하는 것도 아니다. 그들은 심심미묘한 법과 그것을 깨달은 부처님과 그 법을 얻으려는 수행자의 지혜를 모르는 까닭에 진정으로 찬탄해야 할 것을 찬탄하지 못하고 비방할 것을 비방하지 못하는 것이다.

그러므로 저들이 분결심을 내거나 환희심을 내는 것은 모두 잘못된 것이다.

비구들이여, 어떤 수행자는 신들에게 복을 내려 달라고 공양물을 올리고 기도하며 제사 지낸다. 어떤 수행자는 손을 합장하여 일월성신에게 기도하고 예배한다. 귀신을 부르거나 쫓으며 행하는 갖가지 기도와 방법으로 사람들을 두렵게 한다. 정력이 강해지거나 약해지기를 비는 주술을 쓴다. 자손의 번창을 빌어준다.

병이 들거나 낫도록 주문을 외운다. 점을 본다. 해몽을 하거나 별점을 치거나 신체의 일부를 보고(面相, 手相, 身相, 頭相, 足相 등) 수명과 재화를 점친다.

천시를 보고 비가 많고 적을 것을 예견한다. 풍년이나 흉년을 점친다. 태평이나 환란을 예언한다. 길일을 예언한다. 혼사일을 잡아준다. 수명을 점친다. 집을 짓고 정원을 만드는 데 풍수지리를 보아 준다. 길흉화복을 점친다.

벙어리나 귀머거리가 되도록 주문을 외우고 손발이 잘리고 유산을 하도록 주술을 행한다.

거울이나 동녀 또는 신에게 길흉의 때를 묻는다. 사람들에게 행·불행을 주려고 주문을 외운다. 물이나 기타 다른 방법으로 죄를 면하게 하는 정화의례를 행한다. 물과 불로 주문을 건다. 귀신을 부리는 주문을 외운다. 독사를 호리는 기술과 위험으로부터 보호받는 주술을 행한다. 화살로부터 해를 입지 않는 주문을 외운다.

관직에 있는 사람의 직위를 예견해 준다. 동물의 말을 알아들을 수 있는 주술을 행한다. 입에서 불을 내는 이변을 보인다.

안약이나 연고를 사용하여 환상으로 사람을 즐겁게 해 준다.

고행으로 남의 존경심을 사서 이양을 구한다. 국운을 점치거나 예언을 한다.

그러나 석종사문은 그런 짓을 하지 않는다. 나는 오직 참다운 진리를 깨달아 열반에 이르는 길을 걸어가라고 가르친다."

장아함 14권 21경 《범동경(梵動經)》

수행자가 얻는 과보

부처님이 나열기성 암바라 동산에 계실 때의 일이다. 그 무렵 아사세는 부왕 파세나디를 살해하고 왕위에 올랐는데 죄의식 때문에 마음이 편치 않았다. 어느 보름날 밤, 아사세는 불편한 심기를 달래기 위해 주변 사람들에게 '오늘처럼 달 밝은 밤에는 무엇을 해야 마음이 편안해질까'를 물었다.

사람들은 제각각 '목욕을 한 뒤 미녀들과 어울려 놀아 보라' '군사를 이끌고 국경의 반란을 진압한 뒤 돌아와 연회를 하자' '산책을 나가 천하의 순역(順逆)을 살펴라' '여섯 명의 유명한 바라문(六師外道)을 찾아가 얘기를 나누어 보라'고 했다.

이때 수명이라는 젊은이가 나서서 '부처님을 찾아뵈어라'고 했다. 수명의 권고대로 암바라 동산으로 가자 그곳은 수많은 비구들이 있다고 믿기에는 너무나 조용했다. 아사세는 수명이 비구들과 짜고 자기를 함정에 빠뜨리는 것이 아닌가 의심했다. 수명은 '비구들이 한정(閑靜)을 즐기기 때문'이라고 설명을 하고서야 아사세를 부처님 앞에 앉힐 수 있었다.

"여쭈어 볼 것이 있습니다. 사람들은 여러 가지 직업으로 생활하면서 인생을 즐기고 있습니다. 그것은 열심히 살아온 대가일 것입니다. 그렇다면 사문들은 수행을 하면 현재에 어떤 과보를 받는지요?"

"왕은 다른 바라문들에게도 그 질문을 해 본 적이 있는가?"

"푸라나 카사파는 선악의 행위와 그 보응을 부정하는 도덕부정론자였으며, 막칼라 코살라는 인간의 의지에 의한 행위를 인정하지 않는 운명론자였습니다. 파쿠다 카차야나는 인간의 의지작용을 인정하지 않는 유물론자이고, 아지타 케사캄발린은 내세는 없고 현세가 인생의 전부라고 주장하는 유물론자이자 쾌락주의자였습니다. 산자야 벨라티풋타는 선악이나 내세에 대해 확정적인 대답을 기피하는 회의론자였으며, 니간타 나타풋타는 생명을 영혼과 비영혼으로 구분하는 자이나교도였습니다. 그러나 그들은 나의 질문에 만족할 만한 대답을 해주지 못했습니다. 그러므로 저는 오늘 부처님을 찾아뵙게 되었습니다. 사람들이 갖가지 직업에 충실하면 과보가 있는 것처럼 수행자가 도를 닦으면 현재에 어떤 과보를 받는지요?"

"하나는 사람들의 존경을 받는 것이요, 또 하나는 누진지증(漏盡智證)을 얻는 것이다. 무슨 까닭인가? 그것은 정근하고 전념하여 방일하지 않기 때문이다."

아사세 왕은 자리에서 일어나 부처님께 예배하고 말했다.

"저는 어리석고 어두워서 부왕을 해쳤습니다. 제가 잘못했습니다. 원컨대 저의 참회를 받아주소서."

"그대는 스스로 허물을 뉘우쳤다. 이제 무서운 재앙에서 빠져 나왔다. 앞으로는 편안할 것이다."

부처님을 친견하고 궁으로 돌아온 아사세는 많은 음식을 장만하여 부처님과 제자들을 초청해 공양을 올렸다. 그는 부처님에게 예배하고 발 밑에 앉아 설법을 들었으며, 삼보에 귀의하고 우바새가 되기를 맹세했다.

장아함 17권 27경 《사문과경(沙門果經)》

제 **10** 장

겸손과 양보와 인욕

교만한 사람에게 주는 교훈

부처님이 사밧티의 기원정사에 계실 때의 일이다. 어느 날 한 바라문이 찾아왔는데 이름이 '교만'이었다. 그에게 이런 이름이 붙은 것은 그럴 만한 이유가 있었다.

그는 남들이 부러워할 만한 모든 것을 다 갖춘 사람이었다. 우선 그의 가계(家系)는 남들이 알아주는 명문가였다. 그의 조상은 바라문들로서 7대를 내려오면서 깨끗하고 흠결 없는 신분을 유지하고 있었다. 머리도 매우 총명했다. 온갖 책을 읽어 말을 하면 논리가 정연하였고 만 가지 이치에 통달해 있었다. 용모는 단정한 미남이었으며 체격도 대장부답게 훤칠했다. 또 재산도 남들이 부러워할 만큼 부유했다. 다만 그는 자만심 때문에 절대로 고개를 숙이는 일이 없었다. 그래서 사람들은 그를 '교만 바라문'이라 불렀다.

이런 그가 어느 날 부처님을 뵙기 위해 기원정사를 찾아온 것이었다. 부처님이 설법을 한다니 무슨 말을 하는지 알고 싶어서였다. 그는 이 날도 황금마차에 일산을 받쳐든 하인들을 앞뒤로 세우고 거드름을 피웠다. 이를 본 다른 사람들은 부러워하며 그에게 길을 비켜주었다. 그러나 부처님만은 그가 오든지 말든지 쳐다보지도 않았다. 교만 바라문이 기분이 상하여 돌아가려고 했다. 이를 알아챈 부처님이 그에게 말했다.

"진리를 배우러 온 사람이 교만한 마음만 더해 가지고 돌아가는

구나."

 부처님으로부터 의외의 정문일침(頂門一鍼)을 맞은 교만 바라문은 그제야 자신의 허물을 깨달았다.

 "부처님, 어떻게 해야 교만한 마음을 내지 않고 남을 공경하는 마음을 낼 수 있습니까?"

 "모든 번뇌를 조복 받은 아라한을 보라. 그들은 바른 지혜로써 탐진치를 떠나고 모든 교만한 마음을 항복받았다. 이렇게 어질고 거룩한 사람에게는 항상 합장하고 공경하는 마음을 가져야 한다. 또한 부모와 어른과 존경할 만한 모든 사람에게 마땅히 교만한 마음을 내지 말고, 스스로 낮추어 인사하고 마음을 다해 받들어 섬기며 공경해야 한다."

잡아함 4권 92경 《교만경(憍慢經)》

잘난 척 하는 사람의 뒷모습

 부처님이 라자가하 죽림정사에 계실 때의 일이다. 어느 날 오후 점심공양을 마친 비구들이 한 자리에 모였다. 부처님이 가르친 법과 율에 대해 오전에 의논하던 일을 마무리 짓기 위해서였다. 그때 대중 가운데 질다라상자라는 비구가 있었다. 그는 다른 사람의 말이 채 끝나기도 전에 할 말이 있다면서 중간에 끼어들기도 하고, 예의를 갖추지 않고 장로 비구들에게 질문하기도 했다.

이를 본 대구치라 존자가 그의 무례를 나무라고, 다른 사람의 말이 끝나면 심사숙고해서 질문하라고 충고했다. 그러자 질다라상자 비구와 친한 사람들이 나서서 그를 감싸고 돌았다.

"대구치라 존자여, 너무 질다라상자를 꾸짖지 마시옵소서. 질다라상자도 계덕(戒德)이 있고, 많이 알며, 게으른 듯하면서도 잘난 체하지 않습니다. 그는 다른 비구들의 일을 잘 도와주기도 하는 괜찮은 사람입니다."

그러나 대구치라 존자는 이렇게 말했다.

"여러분, 남의 속마음을 잘 모르면서 함부로 이렇다 저렇다 말하지 말라. 왜냐하면 어떤 비구는 부처님 앞에서는 참괴심을 갖기도 하고 높은 장로 앞에서는 몸을 잘 지키고 보호하지만, 뒷날 부처님과 장로들이 떠나게 되면 자주 속인들과 어울려 시시덕거리고 잘난 체하며 떠들어댄다. 그런 뒤에는 욕심이 생기고 마음과 몸이 뜨거워져서 곧 계를 파하고 도를 버리게 된다. 어떤 비구는 초선이나 제2선, 제3선, 또는 제4선에 이르기도 한다. 그러나 초선이나 제2선, 제3선, 또는 제4선을 얻은 뒤에는 더 이상 노력하지 않고 자주 속인들과 어울려 시시덕거리고 잘난 체하며 떠들어댄다. 그런 뒤에는 욕심이 생기고 마음과 몸이 뜨거워져서 곧 계를 파하고 도를 버리게 된다."

그런 일이 있은 뒤 얼마 지나지 않아 질다라상자 비구는 계를 파하고 출가수행을 저버렸다는 소식이 들렸다. 비구들이 이 사실을 알려오자 대구치라 존자가 말했다.

"그는 처음부터 참 도리를 알지 못하였기 때문이다."

중아함 20권 82경 《지리미리경(支離彌梨經)》

그릇을 비워야 채울 수 있다

부처님이 제자 우다이(優陀夷) 존자가 어느 때 코살라 국의 카만다야 마을 암라 동산에 머무른 적이 있었다. 그 동산은 베라카트야나(毘紐迦旃延)라는 여자 바라문의 소유였는데 마침 그녀의 제자들이 나무를 하러 왔다가 존자를 만났다. 그들은 존자의 수행자다운 편안한 모습에 마음이 움직여 설법을 청했다. 존자는 그들을 위해 성심을 다해 설법해 주었다. 젊은이들은 설법을 듣고 베라카트야나에게 돌아가 이렇게 말했다.

"스승님, 저희들은 지금 암라 동산에 와 있는 우다이로부터 설법을 듣고 오는 중입니다. 그는 진리에 대해 막힘없이 아주 친절하게 가르쳐 주어서 큰 감동을 받았습니다."

그녀는 자기도 존자를 만나 설법을 듣고 싶어졌다. 그래서 우다이를 초청해 공양을 올리기로 하고 사람을 보냈다. 우다이는 이를 기꺼이 허락하고 다음날 아침 그녀의 집으로 찾아가 공양을 받았다. 공양이 끝나자 그녀는 좋은 신을 신고 높은 자리에 거만하게 앉아 우다이 존자에게 말했다.

"스님, 한 가지 여쭤 볼 일이 있는데 대답해 주시겠습니까?"

그러나 무슨 까닭인지 존자는 '지금은 때가 아니다'라며 자리에서 일어서는 것이었다. 그녀는 다음날에도 공양을 올리고 말을 꺼내 보았으나 결과는 역시 마찬가지였다. 그러기를 세 번이나 계속했다. 여자 바라문은 주변 사람들에게 그 이유를 물었다. 그랬더니 그중 눈치 빠른 사람이 말했다.

"그것은 아마 당신이 가죽신을 신고 높은 자리에 거만하게 앉아 설법을 들으려고 하기 때문일 것이다. 우다이는 진리를 존중하는 사람이니 높은 곳에 앉아 업신여기는 사람에게는 설법하지 않으려는 것 같다."

그녀는 깨달은 바 있어서 다음날에는 신발을 벗고 낮은 곳에 앉아서 법을 청하였다. 그제야 존자는 성의를 다하여 설법해 주었다.

잡아함 9권 253경 《비뉴가전연경(毘紐迦旃延經)》

남의 허물을 들추기 위해서는

부처님이 기원정사에 머물고 계실 때의 일이다. 어느 날 장로 사리풋타가 부처님에게 이런 것을 여쭈었다.

"부처님, 만약 비구로서 남의 허물을 들추려 한다면 어떻게 해야 합니까?"

"우선 다섯 가지를 갖추어야 한다. 첫째는 반드시 사실이어야 하고, 둘째는 말할 때를 알아야 하고, 셋째는 이치에 합당해야 하며, 넷째는 부드럽게 말해야 하며, 다섯째는 자비심으로 말해야 한다."

"그러나 진실한 말을 했는데도 성을 내는 사람이 있습니다. 그때는 어찌해야 합니까?"

"그에게는 그것이 사실이며 자비로운 마음에서 말한 것임을 깨닫도록 해야 한다."

"만약 어떤 사람이 사실이 아닌 것을 사실인 양 말하면 어떻게 해야 합니까?"

"사리풋타여, 만약 어떤 강도가 와서 그대를 묶고 그대에게 해를 입히고자 한다고 하자. 그때 그대가 강도에게 나쁜 마음으로 욕하고 반항하면 어떻게 되겠느냐? 강도는 더욱 그대를 괴롭힐 것이다. 그러므로 그때는 나쁜 마음을 일으키지 말고, 나쁜 말을 하지 않는 것이 이익이다. 마찬가지로 누가 사실이 아닌 것을 사실이라고 말하더라도 그에게 나쁜 마음을 일으키지 말라. 원망하기보다는 불쌍한 마음을 일으키라."

"그러나 진실한 말을 해도 화를 내는 사람이 있습니다. 이때는 어떻게 해야 합니까?"

"만일 그가 아첨을 좋아하고 거짓되며, 속이고 믿지 않으며, 안팎으로 부끄러움을 모르며, 게으르고 계율을 존중하지 않으며, 열반을 구하지 않고 먹고 사는 일에만 관심이 많다면 그와는 함께 하지 않는 것이 좋으리라."

잡아함 18권 497경 《거죄경(擧罪經)》

좋은 친구, 나쁜 친구의 차이

부처님이 사밧티 기원정사에 계실 때의 일이다. 어느 날 생루(生漏)라는 바라문이 찾아와 좋은 친구와 나쁜 친구를 어떻게 구분하는지에 대해 물었다. 이에 부처님은 달의 비유로 설명했다.

"바라문이여, 비유하자면 나쁜 친구는 보름달과 같다. 보름달은 처음에는 밝고 환하지만 밤낮이 돌아가면 점점 줄어든다. 나중에는 아예 보이지도 않는다. 바라문이여, 나쁜 친구도 그와 같아서 날이 갈수록 믿음이 없고 계율과 지식과 보시와 지혜가 없어지고, 목숨이 끝난 뒤에는 지옥에 떨어진다. 그러므로 나쁜 친구를 보름달과 같다고 하는 것이다.

바라문이여, 비유하자면 좋은 친구는 초승달과 같다. 초승달은 처음에는 희미하지만 밤낮이 돌아가면 점점 환해진다. 보름이 되면 완전하게 둥글어져 모든 사람이 쳐다보게 된다. 바라문이여, 좋은 친구도 그와 같아서 날이 갈수록 믿음이 더하고 계율과 지식과 보시와 지혜가 더해져서 목숨이 끝난 뒤에는 천상에 태어난다. 그러므로 좋은 친구를 초승달과 같다고 하는 것이다."

부처님은 또 어느 날 수행자들에게 나쁜 벗과 좋은 벗의 차이에 대해 이렇게 설명했다.

"나쁜 벗이 하는 짓을 보면 좋은 벗과 분명히 다르다. 그는 속으로 생각한다.

'나는 훌륭한 가문에서 태어났지만 집을 나와 도를 닦는다. 이에 비해 다른 사람은 하천한 집에서 태어나 집을 나와 도를 배운다. 나는 열심히 정진하여 여러 가지 바른 법을 받는데 다른 사람은 그렇게 하지 않는다. 나는 삼매를 성취하였는데 다른 사람은 삼매가 없어 마음이 어지럽다. 나는 지혜가 많은데 다른 사람은 어리석다. 나는 항상 시주들에게 평상과 음식과 침구와 약을 보시 받는데 다른 사람들은 그렇지 못하다.……'

그래서 나쁜 벗은 항상 남을 헐뜯고 우습게 여기고 스스로 뽐낸다.

그러나 좋은 벗이 하는 행동은 나쁜 벗과 다르다. 그는 속으로 이렇게 생각한다.

'나는 훌륭한 가문에서 태어났지만 집을 나와 도를 닦는다. 이에 비해 다른 사람은 하천한 집에서 태어나 집을 나와 도를 배운다. 그러나 내 몸과 저들과는 다를 바 없다. 나는 지금 바른 계율을 가지는데 다른 사람은 그렇게 하지 않는다. 그러나 내 몸과 저들과는 다를 바 없다. 나는 삼매를 성취하였는데 다른 사람은 삼매가 없어 마음이 어지럽다. 그러나 내 몸과 저들과는 다를 바 없다. 나는 지혜가 많은데 다른 사람은 어리석다. 그러나 내 몸과 저들과는 다를 바 없다. 나는 항상 시주들에게 평상과 음식과 침구와 약을 보시 받는데 다른 사람들은 그렇지 못하다. 그러나 내 몸과 저들과는 다를 바 없다. ……'

그래서 좋은 벗은 항상 남을 우습게 여기지 않고 스스로도 겸손하다.

나는 지금 그대들에게 나쁜 벗과 좋은 벗을 구분하는 방법에 대해 말했다. 그러므로 그대들은 나쁜 벗이 하는 훌륭하지 못한 짓을 멀리 떠나라. 대신 좋은 벗이 하는 훌륭한 생각과 행동을 늘 따라하고 그와 함께 수행하도록 노력하라."

증일아함 8권 제17 〈안반품(安般品)〉 제8-9경

인생에서 실패하는 지름길

부처님이 기원정사에 계실 때의 일이다. 어느 날 용모가 단정한 한 젊은이가 찾아와 부처님에게 인생에서 실패하는 일이 왜 생기는지에 대해 물었다.

"부처님, 인생에서 실패하거나 파멸하기 전에 그것을 미리 알 수 있는 방법은 없습니까?"

"젊은이여, 성공하는 것도 알기 쉽고 실패하는 것도 알기 쉽다. 어떻게 그것을 알 수 있는가.

나쁜 친구를 좋아하고 좋은 친구와 사이가 멀어져 원한을 맺으면 그것은 파멸의 문으로 들어가는 것이다.

악한 일을 좋아 하고 착한 일을 싫어하며, 저울로써 남을 속이면 그것은 파멸의 문으로 들어가는 것이다.

장기나 바둑 같은 잡기를 즐기고 술을 마시며, 여자에 빠져 방탕하며 재물을 허비하면 그것은 파멸의 문으로 들어가는 것이다.

아내가 남편을 두고도 스스로 정절을 지키지 않거나 남편이 아내를 두고도 다른 여자에 눈을 돌리면 그것은 파멸의 문으로 가는 것이다.

늙은 여자가 젊은 남자를 마음에 두고 질투를 하거나 늙은 남자가 젊은 여자를 맞아들이려 하면 그것은 파멸의 문에 들어가는 것이다.

잠을 많이 자고 게으르며, 성내기를 좋아하며, 돈푼이나 있다고 친구를 모아 주지육림(酒池肉林)에 빠지는 행동을 하면 그것은 파멸의 문에 이르른 것이다.

능력은 고려하지 않고 높은 자리에 오르고자 하거나, 진주목걸이와 가죽신과 같은 사치품 갖기를 좋아하면 그것은 파멸의 문에 이르른 것이다.

남으로부터는 좋은 음식을 대접받고 남에게는 대접하지 않는 사람, 사문이나 바라문이 보시를 청해도 인색해서 공양할 줄 모르는 사람도 파멸의 문에 이르른 사람이다.

부모나 나이 많은 어른을 공경하지 않고 공양할 줄 모르며, 부모형제를 때리거나 욕하는 사람, 부처님과 그 제자들을 비난하고 헐뜯는 사람, 수행을 제대로 하지 않았으면서 높은 경지에 오른 척하는 사람도 파멸의 문에 이르른 사람이니라.

이렇듯 실패와 파멸에 이르는 길에 이르는 길은 이미 눈에 훤히 보이는 것이니 지혜로운 사람은 험하고 두려운 길임을 알아 멀리하고 피해야 하느니라."

잡아함 48권 1279경 《부처경(負處經)》

대립과 투쟁의 원인

부처님이 사밧티의 기원정사에 계실 때의 일이다. 그 무렵 마하카트야나는 바라나 마을의 한 숲에 머물고 있었는데 어느 날 막대기에 물통을 달고 다니는 바라문이 찾아와 이런 것을 물었다.

"세상에는 나라를 다스리는 왕과 왕이 싸웁니다.

높은 지위에 있는 바라문과 바라문도 다툽니다.

재산이 많은 장자거사들도 싸웁니다.

이들은 무슨 까닭으로 싸우는 것입니까?"

"왕과 왕이 싸우고, 장자거사와 장자거사가 싸우는 것은 탐욕에 매이고 집착하기 때문이지요."

"세상에는 집을 나온 수행자도 있고 신을 섬기는 종교인들도 있습니다. 그들도 싸웁니다.

종교인들이 싸우는 것은 무슨 까닭입니까?"

"수행자와 수행자들이 싸우는 것은 자기 생각(見欲)에 매이고 집착하기 때문이지요."

"그러면 탐욕이나 견욕에 매이거나 집착하지 않는 길은 없습니까?"

"우리의 스승인 여래·응공·정등각·명행족·선서·세간해·무상사·조어장부·천인사·불세존께서는 탐욕과 견욕의 매임에서 벗어난 분이며, 그것에서 벗어나는 길을 가르치는 분이지요."

마하카트야나의 설명을 들은 바라문은 '그 분이 지금 어디에 계시냐고 물었다. 기원정사에 계신다고 하자 그는 그쪽을 향해 예배하고 돌아갔다.

잡아함 20권 546경 《집조관장경(執澡灌杖經)》

이쯤은 돼야 수행자다

부처님이 열반에 드신 지 오래되지 않았을 때의 일이다. 그때 존자 박쿨라는 라자가하의 칼란다카 대나무 숲에 머물고 있었다. 어느 날 출가하기 전의 친구인 이교도 한 사람이 찾아와 이렇게 물었다.
"그대는 출가하여 도를 배운 지 80년이 되었다. 그래서 묻는 말인데 솔직하게 대답해주었으면 한다. 그대는 그 동안 혹시 음욕을 일으킨 적은 없었는가?"
"친구여, 나는 음욕은 고사하고 어떤 종류의 옳지 못한 생각(欲想)도 일으킨 적이 없다."
이렇게 대답한 박쿨라는 이를 계기로 다시 젊은 비구들에게 말했다.
"비구들이여, 나는 출가하여 바른 법을 배운 지 80년이 지났지만 한번도 탐욕스런 생각을 일으킨 적이 없다. 다 떨어진 누더기 옷(糞掃衣)을 입었으면서도 옷매무새에 신경을 쓰지 않아서 아직 한번도 옷감을 끊어서 옷을 해 입거나 보시를 받은 적이 없다. 그리고 이 사실을 자랑해본 적도 없다.

비구들이여, 나는 출가하여 바른 법을 배운 지 80년이 지나도록 걸식하면서 지내왔지만 음식청을 받지도 않았고 풍성한 음식을 탐내지도 않았다. 그리고 이 사실을 자랑해본 적도 없다.

비구들이여, 나는 출가하여 바른 법을 배운 지 80년이 지났지만 아직 한번도 사미를 기른 적이 없고, 자신의 이익을 위해 속인에게 법을 설한 적이 없으며, 한번도 앓아본 적도 없으며, 병을 핑계로 약을 먹어본 적도 없었다. 그리고 이 사실을 자랑해본 적도 없다.

비구들이여, 나는 출가하여 바른 법을 배운 지 80년이 지났지만 한번도 벽이나 나무에 기대본 적이 없다. 나는 3달증(三達證: 숙명통, 천안통, 누진통)을 얻었다. 그리하여 가부좌를 틀고 앉아서 편안하게 열반에 들 수 있다. 그러나 이 사실을 자랑해본 적이 없다."

중아함 8권 34경 《박구라경(薄拘羅經)》

서로 용서하고 화합하라

부처님이 밧지 국 사미 촌에 계실 때의 일이다. 그 무렵 사미 춘다는 파바 마을에서 여름 안거를 보내고 있었는데 마침 외도의 우두머리인 니간타 나타풋타가 죽었다. 그가 죽은 지 오래지 않아 외도의 제자들은 서로 네가 옳으니 내가 옳으니 하면서 싸웠다. 이로 인해 재가신도들은 모두 싸움만 하고 있는 나타풋타의 제자들을 싫어하고 비난했다.

여름 안거를 마친 춘다는 발우를 챙겨 사미 촌으로 와서 아난다에게 자신이 보고들은 바를 전했다. 이 이야기를 들은 아난다는 춘다와 함께 부처님에게로 가서 파바 마을의 일을 아뢰고, 불교교단의 앞날에 대해서도 걱정했다.

"부처님, 만일 부처님이 돌아가신 뒤에 비구들이 많은 사람에게 이익이 되지 않고 많은 사람들에게 고통을 주는 싸움이 생긴다면 어떻게 해야 할지 걱정입니다."

이에 부처님은 이렇게 말했다.

"아난다야, 어떤 싸움이 가르침의 진위문제를 둘러싸고 일어나면 이 싸움은 많은 사람에게 고통을 줄 뿐 이익과 즐거움이 없다. 그러므로 그대들은 항상 계를 잘 지키고 선정을 잘 닦으며 도리를 잘 관찰해야 한다. 그러면 싸움이 일어나는 일이 없을 것이다.

아난다야, 어떤 두 비구가 각기 다른 소견으로 이것은 부처님이 가르친 진리다 아니다, 이것은 계율이다 아니다, 참회해야 한다 안 해도 된다 하는 문제로 싸움을 한다면 그는 결코 사념처(四念處)와 사여의족(四如意足)과 오력(五力)과 칠각지(七覺支)와 팔정도(八正道)를 증득할 수 없을 것이다."

이어서 부처님은 외도들의 싸우는 원인을 분석하고 다음과 같이 당부했다.

"아난다야, 니간타 나타풋타가 제자들에게 육쟁법(六諍法)을 경계하라고 가르쳤다면 그처럼 싸우지 않았을 것이다. 육쟁법이란 수행자가 화를 잘 내고, 스승을 존경하지 않으며, 법을 공경하지 않고, 율을 따르지 않으며, 번뇌에 물들어 더러우며, 다투기를 좋아해 미움을 사며, 깨끗한 대중을 어지럽게 하는 것이다.

그러므로 아난다야, 만약 대중 가운데서 싸움이 일어나 그치지 않는 것을 보거든 육위로법(六慰勞法)을 행하여 내가 세상에 있을 때와 같이 화합하도록 하라. 육위로법이란 인자한 몸가짐, 인자한 말씨, 인자한 뜻으로 모든 범행자를 대하고, 모든 이익과 깨끗한 계와 올바른 소견을 모든 범행자에게 보시하는 것이니라. 이렇게 모든 수행자가 싸움이 일어나면 바른 생각과 바른 지혜로 참고 견디어 물러나지 않기를 마치 몸에 붙은 불을 끄듯 급하게 하고 마음을 다잡아 방일하지 말도록 하라. 그러면 그 싸움의 뿌리를 뽑게 되리라."

중아함 52권 196경 《주나경(周那經)》

권력 측근들이 알아들 일

부처님이 라자가하에 계실 때의 일이다. 어느 날 부처님은 여러 비구들에게 이렇게 말했다.

"나는 이제 늙어 몸은 갈수록 쇠하고 피곤하다. 마땅한 시자(侍者)를 두어야 할 것 같다. 그대들은 나를 위해 시자를 한 사람 천거해서 내가 해야 할 일과 하지 않아야 할 일을 보살피고 내가 말하는 바를 받아 그 뜻을 잃지 않게 했으면 좋겠다."

이에 콘단냐, 야사를 비롯한 여러 큰 비구들이 차례로 일어나서 시자가 되기를 자청했으나 부처님은 그들이 연로했음을 이유로 거절했다. 이때 존자 목갈라나가 부처님의 뜻을 헤아리고 아난다를 시자로 추천했다. 아난다는 처음에는 사양했으나 여러 장로들이 거듭 청하자 다음과 같은 조건을 제시하고 수락했다.

"존자이시여, 만약 부처님께서 나의 세 가지 소원을 들어주신다면 시자가 되겠나이다. 첫째, 부처님의 새 옷이나 헌옷을 입지 않겠습니다. 둘째, 부처님께 따로 올린 공양을 대신 받지 않겠습니다. 셋째, 뵈올 때가 아니면 부처님을 뵙지 않겠습니다."

이 소식을 전해 들은 부처님은 아난다에게는 다음과 같은 15가지 불가사의한 덕이 있다고 칭찬했다.

① 총명하고 지혜로우니 반드시 비방할 사람이 있을 것을 미리 알고 있다.

② '옷과 밥을 위해 세존을 모신다'는 비방을 미리 알고 있다.

③ 자신이 부처님이 뵈올 때와 이교도들이 부처님을 친견할 때를 안다.

④ 비록 타심지는 없으나 여래의 마음을 알고 있다.

⑤ 여래를 25년 동안 모셔도 뽐낼 생각이 전혀 없다.

⑥ 때가 아닌 때는 여래를 뵙지 않는다.

⑦ 타인 때문에 단 한번의 꾸지람을 들은 것 외에는 다른 일로 꾸지람을 들은 일이 없다.

⑧ 많은 법문을 듣고 잊지 않아도 뽐내지 않는다.

⑨ 단 한 구절을 제외하고는 두 번 묻지 않았다.

⑩ 여래로부터 많은 법문을 들어 가졌을 뿐 처음부터 남에게 법을 받은 적이 없다.

⑪ 그 법문이 자신만을 위한 것이라고 생각하지 않았다.

⑫ 누가 와서 물을 것을 대비해 미리 대답을 준비하지 않았으며 그 자리에서 이치에 따라 대답했다.

⑬ 부처님과 모든 훌륭한 제자들에 비해 부족하고 부끄럽다는 생각을 가지고 있었으므로 교만한 마음을 갖지 않았다.

⑭ 여래로부터 수행자가 눕고 자는 행동거지를 배운 후부터는 한 번도 어기지 않았다.

⑮ 몸과 말과 생각으로 여래를 모심에 있어 아난다를 따를 사람이 없었다.

중아함 8권 33경 《시자경(侍子經)》

원한을 갚는 방법

부처님이 코삼비의 구사라 동산에 계실 때의 일이다. 그 무렵 코삼비 비구들은 자주 다툼을 벌였다. 부처님은 비구들을 가르치기 위해 옛날 장수왕 이야기를 들려주었다.

"옛날 코살라 국에는 장수왕이란 어진 왕이 있었다. 당시 이웃나라 카시 국의 왕은 브라흐마닷타였는데 어느 날 군사를 일으켜 코살라를 쳐들어왔다. 장수왕은 브라흐마닷타가 침공할 것을 미리 알고 있었으므로 계략을 써서 적국의 왕을 사로잡고 전쟁을 승리로 이끌었다. 그러나 전쟁을 싫어한 장수왕은 적국의 왕을 항복문서만 받고 놓아주었다.

몇 년 뒤 브라흐마닷타는 패전의 수치를 갚기 위해 다시 쳐들어왔다. 장수왕은 브라흐마닷타의 전쟁포기 약속만을 믿고 대비하지 않고 있다가 군사를 모두 빼앗기고 말았다. 장수왕은 끊임없이 싸우고 또 싸워야하는 전쟁에 회의를 느꼈다. 왕은 더 이상의 싸움을 포기하고 아내와 함께 평민으로 변장하고 바라나시로 숨었다.

평민으로 변장한 장수왕은 시골로 다니면서 풍류를 즐기며 살았다. 사람들은 장수왕의 인품에 감탄해 '장수박사'라고 불렀다. 그 사이 아내는 아들을 낳았다. 왕은 아들의 이름을 '장생'이라 지었다. 그러나 안타깝게도 장수왕은 신분이 탄로나 브라흐마닷타에게 잡혀 사형을 기다리는 신세가 됐다. 그럼에도 왕은 몰래 찾아온 아들에게 이렇게 말했다.

'아들아 참아야 한다. 원한을 품지 말고 자비로운 마음을 가져야 한다.'

장생 동자는 아버지의 유훈에 따라 어머니를 모시고 바라나시에 숨어살았다. 사람들은 그를 '장생박사'라고 부르면서 존경했다. 그의 명성은 브라흐마닷타에게까지 들어갔다. 왕은 장생을 불러 시종관으로 삼아 항상 곁에 두었다. 왕은 어느 날 장생과 둘이 사냥을 나갔다. 사냥에 열중하던 왕은 피곤해지자 나무 밑에서 장생의 무릎을 베고 잠이 들었다. 장생은 옛일을 생각하고 복수를 하고자 칼을 뽑아들었다. 그러나 '참아야 한다'는 아버지의 당부가 생각나 그만두었다. 마침 잠에서 깨어난 왕은 '내가 꿈을 꾸었었는데 장수왕의 아들이 나를 죽이려 했다'며 꿈 애기를 했다. 장생은 왕 앞에 무릎을 꿇고 '나는 장수왕의 아들이며 조금 전에 원수를 죽이려 했다'는 사실을 고백했다. 브라흐마닷타는 자신의 죄를 뉘우치고 장수왕이 다스리던 코살라 국의 영토를 장생에게 돌려주었다. 또 자신의 딸을 그의 아내로 삼게 했다. 장수왕의 원한은 이렇게 해서 행복한 결말을 맺게 되었다."

여기까지 말한 부처님은 비구들에게 이렇게 일러주었다.

"서로 싸우지 말라. 만일 싸움을 싸움으로 막으려 하면 끝이 없다. 오직 참는 것만이 싸움을 끝낼 수 있나니 참는 것이야말로 존귀한 법이니라."

중아함 17권 72경 《장수왕본기경(長壽王本起經)》

비불교적 태도에 대한 비판

부처님이 사밧티 동원정사에 계실 때의 일이다. 어느 날 항상 다투기를 좋아하는 녹자모의 아들 흑 비구가 부처님이 계신 곳으로 왔다. 부처님이 이를 인연으로 여러 비구들에게 왜 사람들이 싸우게 되는지에 대해 말했다.

"항상 싸우기를 좋아하고 싸움하지 않는 것을 칭찬하지 않는 사람이 있다. 그러나 이것은 즐겨할 것이 못되고, 사랑하고 기뻐할 것이 못된다. 그렇게 하면 공경하고 존중하는 마음이 없어지며 열반에 이를 수 없다. 나쁜 욕심을 가지고 나쁜 욕심을 버리지 않는 사람이 있다. 그러나 이것은 즐겨할 것이 못되고, 사랑하고 기뻐할 것이 못된다. 그렇게 하면 공경하고 존중하는 마음이 없어지며 열반에 이를 수 없다. 계를 버리고 범하면서 계를 지키는 것을 칭찬하지 않는 사람이 있다. 그러나 이것은 즐겨할 것이 못되고, 사랑하고 기뻐할 것이 못된다. 그렇게 하면 공경하고 존중하는 마음이 없어지며 열반에 이를 수 없다. 분노에 얽매여서 원한과 질투, 아첨과 속임수를 품으면서 그것을 그치고 버리는 것을 칭찬하지 않는 사람이 있다. 그러나 이것은 즐겨할 것이 못되고, 사랑하고 기뻐할 것이 못된다. 그렇게 하면 공경하고 존중하는 마음이 없어지며 열반에 이를 수 없다.

스스로에게나 남에게 부끄러움이 없고 참괴심을 지니는 것을 칭찬하지 않는 사람이 있다. 그러나 이것은 즐겨할 것이 못되고, 사랑하고 기뻐할 것이 못된다. 그렇게 하면 공경하고 존중하는 마음이 없어지며 열반에 이를 수 없다. 모든 범행자를 칭찬하지 않고 도리어 칭찬하는 것을 비난하는 사람이 있다. 그러나 이것은 즐겨할 것이 못되고, 사랑하고 기뻐할 것이 못된다. 그렇게 하면 공경하고 존중하는 마음이 없어지며 열반에 이를 수 없다. 모든 법을 관찰하지 않고 연좌수행하는 것을 칭찬하지 않으며 비난하는 사람이 있다. 그러나 이것은 즐겨할 것이 못되고, 사랑하고 기뻐할 것이 못된다. 그렇게 하면 공경하고 존중하는 마음이 없어지며 열반에 이를 수 없다.

그러므로 수행자는 항상 싸우기를 싫어하며, 나쁜 욕심을 버려야 하며, 계를 지켜야 하며, 분노를 버려야 하며, 부끄러워 할 줄 알아야 하며, 범행자를 칭찬해야 하며, 연좌수행을 좋아해야 한다. 그래야 열반에 이를 수 있다."

중아함 23권 94경 《흑비구경(黑比丘經)》

사람 대접과 사람 노릇

부처님이 사밧티 기원정사에 계실 때의 일이다. 어느 날 마하카트야나는 바라나 마을의 한 숲에 머물면서 비구들과 주워온 옷가지를 고르고 있었다. 그때 마침 지팡이를 짚은 노인이 찾아와 비구들을 한

참 바라보다가 이렇게 말했다.

"여보게, 자네들은 어찌하여 늙은이를 보고 말도 하지 않고, 인사도 하지 않으며, 앉으라는 말조차 하지 않는가? 자네들은 법도도 모르는가?"

대중 가운데 있던 마하카트야나가 이 말을 듣고 이렇게 말했다.

"우리 승단의 법도에도 나이 많은 이가 오면 서로 인사하고 자리를 권하고 공경하고 예배하는 법이 있습니다."

"내가 보건대 이 가운데서 나보다 나이 많은 이가 없는데 그대들은 나에게 공경하고 앉으라고 하지 않았다. 그러면서도 '우리 승단에도 나이 많은 이를 공경하는 법도가 있다'니 무슨 말인가?"

"노인장, 나이가 80, 90세가 되어 머리가 희고 이가 빠졌더라도 철없는 젊은이처럼 행동하면 그는 늙은이가 아닙니다. 그러나 나이가 25, 26세밖에 안 되어 피부는 팽팽하고 머리결은 검더라도 노인보다 지혜로우면 그는 젊은이라 할 수 없습니다. 아직도 오관으로 향락을 쫓고 탐심을 버리지 못하고 애욕을 탐하면 그는 나이가 많아도 철없는 젊은이나 다름없습니다. 그러나 나이가 적어도 오관으로 향락을 쫓지 않고 탐심과 애욕을 버린 사람이면 노숙한 노인에 해당합니다."

마하카트야나의 설명을 들은 집장 바라문은 머리를 끄덕이며 이렇게 말했다.

"그 말대로 한다면 나는 나이가 많지만 철없는 젊은이고, 자네들은 지혜로운 노인이나 다름없네."

잡아함 20권 547경 《집장경(執杖經)》

노여움을 다스리는 지혜

부처님이 사밧티 기원정사에 계실 때의 일이다. 어느 날 젊은 바라문 빌란기카가 찾아와 부처님에게 참 듣기 거북한 욕설로 모욕하였다. 부처님은 잠자코 있다가 그에게 물었다.

"어느 좋은 날(吉日) 그대의 집에 종친과 권속이 모이는가?"

"그렇다."

"그대가 종친과 권속에게 좋은 음식을 대접하였는데 그들이 그 음식을 먹지 않으면 누구 차지가 되겠는가?"

"그들이 먹지 않는다면 그 음식은 도로 내 차지가 될 것이다."

이에 부처님은 그를 타일렀다.

"그대도 그와 같도다. 그대는 지금 추악하고 착하지 않은 말로 나를 모욕하였다. 그런데 내가 끝내 그 욕설을 받지 않는다면 그 욕설은 누구에게 돌아가겠는가?"

"그가 받지 않더라도 주면 되는 것이다. 욕설을 들으면 기분이 나빠질 것이 아닌가?"

"그렇지 않다. 그것은 서로 주고받는 것이 아니다."

"어떤 것이 서로 주고받는 것인가?"

"욕하면 욕하는 것으로 갚고, 화내면 화내는 것으로 갚고, 때리면 때리는 것으로 갚는 것을 주고받는 것이라 한다. 그러나 젊은이여, 욕해도 욕으로 갚지 않고, 화내도 화내는 것으로 갚지 않고, 때려도 때리는 것으로 갚지 않으면 주고받는 것이라 할 수 없느니라."

"그러면 당신은 면전에서 욕하고 성내고 꾸짖어도 성내지 않을 수 있는가?"

이에 부처님은 이렇게 말씀했다.

"성낼 마음이 없는데 무슨 성냄이 있겠는가. 바른 생활로써 성냄을 항복받고 바른 지혜로써 마음이 해탈하였으니 지혜로운 사람은 성냄이 없느니라. 성냄으로써 성냄을 갚는 사람은 훌륭한 사람이 아니다. 성냄으로써 성냄을 갚지 않고 성내지 않음으로써 성냄을 이겨야 훌륭한 사람이니라."

빌란기카는 자신이 저지른 잘못을 깨닫고 용서를 빌었다.

잡아함 42권 1152경 《빈기가경(賓耆迦經)》

애욕의 늪에 빠지지 않는 방법

부처님이 사밧티 기원정사에 계실 때의 일이다. 그 무렵 아난다도 부처님과 함께 있었다. 어느 날 아난다에게 한 비구니가 찾아와 이런 전갈을 하고 갔다.

"지금 어떤 비구니가 병이 들어 앓고 있습니다. 그녀는 내일 존자에게 공양을 올리고 설법을 듣고자 하오니 불쌍히 여겨 한번 방문해

주소서."

아난다는 다음날 아침 발우를 들고 그 비구니를 찾아갔다. 그녀는 멀리서 아난다가 오는 것을 보자 일부러 옷을 풀어헤치고 알몸을 드러낸 채 평상 위에 누워 있었다. 그녀의 병이란 사실은 아난다를 연모하는 데서 생긴 병이었다. 이를 알아챈 아난다는 얼른 감관(感官)의 문을 닫고 더 이상 다가가지 않았다. 무안해진 그녀는 옷을 단정히 고쳐 입고 아난다 앞으로 나가 무릎을 꿇었다. 아난다는 그녀를 불쌍히 여겨 이렇게 설법해 주었다.

"누이여, 이 몸이란 음식으로 자라났고, 교만으로 자라났고, 탐애로 자라났고, 음욕으로 자라난 것에 지나지 않습니다. 그러므로 부처님의 제자는 음식을 먹을 때 몸을 보존하고 살기 위해 먹고, 주리고 목마른 병을 고치기 위해, 그리고 깨끗한 범행을 닦기 위해 먹어야 합니다. 마치 상인이 수레에 기름을 칠할 때 오직 길을 가기 위해서인 것처럼 분수를 헤아려 집착함이 없어야 합니다.

누이여, 또한 부처님의 제자는 교만한 마음과 애욕과 음욕이 일어날 때 항상 이렇게 생각해야 합니다.

'아무개와 아무개는 모든 번뇌가 다하여 해탈을 했다. 그들은 이제 다시 윤회의 삶을 살지 않을 것이다. 그런데 나는 왜 아직 여기서 벗어나지 못하는가.'

이렇게 생각하고 마음을 굳건히 하면 마침내 식욕과 교만과 탐애와 음욕에서 벗어날 수 있을 것입니다."

아난다의 설법을 들은 그녀는 이렇게 참회했다.

"저는 어리석고 착하지 못해 큰 허물을 저질렀습니다. 이제 존자님 앞에서 허물을 고백하고 참회하오니 가엾이 여겨주소서."

잡아함 21권 564경 《비구니경(比丘尼經)》

처음 마음을 잃지 말라

부처님이 사밧티 기수급고독원에 계실 때의 일이다. 어느 날 여러 비구들을 모아놓고 이렇게 말했다.

"그대들은 어떻게 생각하는가? 세상에서 가장 하천하고 힘든 생활이 걸식하는 것이다. 수행자란 머리를 깎고 발우를 들고 가장 하천한 생활을 하는 사람이다. 그래서 세상 사람들은 힘든 생활을 좋아하지 않는다. 그러나 훌륭한 가문에서 태어났으면서도 이 길을 가는 사람은 그만한 까닭이 있기 때문이다. 그들은 생로병사와 시름과 슬픔과 걱정과 번뇌와 온갖 고통을 극복하고 진정한 행복을 성취하기 위해 집을 나와 수행하는 것이다. 그렇지 아니한가?"

비구들은 모두 '그러하다'고 대답했다. 그러자 부처님은 다시 이렇게 말했다.

"그러나 어리석은 사람은 이러한 마음으로 집을 나와 수행을 하면서도 탐욕을 부리고 욕심에 집착한다. 그런 사람은 미움과 질투가 들끓어 바른 믿음이 없으며, 게을러서 바른 생각이 없으며, 나쁜 생각으로 계를 어기며, 바른 행을 닦지 않는다. 그것은 비유하면 어떤 사람이 깨끗해지기를 바라면서 먹물로써 먹물을 씻으려 하거나, 피로써 피를 씻으려 하거나, 똥물로써 똥물을 씻으려 하는 것과 같은 것이다. 그런 사람은 깨끗해지기는커녕 더러움에서 더러움만 더할 뿐이며, 지혜로워지기는커녕 어두움에서 어두움으로 들어가는 것과 같다.

또한 어리석은 사람은 출가사문의 계를 지녔으면서도 탐욕에 집착함이 더욱 크고, 마음에는 안개가 자욱하여 미워하고 질투하며 믿음이 없으며, 게을러서 바른 생각을 하지 않으며, 명상을 제대로 하지 않아 미치광이처럼 헐떡거리며, 모든 감각기관이 어지러워 계를 지키지 못한다. 이런 사람은 세속에서도 쓸모없는 사람이지만 출가사문으로서도 쓸모가 없다. 이는 비유하면 마치 쓸데없는 장소에서 목적도 없이 불을 지피다 남은 나무와 같아서 어느 곳에서도 쓸데없는 타다 남은 숯 검댕이 신세나 다름없다."

중아함 34권 140경 《지변경(至邊經)》

욕망의 전차에서 하차하라

부처님이 라자가하 죽림정사에 계실 때의 일이다. 어느 날 존자 삼밋디(三彌提)가 먼동이 트는 새벽 온천림에 가서 온천에 목욕을 하고 나오는데 얼굴이 준수하게 생긴 정전(正殿)이라는 하늘 사람이 다가와 '그대는 수행자로서 좌우명을 받아 지니고 있는가'를 물었다. 삼밋디가 아직 없다고 말하자 그는 '도를 배우는 사람은 마땅히 좌우명을 받아 지녀야 한다'면서 부처님에게 가서 가르침을 받아 지니라고 권했다. 삼밋디 비구는 죽림정사에 계시는 부처님을 찾아가 전후 사정을 아뢰고 게송을 청했다. 이에 부처님은 다음과 같이 게송을 읊었다.

부디 과거를 생각하지 말고
또한 미래도 바라지도 말라.
과거의 일은 이미 지나갔고
미래의 일은 아직 오지 않았다.

현재의 모든 일에 대해서도
항상 올바르게 생각해야 하나니
참으로 슬기로운 사람이라면
불변하는 것은 없다고 아느니라.

이렇게 성인의 행을 행하는 사람은
죽음에 관한 두려움이 없다.
그는 결코 근심이 없을 것이니
고통과 재앙은 여기서 끝나리라.

부처님은 게송을 설한 뒤 곧 자리에서 일어나 방으로 들어가셨다. 이에 비구들은 존자 카트야나를 찾아가 이 법문을 해설해줄 것을 청했다. 존자는 처음에는 사양하다가 재차 간청하자 이렇게 설명했다.

"이 게송은 비구들이 삼세(三世)에 집착하지 말라는 것을 가르치는 것이다. 우리는 과거에 육근(六根)으로 육경(六境)을 대할 때 즐거움이나 괴로움에 빠지기 쉽다. 그러나 그것은 이미 지나간 것이므로 탐착하지 말라는 것이다. 그리고 미래는 아직 오지 않은 것이므로 즐거움이나 괴로움에 빠질 필요가 없다는 것이다. 그리고 현재의 일도 따지고 보면 변하지 않는 것이 없으니 또한 탐착할 이유가 없다는 것이다. 이렇게 하면 집착을 여의게 되고 모든 두려움에서 벗어나게 된다는 뜻이다."

카트야나의 설명을 들은 비구들이 뒷날 부처님께 이 사실을 아뢰었다. 부처님은 비구들에게 '카트야나는 지혜의 눈이 있으며, 바른 진리와 이치를 아는 사람'이라고 칭찬했다.

중아함 43권 165경 《온천림천경(溫泉林天經)》

부끄러움은 수행의 첫걸음

부처님이 사밧티 기수급고독원에 머물 때의 일이다. 어느 날 존자 사리풋타가 비구들에게 이렇게 말했다.

"비구들이여, 만약 수행자가 부끄러움이 없으면 사랑과 공경을 해치게 된다. 사랑과 공경이 없으면 바른 믿음을 해치게 된다. 바른 믿음이 없으면 바른 사색을 해치게 된다. 바른 사색이 없으면 바른 생각을 해치게 된다. 바른 생각이 없으면 바른 지혜를 해치게 된다. 바른 생각과 바른 지혜가 없으면 바른 몸가짐을 해치게 된다. 바른 몸가짐이 없으면 바른 계율을 해치게 된다. 바른 계율이 없으면 참다운 즐거움을 해치게 된다. 참다운 즐거움이 없으면 참다운 편안함을 해치게 된다. 참다운 편안함이 없으면 바른 명상을 해치게 된다. 바른 명상이 없으면 바른 견해를 잃게 된다. 바른 견해를 잃게 되면 무욕을 해치게 된다. 무욕을 잃게 되면 해탈을 해치게 된다. 해탈이 없으면 열반을 해치게 된다.

이를 비유하면 마치 나무와 같다. 만약 나무의 겉껍질이 벗겨지면 속살이 상처를 입게 되고, 속살이 상처를 입으면 줄기가 상처를 입게 되고, 줄기가 상처를 입으면 가지가 상처를 입게 되고, 가지가 상처를 입으면 나뭇잎이 상처를 입게 되고. 나뭇잎이 상처를 입으면 꽃이 상처를 입게 되고, 꽃이 상처를 입으면 열매가 상처를 입는 것과 같다. 수행자가 부끄러움을 잃는 것은 이와 같이 모든 것을 잃고 상처를 입게 된다.

그러나 수행자에게 부끄러움이 있으면 사랑과 공경을 익히게 되고 사랑과 공경을 익히면 바른 믿음, 바른 사색, 바른 생각, 바른 지혜, 바른 몸가짐, 바른 계율, 참다움 즐거움, 참다운 편안함, 바른 명상, 바른 견해, 무욕을 익히게 된다. 무욕을 익히면 바른 해탈과 열반을 익히게 된다. 마치 줄기가 건강한 나무가 꽃을 피우고 좋은 열매를 맺는 것과 같다.

그러므로 수행자들은 먼저 부끄러워할 줄 아는 마음을 가져야 한다. 그것이 해탈과 열반의 첫걸음이니라."

중아함 10권 46경 《참괴경(慙愧經)》

욕심은 칼끝에 바른 꿀

부처님이 사밧티 기원정사에 계실 때의 일이다. 어느 날 부처님은 번뇌와 욕심을 없애는 열 가지 방법에 대해 가르쳤다.

"누구라도 몸에 관한 다음과 같은 열 가지 생각(十想)을 하면 번뇌를 없애고 열반을 얻게 될 것이다. 첫째는 백골에 관한 생각(白骨想), 둘째는 푸르딩딩하다는 생각(青瘀想), 셋째는 퉁퉁 부었다는 생각(膖脹想), 넷째는 음식이 소화되지 않았다는 생각(食不消想), 다섯째는 피에 관한 생각(血想), 여섯째는 씹는 것에 관한 생각(噉想), 일곱째는 모든 것은 덧없다는 생각(有常無常想), 여덟째는 탐욕스럽게 먹는다는 생각(貪食想), 아홉째는 죽는다는 생각(死想), 열째는 모든 세간의 일은 즐거운 것이 아니라는 생각(一切世間不可樂想)이 그것이다."

그러자 어떤 수행자가 일어나 이렇게 말했다.

"그러나 세존이시여, 저와 같은 사람은 그런 생각을 능히 닦을 수 없을 것 같습니다. 왜냐하면 저는 욕심이 많고 몸과 뜻이 불꽃같아서 조용히 쉴 수 없기 때문입니다."

"그대는 지금부터 이 몸이 깨끗하다는 생각을 버리고 더럽다는 생각을 하라. 항상하다는 생각을 버리고 무상하다는 생각을 하라. 자아가 있다는 생각을 버리고 없다는 생각을 하라. 즐겨할 만한 것이 있다는 생각을 버리고 없다는 생각을 하라. 그러면 불꽃처럼 일어나는 욕심이 사라질 것이다."

이어서 부처님은 수행자들에게 욕심에 대해 어떻게 생각해야 하는지에 대해 말씀했다.

"수행자들이여, 욕심은 더럽기가 똥 무더기와 같고, 앵무새처럼 말이 많고, 은혜를 갚을 줄 모르기는 저 독사와 같고, 허망하기는 햇볕에 녹는 눈과 같다. 그러므로 그것을 버리기를 시체를 무덤 사이에 버리듯이 하라.

또한 욕심이 스스로를 해치기는 독사가 독을 품은 것과 같고, 싫증이 나지 않기는 짠물을 마시는 것과 같으며, 욕심을 채우기 어렵기는 바다가 강물을 머금는 것 같으며, 두렵기는 야차마을과 같으며,

원수와 같으므로 항상 떠나 있어야 한다.

또한 욕심의 맛이 무섭기는 칼끝에 바른 꿀과 같고, 사랑할 것이 못되는 것은 길에 버려진 해골과 같으며, 욕심이 얼굴에 나타나기는 뒷간에서 꽃이 나는 것과 같고, 참되지 못한 것은 겉이 화려한 병 속에 더러운 물건을 가득 채운 것과 같으며 튼튼하지 못한 것은 물거품과 같다. 그러므로 수행자들은 욕심을 멀리 떠나고 더럽다는 생각을 해야 마음이 해탈을 얻을 수 있느니라."

증일아함 42권 제46 〈결금품(結禁品)〉 제9-10경

음식을 대하는 태도

부처님이 사밧티 기원정사에 계실 때의 일이다. 어느 날 부처님은 이렇게 말씀했다.

"나는 항상 하루에 한 끼만 먹어서 몸이 가뿐하고 기력이 왕성하다. 그대들도 하루에 한 끼만 먹으면 몸이 가볍고 수행하기에 적절한 상태를 유지할 수 있을 것이다."

그 자리에 밧달리라는 제자가 있었다. 그는 한 끼만 먹고는 기력이 약해져서 견디기가 어렵다고 했다. 부처님은 그에게만 재법(齋法)을 어기고 하루에 세 끼씩 먹는 것을 허락했다.

그럼에도 어느 날 칼루다인이라는 제자가 해 저문 시간에 가사를 입고 걸식을 나갔다. 그가 임신한 부인이 있는 어느 장자의 집에 이르렀을 때, 마침 하늘에서 비가 내리고 번개가 쳤다. 부인은 얼굴이 검은 칼루다인을 보고 귀신인 줄 알고 놀라서 낙태를 했다. 이 일로 사밧티에는 흉한 소문이 돌았다. 석종사문(釋種沙門)이 주술을 부려 남의 아이를 낙태시켰다는 것이었다. 한편에서는 석종사문은 절도가 없어서 식사시간 때를 맞추지 못하고 돌아다닌다는 비난이 일었다. 부처님은 비구들을 강당으로 모이게 한 뒤 이렇게 말씀했다.

욕심내서 배부르게 먹지 말고 하루에 한 끼만 먹으면 몸도 가뿐하고 마음도 상쾌할 것이다. 마음이 상쾌하면 온갖 선근을 얻을 것이요, 선근을 얻으면 삼매를 얻고, 삼매를 얻으면 네 가지 진리(四聖諦)를 바르게 알게 될 것이다. 그럼에도 그대들이 때를 알지 못하고 욕심을 부린다면 속인들과 무엇이 다르겠는가."

부처님은 수행자가 음식에 대해 어떤 생각을 해야 하는지에 대해서도 가르쳤다.

"그대들은 음식을 얻기 위해 걸식할 때 이런 생각을 해야 한다."
'음식이란 맛을 위한 것이 아니라 몸을 지탱하기 위한 것이다.'
그러므로 얻어도 기뻐하지 말고 얻지 못해도 걱정하지 말아야 한다. 음식을 얻었을 때는 시주의 은혜를 생각하고 먹되, 탐착하는 마음이 없어야 한다. 다만 음식으로써 몸을 보존하여 묵은 병을 고치고 새 병이 생기지 않도록 기력을 회복하도록 해야 한다. 모든 음식은 걸식해서 먹어야 하며, 하루에 한 끼만 먹고, 먹을 때는 한 자리에서 한 번만 먹어야 한다."

한편 부처님은 석 달 동안 근신하던 밧달리 비구가 찾아와 참회하자 이렇게 타일렀다.

"나고 죽는 것이 끊이지 않는 것은 모두 욕심 때문이다. 항상 욕심을 줄이고 만족할 줄 알며, 온갖 잡된 생각을 일으키지 말라."

밧달리가 열심히 수행하여 아라한이 된 뒤 부처님은 웃으면서 이렇게 말씀했다.

"내 제자 가운데 음식을 가장 많이 먹는 사람은 밧달리(吉護) 비구이니라."

증일아함 47권 제49 〈목우품(牧牛品)〉 제7경

제**11**장

수행의 길

극단을 피하는 중도의 길

부처님이 라자가하의 죽림정사에 계실 때의 일이다. 소나라는 비구가 있었는데 그는 아무리 수행을 해도 별다른 진척이 없었다. 그는 실망 끝에 이런 생각을 했다.

'나는 부처님의 제자가 되어 나름대로 제법 열심히 수행을 했다. 그러나 아직까지도 번뇌를 다 소멸하지 못했다. 그렇다면 차라리 세속으로 되돌아가 널리 보시를 행하면서 복이나 짓는 것이 나을지도 모른다.'

소나 비구의 고민을 알아차린 부처님은 조용히 그를 불러 물었다.
"소나여, 그대는 집에 있을 때 거문고를 잘 탔다는데 사실인가?"
"그렇습니다. 저는 집에 있을 때 악기를 잘 다루었습니다."
"어떠한가? 거문고를 탈 때 줄을 너무 느슨하게 하거나 반대로 팽팽하게 하면 미묘한 소리가 나겠는가?"
"아닙니다. 거문고 줄은 너무 조이거나 늦추면 미묘한 소리가 나지 않습니다."

이에 부처님은 소나 비구에게 이렇게 타일렀다.
"수행도 그와 같다. 너무 급하면 오히려 피곤해지고 반대로 너무 느슨하면 게을러진다. 그러므로 수행자는 이 두 가지 이치를 잘 알아서 너무 급하지도 않고 느슨하지도 않게 수행해야 한다."

소나 비구는 크게 깨달은 바 있어 부처님의 가르침대로 수행했다.

그리하여 번뇌가 다하고 마음의 해탈을 얻어 아라한이 되었다.

잡아함 9권 254경 《이십억이경(二十億耳經)》

쓸데없는 말보다 침묵이 값지다

　부처님이 라자가하의 죽림정사에 계실 때의 일이다. 어느 날 오후 비구들은 공양을 끝낸 뒤 식당에 모여 앉아 이런 저런 이야기를 하고 있었다. 이 날의 화제는 참으로 다양했다. 무슨 이야기 끝에 정치 얘기가 나오자 이어서 전쟁에 관한 얘기가 나왔다. 또 누군가가 재물에 관한 얘기를 하자 이번에는 도둑에 관한 얘기가 꼬리를 물었다. 그러다가는 사업에 관한 얘기가 이어졌으며 다음에는 옷에 관한 얘기로 옮겨 갔다. 그러다가 마침내는 남녀간의 사랑에 관한 데로 화제가 옮겨 갔다. 이렇게 계속된 세속적인 화제는 서너 시간이 지나도 그칠 줄 몰랐다.
　그때 부처님은 식당 건너편에 있는 나무 아래서 조용히 명상에 잠겨 있었다. 부처님은 비구들의 얘기 마당이 좀처럼 끝날 것 같지 않음을 알고 자리에서 일어나 그들 곁으로 갔다.
　"지금 그대들은 무슨 얘기를 그렇게 재미있게 나누고 있는가?"
　비구들은 지금까지 했던 얘기의 대강을 부처님께 아뢰었다. 그러자 부처님은 조용히 타일렀다.

"수행자는 그런 일에 시간을 허비해서는 안 된다. 그런 이야기는 아무리 많이 해도 바른 이치를 깨닫는 데 도움이 되지 않는다. 열반을 향하는 데도 아무런 도움을 주지 못한다. 그러므로 수행자들은 언제나 진리를 깨닫고 열반에 이르는 데 도움이 되는 법담(法談)만을 나누어야 한다. 그렇지 않을 때는 차라리 성스러운 침묵을 지키는 것이 좋다."

비구들은 이 말씀을 듣고 부끄러워하면서 각자의 처소로 돌아갔다.

잡아함 16권 411경 《논설경(論說經)》

성자와 범부의 차이

부처님이 라자가하의 죽림정사에 계실 때의 일이다. 어느 날 부처님은 다음과 같은 문제를 제자들에게 물었다.

"어리석고 무식한 중생은 감각기관으로 어떤 대상을 접촉하면 괴롭다는 느낌, 즐겁다는 느낌, 괴롭지도 않고 즐겁지도 않다는 느낌을 갖는다. 지혜롭고 많이 아는 거룩한 성자도 감각기관으로 어떤 대상을 접촉하면 그와 같은 느낌을 갖는다. 그렇다면 어리석은 중생과 지혜로운 성자와의 차이는 무엇이겠는가?"

제자들은 대답 대신 이렇게 사뢰었다.

"부처님께서는 법의 근본이시며, 법의 눈이시며, 법의 의지처이십니다. 오직 원하옵나니 저희들을 위해 가르쳐 주십시오."

"어리석고 무식한 중생은 감각기관으로 어떤 대상을 접촉하면 괴롭고, 즐겁고, 괴롭지도 않고 즐겁지도 않다는 느낌을 갖는다. 그런 뒤 이들은 곧 근심하고 슬퍼하고 눈물을 흘리며 울고 원망하고 울부짖느니라. 이는 즐겁거나 괴롭거나 즐겁지도 괴롭지도 않다는 느낌에 집착하고 얽매이기 때문이니, 비유하면 어떤 사람이 첫 번째 화살을 맞은 뒤에 다시 두 번째 화살을 맞는 것과 같으니라.

그러나 지혜롭고 거룩한 성자는 감각기관으로 어떤 대상을 접촉하더라도 근심과 슬픔과 원망과 울부짖음과 같은 증세를 일으키지 않는다. 그때는 몸의 느낌만 생길 뿐 생각의 느낌은 생기지 않는다. 이는 즐겁거나 괴롭거나 즐겁지도 괴롭지도 않거나 하는 느낌에 집착하지 않고 얽매이지 않기 때문이니, 비유하면 어떤 사람이 첫 번째 화살을 맞았으나 두 번째 화살은 맞지 않는 것과 같으니라."

잡아함 17권 470경 《전경(箭經)》

악마와 싸워서 이기는 법

　부처님이 사밧티 기원정사에 계실 때의 일이다. 어느 날 부처님은 악마와 싸워 이기는 일곱 가지 방법을 수행자들에게 가르쳐주었다.
　"전륜성왕이 나라를 다스릴 때는 일곱 가지 방법을 쓰면 외적의 침입을 물리칠 수 있다. 첫째, 성을 높이 쌓는 것이다. 둘째, 성문을 튼튼하게 지키는 것이다. 셋째, 성 밖에 해자(塹)를 깊고 넓게 파는 것이다. 넷째, 성안 창고에 곡식을 가득 채워두는 것이다. 다섯째, 성 안에 섶과 풀을 풍족하게 가지고 있는 것이다. 여섯째, 온갖 기구와 무기를 다 갖추어놓는 것이다. 일곱째, 성주가 총명하여 사람의 마음을 미리 알고 다스리는 것이다. 이렇게 하면 다른 나라에서 침노해도 그 성은 안전하다.
　수행자도 이와 같아서 일곱 가지 방법을 쓰면 악마 파피야스도 침입하지 못한다.
　첫째, 계율을 잘 지키고 위의를 갖추는 것이다. 큰 계율은 말할 것도 없고 작은 계율을 어기는 것도 두려워한다. 그것은 마치 안팎의 성을 높이 쌓는 것과 같다.
　둘째, 눈(眼)·귀(耳)·코(鼻)·혀(舌)·몸(身)·뜻(意)으로 그 감각대상인 모양(色)·소리(聲)·냄새(香)·맛(味)·감촉(觸)·관념(法)을 대할 때 거기에 집착하거나 잡된 생각을 내지 않고 생각을 온전히 가져 육근(六根)을 잘 보호하는 것이다. 그것은 마치 성문을 튼튼하게 지키는 것과 같다.

 셋째, 설법을 많이 들어 잊어버리지 않고, 항상 바른 법과 도를 생각하여 과거의 일들을 모두 다 아는 것이다. 그것은 마치 성 밖에 해자를 깊고 넓게 파는 것과 같다.

 넷째, 처음도 좋고 중간도 좋고 마지막도 좋은 법을 배워서 온갖 방편을 갖추고 범행을 닦는 것이다. 그것은 마치 성안 창고에 곡식을 가득 채워두는 것과 같다.

 다섯째, 네 가지 증상의 마음 법(四增上之心法)을 생각하여 모자람이 없도록 하는 것이다. 그것은 마치 성안에 섶과 풀을 풍족하게 가지고 있는 것과 같다.

 여섯째, 네 가지 신족(四神足)을 얻어 하는 일에 어려움이 없도록 하는 것이다. 그것은 마치 온갖 기구와 무기를 다 갖추어 놓는 것과 같다.

 일곱째, 오온(五蘊)·십이처(十二處)·십팔계(十八界)를 자세히 분별하고 열두 가지 인연법(十二緣起法)을 잘 분별할 줄 아는 것이다. 그것은 마치 성주가 총명하여 사람의 마음을 미리 알고 다스리는 것과 같아서 다른 나라에서 침노해 와도 그 성이 안전한 것과 같다."

증일아함 33권 제39 〈등법품(等法品)〉 제4경

반드시 출가해야 해탈하는가

부처님이 라자가하 죽림정사에 계실 때의 일이다. 그 무렵 앵무라는 바라문이 볼 일이 있어 라자가하의 어느 거사 집에 가서 기숙하고 있었다. 앵무 바라문은 그 거사에게 '때때로 찾아뵙고 존경하며 가르침을 받을 만한 스승'이 있으면 소개해 달라고 했다. 거사는 서슴없이 부처님을 천거했다. 이에 앵무 바라문은 부처님이 계신 죽림정사로 찾아가 여러 가지 궁금한 점을 여쭈었다.

"도를 닦으려면 집에 있으면서 하는 것이 좋습니까, 집을 나와서 하는 것이 좋습니까?"

"나는 도를 닦는 사람이 집에 있느냐 혹은 집을 나오느냐를 중요하게 생각하지 않는다. 집에 있거나 나오거나에 관계없이 삿된 행(邪行)을 하면 나는 그를 칭찬하지 않는다. 왜냐하면 삿된 행을 하는 사람은 바른 지혜를 얻지 못하며 법다움을 알지 못하기 때문이다. 그러나 집에 있거나 나오거나에 관계없이 바른 행(正行)을 하면 나는 그를 칭찬한다. 왜냐하면 바른 행을 하는 사람은 반드시 바른 지혜를 얻으며 법다움을 알기 때문이다."

"한 가지 더 여쭙겠습니다. 큰 공덕과 이익을 얻으려면 집에 있는 것이 좋습니까, 집을 나와서 하는 것이 좋습니까?"

"그것도 일정하지 않다. 집에 있는 사람으로서 큰 재앙이 있고 다툼이 있으며 원망과 미움이 있어서 삿된 행동을 하면 큰 결과를 얻지 못하고 공덕이 없다. 또 집을 나온 사람이라 하더라도 작은 재앙이 있고 다툼이 있으며 원망과 미움이 있어서 삿된 행동을 하면 큰 결과를 얻지 못하고 공덕이 없다. 그러나 집에 있는 사람으로서 큰 재앙이 있고 다툼이 있으며 원망과 미움이 있더라도 바른 행을 실천하면 큰 과보를 얻고 큰 공덕이 있다. 또 집을 나와 도를 배우는 사람이 작은 재앙이 있고 다툼이 있으며 원망과 미움이 있더라도 바른 행을 실천하면 과보를 얻고 큰 공덕으로 얻는다. 이것은 진실이며 허망한 말이 아니다."

중아함 38권 152경 《앵무경(鸚鵡經)》

수행은 마음을 청정하게 하는 훈련

부처님이 라자가하 기사굴산 칠엽굴에 계실 때의 일이다. 어느 날 선정에서 일어난 부처님은 우둠바리카 동산에 있는 외도수행자 니구타(尼俱陀)를 찾아갔다. 그는 산타나(散陀那)라는 거사와 청정한 수행자는 어떤 일을 해야 하는가에 대해 얘기하는 중이었다. 니구타는 부처님이 나타나자 대화를 멈추고 부처님에게 의견을 물었다.

"어떤 것이 깨끗하지 않고 훌륭하지 않은 수행이라고 생각하는지요?"

"이렇게 하는 것은 옳지 않다. 예를 들면 옷을 벗고 알몸뚱이가 되어 손으로 그것을 가리는 행위, 걸식할 때 음식을 발우에 받지 않는 행위, 개가 있거나 임신한 집은 찾아가지 않는 행위, 물고기나 짐승 고기가 있다고 공양을 받지 않는 행위, 음식을 3일 또는 5일, 7일 만에 한 번씩 먹는 행위, 쇠똥이나 사슴똥 또는 나무줄기나 풀잎으로 연명하는 행위, 나무껍질이나 풀 또는 사슴가죽으로 옷을 해 입거나 두르는 행위, 하루 종일 서 있거나 앉아 있거나 쪼그려 앉는 행위, 머리나 수염 또는 손톱을 깎지 않는 행위, 알몸으로 가시덤불이나 쇠똥 위에 눕는 행위, 하루에 세 번 목욕하거나 밤중에 목욕하는 행위 등이다. 이렇게 육체를 괴롭히는 고행은 훌륭하고 깨끗한 수행이라고 할 수 없다."

"왜 그것이 깨끗하지 않은 수행이라고 하는지요?"

"그들은 마음의 때를 씻어내지 못하기 때문이다."

"그러면 어떤 것이 마음의 때를 씻어낸 깨끗한 수행인지요?"

"자기의 수행이 이러하니 마땅히 공양과 존경을 받을 것이라고 속셈하지 않아야 한다. 공양을 받고도 탐착함이 없이 멀리 떠날 줄 알아야 한다. 좌선을 할 때 남이 보거나 안 보거나 한결같아야 한다. 남이 정의를 말하면 즉시 인정해야 한다. 누가 질문을 하면 즐거이 답해 주어야 한다. 누가 다른 수행자를 존경하면 시기하지 않아야 한다. 누가 좋은 음식을 먹어도 부러워하지 않아야 한다. 음식에 대해 거부하거나 집착하지 말아야 한다. 스스로는 칭찬하고 다른 이는 헐뜯는 짓을 하지 말아야 한다. 살생·도둑질·음행·이간질·욕설

· 거짓말 · 꾸미는 말 · 탐욕 · 성냄 · 어리석음을 행하지 말아야 한다. 명상하기를 좋아하고 지혜를 많이 길러야 한다. 뽐내거나 교만하지 말아야 한다. 항상 신의를 지키며 깨끗한 계를 지키는 좋은 사람과 사귀어야 한다. 원한을 품지 않으며 남의 단점을 찾지 말아야 한다. 이것이 깨끗한 수행이다."

부처님의 설법이 끝나자 니구타는 자신의 이름을 대면서 귀의를 다짐했다. 그러자 부처님은 이렇게 말했다.

"그대가 마음으로 깨달으면 그것이 곧 예경이니라."

장아함 8권 8경 《산타나경(散陀那經)》

훌륭한 수행과 쓸모없는 수행

부처님이 라자가하 죽림정사에 계실 때의 일이다. 어느 날 재가제자인 실의(實意) 거사가 부처님을 찾아뵈려다가 명상에 방해가 될지도 모른다고 생각하고 가까운 우담바라 숲으로 갔다. 그곳에는 무에(無恚)라는 외도가 5백 명의 제자들과 함께 있었다. 실의 거사는 무에의 무리와 인사를 나누고 부처님의 훌륭하심을 찬탄했다. 그러나 무에는 잘난 척하며 부처님이 '앞뒤가 맞지 않는 말을 한다. 가르침과 실천이 일치하지 않는다. 그는 마치 애꾸눈을 가진 소와 같다'고 비난했다.

저녁때가 되었을 무렵 부처님은 명상에서 일어나 산책을 하다가 우담바라 숲으로 왔다. 무에는 돌연한 부처님의 방문에 당황했으나 제자들 앞에서 체면을 세우기 위해 '이해할 수 없고 더러움에 물든 수행'이란 무엇인가를 질문했다.

"어떤 바라문수행자는 알몸으로 다니거나, 임신한 여인이 있거나 개를 기르는 집에 가서 걸식하지 않거나, 물고기나 짐승고기를 먹지 않거나, 머리를 기르고 자르지 않거나, 꼿꼿이 서 있고 앉지 않거나, 해와 달 또는 물이나 불을 섬기거나 하는 것을 수행이라 하며 자랑을 삼는다. 그러나 이런 것은 이해할 수 없는 것이며 권할 만한 수행이 못된다. 어째서 그런가? 그런 수행은 도리어 나쁜 욕심이 생기게 하고, 자신은 귀하게 여기면서 남은 천하게 여기며, 그 마음에 시름과 두려움·무서움·비밀스러움·의심·질투·인색·아첨을 생기게 하며, 거짓말과 이간질을 하며, 바른 생각과 바른 지혜가 사라지게 하기 때문이니라."

여기까지 설명을 들은 무에는 더러움에 물들지 않는 청고행(淸苦行)에 대해 물었다.

"고행으로 인하여 나쁜 욕심이 사라지며, 고행을 이유로 대접받기를 바라지 않으며, 나쁜 생각과 지혜를 없애고, 바른 지혜를 얻게 하는 것이 깨끗한 고행이다. 어떻게 해야 그렇게 되는가? 스스로 산목숨을 죽이지 않고, 훔치지 않으며, 음행하지 않으며, 거짓말하지 않으며, 그런 일을 남에게 권하지 않으며, 그런 일을 했다고 잘난 체하지도 않는 것이 바른 수행이고 깨끗한 고행이니라. 이러한 수행을 하지 않는 사람이야말로 애꾸눈을 가진 소와 같다고 하리라."

중아함 26권 104경 《우담바라경(優曇婆邏經)》

수행자가 삼을 만한 화제

부처님이 사밧티 기원정사에 계실 때의 일이다. 어느 날 많은 수행자들이 보회강당(普會講堂)에 모여 세속의 일에 대해 제각기 의견을 말했다.

"사밧티는 지금 곡식이 귀해 걸식하기가 어렵다. 그러니 길을 나누어 한 사람씩 행걸을 나가자. 때로는 아름다운 여자도 보고, 음식과 의복과 침구와 의약품을 얻을 수 있을 것이다."

"그러지 말고 차라리 마가다 국으로 가자. 거기는 곡식이 풍부하고 음식이 많다고 한다."

"그러나 그 나라는 갈 수 없다. 아자타삿투 왕은 나라를 다스리는 데 비법을 행한다. 그는 부왕을 죽이고 데바닷타와 친구가 되어 있다."

"그러면 구류사 국으로 가자. 거기는 인민이 번성하고 재물과 보배가 많다."

"그 나라는 악생왕(惡生王)이 다스리는데 성질이 사납고 흉해서 자비가 없다. 그 나라 인민들도 매우 거칠다."

"그러면 코삼비나 바라나시로 가자. 그곳은 우데나 왕이 다스리는데 불법을 독실하게 신봉하여 흔들리지 않는다. 그리로 가면 걸식이 쉬울 것이다."

그때 부처님이 지나가다가 비구들의 말을 듣고 강당으로 들어와 가운데 자리에 앉았다. 부처님은 비구들의 화제가 주로 세속의 일에 관한 것인 줄 알고 이렇게 말씀했다.

"그대들은 왕이 다스리는 그 나라의 일에 대해 칭찬하거나 비방하지 말라. 또 왕들의 우열에 대해서도 말하지 말라. 그런 화제로 얘기를 나누어봐야 번뇌가 사라진 열반의 세계에 이르는 데 아무런 도움이 되지 않는다. 그것은 바른 행동이 아니다."

이어서 부처님은 수행자들이 화제로 삼을 만한 것에 대해 이렇게 말씀했다.

"그대들이 화제로 삼아야 할 것은 수행에 도움을 주는 것이어야 한다. 첫째는 욕심을 줄이고 만족할 줄 아는 것에 관한 것, 둘째는 용맹스런 마음에 관한 것, 셋째는 설법을 듣는 것, 넷째는 남을 위해 설법하는 것, 다섯째는 두려움을 없애는 방법에 관한 것, 여섯째는 계율을 완전히 갖추는 것, 일곱째는 삼매를 성취하는 것, 여덟째는 지혜를 성취하는 것, 아홉째는 해탈을 성취하는 것, 열째는 해탈한 것을 아는 것 등이다. 이런 열 가지 일에 대해 얘기를 하면 일체를 윤택하게 하여 날로 이익이 많아질 것이며, 범행을 닦는 데 도움을 주어 번뇌가 사라진 열반에 이르게 할 것이다."

증일아함 43권 제47 〈선악품(善惡品)〉 제5-7경

왜 팔정도를 닦지 않는가

부처님이 마가다 국에 계실 때의 일이다. 어느 날 제자들과 강가에 나갔던 부처님은 강 가운데로 큰 나무가 떠내려오는 것을 보고 이렇게 비유를 들어 가르쳤다.

"만일 저 나무가 바다에 이르고자 하려면 어떻게 해야 하겠는가. 이쪽 저쪽 언덕에도 닿지 않아야 하며, 중간에 가라앉거나 언덕 위로 오르지도 않으며, 사람이나 또는 사람 아닌 것에 붙잡히지 말아야 하며, 물길을 거스르지도 썩지도 않아야 무사히 바다에 이른다.

수행자들이 수행을 하여 열반의 바다에 이르는 것도 이와 같다. 이쪽 저쪽 언덕에도 닿지 않아야 하며, 중간에 가라앉거나 언덕 위로 오르지도 않아야 하며, 사람이나 또는 사람 아닌 것에 붙잡히지 말아야 하며, 물길을 거스르지도 썩지도 않아야 열반의 바다에 이르게 된다. 왜냐하면 열반이란 바른 소견(正見), 바른 다스림(正治), 바른 말(正語), 바른 업(正業), 바른 생활(正命), 바른 방편(正方便), 바른 사념(正念), 바른 선정(正定)에 의해 이루어지는 것이기 때문이다."

그때 난다라는 소치는 목동이 이 말을 듣고 자기도 출가하여 열반의 바다에 이르고 싶다고 했다. 부처님은 출가하고 싶다면 주인에게 소를 돌려주고 오라고 했다. 그는 소를 돌려주고 와서 출가하여 머리를 깎고 수행자가 되었다. 이를 지켜본 어느 수행자가 부처님이 비유로 말씀한 '이쪽 저쪽 언덕'과 '여덟 가지 장애'의 뜻이 무엇인지 물었다.

"그것은 이런 것이다. 이쪽 언덕이란 이 몸이요, 저쪽 언덕이란 이 몸이 없어진 것을 말한다. 중간에 가라앉음이란 욕망과 애착이요, 언덕 위에 오른다는 것은 욕심을 말한다. 사람에게 붙잡힘이란 그 공덕으로 국왕이나 대신이 되기를 바라는 것이고, 사람 아닌 것에 붙잡힘이란 그 공덕으로 천상락을 누리기를 바라는 것이다. 물길을 거슬러 되돌아온다는 것은 의심을 말하는 것이며, 썩는다는 것은 여덟 가지 바른 수행(八正道) 닦지 않고 그 반대의 삿된 행을 하는 것을 말한다. 그러나 난다 비구처럼 갓 출가했음에도 스스로 한적한 곳으로 가서 여덟 가지 장애를 물리치고 수행을 한다면 그는 틀림없이 그 자리에서 아라한의 경지에 이르게 되리라."

증일아함 38권 제43 〈마혈천자품(馬血天子品)〉 제3경

수행자의 거룩한 모습

부처님이 사밧티 기원정사에 계실 때의 일이다. 어느 날 부처님은 공작새의 단정한 모습을 비유로 들어 수행자들을 가르쳤다.

"공작새는 아홉 가지 덕을 성취하였다. 어떤 것이 공작새의 아홉 가지 덕인가. 첫째 얼굴이 단정하며, 둘째 목소리가 맑으며, 셋째 걸음걸이가 조용하며, 넷째 때를 알아 행하며, 다섯째 음식을 절제할 줄 알며, 여섯째 항상 만족할 줄 알며, 일곱째 항상 흐트러짐이 없으며, 여덟째 잠이 적으며, 아홉째 욕심이 적고 은혜를 갚을 줄 안다.

어진 수행자들도 이와 같은 아홉 가지 덕을 성취한다. 그들은 태도가 단정하며, 목소리가 맑으며, 걸음걸이가 조용하며, 때를 알아 행하며, 음식을 절제할 줄 알며, 항상 만족할 줄 알며, 항상 흐트러짐이 없으며, 잠이 적으며, 욕심이 적고 은혜를 갚을 줄 안다.

어진 수행자는 항상 나고 들거나, 가고 오거나, 나아가고 그치는 예절이 조금도 법도를 어긋나지 않는다. 또 뜻과 이치를 잘 분별하여 요란하게 말하지 않는다. 이것을 태도가 단정하고 목소리가 맑은 것이라고 한다.

어진 수행자는 항상 때를 알아 행하되 차례를 잃지 않는다. 외울 것은 외우고, 익혀야 할 것은 익히며, 침묵해야 할 것은 침묵하며, 일어나야 할 때는 일어날 줄 안다. 또 가야 할 때는 가고 머물러야 할 때는 머물고, 절차에 따라 설법을 들을 줄 안다. 이것을 걸음걸이가 조용하고 때를 알아서 행하는 것이라고 한다.

　어진 수행자는 항상 얻은 음식에 남은 것이 있으면 남과 나누어서 욕심을 부리지 않는다. 이것을 음식을 절제할 줄 알며 항상 만족할 줄 아는 것이라고 한다.

　어진 수행자는 초저녁에는 깨어 있기를 익혀서 서른일곱 가지 도를 빠뜨리지 않고 닦는다. 항상 거닐고 누웠어도 깨어 있어서 그 뜻을 깨끗하게 한다. 또 밤중에는 깊은 이치를 생각하고 새벽이 되어서는 오른쪽으로 누워 다리를 포개고 밝아오는 모양을 생각하다가 다시 일어나 거닐며 그 뜻을 깨끗하게 한다. 이것을 흐트러짐이 없으며 잠이 적다고 하는 것이다.

　어진 수행자는 항상 거룩한 삼보를 받들어 섬기며 스승과 어른을 공경하기를 게을리 하지 않는다. 이것을 욕심이 적고 은혜를 갚을 줄 안다고 하는 것이다.

　훌륭한 수행자가 되려면 이 아홉 가지 덕을 성취해야 한다. 부디 이 아홉 가지 덕을 생각하며 부지런히 받들어 행하라."

증일아함 40권 제44〈구중생거품(九衆生居品)〉제4경

소를 길들이듯 자기를 다스려라

부처님이 사밧티 기원정사에 계실 때의 일이다. 어느 날 부처님은 소치는 목동을 비유로 수행자들이 자기를 다스릴 것을 가르쳤다.

"목동이 열한 가지 방법으로 소를 키우면 소가 잘 크고 큰 이익을 얻을 것이다. 첫째는 소의 모양을 알 것, 둘째는 모양을 구분할 줄 알 것, 셋째는 억눌러야 할 때는 억누를 줄 알 것, 넷째는 상처를 잘 싸매서 고칠 줄 알 것, 다섯째는 때에 따라 연기를 피워줄 줄 알 것, 여섯째는 풀이 무성한 좋은 풀밭으로 가는 길을 알 것, 일곱째는 소를 사랑할 것, 여덟째는 소의 성품과 행실을 알고 적당한 때를 가려서 갈 줄 아는 것, 아홉째는 강을 건널 때는 건너기 좋은 곳을 알 것, 열째는 젖을 짤 때는 남겨둘 줄 알 것, 열한째는 때에 따라 부릴 만한 놈을 알고 보호하는 것 등이다.

수행자도 열한 가지 방법으로 자기를 다스리면 큰 이익을 얻을 것이다.

첫째는 사대의 형체를 알고 사대가 만들어진 과정을 알아야 한다. 이것이 형체를 아는 것이라고 한다. 둘째는 어리석은 것과 지혜로운 것을 알아야 한다. 이것이 모양을 아는 것이라고 한다. 셋째는 욕심이 일어나거나 분노가 일어나거나 온갖 착하지 않은 생각이 일어나면 그것을 억제해야 한다. 이것이 억누를 줄 아는 것이라고 한다. 넷째는 눈(眼)·귀(耳)·코(鼻)·혀(舌)·몸(身)·뜻(意)으로 모양(色)·소리(聲)·냄새(香)·맛(味)·느낌(觸)·관념(法)과 접촉할 때 집착하지 않고 감관을 깨끗하게 하는 것이다. 이것이 상처를 잘 싸매서 고칠 줄 아는 것이다. 다섯째는 들은 바 법을 사람들을 위해서 설법하는 것이다. 이것이 연기를 피울 줄 아는 것이다. 여섯째는 여래가 가르친 여덟 가지 바른 길(八正道)을 알고 실천하는 것이다. 이것이 풀이 무성한 좋은 풀밭으로 가는 길을 아는 것이다. 일곱째는 여래가 말씀한 가르침을 보배로 알고 마음으로 사랑하고 즐겨하는 것이다. 이것이 사랑할 줄 아는 것이다. 여덟째는 십이부 경전(契經·祇夜·授決·偈·因緣·本末·方等·譬喩·生經·說·廣普·未曾有法)을 가려서 행하는 것이다. 이것이 성질을 알고 가는 길을 가릴 줄 아는 것이다. 아홉째는 네 가지 생각할 곳(四念處)을 아는 것이다. 이것이 강을 건너는 곳을 아는 것이다. 열째는 음식을 탐하지 않고 만족할 줄 아는 것이다. 이것이 젖을 남겨둘 줄 아는 것이다. 열한째는 몸과 입과 행동으로 장로를 받들 줄 아는 것이다. 이것이 어른을 잘 받드는 것이다.

수행자들이여, 소를 먹이되 게으르지 않으면 그 주인이 큰 복을 얻어 여섯 마리 소는 6년 동안 60마리로 늘어날 것이다. 수행자도 계율을 잘 지키고 선정을 잘 닦고 여섯 가지 감관이 고요해지면 6년 동안에 여섯 가지 신통을 얻게 되리라."

증일아함 46권 제49 〈목우품(牧牛品)〉 제1경

떠돌이와 붙박이가 조심할 점

부처님이 사밧티 기원정사에 계실 때의 일이다. 어느 날 부처님은 수행자가 오래도록 여행할 때의 경계할 점에 대해 이렇게 말씀했다.

"늘 돌아다니는 사람(長遊行者)에게는 다섯 가지 어려움이 있다. 첫째는 이제까지 듣지 못한 설법을 들을 수 없고, 둘째는 이미 배웠던 가르침도 쉽게 잊어버리게 되며, 셋째는 삼매를 얻지 못하고, 넷째는 얻었던 삼매도 잃게 되며, 다섯째는 설법을 들었어도 실천하지 못하게 되느니라. 이것이 늘 돌아다니는 사람이 겪는 다섯 가지 어려움이다.

그렇지만 많이 돌아다니지 않는 사람은 다섯 가지 좋은 일이 있다. 첫째는 이제까지 듣지 못한 설법을 들을 수 있고, 둘째는 이미 배웠던 가르침을 쉽게 잊어버리지 않으며, 셋째는 삼매를 얻게 되며, 넷째는 얻었던 삼매를 잃지 않으며, 다섯째는 설법을 들으면 잘 실천하게 되느니라. 이것이 많이 돌아다니지 않는 사람이 얻는 다섯 가지 좋은 일이다."

부처님은 또 수행자가 항상 한 곳에 오래 머물 때 생기는 문제점에 대해서도 말씀했다.

"한 곳에 오래 머물며 살면 다섯 가지 좋지 못한 일이 생긴다. 첫째는 자기가 사는 집에 집착해서 남이 뺏을까 두려워한다. 둘째는 재물에 집착이 생겨 잃어버릴까 걱정이 생긴다. 셋째는 세속사람처럼 재물 모으기에만 힘쓰게 된다. 넷째는 자기와 친한 사람만 좋아하고 남들이 그와 친해지는 것을 싫어한다. 다섯째는 늘 속인들과 왕래하기를 좋아하게 된다. 이것이 한 곳에 오래 머물면 생기는 문제점이다.

그렇지만 한 곳에 오래 머물지 않는 사람은 다섯 가지 좋은 일이 있다. 첫째는 자기가 사는 집에 집착하지 않으므로 남에게 뺏길 것을 두려워하지 않아도 된다. 둘째는 재물에 집착이 없으므로 잃어버릴까 걱정하지 않는다. 셋째는 세속사람처럼 재물 모으기에만 힘쓰는 일이 없게 된다. 넷째는 자기와 친한 사람에게 집착하지 않는다. 다섯째는 늘 속인들과 왕래하는 일이 적어진다. 이것이 한 곳에 오래 머물지 않을 때 생기는 다섯 가지 좋은 일이다.

증일아함 25권 제33〈오왕품(五王品)〉제7-9경

스승의 스승다운 모습

부처님이 코살라 국 사라바 숲에 계실 때의 일이다. 어느 날 사람들의 존경을 받는 노차 바라문이 부처님을 찾아왔다. 여러 가지 설법을 들은 그는 기쁜 마음으로 부처님과 대중들을 공양에 초대했다. 그러나 그는 돌아가는 길에 이런 생각을 했다.

'사문이나 바라문 가운데는 옳은 진리를 많이 알고 깨달은 사람도 많다. 그러나 남을 위해서는 설명하지 않는 경우가 적지 않다. 비유하면 그것은 낡은 감옥을 부숴 버리고 새 감옥을 짓는 것과 같다. 그것은 탁한 것을 탐하는 것이며 훌륭한 것이 아니다.'

다음날 부처님은 노차 바라문에게서 공양 초청장을 들고 온 이발사로부터 이 같은 말을 전해 들었다. 부처님은 노차 바라문의 집에 가서 공양을 마친 후 그의 잘못을 일깨워 주기 위해 다음과 같이 설법했다.

"세상에는 세 종류의 스승이 있다. 첫 번째는 출가하여 수행하고는 있으나 모든 번뇌를 없애지 못하고, 훌륭한 스승의 법도 얻지 못했으며, 자기의 이루어야 할 업도 이루지 못하고 제자들에게 설법하는 스승이다. 그래서 그 제자들은 그를 공경하거나 섬기지 않고 다만 함께 의지하여 살아간다. 이것은 마치 어떤 사람이 낡은 감옥을 부숴 버리고 새 감옥을 짓는 것과 같다.

두 번째는 출가하여 수행하고는 있으나 모든 번뇌를 없애지 못하고, 비록 다소 훌륭한 스승의 법을 얻었다 하더라도 자기가 이루어야 할 업도 이루지 못하고 설법하는 스승이다. 그래서 그 스스로가 제자들로 하여금 자기를 공경하거나 섬기지 못하도록 하며 그저 서로 의지하여 함께 살아가는 것이다. 이것은 마치 어떤 사람이 남의 뒤를 따라가면서 손으로 그의 등을 어루만지는 것과 같다.

세 번째는 출가하여 수행하고는 있으나 모든 번뇌를 없애지 못하고, 비록 다소 훌륭한 스승의 법을 얻었다 하더라도 자기가 이루어야 할 업도 이루지 못하고 설법하는 스승이다. 그러나 모든 제자들은 그를 공경하며 섬기며 함께 산다. 이것은 마치 자기의 벼농사는 내버려 두고 남의 밭농사에 매달려 김을 매는 것과 같다."

부처님은 다시 노차에게 말했다.

"그러므로 노차여, 그대는 삼명을 얻어 무명을 없애고, 밝은 지혜의 광명으로 누진지를 증득한 참다운 스승을 공경하고 따라야 한다. 그런 스승의 설법을 듣고 따르는 수행자는 반드시 사문사과(沙門四果)인 수다원과(須陀洹果)·사다함과(斯陀含果)·아나함과(阿那含果)·아라한과(阿羅漢果)를 얻을 것이다. 이 세상에서 그런 스승은 여래와 같은 사람뿐이니라."

장아함 17권 29경 《노차경(露遮經)》

정말로 중요한 덕목 두 가지

부처님이 앙가 국 첨파 성 강가 연못가에 계실 때의 일이다. 첨파 성에는 종덕이라는 바라문이 있었는데 그는 대대로 훌륭한 가문의 후예였다. 어느 날 그가 누각에 올라 사방을 바라보고 있는데 많은 사람들이 강가 연못으로 가는 것이 보였다. 아랫사람을 불러 이유를 물어보았더니 부처님을 찾아뵙고 가르침을 받기 위해서라는 것이었다.

종덕 바라문도 일찍이 부처님의 명성을 들은 바가 있었으므로 사람들과 같이 강가 연못가로 가기로 했다. 그러자 사람들이 나서서 '당신과 같이 훌륭한 바라문이 부처님을 찾아가는 것은 옳지 않다. 부처님이 당신을 찾아와야 한다'며 만류했다. 그러나 종덕 바라문은 '파세나디 왕도 부처님에게 귀의했다. 이는 그분이 그만한 덕을 갖추었기 때문일 것이다. 훌륭한 분을 찾아뵙는 것은 내 명성에 흠이 되지 않는다'며 뜻을 바꾸지 않았다.

종덕 바라문과 많은 사람들이 찾아오자 이미 저들의 마음을 알고 있는 부처님이 물었다.

"바라문들은 몇 가지 덕을 성취해야 바라문이라 하는가?"

"다섯 가지입니다. 7대 이래 훌륭한 가문이어야 하고(種姓), 세 가지 베다를 외우고 뜻을 알며, 사람들의 길흉화복을 알고, 제사의례에 능통해야 하며(諷誦), 용모가 단정해야 하며(端正), 계를 지켜야 하며(持戒), 지혜가 있어야 합니다(智慧)."

부처님은 종덕 바라문에게 '그 중 한 가지를 제외해도 좋다면 어떤 것을 버리겠느냐?'고 물었다. 바라문은 처음에는 종성, 두 번째는 풍송, 세 번째는 단정의 조건을 제외해도 무방하다고 했다. 왜냐하면 종성이 시원찮고 용모가 추하고 《베다》를 잘 외우지 못한다 해서 크게 문제될 것은 없기 때문이었다. 그러자 부처님이 다시 물었다.

"그러면 나머지 두 가지인 지계나 지혜 가운데 하나를 더 제외해도 되겠는가?"

"안 됩니다. 만일 계를 지키지 않는다면 지혜는 허망하고, 지혜가 없으면 계를 지키려 하지 않습니다. 바라문이라면 이 두 가지는 반드시 갖추어야 합니다."

"그렇다. 지계와 지혜는 왼손과 오른손 같아서 손을 씻을 때 서로 깨끗이 해 주는 것과 같다. 그러므로 나도 지계와 지혜를 구족한 사람만을 참다운 수행자라고 한다."

장아함 15권 22경 《종덕경(種德經)》

유식함을 자랑하지 말라

부처님이 사밧티 기원정사에 계실 때의 일이다. 어느 날 부처님의 큰 제자인 목갈라나와 아난다가 부처님의 가르침을 누가 잘 외우는가에 대한 내기를 했다. 이를 본 다른 제자들이 부처님을 찾아가 목갈라나와 아난다가 내기를 하려 한다고 아뢰었다. 부처님은 다른 제자를 시켜 두 사람을 데려오게 했다. 소환을 받은 두 사람이 오자 부처님은 그들을 나무랐다.

"이 한심한 사람들아. 그대들이 정말 '여래의 가르침을 누가 더 잘 기억하는지 소리를 내어 외워보자'고 내기를 했는가?"

"그러하나이다. 세존이시여."

"그대들은 내가 서로 경쟁하라고 일러주는 설법을 들은 적이 있는가? 만약 그런 적이 있다면 나의 설법이 외도들의 그것과 무엇이 다르겠는가?"

"세존께서는 그런 말씀을 한 적이 없습니다."

"그렇다. 나는 처음부터 그런 것을 말한 적이 없다. 그런데 서로 승부를 다투어서야 되겠는가. 내가 설법하는 것은 그런 마음을 항복시키기 위한 것이다. 나의 설법을 듣는 사람은 항상 네 가지 인연을 생각하라. 즉 '이것은 법과 율에 맞는가, 맞지 않는가'만 생각하라. 그래서 만일 맞거든 받들어 행하여야 하느니라."

이어서 부처님은 수행자가 어떤 태도로 가르침을 받들어 지녀야 하는가에 대해 말씀했다.

"많이 외운다고 결코 이익 될 것이 없다. 나는 그런 것을 훌륭하다고 하지 않는다. 그것은 남의 소 머리를 세는 것과 같아서 수행자에게 중요한 일이 아니다. 외우는 것이 많으냐 적으냐보다는 그 가르침을 제대로 실천한다면 그것이야말로 가장 훌륭한 것이니 이는 수행자가 지녀야 할 바른 태도라고 할 것이다. 아무리 1천 문장을 외운다 한들 이치에 맞지 않으면 무슨 이익이 있을 건가. 그보다는 차라리 한 글귀라도 가슴에 새겨 도를 얻느니만 못하다.

그러므로 비구들이여, 지금부터는 다투는 마음으로 승부를 겨루지 말라. 왜냐하면 그것은 모든 사람들을 항복시키려 하기 때문이다. 만일 비구로서 승부를 겨루고자 하는 이가 있으면 법과 율로써 그를 다스려야 할 것이다. 그대들은 오직 수행에만 힘쓰라."

부처님의 꾸중을 들은 두 사람은 다시는 그렇게 하지 않을 것을 다짐하고 참회했다.

증일아함 23권 제31 〈증상품(增上品)〉 제11경

훌륭한 사람의 조건

부처님이 코살라 국의 이차능가라 바라문 촌에 계실 때의 일이다. 이 마을에는 비가라사라라는 바라문이 있었는데 그는 7대 동안 남의 멸시나 비방을 받지 않은 훌륭한 가문의 후예였다. 어느 날 그는 수제자인 아마주에게 부처님이 정말로 32상을 갖춘 훌륭한 성자인지를 알아보라고 했다.

스승의 하명을 받은 아마주는 다른 제자들을 데리고 부처님을 찾아갔다. 그러나 그는 부처님이 서면 앉고, 부처님이 앉으면 눕는 등 예의를 지키지 않았다. 부처님이 그의 교만을 간파하고 이렇게 말했다.

"그대는 과거에 석가족의 노예였는데 어찌 그리 무례한가?"

"나는 훌륭한 가문의 후예입니다. 노예라니 말도 안 됩니다."

"그렇지 않다. 아마주의 조상은 아주 오랜 옛날 석가족의 노예였으나 그 딸이 귀족의 아들과 결혼해 거기서 난 아들이 너의 가문 할아버지니라."

부처님의 인연담을 듣고 종성제도 문제를 알게 된 아마주는 어떻게 해야 지혜와 인격을 갖춘 종성이 될 수 있는가를 여쭈었다.

"여래가 세상에 나타나면 그는 응공·정변지·명행족·선서·세간해·무상사·조어장부·천인사·불·세존이니라. 그를 따라 다음과 같은 청정행을 배워야 하리라.

외도는 남의 믿음에서 우러나오는 보시(信施)를 받고도 만족할 줄 모르고 의복과 음식을 더 요구한다. 외도는 남의 신시를 받고도 온갖 방법으로 상아와 보물, 높고 큰 평상을 바란다. 외도들은 남의 신시를 받고도 도에 방해가 되는 여자, 정치, 전쟁, 돈버는 얘기를 한다. 외도들은 남의 신시를 받고도 서로 다투기만 한다, 외도들은 남의 신시를 받고도 이양을 더하기 위해 왕과 대신과 바라문과 거사 사이를 분주히 오가며 이 소식을 저리로 전하고 저 소식을 이리로 전한다. 외도들은 남의 신시를 받고도 남녀의 길흉과 관상 보는 일로 이양을 구한다.

그러나 석종사문(釋種沙門)은 그런 일을 하지 않는다. 석종사문은 다만 거룩한 계율을 지켜 감관을 제어하고 음식과 의복이 족한 줄 안다. 석종사문은 오개(五蓋)를 끊고 사념처와 사선정을 닦는다. 석종사문은 오승법(五勝法)을 닦는다. 석종사문은 지혜와 실천을 구족하는 수행을 한다. 석종사문은 명행족을 얻지 못했더라도 소박한 하단생활을 실천함으로써 명행족을 구한다."

설법을 듣는 동안 아마주는 부처님이 갖춘 32가지 거룩한 모습을 직접 보았다. 그는 스승인 비가라사라 바라문에게 돌아가 이 사실을 전했다. 그는 감동하여 부처님을 초청해 설법을 듣고 삼보에 귀의한 뒤 목숨을 마칠 때까지 우바새가 될 것을 약속했다.

장아함 13권 20경 《아마주경(阿摩晝經)》

세상을 시끄럽게 하지 말라

부처님이 석씨의 아말라키 과수원에 계실 때의 일이다. 그때 존자 사리풋타와 목갈라나가 여러 수행자와 여름 안거를 마치고 석씨 촌으로 왔다. 이들은 오랜만에 만난 사람들과 서로 문안을 나누느라고 그 음성이 높고 컸다. 부처님이 아난다에게 말했다.

"떠드는 소리가 마치 나무와 돌을 부수는 것 같구나. 이 동산이 조용하게 그들을 보내라."

아난다가 부처님의 말씀을 전하자 사리풋타와 목갈라나는 무리를 이끌고 그곳을 떠나려고 했다. 그러자 여러 석씨들이 사리풋타를 만류하는 한편 부처님을 찾아 뵙고 용서를 빌었다.

"원컨대 세존께서는 멀리서 온 수행자들의 허물을 용서하소서. 그 중에는 처음 출가하여 존안을 뵈러 온 자도 있습니다. 그들이 그냥 떠나면 마치 아직 묘종(苗種)이 물을 만나지 못해 자라지 못하는 것처럼 후퇴할지도 모릅니다. 또한 갓난 송아지가 어미를 만나지 못하면 근심에 잠기듯이 그들도 부처님을 뵙지 못하면 바른 법에서 멀리 떠날 것입니다."

부처님은 그들의 간언을 받아들여 떠나는 수행자들을 다시 돌아오게 했다. 부처님은 우선 사리풋타와 목갈라나를 불러 저들을 잘 가르치지 못한 것을 크게 나무랐다.

"내가 왜 그대들을 떠나게 했는지 알겠는가? 저 무리들이 시끄럽게 행동한 것은 다 그대들의 허물에 기인한 것인 줄 아는가?"

이어서 부처님은 두 존자에게 이렇게 가르쳤다.

"이 무리 가운데 우두머리는 그대 둘뿐이다. 그대들은 후배들을 잘 가르쳐 긴 밤 동안 언제나 안온한 곳에 살게 하고 중간에 물러나서 생사에 떨어지지 않도록 하여야 할 것이다. 그러자면 아홉 가지 덕을 성취해야 하리라. 아홉 가지란 무엇인가. 첫째 좋은 벗과 사귀고, 둘째 바른 법을 닦아서 삿된 업에 집착하지 않으며, 셋째 항상 고요한 곳에 머물며 세간의 일을 즐겨하지 않으며, 넷째 병이 적고 근심이 없으며, 다섯째 재보를 쌓아두지 않으며, 여섯째 좋은 가사와 발우에 탐착하지 않으며, 일곱째 부지런히 정진하여 어지러운 마음이 없으며, 여덟째 바른 이치를 들으면 곧 알아듣고 바로 실천하며, 아홉째 때에 따라 설법을 듣되 싫어하지 않는 것이다. 이렇게 수행해 나가면 현세에서 많은 이익을 얻을 것이다. 그러므로 그대들은 여러 수행자들을 부지런히 가르쳐 긴 밤 동안 후회가 없도록 하라."

증일아함 41권 제45 〈마왕품(馬王品)〉 제2경

인간의 더러운 속성 몇 가지

부처님이 박계수의 조산 포림에 머물고 계실 때 사리풋타도 부처님과 함께 있었다. 어느 날 사리풋타는 부처님을 대신해서 인간의 더러운 속성과 그에 따른 수행자들의 태도에 대해 비구들을 가르쳤다.

"세상에는 네 종류의 사람이 있다. 자기 안에 더러움이 있지만 그것을 알지 못하는 사람, 자기 안에 더러움이 있다는 것을 알고 스스로 고치려는 사람, 자기 안에 더러움이 없지만 그것을 모르는 사람, 자기 안에 더러움이 없음을 알고 앞으로도 더러움이 끼지 못하도록 단속하는 사람이 그것이다. 이 중에서 더러움이 있으면서 그것을 모르는 사람, 더러움이 없으면서 그것을 모르는 사람은 하천한 사람이다. 그러나 더러움이 있다는 것을 알고 고치려는 사람, 더러움이 없음을 알고 더러움이 끼지 못하도록 단속하는 사람은 수승한 사람이다."

이때 한 비구가 일어나 궁금한 점을 물었다.

"존자여, 왜 어떤 사람은 더러움이 있는데도 수승하다고 하고, 어떤 사람은 더러움이 없는데도 하천하다고 합니까?"

"더러움이 있으면서도 알지 못하는 사람은 그것을 없애려 하지 않는다. 또 더러움이 없는 것을 알지 못하는 사람은 더러움이 끼어도 그것을 모르기 때문에 항상 부지런히 닦으려 하지 않는다. 그래서 이 둘을 하천한 사람이라 하는 것이다. 그러나 더러움이 있음을 아는 사람은 그것을 고치려고 한다. 또 더러움이 없는 것을 아는 사람은 더 이상 더러움이 생기지 않도록 한다. 그래서 이 둘을 수승한 사람이라 한다."

"존자여, 그러면 무엇을 가리켜 더러움이라고 합니까?"

"욕심에서 생기는 나쁜 행동을 더러움이라 한다. 예를 들어 계율을 범하고도 그 사실을 아무도 모르기를 바라거나, 남이 알게 되면 부끄러워하기보다 오히려 화를 내고 좋지 않은 마음을 품거나, 자기보다 나은 사람이 지적하면 가만히 있고 자기보다 못한 사람이 지적하면 좋지 않은 마음을 품거나, 대중 가운데서 대접받기를 원하고 자기 뜻대로 되지 않으면 좋지 않은 마음을 품거나, 자기만이 부처님께 질문하고 또 부처님이 자기만을 위해 설법해주기를 바라거나, 이런 모든 것이 자기 뜻대로 되지 않으면 좋지 않은 마음을 품는 것이 곧 더러움이다. 그러므로 수행자는 항상 이와 같은 더러움이 생기지 않도록 해야 한다."

중아함 22권 87경 《예품경(穢品經)》

십대제자들이 걸어간 길

부처님이 사밧티 기원정사에 계실 때의 일이다. 그때 사리풋타는 많은 비구들을 데리고 산보를 하거나 담소를 하고 있었다. 마하목갈라나, 마하카사파, 아니룻다, 레바타, 카차야나, 푸루나, 우팔리, 수붓티, 라훌라, 아난다 등도 각각 그 무리들과 함께 산보하거나 담소하고 있었다. 또 데바닷타도 많은 비구들과 함께 있었다. 이를 본 부처님은 이렇게 말씀했다.

"사람은 근기와 성정이 서로 비슷한 점이 있다. 그래서 착한 사람은 착한 사람과, 악한 사람은 악한 사람과 자주 어울린다. 마치 젖은 젖과 어울리고 소(酥)는 소와 어울리고, 똥은 똥물과 어울리는 것과 같다."

부처님은 각각의 큰 제자들과 그를 따르는 수행자들의 훌륭한 특징에 대해 말씀했다.

"사리풋타를 따라 산보하는 비구들을 보라. 그들은 모두 지혜로운 수행자들이니라. 마하목갈라나를 따라 산보하는 비구들을 보라. 그들은 모두 신통을 갖춘 수행자들이니라. 마하카사파를 따라 산보하는 비구들을 보라. 그들은 모두 열한 가지 두타행(頭陀行)을 실천하는 수행자들이니라. 아니룻다를 따라 산보하는 비구들을 보라. 그들은 모두 하늘 눈(天眼)을 갖춘 수행자들이니라. 레바타를 따라 산보하는 비구들을 보라. 그들은 모두 선정(禪定)에 잘 드는 수행자들이니라. 카차야나를 따라 산보하는 비구들을 보라. 그들은 모두 의리를 잘 분별하는 수행자들이니라. 푸루나를 따라 산보하는 비구들을 보라. 그들은 모두 설법을 잘 하는 수행자들이니라. 우팔리를 따라 산보하는 비구들을 보라. 그들은 모두 계율을 잘 지키는 수행자들이니라. 수붓티를 따라 산보하는 비구들을 보라. 그들은 모두 공(空)의 이치를 잘 아는 지혜로운 수행자들이니라. 라훌라를 따라 산보하는 비구들을 보라. 그들은 어려운 일을 잘 참는 수행자들이니라. 아난다를 따라 산보하는 비구들을 보라. 그들은 모두 많이 듣고 한번 들은 것은 잊지 않는 수행자들이니라."

그러나 부처님은 데바닷타에 대해서는 이렇게 말씀했다.

"데바닷타와 산보하는 비구들을 보라. 그들은 모두 악의 우두머리로서 선근이 없는 자들이니라. 그러므로 그대들은 나쁜 벗이나 어리석은 이와 더불어 지내지 말라. 항상 착한 벗과 지혜로운 이와 더불어 사귀어라. 사람은 본래 선악이 없다. 하지만 악한 사람과 함께 친하게 지내면 뒤에 반드시 악의 원인을 만들어 나쁜 이름을 천하에 퍼뜨리게 되리라."

이 말을 듣고 데바닷타를 따르던 30여 명의 수행자들은 부처님 앞에 나와 참회하고 용서를 구했다. 부처님은 그들이 과거를 고치고 미래를 닦도록 참회를 받아주었다.

증일아함 46권 제49 〈목우품(牧牛品)〉 제3경

삿된 길을 가르치는 종교들

부처님이 사밧티의 기원정사에 계실 때의 일이다. 어느 날 제자들에게 이렇게 말했다.

"훌륭한 바라문을 자칭하는 외도 가운데는 거짓의 도를 말하고, 삿되고 어리석어 바르게 가르치지 않고, 지혜로 깨달아 열반으로 향하지 않는 자들이 많다.

그들이 제자를 가르치는 방법은 실로 가관이다. 그들은 보름이 되면 깨 가루와 암라마라 가루로 목욕을 하고 새 무명옷을 입고 머리에는 긴 실 가닥을 드리운다. 그런 다음 소똥을 땅에 바르고 그 위에 누워 이렇게 말한다.

'착한 남자들아, 이른 아침에 일찍 일어나 옷을 벗어 한 곳에 두고 맨몸으로 동방을 향해 달려가라. 비록 길에서 사나운 코끼리나 모진 말, 미친 소, 미친 개를 만나거나, 가시밭이나 숯더미나 구덩이나 깊은 물을 만나더라도 피하지 말고 바로 나가라. 그곳에서 죽으면 하늘나라에 태어날 것이다.'

이렇게 가르치는 것은 바른 길이 아니다.

바른 소견도 아니고 지혜로운 것도 아니다.

더더욱 열반으로 가는 길과는 거리가 멀다.

그러나 나는 제자들을 위해 바른 길을 가르친다.

나의 가르침은 지혜롭고 평등한 깨달음과 열반으로 향하는 길이다.

그것은 바로 여덟 가지 성스러운 길(八正道)이다."

부처님이 설법을 마치자 제자들은 기쁜 마음으로 돌아갔다.

잡아함 30권 842경 《바라문경(婆羅門經)》

제*12*장

마음 닦기

자리를 나누어 앉은 부처님

부처님이 사밧티의 기원정사에 계실 때의 일이다. 어느 날 많은 제자들에게 둘러싸여 설법을 하고 있는데 제자 마하카사파가 찾아왔다. 그는 오랫동안 작은 암자에서 혼자 수행을 하느라고 수염과 머리를 제대로 깎지 못해 더부룩했다. 더욱이 옷은 낡고 해어져 누더기였다. 이를 본 제자들은 자리를 비켜 줄 생각은 하지 않고 오히려 그를 업신여겼다.

'저 사람은 누구기에 저리도 행색이 초라하고 위의도 갖추지 않는가?'

부처님은 비구들의 생각을 알아차리시고 마하카사파에게 말했다.

"어서 오너라, 카사파여. 이리로 와서 나와 함께 자리를 나누어 앉자."

마하카사파는 사양하다가 부처님이 권하자 할 수 없이 좁은 자리를 반으로 나누어 앉았다(分半座). 자리가 정해지자 부처님이 제자들에게 말했다.

"나는 모든 나쁜 법을 떠나 밤이나 낮이나 완전한 선정에 머무른다. 마하카사파도 또한 그러하다. 나는 사랑하는 마음(慈), 불쌍히 여기는 마음(悲), 기뻐하는 마음(喜), 일체에 집착하지 않는 평등한 마음(捨)을 성취했으며 완전한 지혜를 갖추었다. 마하카사파도 또한 그러하다. 그러므로 자리를 나누어 앉는 것이다."

이 말을 들은 제자들은 그제야 잘못을 뉘우치고, 이 일을 칭찬하고 기뻐하는 마음을 내었다.

잡아함 41권 1142경 《납의중경(衲衣重經)》

한 가지라도 제대로 닦으라

부처님이 사밧티 기원정사에 계실 때의 일이다. 어느 날 부처님은 제자들에게 수행자가 여러 가지 법 가운데 한 가지만이라도 제대로 닦는다면 열반에 이를 수 있다고 말씀했다.

"만약 비구들이 한 가지 법을 닦아 행하고 한 가지 법을 널리 펴면 곧 신통을 이루고 온갖 번뇌를 끊게 되며, 수행자로서 최고의 증과(證果)를 이루어 스스로 열반을 얻게 될 것이다. 그러면 어떤 것을 한 가지 법이라고 하는가.

그 하나는 거룩한 부처님을 생각하는 것이다.
그 하나는 거룩한 부처님의 가르침을 생각하는 것이다.
그 하나는 거룩한 화합 승가를 생각하는 것이다.
그 하나는 거룩한 계법을 생각하는 것이다.
그 하나는 보시를 생각하는 것이다.
그 하나는 하늘에 태어나는 공덕을 생각하는 것이다.

그 하나는 마음의 고요함을 생각하는 것이다.

그 하나는 호흡을 깊게 생각하는 것이다.

그 하나는 육신의 무상을 생각하는 것이다.

그 하나는 죽음을 생각하는 것이다.

이러한 것들을 잘 닦아 행하고 널리 연설해서 펴면 곧 신통을 이루고, 온갖 번뇌를 끊게 되며, 수행자로서 최고의 증과를 이루어 스스로 열반을 얻게 될 것이다. 그러므로 수행자들이여, 한 가지 법만이라도 잘 닦고 그 법을 널리 펴야 한다. 반드시 이렇게 수행해야 한다."

증일아함 1권 제2 〈십념품(十念品)〉 제1-10경

수행이란 금을 제련하는 과정

부처님이 라자가하의 야장(冶匠)들이 모여 사는 마을에 계실 때의 일이다. 어느 날 부처님은 제자들에게 다음과 같이 설법했다.

"야장들이 금을 제련하는 것을 보면 이렇게 한다. 먼저 흙과 모래를 통에 넣고 물에 일면 큰 불순물과 흙이 떨어져 나간다. 다시 물을 부어 흔들면 굵은 모래도 떨어져 나가고 금이 붙은 돌이 드러난다. 그래도 금이 붙은 돌에 불순물이 붙어 있으면 다시 물로 일어 금덩이만 남긴다. 다음에는 용광로에 넣어 금을 녹여낸다. 그리고 다시 한 번 풀무질을 하여 금을 녹이면 그제야 가볍고 부드러운 생금이 만들어진다. 이렇게 만들어진 생금은 광택이 나고 굽히거나 펴도 끊어지지 않는다. 사람들은 이것으로 비녀와 귀걸이와 팔찌 같은 장식품을 만든다.

이와 마찬가지로 깨끗한 마음으로 나가려는 수행자는 번뇌의 결박과 그릇된 소견을 먼저 끊어야 한다. 다음으로는 굵은 때나 다름없는 탐·진·치 삼독을 버려야 한다. 이어서 문벌과 고향과 훌륭한 종성이라는 교만한 생각마저 내버려야 한다. 그런 다음에는 마음을 풀무질해서 깨끗하게 만들어야 한다. 마지막으로는 바른 삼매를 얻고 바른 행을 가져야 한다. 이렇게 하면 완전히 제련된 생금과 같이 광채가 나게 된다.

수행의 과정은 저 야장들이 금을 제련하는 것과 같다. 수행자가 여러 가지 단계를 거쳐 바른 삼매를 얻게 되면 야장들이 생금으로 무엇이든지 만들듯이 모든 경계에서 자유롭게 되느니라."

잡아함 47권 1246경 《주금자경(鑄金者經)》

바보 출라판타카의 깨달음

부처님이 사밧티 기원정사에 계실 때의 일이다. 어느 날 판타카 존자가 동생 출라판타카를 불러 이렇게 말했다.

"만일 계율을 지키기 못하겠거든 속세로 돌아가라."

동생은 이 말을 듣고 절 문밖으로 나가 눈물을 흘렸다. 외출에서 돌아오던 부처님은 문밖에서 울고 있는 출라판타카에게 사연을 물었다. 그는 형에게 쫓겨난 연유를 말했다.

"울지 마라. 나는 위없는 깨달음을 얻었지만 너의 형에게 배워서가 아니다. 내가 가르칠 테니 울지 마라."

부처님은 출라판타카를 데리고 정사로 들어가 빗자루를 잡게 하고 이렇게 가르쳤다.

"먼지를 쓸고 때를 닦아라(拂塵除垢)."

그러나 그는 '쓸고'를 외우면 '닦아라'를 잊어버리고, '닦아라'를 외우면 '쓸고'를 잊어버렸다. 그래도 성의를 다해 다섯 글자를 외우기를 계속했더니 얼마 뒤 그 말을 외우게 됐다. 그러자 이번에는 무엇을 쓸고 닦을까를 생각했다. 그것은 때(垢)를 없애라는 것이었다. 다시 무엇이 때인가를 생각하니 그것은 재나 흙이나 기왓장이나 돌이요, 없애라는 것은 깨끗하게 하라는 것인 줄 알게 되었다. 그는 다시 부처님이 왜 이것을 가르쳤는가를 생각했다.

'그것은 내 몸에 티끌과 때가 있는 것과 같다. 그것을 없애는 것이 깨끗해지는 것이다. …… 내 몸의 때란 무엇인가. 집착과 번뇌와 속박이다. 이것을 없앤다는 것은 무엇인가. 지혜다. …… 그렇다. 이제는 지혜의 빗자루로 집착과 번뇌와 속박을 쓸어버리자. ……'

출라판타카는 오온(五蘊)의 집착에서 벗어나 욕망에서 해탈하고, 스스로 해탈했음을 알아차렸다. 해탈의 지혜를 얻어 더 이상의 윤회를 반복하지 않을 것을 알게 되었다. 그는 기쁜 마음으로 부처님을 찾아가 이 사실을 아뢰었다.

"때란 집착과 번뇌와 속박이요, 지혜란 그것을 없애는 것입니다."

"그렇다 비구여. 때란 집착과 번뇌와 속박이요, 지혜란 그것을 없애는 것이니라."

그는 감격하여 이렇게 말했다.

"수행은 '쓸고 닦아라' 다섯 마디의 말로 만족합니다. 부처님이 말씀하신 바 그대로, 지혜로 능히 속박을 없애는 것이니 그밖의 다른 것은 의지할 필요가 없나이다."

부처님도 기뻐하면서 출라판타카의 말을 인정했다.

"그렇다. 지혜로 능히 속박을 없애는 것이니 그밖의 다른 것은 의지할 필요가 없느니라."

증일아함 11권 제20 〈선지식품(善知識品)〉 제12경

불교의 명상법

부처님이 사밧티의 기원정사에 계실 때였다. 어느 날 부처님은 제자들에게 다음과 같이 설법했다.

"호흡을 관찰하는 수행(數息觀)을 닦아 익혀라. 만약 수행자가 수식관을 닦아 익히면 몸과 마음이 쉬게 되고 거친 생각과 미세한 생각이 순일해지며, 순수하고 분명한 생각을 닦아 만족하게 된다. 이러한 수행은 어떻게 하는 것이 좋은가.

먼저 여러 감각기관을 잘 단속하고 고요한 방이나 나무 밑에 몸을 단정히 하고 앉는다. 생각은 눈앞에 매어 두고 탐욕과 성냄과 수면과 들뜬 생각과 의심을 모두 단절해 버린다. 그런 뒤 숨을 들이쉬거나 내쉴 때는 오직 숨을 쉰다는 것에만 생각을 집중한다. 들숨 때는 숨이 들어오고 있구나, 날숨 때는 숨이 나가고 있구나 하고 관찰한다.

만약 몸을 움직이게 되면 움직이는 몸의 상태를 관찰해서 몸의 움직임을 잠시라도 놓치지 않는다. 이를 들숨 날숨 때처럼 알아챈다. 만약 대상과 경계가 기쁨(喜)이거나 즐거움(樂)이면 이것에 집중하여 관찰하여 알고, 마음의 기쁨(心悅)과 마음의 고요함(心定)이 생기면 들숨과 날숨 때 이것에 집중하여 관찰하여 알아챈다. 또 덧없음(無常)과 끊음(斷)과 욕심 없음(無慾)의 경계에 이르러서도 들숨과 날숨을 관찰하여 여기에 집중한다.

이렇게 닦으면 몸과 마음이 쉬게 되고, 거친 생각과 미세한 생각이 순일해지며, 순수하고 분명한 생각을 닦아 만족스러워진다."

잡아함 29권 802경 《안나반나념경(安那般那念經)》

의식을 집중하는 훈련

부처님이 사밧티 기원정사에 계실 때의 일이다. 어느 날 부처님의 아들 라훌라 비구가 찾아와 안나반나(安那般那, 數息觀) 수행법에 대해 물었다. 이에 부처님은 이렇게 가르쳤다.

"라훌라여, 안나반나 수행을 하고자 하면 먼저 사람이 없는 한적한 곳을 찾아서 몸과 마음을 바르게 하고 가부좌를 하고 앉으라. 그런 다음 일체의 잡념을 없애고 의식의 초점을 코끝에 집중시켜라. 날숨이 길면 긴 줄 알아채고 들숨이 길면 긴 줄 알아채며, 날숨이 짧으면 짧은 줄 알아채고 들숨이 짧으면 짧은 줄 알아채라. 날숨이 차가우면 차가운 줄 알아채고 들숨이 차가우면 차가운 줄 알아채라. 날숨이 따뜻하면 따뜻한 줄 알아채고 들숨이 따뜻하면 따뜻한 줄 알아채라. 이렇게 온몸의 들숨과 날숨을 관하여 모두 다 알아채야 한다.

어떤 때는 숨이 있으면 있다고 알아채고 어떤 때는 숨이 없으면 없다고 알아채야 한다. 만일 그 숨이 폐장에서 나오면 폐장에서 나오는 줄 알아채며, 혹은 그 숨이 폐장으로 들어가면 폐장으로 들어간다고 알아채야 한다.

라훌라여, 수행자가 이와 같이 안나반나를 닦아 행하면 곧 근심과 걱정을 없애고 온갖 번뇌가 사라지며 큰 과보를 성취하여 감로(甘露, 不死)의 법을 얻게 되리라."

라훌라는 부처님의 가르침을 받고 자리에서 일어나 예배하고 조용한 숲인 안다 동산으로 들어갔다. 그곳에 있는 어떤 나무 밑으로 가서 몸과 마음을 바르게 하고 일체의 잡념을 없앤 다음 부처님이 가르쳐준 대로 호흡법을 실천했다.

이렇게 수행을 하자 라훌라는 곧 욕심에서 해탈하여 다시는 어떤 악도 없어졌다. 다만 머트러운 생각과 세밀한 생각만 있어서 기쁨과 편안함을 생각하는 제1선정을 얻게 되었다. 다음에는 머트러운 생각과 세밀한 생각마저 없어지고 안으로 스스로 기뻐하면서 마음을 온전히 하여 거기서 생기는 생각과 기쁨으로 제2선정을 얻게 되었다. 다음에는 기쁜 생각도 없고 스스로 깨달아 알고 몸으로 즐겨 하며 성현들이 늘 즐겨 구하는 호심(護心)을 얻어 제3선정을 얻게 되었다. 다음에는 괴로움과 즐거움이 이미 사라지고 다시는 근심과 걱정이 없으며 괴로움도 즐거움도 없고 호심이 깨끗해지는 제4선정을 얻게 되었다.

라훌라는 이 삼매의 힘으로 마음을 깨끗하게 해 아무 더러움도 없고 몸은 유연해졌다. 그리하여 자기가 온 곳을 알고 하던 일을 기억했다. 또 수없는 과거의 전생 일을 모두 분별했다. 삼매의 힘으로 마음이 청정하여 아무 번뇌가 없어져 모든 중생들이 마음먹는 것을 다 알게 됐다. 또 하늘눈이 열려서 중생들이 나고 죽는 이유와 얼굴이 곱고 추한 이유, 그들이 받는 과보에 대해서도 훤히 알게 되었다. 이렇게 해서 존자 라홀라는 모든 욕망과 번뇌에서 해탈하여 다시는 생사윤회에서 헤매지 않고 청정한 범행을 성취하여 아라한이 되었다.

증일아함 7권 제17 〈안반품(安般品)〉 제1경

부처님의 아름다운 모습

부처님이 마가다 국 잔두 촌 망나림 굴에 계실 때의 일이다. 그때 임시로 시자가 된 메기야(彌醯) 비구가 아침 공양을 마치고 호나림 강가의 맑은 물과 쾌적한 기후를 보고 기뻐하며 이런 곳에서 수행을 해보았으면 하는 생각을 냈다. 메기야는 부처님께 나아가서 이 뜻을 알리고 혼자서 수행하기를 청했다. 부처님은 시봉할 비구가 올 때까지만 기다리라고 만류했으나 메기야는 거듭 간청했다. 부처님은 더 이상 만류할 수 없음을 알고, 하고 싶은 대로 하기를 허락했다.

메기야는 호나림으로 가서 나무 밑에 가부좌를 틀고 앉아 선정에 들려고 했으나 탐욕과 분노와 우치의 번뇌로 머리가 어지러웠다. 그는 문득 부처님을 생각하고 자리에서 일어나 다시 부처님에게로 돌아왔다. 부처님은 그가 왜 다시 돌아왔는지를 알고 이렇게 가르쳤다.

"메기야여, 수행자가 마음의 해탈을 얻고자 하면 오습법(五習法)을 익혀야 한다. 첫째, 스스로 착한 벗이 되어 착한 벗과 함께 해야 한다. 둘째, 금계를 닦아 익히고 위의와 예절을 지키며, 티끌만한 허물을 보아도 항상 두려워해야 한다. 셋째, 말은 거룩하고 뜻이 깊으며, 행동은 부드럽고 유연하며, 마음은 번뇌의 덮개를 걷어내야 한다. 그러자면 계(戒)·정(定)·혜(慧)와 해탈(解脫)과 해탈지견(解脫知見)을 잘 닦아야 한다. 넷째, 항상 정진하여 악행을 멀리 여의고 선행을 실천하되 전일(專一)하고 견고해야 한다. 다섯째, 지혜를 닦아 흥하고 쇠하는 법을 관찰하며 거룩한 지혜를 밝게 통달해야 한다."

계속해서 부처님은 메기야를 위해 이렇게 덧붙여 말했다.

"메기야여, 수행자가 모든 것이 무상하다는 생각을 얻으면 반드시 무아라는 생각을 얻을 것이다. 만약 수행자가 무아라는 생각을 얻으면 그 자리에서 일체의 아만을 끊고 무위(無爲)와 열반(涅槃)을 얻을 것이다."

중아함 10권 56경 《미혜경(彌醯經)》

고행은 무익한 것이다

부처님이 베살리 교외 숲에 머물 때의 일이다. 어느 날 부처님은 과거 정각을 이루기 전 고행을 하던 때의 일을 이렇게 회상했다.

"나는 정각을 이루기 전 대외산(大畏山)에 머물고 있었다. 낮이면 햇볕으로 대지가 달구어져 아지랑이가 피어오를 때 바깥에 나왔다가 밤이 되면 숲으로 들어갔다. 또 몹시 추운 밤에는 바람과 눈을 맞으며 바깥에 나갔다가 낮에는 숲으로 들어갔다.

나는 무덤 사이로 가서 죽은 사람의 옷을 주워 몸을 가렸다. 사람들은 그런 나를 보고 나무를 꺾어 때리거나 귓구멍이나 콧구멍을 찌르기도 했다. 나를 향해 침을 뱉거나 흙을 뿌리거나 오줌을 누는 사람도 있었다. 그런 모욕을 받고도 나는 화를 내지 않았다.

나는 배가 고프면 외양간에 가서 소똥을 집어먹고 끼니를 때웠다. 그러나 그것으로는 연명이 어려움을 알고 다음부터는 하루에 깨 한 알과 쌀 한 알씩 먹었다. 몸은 쇠약해져 뼈는 서로 맞붙고 정수리에는 부스럼이 생겨 가죽과 살이 절로 떨어졌다. 눈은 깊은 우물 속에 별이 나타나는 것과 같았다. 내 몸은 낡은 수레가 부서진 것처럼 뜻대로 되지 않았다. 내 엉덩이는 낙타 다리처럼 드러났다. 손으로 배를 만지면 곧 등뼈가 잡혔고, 등뼈를 만지면 뱃가죽이 손에 닿았다. 용변을 보고 싶어 자리에서 일어나려면 곧 쓰러졌다. 사람들은 나를 보고 죽은 것이 아니냐고 했다. 이처럼 쇠약해진 것은 제대로 먹지 않았기 때문이었다.

나는 다시 몸을 괴롭히는 수행을 했다. 가시나 널판자, 쇠못 위에 눕기도 하고, 두 다리를 위로 올리고 머리를 땅에 두기도 했다. 다리를 꼬아 걸터앉고 수염과 머리를 길러 깎지 않기도 했다. 한겨울에 얼음 물 속에 들어가 앉기도 했다. 때로는 옷을 벗고 때로는 해진 옷을 입기도 했다.

그러나 이러한 고행은 끝내 아무런 이익도 없었다. 나는 '이렇게 하는 것은 도를 성취하는 근본이 되지 못한다. 반드시 다른 길이 있을 것'이라고 생각했다. 나는 출가하기 전 나무 밑에 앉아 음욕과 욕심이 없이 선정에 들었을 때 몸과 마음이 청정해지던 것을 기억해내고 그 길이 옳은 것일지 모른다는 생각을 했다. 또 얼마만큼은 기력이 있어야 수행할 수 있을 것이라고 생각하고 약간의 음식을 먹기로 했다. 그러자 같이 수행하던 다섯 사람은 나를 가리켜 '참법을 잃고 삿된 길로 들어선 타락한 수행자'라며 떠나갔다.

그때 멀지 않은 곳에서 길상이라는 범지가 부드러운 풀을 베고 있었다. 나는 그 풀을 얻어 나무 밑에 깔고 앉아 알기도 어렵고 깨닫기도 어려운 성현의 계율과 지혜와 해탈과 삼매를 얻기 위해 명상에 잠겼다. 그렇게 수행을 하는 동안 탐욕이 사라지고 온갖 나쁜 생각이 사라지고 감각기관은 편안해졌다. 선정은 깊어졌고 마음은 깨끗해져서 모든 번뇌와 두려움이 사라졌다. 나는 드디어 번뇌가 다하여 해탈을 얻고, 위없는 진리를 깨달아 참된 도를 이루었다. 그러므로 그대들도 열심히 수행하여 참다운 도를 이루도록 하라."

부처님이 이렇게 말하자 제자들은 기뻐하며 그 가르침을 받들어 행하였다.

증일아함 23권 제31 〈증상품(增上品)〉 제8경

애욕의 강물을 건너간 성자

부처님이 사밧티 기원정사에 계실 때의 일이다. 어느 날 난타 비구가 세속으로 돌아가려고 한다는 소문이 들렸다. 부처님은 사람을 시켜 난타를 데려와 자초지종을 물었다.

"그대는 어찌해서 법의(法衣)를 벗고 세속으로 돌아가려 하는가?"

"저는 이성에 대한 욕망이 불꽃처럼 일어나 견딜 수 없나이다."

"난타여, 대개의 사람들은 주색(酒色)에 대한 욕망을 버리지 못하고 만족할 줄 모른다. 그 결과 수행을 망치게 된다. 그러나 두 가지를 잘 억제하고 범행을 닦으면 번뇌가 없는 과보를 얻게 되리라. 마치 지붕을 촘촘하게 엮으면 비가 새지 않는 것처럼 범행을 닦으면 음욕과 성냄이 사라지게 된다."

그러나 음욕이 발동한 난타 비구는 부처님의 말씀을 마음으로부터 승복하지 않았다. 부처님은 '불로써 불을 끄리라'면서 난타를 데리고 여행을 떠났다. 부처님은 난타를 데리고 원숭이들이 사는 향산

(香山)의 바위굴로 갔다.

"이곳의 애꾸눈 원숭이와 너의 아내 손타리와 비교하면 누가 더 아름다운가?"

"저 원숭이는 개에게 코를 물린 사람처럼 못생겨서 손타리와는 비교가 되지 않습니다."

이번에는 천녀(天女)들이 노니는 곳으로 갔다. 거기에는 숨막히게 아름다운 천녀들이 노래하며 춤추고 있었다.

"이곳 천녀들과 너의 아내 손타리와 비교하면 누가 더 아름다운가?"

"저 동굴의 애꾸눈 원숭이가 손타리와 비교할 수 없듯이 이 천녀와 손타리의 아름다움도 비교할 수 없습니다. 어떻게 하면 저 천녀들과 함께 즐겁게 지낼 수 있을는지요?"

"청정한 범행을 닦으라. 그러면 그 공덕으로 저 천녀들과 함께 지낼 수 있을 것이다."

이렇게 약속한 부처님은 다시 난타를 데리고 지옥으로 갔다. 지옥에는 여러 중생들이 고통을 받고 있었다. 그 중 커다란 기름가마솥이 하나 비어 있었다. 옥졸은 궁금해 하는 난타에게 그 가마솥이 어떻게 쓰일 지에 대해 말해주었다.

"여기는 아비지옥입니다. 저 가마솥은 난타가 청정한 범행을 닦아 그 복으로 천상에 태어나 천녀들과 쾌락을 누리다가 목숨을 마치면 이곳에 와서 살게 될 집입니다."

옥졸의 설명을 들은 난타는 식은땀을 흘렸다. 부처님은 그런 난타에게 이렇게 말했다.

"그대가 영원한 즐거움인 열반을 얻고자 하면 지(止)와 관(觀)을 열심히 닦으라."

난타는 환속할 것을 포기했다. 그 대신 안타원(安陀園)으로 들어가 몸과 마음을 바로 하고 열심히 수행했다. 그리하여 머지않아 애욕의 강물을 건너간 아라한이 되었다.

증일아함 9권 제18 〈참괴품(慙愧品)〉 제7경

가난해도 행복한 사람

부처님이 녹야원에 머물고 계실 때의 일이다. 그때 존자 아니룻다는 수저림에 있었는데 욕심이 없어 마음이 편안한 경지에 도달해 있었다. 그는 해진 옷을 입으면서도 왕이나 신하가 옷을 상자 가득 넣어두고 아침저녁 마음대로 꺼내 입는 것과 같은 행복을 누렸다. 숲에 있으면서도 다락같이 좋은 궁전에서 편안한 침대나 평상에서 비단 이불을 덮는 것과 같은 행복을 누렸다. 걸식으로 주린 배를 채우면서도 왕이나 부자가 깨끗하고 맛있는 음식을 먹는 것과 같은 행복을 누렸다.

부처님은 이 같은 아니룻다의 수행을 크게 찬탄하고 이를 계기로 제자들에게 수행자가 지녀야 할 여덟 가지 생각을 조목조목 나누어 설법했다.

"도는 욕심이 없는 것에서 얻어지는 것이지 욕심이 있는 데서 얻어지는 것이 아니다. 그래서 수행자는 욕심이 없는 상태가 되면 스스로 그렇게 된 줄 알지만, 그렇다고 남에게 내가 욕심이 없다는 것을 애써 알리려 하지 않는다. 또한 도는 만족할 줄 아는 데서 얻어지는 것이며 만족할 줄 모르는 데서 얻어지는 것이 아니다. 그래서 수행자는 만족할 줄 알아 옷은 다만 몸을 가리기 위해 입으며, 밥은 다만 배를 채우기 위해 먹는 것이다.

도는 멀리 떠나는 데서 얻어지는 것이지 모임을 즐겨 하거나 모임에 어울리는 데서 얻어지는 것이 아니다. 그래서 수행자는 멀리 떠나기를 행하되 욕심에서 떠나고 번뇌에서 떠남으로써 도를 이루고자 한다. 또한 도는 부지런히 닦는 데서 얻어지는 것이지 게으름에서 얻어지는 것이 아니다. 그래서 수행자는 언제나 부지런히 악업을 끊고 모든 선법을 닦으며 항상 스스로 전일하고 견고한 뜻을 잃지 않도록 하며 모든 선을 위해 방편을 잃지 않는다.

도는 바른 생각에서 얻어지는 것이지 잘못된 생각에서 얻어지는 것이 아니다. 그래서 수행자들은 육신은 깨끗한 것이 아니며(身念處), 고락을 생각하는 것은 괴로움이며(受念處), 마음은 고정된 것이 아니어서 늘 변하는 것이며(心念處), 만유에는 불변의 자아가 없다(法念處)는 사념처를 닦는다. 또한 도는 고요한 생각에서 얻어지는 것이지 어지러운 생각에서 얻어지는 것이 아니다. 그래서 수행자들은 욕심을 떠나고, 선과 악의 법을 떠나서 제4선을 성취하고 거기에서 노닌다.

도는 지혜에서 얻어지는 것이지 어리석음에서 얻어지는 것이 아니다. 그래서 수행자는 지혜를 닦아 흥망성쇠의 법을 관찰하고 분별하며 성스러운 지혜를 밝게 통달하여 괴로움에서 벗어난다. 또한 도는 침묵의 명상에서 얻어지는 것이지 이론을 희롱하거나 즐기는 것에서 얻어지는 것이 아니다. 그래서 수행자는 언제나 실없는 희론을 멀리하고 무여열반에 머물러 항상 즐거움과 기쁨에 머문다."

중아함 18권 74경 《팔념경(八念經)》

아집을 버리고 정견을 따르라

부처님이 사밧티 기원정사에 계실 때의 일이다. 어느 날 부처님은 비구들에게 이렇게 말씀했다.

"수행자에는 네 종류의 사람이 있다. 그들은 공경하고 높임을 받을 만하다. 그들은 어떤 사람인가. 믿음을 가진 사람, 법을 받드는 사람, 몸으로 증득하는 사람, 지혜가 밝은 사람이다.

믿음을 가진 사람이란 훌륭한 사람의 가르침을 받으면 독실하게 믿는 마음을 내서 의심하지 않는 사람을 말한다. 그는 부처님의 가르침에 대해 굳은 믿음이 있으며, 또한 훌륭한 아라한의 말을 믿는다. 결코 자기 소견이나 지혜에만 의지해 맡기지 않는다.

법을 받드는 사람이란 사람에 의지하기보다는 법에 의지하는 사람을 말한다. 그는 항상 누가 말을 하면 '업보란 있는가, 없는가' '이것이 진실한 법인가, 허망한 것인가' '이것은 여래의 말이요 법인가, 그렇지 않은가'를 관찰한다. 그리하여 여래의 법인 줄 알면 받들어 가지지만 외도의 말이면 떠난다.

몸으로 증득한 사람이란 자기 몸으로 증득한 것만을 법으로 믿는 사람을 말한다. 그는 남을 믿지 않고 여래의 말도 믿지 않으며 모든 존자의 가르침도 믿지 않는다. 다만 자기가 증득한 것만을 믿는다.

지혜가 밝은 사람이란 세 가지 결박을 끊고 수다원과에서 물러나지 않는 법을 성취한 사람을 말한다. 그는 '보시의 공덕도 있고, 선악의 갚음도 있으며, 이승도 저승도 있으며, 부모도 있으며, 아라한의 가르침을 받는 이도 있다'고 말한다. 그는 몸으로 믿고 증득하여 스스로 편한 상태에 머물면서 지혜로써 교화한다.

수행자들이여, 이것이 이른바 네 종류의 수행자다. 그대들은 이 중에서 다른 셋은 버리더라도 몸으로 증득하여 지혜를 얻는 법을 닦도록 하라."

증일아함 19권 제27 〈등취사제품(等趣四諦品)〉 제10경

깨달음에는 남녀가 없다

부처님이 사밧티의 기원정사에 계실 때의 일이다. 그 무렵 소마 비구니는 기원정사에서 가까운 비구니 처소에서 수행을 하고 있었다. 어느 날 명상에 잠겨 있는 그녀에게 젊은이로 변신한 마왕이 찾아와 말을 걸었다.

"그대는 수행을 하여 무엇을 얻고자 하는가?"

"번뇌를 멀리 떠나 위없는 성스러운 경지에 오르고자 한다."

"성인의 경지는 도달하기가 매우 어려운 곳이다. 여자의 몸으로는 능히 그곳으로 가기가 어려울 것이다."

이에 소마 비구니는 게송으로 대답했다.

마음이 삼매에 들어가는데
여자의 몸이 무슨 관계가 있겠는가.
누구라도 지혜를 얻게 되면
위없는 법을 얻을 수 있느니라.

만약 남녀라는 분별심을
한꺼번에 버리지 못하면
그것은 곧 악마의 생각이니
너는 마땅히 이것을 알아야 한다.

일체의 괴로움을 여의고

일체의 두려움을 버리고

모든 애착이 사라짐을 증득하면

모든 번뇌가 다하여 열반을 이루니라.

마왕은 더 이상의 유혹이 소용없음을 알고 물러갔다.

잡아함 45권 1199경 《소마경(蘇摩經)》

운명에 대한 세 가지 오해

부처님이 사밧티 기수급고독원에 계실 때의 일이다. 어느 날 부처님은 비구들에게 이렇게 말씀했다.

"세상에는 지혜가 있다고 자처하는 세 가지 부류의 사람들이 있다. 일체가 숙명으로 이루어졌다고 하는 주장과 일체가 존우(尊祐)의 뜻에 의한 것이라는 주장과 일체가 인(因)도 없고 연(緣)도 없이 이루어졌다는 주장이 그것이다. 그러나 이는 진리가 아니며 옳지 않다. 어째서 그런가?

만약 사람이 행하는 모든 행위가 숙명으로 이루어졌다든가, 존우의 뜻에 의한 것이라든가, 인도 없고 연도 없이 이루어지는 것이라면 사람들은 살생과 도둑질과 사음과 같은 10가지 악행에서 벗어날 수 없다. 왜냐하면 그것은 숙명적인 것이거나, 존우의 뜻에 의한 것이거나, 인도 없고 연도 없는 것이기 때문이다. 그러므로 이 세 가지 주장은 진리가 아니며 옳지 않다. 만약 그런 주장들이 진리라면 사람들은 해야 할 일과 하지 않아야 할 일을 모를 것이며, 거기서 벗어나는 방법도 모를 것이다."

이어서 부처님은 이렇게 말했다.

"내가 스스로 알고 스스로 깨달은 바에 의하면 모든 것은 인과 연이 합하여 일어난다. 육계(六界: 地·水·火·風·空·識)가 합함으로 인하여 어머니의 태에 태어나고, 그로 인하여 육처(六處: 眼·耳·鼻·舌·身·意)가 생기고 육처로 인하여 감각이 생기고, 감각으로 인하여 집착이 생기며, 집착으로 인하여 괴로움이 일어난다. 괴로움을 멸하고 참다운 행복을 성취하기 위해서는 팔정도를 닦아야 한다. 그러므로 수행자는 괴로움의 현실을 알아야 하고, 괴로움의 원인을 끊어야 하며, 괴로움이 멸한 상태를 증득해야 하며, 괴로움을 멸하는 도를 닦아야 한다."

중아함 3권 13경 《도경(度經)》

불자의 이름에 합당한 사람

부처님이 앙가 국 마읍 마림사에 계실 때의 일이다. 어느 날 부처님은 비구들에게 출가사문의 이름에 합당한 사람이 누구인가에 대해 말했다.

"사람들은 그대들을 보고 출가사문이라 부른다. 그대들도 사람들에게 스스로를 출가사문이라 말한다. 그렇다면 그대들은 마땅히 이름에 합당한 도를 배워야 할 것이다. 그렇지 않으면 거짓 사문이라 할 것이며, 의복과 음식과 평상과 탕약을 공양 받을 자격이 없다. 그대들이 이름에 합당한 사문이 되어야 공양하는 사람들도 큰 공덕을 지어서 갚음을 받을 것이다."

여기까지 말씀한 부처님은 그러면 어떤 것이 사문이 닦고 배워야 할 법인가에 대해 다음과 같이 말씀했다.

"먼저 몸으로 하는 행동을 청정하게 해야 하나니, 몸으로 어떤 행동을 드러내 놓고 해도 부끄러움이 없고 흐트러짐이 없어야 한다. 또 입으로 하는 행동을 청정하게 해야 하나니, 입으로 어떤 행동을 드러내 놓고 해도 부끄러움이 없고 흐트러짐이 없어야 한다. 또 마음속으로 하는 생각을 청정하게 해야 하나니, 마음속으로 어떤 생각을 드러내 놓고 해도 부끄러움이 없고 흐트러짐이 없어야 한다.

또 생활수단으로 하는 행동을 청정하게 해야 하나니, 생활수단으로 어떤 행동을 드러내 놓고 해도 부끄러움이 없고 흐트러짐이 없어야 한다. 또 감각기관을 잘 다스려 통제해야 하나니, 감각기관을 잘 막고 통제하여 부끄러움이 없고 흐트러짐이 없어야 한다. 즉 안(眼)·이(耳)·비(鼻)·설(舌)·신(身)·의(意)가 색(色)·성(聲)·향(香)·미(味)·촉(觸)·법(法)을 만나더라도 탐욕과 성냄과 슬픔과 기쁨이 일어나지 않도록 해야 한다. 또 위의를 잘 갖추어야 하나니, 앉고 서고 눕고 구부리고 펴는 몸가짐을 드러내 놓고 해도 법도에 어긋나지 않고 부끄러움과 흐트러짐이 없어야 한다.

이렇게 몸과 입과 마음속으로 하는 생각이 청정하고, 생활수단이 청정하며, 감각기관을 잘 단속하고, 위의를 잘 갖추었더라도 그것을 뽐내지 않고, 남을 깔보지도 않으며, 마음속에 더러움이 없어야 한다. 그래야 모든 사문이 칭찬받을 수 있다. 이런 사람을 가리켜 거짓 사문이 아니며 이름에 합당한 출가사문이라 하느니라."

중아함 48권 182경 《마읍경(馬邑經)》

감각기관을 제어하는 훈련

부처님이 사밧티 기원정사에 계실 때의 일이다. 어느 날 부처님은 수행자들이 육근(六根)을 어떻게 제어하고 다스릴지에 대해 이렇게 말씀했다.

"차라리 날카로운 쇠 송곳을 불에 달구어 눈을 지질지언정 모양을 보고 난잡한 생각(亂想)을 일으키지 말라. 난잡한 생각을 일으키면 바른 생각이 무너져 삼악도에 떨어진다. 그러므로 차라리 잠을 잘지언정 깨어 있으면서 난잡한 생각을 일으키지 말라고 하는 것이다.

차라리 날카로운 송곳으로 귀를 찌를지언정 소리를 듣고 난잡한 생각을 일으키지 말라. 난잡한 생각을 일으키면 바른 생각이 무너져 삼악도에 떨어진다. 그러므로 차라리 잠을 잘지언정 깨어 있으면서 난잡한 생각을 일으키지 말라고 하는 것이다.

차라리 날카로운 쇠사슬로 코를 얽어맬지언정 냄새를 맡고 난잡한 생각을 일으키지 말라. 난잡한 생각을 일으키면 바른 생각이 무너져 삼악도에 떨어진다. 그러므로 차라리 잠을 잘지언정 깨어 있으면서 난잡한 생각을 일으키지 말라고 하는 것이다.

차라리 날카로운 칼로 혀를 자를지언정 나쁜 말과 추한 말을 하지 말라. 그런 말을 하면 바른 생각이 무너져 삼악도에 떨어진다. 그러므로 차라리 잠을 잘지언정 깨어 있으면서 난잡한 생각을 일으키지 말라고 하는 것이다.

차라리 뜨거운 구리쇠판으로 그 몸을 쌀지언정 여자의 몸과 접촉하지 말라. 여자와 오가며 말하고 접촉하면 바른 생각이 무너져 삼악도에 떨어진다. 그러므로 차라리 잠을 잘지언정 깨어 있으면서 난잡한 생각을 일으키지 말라고 하는 것이다.

차라리 잠을 잘지언정 깨어 있으면서 성중의 화합을 허물지 말라. 성중의 화합을 깨뜨리면 오역죄를 지어 1천의 부처님이 오셔도 마침내 구원받기 어렵다. 그러므로 차라리 잠을 잘지언정 깨어 있으면서 난잡한 생각을 일으키지 말라고 하는 것이다.

   수행자들이여, 그대들은 항상 육근을 잘 단속하여 실수가 없도록 하라. 그렇게 하면 수행에 큰 도움이 있을 것이다.

증일아함 49권 제51 〈비상품(非常品)〉 제7경

부처님은 왜 설법하는가

   부처님이 라자가하 죽림정사에 계실 때의 일이다. 어느 날 부처님은 제자들에게 다음과 같이 말씀하셨다.

   "세상 사람들이 싫어하는 것이 세 가지가 있다. 늙고 병들고 죽는 것이다. 이 세 가지가 없었다면 여래는 세상에 출현하지 않았을 것이며 설법하지도 않았을 것이다.

   중생들이 늙고 병들어 죽는 것은 무엇 때문인가. 탐욕과 분노와 어리석음 때문이다. 이 셋은 육신을 나라고 보고, 삿된 계율에 집착하고, 의심하기 때문에 생긴다. 다시 이 셋은 옳지 않은 생각과, 삿된 도리를 가까이하는 것과, 게으름 때문에 생긴다. 다시 이 셋은 정신을 잃고, 바르게 알지 못하고, 어지러운 마음 때문에 생긴다. 다시 이 셋은 생각이 들뜨고, 율의를 행하지 않고, 계를 배우지 않기 때문에 생긴다. 다시 이 셋은 믿지 않고, 가르치기 어렵고, 게으르기 때문에 생긴다. 다시 이 셋은 성인을 뵈려 하지 않고, 설법을 들으려 하지 않고, 남의 단점을 찾기 때문에 생긴다. 다시 이 셋은 공경심이 없고, 거슬리는 말이나 하며, 나쁜 벗과 친하게 지내기 때문에 생긴다. 다시 이 셋은 스스로 부끄러움도 없고, 남에게도 부끄러워하지 않으며, 함부로 놀기 때문에 생긴다.

그러므로 늙고 병들어 죽는 괴로움에서 벗어나려면 삼독을 끊고 내지 스스로 부끄러움도 없고 남에게도 부끄러워하지 않고 함부로 놀지 않으려는 습관을 버려야 한다. 이렇게 거듭 거듭 수행하다 보면 탐욕과 성냄과 어리석음을 끊고 늙음과 병과 죽음을 떠날 수 있게 되느니라."

잡아함 14권 346경 《삼법경(三法經)》

질투의 일곱 가지 죄악

부처님이 사밧티 기수급고독원에 머물 때의 일이다. 어느 날 비구들에게 질투하는 사람이 짓는 일곱 가지 죄악에 대해 말씀했다.

"첫째, 서로 원한이 있는 사람들은 상대의 집안에 미인이 있는 것을 질투하여 미인이 어떻게 되기를 바란다. 그러나 질투심을 지니면 아무리 깨끗하게 목욕하고 좋은 향을 바르더라도 그 얼굴이 점점 나빠진다. 질투심에 덮여 나쁜 마음을 버리지 않기 때문이다.

둘째, 서로 원한이 있는 사람들은 상대 집안 사람이 편안히 잠자는 것을 질투하여 안온하지 못한 잠을 자기를 바란다. 그러나 질투심을 지니면 아무리 좋은 침대에서 좋은 베개를 베고 자더라도 편안하게 자지 못한다. 질투심에 덮여 나쁜 마음을 버리지 못하기 때문이다.

셋째, 서로 원한이 있는 사람들은 상대 집안에 좋은 일이 생기는 일을 질투하여 좋은 일이 생기지 않기를 바란다. 그러나 질투심을 지니면 아무리 애를 쓰더라도 끝내 좋은 일이 생기지 않는다. 질투심에 덮여 나쁜 마음을 버리지 못하기 때문이다.

넷째, 서로 원한이 있는 사람들은 상대 집안에 좋은 친구가 있는 것을 질투하여 좋은 벗이 없어지기를 바란다. 그러나 질투심을 지니면 좋은 벗이 그를 피해간다. 질투심에 덮여 나쁜 마음을 버리지 않기 때문이다.

다섯째, 서로 원한이 있는 사람들은 상대 집안이 칭찬 듣는 것을 질투하여 칭찬 듣지 않기를 바란다. 그러나 질투심을 지니면 나쁜 이름이 사방에 퍼진다. 질투심에 덮여 나쁜 마음을 버리지 않기 때문이다.

여섯째, 서로 원한이 있는 사람들은 상대 집안이 큰 부자가 되는 것을 질투하여 큰 부자가 되지 않기를 바란다. 그러나 질투심을 지니면 몸과 말과 생각으로 나쁜 업을 지음으로써 끝내 재산을 잃게 된다. 질투심에 덮여 나쁜 마음을 버리지 않기 때문이다.

일곱째, 서로 원한이 있는 사람들은 상대 집안 사람들이 좋은 곳에 태어나는 것을 질투하여 하늘에 나지 않기를 바란다. 그러나 질투심을 지니면 몸과 입과 뜻으로 나쁜 짓을 하게 되므로 나중에 지옥보를 받게 될 것이다. 질투심에 덮여 나쁜 마음을 버리지 않기 때문이다.

그러므로 알아야 한다. 질투심은 마음의 더러움이 되어 재물이나 명예에 이롭지 않고 도리어 무섭고 두려운 일을 가져온다. 눈먼 장님처럼 바른 법을 깨닫지 못하고 앞이 캄캄해진다. 그러나 슬기로운 사람은 이를 알아 작은 잘못도 알아서 없애기에 애쓴다. 그리하면 성냄도 걱정도 없어지고, 질투하는 마음을 끊으면 번뇌가 없어져 열반을 얻으리라."

중아함 30권 129경 《원가경(怨家經)》

자비와 사념처에 관한 명상

부처님이 사밧티 기원정사에 계실 때의 일이다. 어느 날 부처님은 자비에 관한 열 가지 명상과 염처에 관한 네 가지 명상에 대해 말씀했다.

"수행자가 자비(慈悲)에 관한 열 가지 명상과 염처(念處)에 관한 네 가지 명상을 하면 훌륭한 수행자로 칭송받을 것이다.

수행자들이여, 어떤 것이 자비에 관한 열 가지 명상인가.

동방·서방·남방·북방에 사는 모든 중생들에 대해 네 가지 한없는 사랑하는 마음(慈心), 가엾게 여기는 마음(悲心), 기쁘게 하는 마음(喜心), 보호하는 마음(護心)을 갖는 것이다. 동북방·서북방·동남방·서남방의 사유(四維)에 사는 모든 중생들에 대해 네 가지 한없는 사랑하는 마음, 가엾게 여기는 마음, 기쁘게 하는 마음, 보호하는 마음을 갖는 것이다. 상방과 하방에 사는 모든 중생들에 대해 네 가지 한없는 사랑하는 마음, 가엾게 여기는 마음, 기쁘게 하는 마음, 보호하는 마음을 갖는 것이다. 이렇게 하면 모든 감각기관이 원만하고 음식에 절제할 줄 알며 항상 깨어 있을 것이다.

수행자들이여, 어떤 것이 염처에 관한 네 가지 명상인가.

몸(身念處)에 관해서 안과 밖과 안팎으로 관찰하여 근심과 걱정을 없애고 몸이라는 생각을 그치도록 하는 것이다. 느낌(受念處)에 관해서 안과 밖과 안팎으로 관찰하여 근심과 걱정을 없애고 느낌이라는 생각을 그치도록 하는 것이다. 마음(心念處)에 관해서 안과 밖과 안팎으로 관찰하여 근심과 걱정을 없애고 마음이라는 생각을 그치도록 하는 것이다. 관념(法念處)에 관해서 안과 밖과 안팎으로 관찰하여 근심과 걱정을 없애고 관념이라는 생각을 그치도록 하는 것이다.

만약 수행자로서 이와 같이 열 가지 자비에 관한 명상과 네 가지 염처에 관한 명상을 잘 닦는다면 그는 현재의 생에서 훌륭한 수행자로 칭송받을 것이다. 그러므로 그대들은 열 가지 자비에 관한 명상과 네 가지 염처에 관한 명상을 닦는 데 게으르지 말아야 한다."

증일아함 35권 제41 〈막외품(莫畏品)〉 제3경

누구를 위해 수행하는가

부처님이 사케다 성 푸른 숲에 머물고 계실 때의 일이다. 그 무렵 이 마을의 훌륭한 가문의 세 젊은이가 출가하여 수행하고 있었다.

아니룻다와 난디야와 킴빌라가 그들이었다.

그러나 이들은 젊고 집을 떠난 지가 얼마 되지 않아 아직 청정한 범행을 닦는 데 익숙하지 않고 게을렀다.

어느 날 부처님은 이들을 불러 물었다.

"그대들은 출가한 지 얼마 되지 않았다. 그렇다면 더 열심히 청정범행을 닦고 게으르지 말아야 하는데 그렇지 않다. 이유가 무엇인가?"

부처님은 세 번이나 같은 질문을 했으나 이들은 세 번 모두 대답하지 않았다.

그러자 부처님은 아니룻다를 지목해 물었다.

"아니룻다여, 그대는 젊고 건강하다. 출가하기 전 집에 있을 때는 자주 목욕도 하고 유희를 즐겼으며, 검은 머리결과 그 몸을 아끼고 단장하기를 좋아했다. 부모님은 그대를 몹시도 사랑하여 집을 떠나 도를 닦고자 할 때 슬퍼하며 눈물을 흘렸다. 그럼에도 그대들은 스스로 수염과 머리를 깎고 해진 천으로 만들어진 가사를 입고 집을 떠나 도를 배우고 있다.

아니룻다여, 그대가 출가하여 도를 배우는 것은 왕을 두려워해서도 아니오, 도적을 두려워해서도 아니오, 빚을 지고 피해 도망친 것도 아니다. 어떤 무서운 일을 피하기 위해서도 아니며 먹고사는 생활을 영위하기 위해서는 더더욱 아니다.

그대가 출가하여 도를 배우는 것은 오직 생로병사와 걱정과 슬픔과 괴로움을 싫어하고, 그로 인해 생기는 더 큰 괴로움에서 벗어나기 위해서다. 그대는 이러한 마음을 가졌기 때문에 도를 닦는 것이 아닌가?"

아니룻다가 작은 목소리로 '그렇다'고 대답하자 부처님이 말씀했다.

"그러나 아니룻다여, 그대는 탐욕과 분노와 어리석음에서 벗어나지 못하여 마음은 즐겁지 않고 몸은 피곤하여 많이 먹는다.

그렇게 되면 굶주림과 목마름과 욕심과 매질을 참지 못하고 온갖 병에 걸려 참지 못하게 된다. 그러나 욕심에서 벗어나고 나쁜 법에 묶이지 않으면 반드시 버림의 즐거움과 위없는 편안함을 얻을 것이다.

아니룻다여, 여래가 왜 그대들에게 일없이 조용한 곳이나 산림 또는 나무 밑이나 바위굴에 머물며 사람들과 멀리하며 악이 없는 곳에서 수행하라고 이르는지 아는가?

두 가지 이유 때문이다. 하나는 수행자가 현재 즐겁게 살도록 하기 위해서요, 또 하나는 후세 사람들을 사랑하고 가엾게 여겨 그들이 본받도록 하기 위해서다."

중아함 18권 77경 《사계제삼족성자경(娑鷄帝三族姓子經)》

편안하게 죽는 법

부처님이 사위국 기원정사에 계실 때의 일이다. 어느 날 오후 비구들이 아니룻다 존자에게 가서 머리를 조아려 예배하고 말했다.

"우리들이 궁금한 것을 묻고 싶은데 대답해주시겠습니까?"

"묻고 싶은 것이 있으면 물으시오. 나는 그 말을 들은 뒤에 생각해보겠소."

"어떻게 하면 수행자가 아무런 고통(煩熱) 없이 임종을 맞을 수 있는지요?"

"만약 수행자가 탐욕을 떠나고, 악하고 착하지 않은 생각에서 떠나 선정(第四禪)을 얻으면 번열하지 않고 목숨을 마칠 수 있을 것입니다."

"그 방법 밖에 없습니까?"

"아니오. 만약 수행자가 고통 없이 임종을 맞으려면 누진지(漏盡智) 등을 얻어 번뇌가 사라져 마음에 걸리는 것이 없는 것을 스스로 알고 스스로 깨닫고 스스로 증득하여 자유롭게 되어, 윤회의 생은 이미 다했으며, 해야 할 일을 이미 마쳐 후생의 몸을 받지 않게 됨을 안다면 고통 없이 임종을 맞게 될 것입니다."

"어떠한 것이 그러한 경지인지 말씀해 주십시오."

"만약 수행자가 동서남북과 그 간방과 상 · 하방이 가득하도록 사랑하기 때문에 맺힌 마음이나 원망과 분노와 다툼의 마음이 없으며, 슬픔이나 기뻐하는 마음 또한 그러하다면 고통 없이 임종을 맞을 수 있을 것입니다."

"수행자가 고통 없이 임종을 맞는 길은 이것뿐입니까?"

"그러합니다."

비구들은 아니룻다의 말을 듣고 깊은 감동을 받고 존자의 발에 예배하고 돌아갔다.

중아함 60권 219경 《아나율타경(阿那律陀經)》

# 제13장
청정한 삶

도끼보다 무서운 입을 조심하라

부처님이 라자가하의 죽림정사에 계실 때의 일이다. 어느 날 데바닷타를 따르는 코카알야가 부처님을 찾아왔다. 그는 데바닷타의 꼬임에 빠져 사리풋타와 목갈라나를 비난하고 다녔다. 부처님이 이를 알고 그를 나무랐다.

"코카알아야, 너는 왜 사리풋타와 목갈라나를 비난하는가. 그들은 훌륭한 아라한이다. 계속 그들을 비난하면 긴 밤 동안 이익되는 일이 없을 뿐더러 나중에 고통을 받게 될 것이다."

그러나 그는 '부처님에 대한 존경심에는 변함이 없지만 사리풋타와 목갈라나는 나쁜 욕심이 있는 사람'이라며 계속 헐뜯으려 했다. 부처님이 두 번 세 번 타일렀으나 말을 듣지 않고 자리에서 일어나 떠나갔다. 그 뒤 그는 온몸에 부스럼이 생겨 고름을 흘리는 큰 고통을 받다가 끝내는 목숨을 거두었다. 이 소식을 들은 부처님이 안타까움을 감추지 못하면서 제자들에게 이렇게 말했다.

"사람이 이 세상에 태어나면 입 안에 도끼가 함께 생긴다. 그것을 잘 간수하지 않으면 도리어 제 몸을 찍나니 그것은 세 치 혀를 잘못 놀리기 때문이다. 칭찬해야 할 것을 도리어 비난하면 그 죄는 바로 입에서 생겨나는 것이니 결국 죽어서 나쁜 곳에 떨어지게 된다. 장기와 바둑으로 재물을 잃는 것은 오히려 허물이 적다. 그러나 부처님과 아라한을 잃게 되는 것이이야 말로 큰 허물이다."

잡아함 49권 1278경 《구가리경(瞿迦梨經)》

남을 꾸짖을 때 유의할 점

부처님이 사밧티 기수급고독원에 계실 때의 일이다. 어느 날 부처님은 제자들에게 '일좌식(一坐食)'에 대해 말했다.

"나는 여기저기서 음식을 먹지 않고 한자리에서 먹는다. 그래도 더 이상 구하는 바가 없고, 몸에는 병이 없고 기력은 단단하다. 그대들도 일좌식을 실천하라."

그러나 대중 가운데 밧달리 비구는 그렇게 하면 배가 고파서 일좌식을 실천하기가 어렵다고 했다. 부처님이 재차 삼차 권했으나 말을 듣지 않았다. 그는 여름 안거 동안 일좌식을 행하기 싫어서 부처님 곁을 떠났다. 안거가 끝나자 주변에 있던 비구들이 다시 부처님 곁으로 모여들었다. 밧달리는 부처님의 꾸중이 두려워 피하려 했으나 도반들의 권유로 마지못해 돌아왔다. 밧달리가 돌아오자 부처님은 그를 엄하게 꾸짖었다.

"내가 만일 구해탈(俱解脫)을 얻은 비구에게 '너는 이 진탕에 들어가라'고 했다면 그는 과연 말을 안 듣거나 다른 곳으로 피하겠느냐?"

"피하지 않았을 것입니다."

"너는 구해탈을 얻지 못했으면서도 나를 믿지 못하고 법을 믿는 생각도 없다. 모든 비구들이 계를 지키는데 오직 너만 일좌식을 감당할 수 없다며 떠나갔다. 왜 그랬는가?"

"참으로 잘못했나이다. 저는 바보 같고, 미치광이 같고, 멍텅구리 같고, 나쁜 놈입니다."

밧달리는 용서를 빌었다. 부처님은 밧달리가 허물을 뉘우치는 것을 보고 왜 계율을 지켜야 하는지를 설명해주고 타일렀다. 명랑한 마음이 된 밧달리는 부처님의 설법이 끝나기를 기다렸다가 마지막으로 이런 것을 여쭈어보았다.

"부처님, 어떤 이유로 똑같이 계율을 범해도 어떤 이에게는 엄하게 다스리고, 어떤 이에게는 그렇게 하지 않나이까?"

"그것은 이렇기 때문이다. 어떤 사람은 꾸지람을 받은 뒤 더욱 분하게 여겨 화를 냄으로써 나중에는 대중으로부터 따돌림을 받아 아예 충고조차 듣지 못하게 된다. 그러나 어떤 사람은 더욱 분발함으로써 대중들은 그를 신뢰하고 잘 이끌어주고자 한다. 그래서 엄하게 나무라기도 하고 반대로 하기도 하느니라."

중아함 51권 194경 《발타화리경(跋陀和利經)》

자신을 속일 수는 없다

부처님이 마가다 국 판차사라(五葦)라는 마을에 계실 때의 일이다. 어느 날 부처님은 아침 공양을 얻기 위해 탁발을 나갔다. 그러나 공교롭게도 그 날은 마침 젊은 남녀가 선물을 교환하는 축제의 날이었다. 모두 축제로 들떠 있던 탓에 아무도 음식을 공양하는 사람이 없었다. 부처님은 '깨끗이 씻은 빈 발우'를 들고 그냥 돌아올 수밖에 없었다.

빈손으로 돌아오는 부처님을 본 마라(惡魔)가 속삭였다.

"그대는 전혀 밥을 얻지 못했는가? 어떻게 하루 종일 굶을 수 있는가? 규칙을 어기고 다시 마을로 들어가라. 내가 음식을 얻도록 해주겠다."

그러나 부처님은 이를 거절했다.

"설령 음식을 얻지 못하였다고 해도 나는 즐겁게 살아간다. 저 광음천(光音天)과 같이 나는 법열의 기쁨을 양식으로 삼아 기쁘게 살아간다."

잡아함 39권 1095경 《걸식경(乞食經)》

돼지 같은 수행자, 소 같은 수행자

　부처님이 사밧티 기원정사에 계실 때의 일이다. 어느 날 부처님은 까마귀와 돼지, 노새와 소의 비유를 들어 수행자들을 가르쳤다.
　"어떤 사람이 까마귀와 같은 수행자인가. 그는 한적한 곳에 있으면서 음욕을 익혀 온갖 나쁜 짓을 행하다가 문득 스스로 뉘우치고 부끄러워하며 자기가 한 일을 모두 남에게 말한다. 그렇게 하는 까닭은 남들이 이 사실을 알고 조롱할까 두려워하기 때문이다. 그것은 비유하자면 이렇다. 즉 까마귀는 배고픔에 못 이겨 고통 받다가 더러운 것을 먹고는 곧 주둥이를 닦는 것과 같다. 그것은 다른 새가 '이 까마귀는 더러운 것을 먹었다'고 비난할까봐 두려워해서다. 수행자가 나쁜 짓을 하고 그 허물을 남에게 말하는 것도 그와 같다.
　어떤 사람이 돼지와 같은 수행자인가. 그는 한적한 곳에 있으면서 음욕을 익혀 온갖 나쁜 짓을 하고도 스스로 뉘우치거나 부끄러워할 줄 모른다. 그는 도리어 남에게 '나는 다섯 가지 향락을 누리는데 저들은 그렇지 못하다'고 자랑까지 한다. 그것은 비유하자면 돼지가 항상 더러운 것을 먹고 더러운 곳에 누워 있으면서 다른 돼지들에게 뽐내는 것과 같다. 수행자가 스스로 음욕을 익혀 나쁜 짓을 하고도 부끄러워하지 않는 것도 이와 같다.
　어떤 사람이 노새와 같은 수행자인가. 그는 수염과 머리를 깎고 불법을 배우되 감관이 안정되지 못하여 육근으로 육경을 대하면 온갖 어지러운 생각을 낸다. 그래서 위의와 법도가 없고 걸음걸이와 행동거지가 모두 계율에 어긋난다. 그래서 사람들이 그를 보면 '아 이 사람은 겉모습만 수행자 같구나'하고 조롱한다. 그러면 그는 '나도 수행자다, 나도 수행자다' 하고 강변한다. 그것은 마치 노새가 소 떼 속에 들어가 스스로 일컬어 '나도 소다 나도 소다'하는 것과 같다. 그러나 그 노새는 귀를 보아도 소가 아니고 뿔이나 꼬리도 소와 닮지 않았으니 소들은 그를 뿔로 받거나 발로 밟는 것과 같다.

어떤 사람이 소와 같은 수행자인가. 그는 수염과 머리를 깎고 가사를 입고 견고한 믿음으로 집을 나와 불법을 배운다. 그는 모든 감관이 안정되어 육경을 대하되 감관을 잘 보호한다. 그래서 그의 행동은 위의와 법도가 있고 걸음걸이와 행동거지가 모두 계율에 어긋나지 않는다. 그래서 사람들은 멀리서도 그가 오는 것을 보면 '잘 오시오, 친구여. 제때에 공양을 받아 모자람은 없었는지요'하고 인사를 한다. 그것은 마치 좋은 소가 소 떼 속에 들어가 스스로 일컬어 '나는 소다'라고 스스로 일컬으면 다른 소들은 털과 꼬리와 뿔과 소리가 같은 것을 알고 서로 친근하게 다가와서 몸을 비비고 핥아주는 것과 같다."

증일아함 7권 제16 〈화멸품(火滅品)〉 제3-4경

우바새에게 쫓겨난 사람

　부처님이 사밧티 기수급고독원에 계실 때의 일이다. 그 무렵 담미 존자는 고향에서 비구들과 함께 수행을 하고 있었다. 그러나 그는 성질이 포악하고 사나워서 다른 비구들을 자주 욕설로 꾸짖고 나무랐다. 이에 그 지방의 비구들은 더 이상 견디지 못하고 고향을 떠나 다른 곳으로 가서 살았다.

　갑자기 정사가 텅텅 비고, 비구들이 걸식을 나오지 않자 그 지방의 우바새들은 그 원인이 어디에 있는가를 살폈다. 우바새들은 그 지방 교구를 이끌고 있는 담미 존자가 성질이 포악하고 사나워서 다른 비구들을 자주 욕설로 꾸짖고 나무란 사실, 그리고 이를 견디지 못해 그 지방의 비구들이 고향을 떠난 사실을 알게 되었다. 우바새들은 담미 존자를 찾아가 그를 쫓아내고 다른 절에도 살지 못하게 했다.

　절에서 쫓겨난 담미 존자는 옷과 발우를 챙겨서 부처님이 계신 사밧티 기원정사로 왔다. 부처님이 이 사실을 알고 '그대가 혹 쫓겨날 만한 일을 한 것이 아니냐'고 물었으나 그는 '잘못한 일이 없다'고 변명했다. 그러자 부처님이 다시 물었다.

　"담미여, 그대가 사문의 법과 율을 지키고 따랐는데도 그 지방의 모든 우바새들이 그대를 쫓아냈다는 말인가? 도대체 그대는 어떤 것이 사문의 법과 율인 줄 알기는 아는가?

　담미여, 사문의 법과 율은 만일 어떤 사람이 자기를 꾸짖어도 맞서서 싸우지 않으며, 화를 내어도 맞서서 화내지 않으며, 부수고 달려들어도 맞서서 부수지 않으며, 덤벼들어 때려도 맞서서 때리지 않는 것이다. 그래야 사문이 사문의 법과 율을 지키는 것이다.

담미여, 그럼에도 만약 어떤 비구가 자신이 데리고 있는 권속을 꾸짖고 쳐부수고 성내고 나무란다면 그는 반드시 죄를 받을 것이다. 그렇지만 또 어떤 우바새가 바른 소견을 조금이라도 성취하고 작은 과보라도 얻은 부처님의 제자 비구를 꾸짖고 쳐부수고 성내고 나무란다면 이 사람의 죄는 앞의 사람이 받는 것보다 많을 것이다. 그러므로 담미여, 그대들은 서로 각각 자기를 보호해야 하느니라."

중아함 30권 130경 《교담미경(教曇彌經)》

출가와 가출이 다른 점

부처님이 나란다 파바리캄바 숲에 계실 때의 일이다. 그 무렵 포탈리야 거사는 희고 깨끗한 옷을 입고, 머리는 흰 수건으로 싸매고, 지팡이를 짚고, 일산을 들고, 이 집에서 저 집으로, 이 숲에서 저 숲으로 다니면서 부처님 제자나 바라문을 만나면 이렇게 말했다.

"나는 세속을 떠나고 세속의 모든 일을 버렸다."

그가 어느 날 부처님 계신 처소로 왔다. 부처님은 그를 보고 이렇게 말했다.

"거사여, 거기 자리가 있으니 앉고 싶으면 앉으라."

"나를 거사라고 부르는 것은 적절하지 않습니다. 나는 세속을 떠나 세속의 모든 일을 버린 사람입니다."

"그대는 거사의 형상을 하고 있는데 세속을 떠났다고 말하고 있다. 그렇다면 어떻게 세속을 떠났는지 말해보라."

"나는 우리 집 재산을 전부 아들에게 나누어주고 아무 것도 구하는 바가 없이 놀며 오직 집에 가서 밥을 먹으며 목숨을 보존하고 있습니다. 나는 이렇게 세속의 일을 하지 않고 있으니 세속을 버린 것이 아니고 무엇이겠습니까?"

부처님은 포탈리야의 말을 듣고 빙그레 웃으면서 이렇게 말했다.

"우리 교단으로 출가하는 사람은 그렇지 않다. 우리 교단으로 출가하는 사람은 여덟 가지의 세속 일을 끊어야 세속을 떠나고 세속의 모든 일을 버렸다고 말한다. 그 여덟 가지란 살생을 떠나고, 도둑질을 떠나며, 사음을 떠나고, 거짓말을 떠나며, 탐착을 떠나고, 성냄과 해침을 떠나며, 미움과 질투를 떠나고, 거만을 떠나는 것을 말한다.

왜 이렇게 여덟 가지를 떠나야 하는가? 비유하면 마을에서 멀지 않은 곳에 큰 독사가 있다고 치자. 그 독사는 시커멓고 독이 많아서 한번 물리면 목숨을 잃게 된다. 어리석지도 미련하지도 않고, 정신이 나가 미치지도 않았으며, 살기를 좋아하고 죽기를 싫어하는 사람이라면 당연히 독사에게 손을 내밀지 않을 것이다. 독사에게 물리면 죽을 것을 알기 때문이다. 그는 가급적 독사가 있는 곳으로부터 멀리 떠나려고 할 것이다. 출가사문은 이러한 이치를 알기 때문에 집을 떠나 거룩한 법을 닦는다. 그리하여 무명과 번뇌에서 해탈하고 목숨을 마친 뒤에는 윤회의 길에서 벗어나는 것이다."

포탈리야는 부처님의 말씀을 듣고 기뻐하며 삼보에 귀의하고 우바새가 되었다.

중아함 55권 203경 《포리다경(哺利多經)》

쭉정이는 골라내서 버린다

부처님이 첨파 국 강가 못 인근에 계실 때의 일이다. 어느 날 보름마다 하는 포살을 하려고 비구들이 모였다. 부처님은 대중의 앞자리에 자리를 잡고 앉았다. 그런데 초저녁이 다 지나가는데도 부처님은 계율을 설하지 않았다. 그때 어떤 비구가 일어나 부처님께 아뢰었다.

"대중들도 다 모였고 벌써 초저녁이 지나고 있습니다. 이제 계율을 설해주소서."

그러나 부처님은 "아직 때가 아니다."라고 말씀하신 뒤 그냥 앉아만 있었다. 시간이 흘러 한밤중이 되었다. 어떤 비구가 다시 일어나 계율을 설해달라고 했으나 부처님은 여전히 같은 말씀만 하신 뒤 묵

묵부답이었다. 시간이 흘러 새벽이 되었다. 다시 어떤 비구가 일어나 먼동이 훤하게 터 오는 새벽이 되었음을 말하고 이제는 계율을 설해 달라고 했다. 그러자 부처님은 의외의 말씀을 하셨다.

"이 대중 가운데 청정하지 못한 비구가 있다."

마침 이날 모임에는 존자 마하목갈라나가 있었다. 그는 부처님의 뜻을 헤아리고 혜안으로 살펴 청정하지 못한 비구를 찾아냈다.

"이 어리석은 자야, 여기 머무르지 말고 떠나라. 너는 비구가 아니다."

마하목갈라나가 그를 쫓아내자 그제야 부처님은 여덟 가지 미증유법을 설했다. 그리고 이런 말씀으로 끝을 맺었다.

"어떤 어리석은 사람이 구색을 갖추어 진정한 범행자로 꾸미어 여러 범행자들이 있는 곳에 가면 그들은 그가 가짜임을 알지 못한다. 그러나 그것을 알게 되면 그의 가식은 곧 사문을 욕되게 하는 것이요, 희롱하는 것이므로 즉시 그를 물리쳐야 한다. 무슨 까닭인가? 모든 범행자들을 더럽히지 않기 위해서다. 마치 좋은 논이나 밭에 난 가라지를 발견하는 즉시 뽑아버리듯 거짓 사문도 발견하는 즉시 물리쳐야 한다. 가을 추수 때 알고 무더기 속에 쭉정이나 껍질을 골라내듯이 거짓 사문도 범행자들 가운데서 골라내 물리쳐야 한다. 샘물을 끌어들이는 도랑을 만들 때 산 속의 나무 가운데서 속이 빈 나무를 골라내서 베어 버리듯이 거짓 사문도 범행자들 가운데서 골라내 물리쳐야 한다.

대중 가운데서 속이고 간사하고 거짓말 많고 쉬지도 못했으면서 쉬었다고 말하며 남이 볼 때만 깨끗한 척 하는 사람이 있으면 그를 멀리 떠나보내야 한다. 그리고 마땅히 맑고 깨끗한 사람들과 화합하라. 화합은 진실로 안온을 얻게 하나니 화합해야 괴로움이 끝나리라."

중아함 29권 122경 《첨파경(瞻波經)》

청정한 승단의 거룩함

부처님이 어느 해 여름 안거를 라자가하의 기원정사에서 보냈다. 마침 안거가 끝나는 날이 되자 인근에서 수행을 하던 5백 명의 제자들이 자자(自恣)를 위해 한자리에 모였다. 달이 뜨자 규칙에 따라 모임의 우두머리인 부처님부터 자자가 시작됐다.

"대중들이시여, 이제 자자를 행하노니 지난 안거 동안 내가 몸으로나 입으로나 생각으로나 무엇인가 비난받을 일을 했거나 그렇게 보이도록 미심쩍은 일을 하지는 않았는지요? 혹시 그런 일이 있다면 지적해 주소서. 이 자리에서 참회를 하겠습니다."

그러자 장로 사리풋타가 일어나 떨리는 목소리로 이렇게 말했다.

"부처님, 부처님께서는 몸과 말과 생각에 조금도 잘못이 없었습니다. 참으로 거룩하고 깨끗하게 한철을 보냈습니다."

사리풋타는 이어 자신도 장궤합장(長跪合掌)을 하고 자자를 했다. 이번에는 부처님이 그의 청정함을 인정했다. 그 뒤 5백 명의 수행자들이 순서대로 자자를 했으나 아무도 비난의 말을 들은 사람이 없었다. 이를 지켜본 반기사라는 제자가 감격에 겨워 자리에서 일어나 즉흥시를 읊었다.

보름이라 청정한 달밤에
오백 명 대중이 모여 앉았으니
일체의 결박을 끊어 버리고
온갖 번뇌마저 다한 성자들이네.

맑고 깨끗하게 서로 친하고
어떤 구속도 다시 받지 않나니
해야 할 일을 이미 다해 마치고
애욕의 구름에서 벗어난 분들이네.

믿고 공경하는 마음으로 받들어
세 가지 밝음으로 괴로움을 없애고
진리의 아들 되어 물러날 근심 없으니
위대한 성자의 후손들에게 경배하노라.

잡아함 45권 1212경 《회수경(懷受經)》

내가 싫으면 남도 싫어해

부처님이 코살라 국의 벨루드바레야 마을 북쪽의 한 숲에 계실 때의 일이다. 어느 날 마을 사람들이 부처님을 찾아와 '성인의 제자는 어떤 마음가짐으로 살아야 하는지'를 여쭈었다. 부처님은 이렇게 가르쳤다.

"만약 누가 나를 죽이려 한다면 나는 좋아하지 않는다. 내가 좋아하지 않는 것이면 남도 그럴 것이다. 그런데 어떻게 남을 죽이겠는가. 만약 누가 내 물건을 훔치려 한다면 나는 좋아하지 않는다. 내가 좋아하지 않는 것이면 남도 그럴 것이다. 그런데 어떻게 남의 물건을 훔치겠는가. 만약 누가 내 아내를 범하려 한다면 나는 좋아하지 않는다. 내가 좋아하지 않는 것이면 남도 그럴 것이다. 그런데 어떻게 남의 아내를 범할 것인가. 이렇게 생각하고 살생하지 않고 훔치지 않고 사음하지 않는 계율을 지켜야 한다.

또 만약 누가 나를 속이려 한다면 나는 좋아하지 않는다. 내가 좋아하지 않는 것이면 남도 그럴 것이다. 그런데 어떻게 남을 속이겠는가. 만약 누가 나와 친구를 갈라지게 한다면 나는 좋아하지 않는다. 내가 좋아하지 않는 것이면 남도 그럴 것이다. 그런데 어떻게 남의 친구를 갈라놓겠는가. 만약 누가 나를 욕한다면 나는 좋아하지 않는다. 내가 좋아하지 않는 것이면 남도 그럴 것이다. 그런데 어떻게 남을 욕하겠는가.

만약 누가 나에게 꾸며 대는 말을 한다면 나는 좋아하지 않는다. 내가 좋아하지 않는 것이면 남도 그럴 것이다. 그런데 어떻게 남에게 꾸며 대는 말을 하겠는가.

이렇게 생각하고 거짓말하지 않고 이간질하지 않고 나쁜 말 하지 않고 꾸며 대는 말 하지 않는 계율을 지켜야 한다.

또한 부처님에 대한 무너지지 않는 깨끗한 믿음과 진리에 대한 무너지지 않는 깨끗한 믿음과 청정한 교단에 대한 무너지지 않는 깨끗한 믿음을 가져야 한다.

이렇게 일곱 가지 계율과 세 가지 깨끗한 믿음을 성취한 사람이라야 성인의 제자라 할 수 있느니라."

잡아함 37권 1044경 《비뉴다라경(鞞紐多羅經)》

왜 계율이 중요한가

부처님이 앙가 국 아파나의 케니야 절에 계실 때의 일이다. 어느 날 해질녘 존자 우다이가 찾아와 문안했다. 부처님은 그에게 그 동안 어떻게 지냈는지 물었다.

"저는 아무 걱정도 없으며 안온하고 즐겁습니다. 부처님께서 계율을 정해서 한량없는 악법을 멸하고 한량없는 착하고 묘한 법을 더하도록 해주셨기 때문입니다. 부처님께서는 오후와 밤에는 음식을 먹지 말며, 때 아닌 때에는 마을에 들어가 걸식하지 말라고 하셨습니다. 처음에는 이 말뜻을 이해하지 못하고 그냥 지키기만 했는데 나중에는 그것이 저희들을 안온하게 하기 위한 것인 줄 이해하게 되었습니다."

"우다이여, 훌륭하다. 너는 이제 어리석은 사람이 아니다. 나는 어리석은 사람들을 위해 그것을 끊으라고 말하는데 그들은 곧잘 '이것은 작은 일이다. 끊을 것도 못된다. 그런데도 부처님은 이것을 끊으라고 한다'며 계율을 하찮게 여기며 도리어 불만을 품는다. 그들은 계율을 지키는 것을 싫어하고 욕심에 결박되어 거기에서 벗어나지 못한다. 그것은 비유하면 파리가 하찮은 콧물이나 가래침에 빠져 그 속에서 괴로워하며 죽는 것과 같다.

그러나 현명한 사람은 계율을 하찮게 여기지 않고 그것을 잘 지켜서 욕심에 결박되지 않으며 결박에서 벗어난다. 그것은 비유하면 마치 코끼리 왕이 나이가 60이 되어도 그 어금니와 발과 몸뚱이가 완전하고 왕성해서 단단하게 묶인 결박을 푸는 것과 같다. 또 마치 어떤 거사가 자신의 풍부한 재물을 버리고 비구가 되어 도를 닦아 결박을 푸는 것과 같다.

우다이여, 비구는 모든 것을 버리려고 수행하는 사람이다. 그러나 그는 간혹 그 뜻을 잊어버리고는 욕심과 서로 상응하여 사랑하고 즐겨하는 데에 얽매이게 된다. 나는 그것을 속박이라고 말한다. 그렇지만 괴로움이라는 뿌리 가운데 있다가 생사가 없는 데서 노닐고, 애욕이 다한 위없는 경계에서 자유로우면 나는 그것을 해탈이라고 말한다. 무슨 까닭인가? 그에게는 이미 모든 번뇌가 다하였기 때문이다.

우다이여, 즐거움에는 성인의 즐거움과 범부의 즐거움이 있다. 오욕(五慾)으로 인하여 즐거움이 생기면 그것은 범부의 즐거움이요, 욕심을 떠나 초선 내지 4선을 성취하여 노닐면 그것은 성인의 즐거움이다."

중아함 50권 192경 《가루오다이경(加樓烏陀夷經)》

파계의 과보와 지계의 공덕

부처님이 사밧티 기원정사에 계실 때의 일이다. 어느 날 부처님은 제자들에게 다섯 가지 계율을 지킨 공덕과 다섯 가지 계율을 어긴 과보에 대해 이렇게 말씀했다.

"만일 어떤 사람이 살생을 좋아하면 곧 지옥·아귀·축생에 떨어질 것이요, 혹 사람으로 태어나더라도 그 목숨이 매우 짧게 될 것이다. 왜냐하면 남의 목숨을 끊었기 때문이다. 그러나 어떤 사람이 살생을 하지 않고 죽이기를 생각하지 않으면 매우 긴 목숨을 받을 것이다. 왜냐하면 그는 남의 목숨을 해치지 않았기 때문이다.

만일 어떤 사람이 도둑질하기를 좋아해서 남의 재물을 훔치면 곧 지옥·아귀·축생에 떨어질 것이요, 혹 사람으로 태어나더라도 매우 가난하게 될 것이다. 왜냐하면 남의 살 길을 끊었기 때문이다. 그러나 어떤 사람이 널리 보시를 행하면 현세에서 재물과 세력을 얻고 덕을 두루 갖추며, 천상과 인간에서 한량없는 복락을 누릴 것이다. 그러므로 그대들은 아낌없는 마음으로 보시를 행하라.

만일 어떤 사람이 음란하기가 절도가 없어서 남의 아내를 범하기를 좋아하면 곧 지옥·아귀·축생에 떨어질 것이요, 혹 사람으로 태어나더라도 안방이 음란하게 될 것이다. 그러므로 항상 뜻을 바로 하여 음탕한 생각을 내지 말고 남의 아내를 범하지 말라. 그러나 어떤 사람이 곧고 깨끗하여 음행하지 않으면 천상과 인간에서 복락을 누릴 것이다. 그러므로 그대들은 사음을 행하지 말고 음탕한 생각을 내지 말라.

만일 어떤 사람이 거짓말과 꾸미는 말로 싸우고 시비하면 곧 지옥·아귀·축생에 떨어질 것이다. 왜냐하면 거짓말을 했기 때문이다. 그러나 어떤 사람이 거짓말을 하지 않으면 입에서 향기가 나고 명예와 덕망이 멀리 퍼질 것이다. 그러므로 그대들은 거짓말을 하지 말라.

만일 어떤 사람이 만일 술 마시기를 좋아하면 나는 곳마다 지혜가 없고 어리석을 것이다. 그러므로 그대들은 부디 술을 마시지 말라. 그러나 어떤 사람이 만일 술을 마시지 않으면 나면서부터 총명하며, 어리석지 않고, 경전을 두루 알며, 마음이 어지럽지 않을 것이다. 그러므로 그대들은 항상 이와 같은 계율을 잘 지키는 수행을 해야 할 것이다.

증일아함 7권 제14 〈오계품(五戒品)〉 제1-10경

계율 적용의 원칙은 상식

　부처님이 참파 국 가가라 연못 기슭에 계실 때의 일이다. 어느 날 우팔리 존자가 찾아와 계율에 관한 몇 가지 문제에 대해 부처님의 견해를 여쭈었다.
　"만일 비구들이 모여 화합해서 살면서 다른 업을 짓고 다른 업을 말한다면 이것이 법과 율에 합당하겠나이까? 또 면전에서 꾸짖고 가르쳐야 할 사람에게 과거의 범계(犯戒) 사실을 기억해내서 나무라는 것이 법과 율에 합당하겠나이까? 또 과거의 범계 사실을 기억해서 나무라야 할 사람에게 정신이 혼미했다가 정상으로 돌아온 사람을 나무라듯이 하는 것이 법과 율에 합당하겠나이까? 또 정신이 혼미했다가 정상으로 돌아온 사람을 나무라듯이 해야 할 자리에서 스스로 대중에게 발로참회를 하라고 하는 것이 법과 율에 합당하겠나이까? 또 스스로 대중에게 발로참회를 해야 할 사람에게 수치를 알지 못하는 사람에게 하듯이 그대는 도가 없다고 나무라는 것이 법과 율에 합당하겠나이까?"

"아니다. 우팔리여."

"그러면 꾸짖어야 할 사람을 놔두고 꾸짖지 않아도 될 사람을 꾸짖는 것이 법과 율에 합당하겠나이까? 또 잘못이 있는 사람을 높이고 잘못이 없는 사람을 낮추는 것이 법과 율에 합당하겠나이까? 또 마땅히 물리쳐야 할 사람을 놔두고 놔둘 사람을 물리치는 것이 법과 율에 합당하겠나이까? 또 마땅히 물리쳐야 할 사람을 놔두고 과거의 범계 사실을 기억해내서 나무라는 것이 법과 율에 합당하겠나이까? 또 마땅히 범계 사실을 기억해내고 나무라야 할 사람에게 근본을 들먹여 다스린다면 이것이 법과 율에 합당하겠나이까? 또 마땅히 몰아내야 할 사람에게 겸손하고, 겸손해야 할 사람을 몰아내는 것이 법과 이치에 합당하겠나이까?"

"아니다. 우팔리여, 비구들이 화합해 살기 위해서는 서로 같은 업을 지어야 한다. 면전에서 꾸짖어야 할 사람과 범계 사실을 기억해내서 나무라야 할 사람과 정신이 혼미했다가 돌아온 사람에게 나무라는 것과 스스로 대중에게 발로참회하는 사람과 수치를 알지 못하는 사람을 나무라는 것이 법과 율에 합당해야 한다. 또한 꾸짖어야 할 사람과 잘못이 있는 사람과 물리쳐야 할 사람을 놔두고 그렇지 않은 사람에게 꾸짖고 물리치는 것은 법과 율에 합당하지 않다."

중아함 52권 197경 《우바리경(優婆離經)》

이성에 대한 욕망을 억제하는 법

부처님이 코삼비의 코시타 동산에 계실 때의 일이다. 하루는 밧지 국의 우데나(優陀延那) 왕이 핀돌라 존자를 찾아와 이런 것을 물었다.

"제가 뵙기에는 존자님은 아직 젊고 출가한 지도 얼마 되지 않은 것 같은데 얼굴이 해맑고 마음도 편안해 보입니다. 젊은 사람은 이성에 대한 욕망이 불꽃 같은데 어떻게 들짐승과 같은 마음을 순일하게 할 수 있습니까?"

"부처님께서는 항상 이렇게 가르치십니다. '너희들은 늙은 여인을 보거든 어머니라고 생각하고, 중년의 여인을 보거든 누이나 동생으로 생각하고, 어린 처녀를 보거든 딸이라고 생각해라.' 이렇게 하면 들짐승 같은 마음을 조복 받아 순일하게 할 수 있습니다."

"그것도 좋은 방법이지만 그래도 이성을 보면 사모하는 마음이 일어나 탐욕이 불붙을 수 있습니다. 더 좋은 방법은 없습니까?"

"다시 부처님은 이렇게 가르치십니다. '이 몸이란 머리끝에서 발끝까지 뼈를 줄기로 해서 살을 바르고 엷은 가죽으로 덮었다. 그 속에는 똥, 오줌, 가래, 고름과 같은 갖가지 더러운 것이 가득 차 있다고 생각하라.' 이렇게 하면 들짐승 같은 욕망이 사라지고 마음이 편안해집니다."

"그러나 존자님, 사람의 마음은 간사해서 그래도 이성을 보면 아름답고 깨끗하다는 마음이 일어납니다. 더 좋은 방법은 없는지요?"

"그때 부처님은 이렇게 하라고 가르치십니다. '모든 감각기관의 문을 굳게 지키고 그 마음을 잘 붙잡아 매어야 한다. 예를 들어 눈이 어떤 대상을 보았다면 거기에 집착하지 말라. 대상에 집착하면 탐욕이 생기게 되니라. 그러므로 항상 눈의 빛깔, 귀의 소리, 코의 향기, 혀의 맛, 몸의 촉감, 생각의 분별을 단속해야 욕망의 유혹에서 벗어날 수 있느니라.' 이 가르침대로 하면 들짐승 같은 마음이 사라지고 얼굴이 편안해집니다."

설명을 들은 왕은 매우 기뻐하면서 돌아갔다.

잡아함 43권 1165경 《빈두라경(賓頭羅經)》

여성은 열등한 존재인가

부처님이 고향인 카필라바스투 니그로다 동산에 머물고 계실 때의 일이다. 어느 날 부처님의 이모인 마하파자파티 부인이 찾아와 물었다.

"여인도 지극한 믿음으로 출가하여 도를 닦으면 사문과(沙門果)를 얻을 수 있는지요?"

부처님은 이모의 물음이 무엇을 뜻하는 것인지 알아채고 단호하게 말했다.

"그만두십시오. 그만두십시오. 그런 생각을 하지 마십시오."

마하파자파티 부인은 포기하지 않고 세 번을 찾아와 출가를 허락해달라고 청했다. 그때마다 부처님은 거절했다. 부인은 맨발로 땅에 쓰러져 흙먼지를 뒤집어쓴 채 슬프게 울었다. 이를 본 아난다가 부처님에게 찾아가 물었다.

"부처님이시여, 여인은 지극한 믿음으로 출가하여 도를 닦으면 사문과(沙門果)를 얻을 수 없는지요?"

"아난다야, 그만 두라. 만약 여인의 출가를 허락하면 불법이 오래가지 못할 것이다. 마치 논이나 보리밭 가운데 잡풀이 생기면 반드시 그 논밭은 못쓰게 되는 것과 같으니라."

"그렇지만 마하파자파티 부인은 부처님의 어머니가 돌아가시자 세존을 길러주신 분입니다."

"그렇다. 그분은 어머니가 돌아가셨을 때 나를 맡아 길러주셨다. 어찌 그 은혜를 잊을 수 있겠는가. 하지만 나도 그분을 요익케 해주었다. 나로 말미암아 삼보에 귀의케 되었고, 사성제를 믿어 의심치 않게 되었으며, 살생·도둑질·음행·거짓말·음주를 끊게 되었다. 그러나 저렇게 출가를 요청하니 허락을 하지 않을 수가 없구나."

이렇게 하여 부처님은 아난다의 거듭된 간청에 할 수 없이 여인의 출가를 허락했다. 그 대신 여인들은 여덟 가지 존사법(尊師法)을 지키도록 했다. 그것은 둑을 쌓아 물이 넘쳐흐르지 않도록 하기 위한 것이었다. 팔존사법은 다음과 같다.

"첫째, 비구니는 마땅히 비구로부터 구족계를 받아야 한다. 둘째, 비구니는 반달마다 비구에게 가서 설법을 들어야 한다. 셋째, 만일 머무는 곳에 비구가 없으면 비구니는 안거를 하지 못한다. 넷째, 여름 안거를 마친 뒤에는 2부중 앞에서 보고 듣고 의심나는 것에 대해 고백하고 비판을 구해야 한다. 다섯째, 허락하지 않으면 비구니는 비구에게 경·율·논을 물을 수 없으며 반드시 허락을 받아야 물을 수 있다. 여섯째, 비구니는 비구의 허물을 말할 수 없고 비구는 비구니의 허물을 말할 수 있다. 일곱째, 만일 비구니가 '승잔죄(僧殘罪)'를 범하면 마땅히 2부중 가운데서 15일 동안 근신해야 한다. 여덟째, 비구니는 구족계를 받은 지 100년이 되었더라도 처음 구족계를 받은 비구를 향해 지극히 마음을 낮추고 머리를 조아려 예배하고 공경하고 받들어 섬기며 합장 문안해야 한다."

중아함 28권 116경 《구담미경(瞿曇彌經)》

쾌락이 곧 행복은 아니다

부처님이 카시 국에 계실 때의 일이다. 그 무렵 부처님은 하루에 한 끼 먹는 계(一日一食戒)를 설하고 '이 계를 지키면 비구들이 몸에 병이 없고 가벼우며 기력이 편해져서 안온해진다'고 가르친 뒤 몸소 실천해 보이셨다. 그 뒤 부처님은 여행을 거듭하여 키타라기 북쪽 마을 싱사파 숲에 이르렀다. 그 숲에는 앗사지와 푸나바수카 비구가 머물고 있었는데 그들은 일일일식계를 지키지 않고 하루 세 끼에 참까지 먹고 지냈다. 부처님을 수행하던 비구들은 이 사실을 알고 그에게로 가서 일일식계를 지키라고 일러주었다. 그러나 두 비구는 이렇게 말했다.

"우리는 하루 세 끼를 먹고 참까지 먹어도 몸에 병이 없고 몸이 가벼우며 안온하고 즐겁다. 그런데 무엇 때문에 이 즐거움을 버리고 미래를 기다릴 필요가 있겠는가?"

비구들은 재차 부처님의 뜻을 전했으나 완강히 거부했다. 비구들로부터 이 사실을 전해들은 부처님은 저들을 데려오도록 했다.

"그대들은 왜 내가 가르친 일일식계를 지키지 않는가?"

"저희들은 감각이 즐거우면 모든 것이 다 즐겁고 감각이 괴로우면 모든 것이 다 괴롭다고 알고 있나이다. 즉 감각이 즐거우면 즐거움은 더욱 커지고 괴로움은 더욱 작아지며, 감각이 괴로우면 괴로움은 더욱 커지고 즐거움은 더욱 작아지는 것으로 알고 있나이다."

"이 미련한 자들아, 내가 언제 그렇게 가르쳤단 말인가."

부처님은 그들을 꾸짖은 뒤 다른 비구들에게 당신이 어떻게 말했는지를 일러보라고 했다.

"저희들은 '감각이 즐거우면 그로 인해 즐거움이 불어나고 괴로움이 덜어지는 수도 있으며, 반대로 즐거움이 덜어지고 괴로움이 불어나는 수도 있다. 감각이 괴로우면 그로 인해 즐거움이 불어나고 괴로움이 덜어지는 수도 있으며, 반대로 즐거움이 덜어지고 괴로움이 불어나는 수도 있다.'고 배웠나이다."

"그렇다. 나는 몸이 즐거운 일을 하지 말라고도 말하지 않으며, 몸이 괴로운 일을 하지 말라고도 하지 않는다. 나는 수행자들이 자기의 상태를 잘 관찰하여 닦아야 할 법은 닦고, 닦지 말아야 할 법은 닦지 말라고 가르친다. 이렇게 하면 즐거움은 더욱 불어나고, 괴로움은 더욱 덜어지기 때문이다.

나는 모든 비구가 다 구경지(究竟智)를 얻는다고 말하지 않는다. 그러나 점점 배우고 익혀 도의 길로 나아가고 가르침과 꾸지람을 받으면 모든 비구가 다 구경지를 얻을 것이다."

중아함 51권 195경 《아습패경(阿濕貝經)》

머리를 깎고 가사를 입는 이유

부처님이 구루 수 유로타 촌 북쪽 싱사파 동산에 머물 때의 일이다. 어느 날 유로타 촌 사람들이 부처님의 명성을 듣고 권속을 데리고 와서 설법을 들었다. 그들 중 뇌타화라라는 젊은이가 출가를 결심하고 부처님에게 허락을 청했다. 하지만 부처님은 '부모님의 허락을 받아오기 전에는 출가를 허락할 수 없다.'며 돌려보냈다.

그는 집으로 돌아가 부모에게 출가를 허락해달라고 청했다. 두 번 세 번 간청해도 부모가 허락을 하지 않자 그는 밥도 먹지 않고 자리에 누워버렸다. 아버지는 할 수 없이 출가를 허락했다. 대신 한 가지 조건을 제시했다. '도를 얻으면 집으로 돌아오라'는 것이었다. 부모의 허락을 얻은 뇌타화라는 드디어 사문이 되었다. 열심히 정진해 마침내 아라한이 되었다.

10년이 지난 뒤 뇌타화라는 부모님과의 약속을 생각하고 집을 찾아갔다. 그러나 오랜만에 찾아간 집에서 뇌타화라는 뜻밖에도 문전에서 박대를 받았다. 10년 동안 아들이 돌아오지 않자 화가 난 아버지가 미처 그를 알아보지 못하고 '중이라면 보기도 싫다'면서 쫓아버린 것이다. 그때 마침 한 여종이 그를 알아보고 집으로 들어가 이 사실을 알렸다. 아버지는 급히 뛰어나와 아들을 안고 집으로 들어갔다. 아버지는 잔치를 베푼 뒤 '우리가 평생 모은 재산을 다 너에게 줄 터이니 집으로 돌아와 보시를 행하고 복업을 닦으며 살라'고 권했다.

그러나 뇌타화라는 도리어 '사람들이 이 돈으로 인해 걱정하고 괴로워하며 참다운 행복을 얻지 못한다'며 출가생활의 뜻을 꺾지 않았다. 그러자 부모는 며느리를 아름답게 치장해서 유혹하게 했다. 뇌타화라는 '좋은 비단으로 냄새나는 몸을 꾸민다고 저 언덕을 건넌 사람을 유혹할 수 없다'며 아내를 물리쳤다. 그는 공양을 마치고 집을 나와 유로타 숲에 가서 머물렀다. 소문을 듣고 구뢰바라는 왕이 찾아와 재물과 친족을 버리고 출가수행하는 이유를 물었다. 뇌타화라는 이렇게 답했다.

"대왕이여, 이 세상은 믿고 의지할 만한 것이 하나도 없습니다. 모든 것은 병들고 늙어갑니다. 이 육신도 무상해서 끝내는 버려야 합니다. 누구도 이를 대신해줄 수 없으며 재물이 많아도 저승까지 따라오지는 않습니다. 그런데도 사람들은 만족할 줄 모르고 욕심 때문에 나쁜 업을 지으며 살아갑니다. 지혜로운 사람은 이를 알고 욕심을 품지 않고 깨끗하게 살아갑니다. 내가 머리를 깎고 가사를 입고, 도를 배우는 것은 이런 이유 때문입니다."

중아함 31권 131경 《뇌타화라경(賴吒華羅經)》

재출가를 허락한 부처님

부처님이 쿠루수의 법행성에 계실 때의 일이다. 어느 날 갑자기 상사리불(象舍利弗)이 법복을 벗고 속인의 생활로 돌아갔다. 어느 날 아난다가 성중으로 걸식을 나갔다가 상사리불 집 앞에 이르렀다. 상사리불은 집에서 두 여자의 어깨에 기대어 있다가 아난다를 보자 부끄러워 어쩔 줄 몰라 했다. 걸식에서 돌아온 아난다는 부처님에게 성중에서 본 일을 아뢰었다.

"상사리불은 성품이 부드럽고 행실이 훌륭한 수행자였습니다. 항상 남을 위해 설법하기를 싫증내지 않았습니다. 어째서 세속으로 돌아가 욕락을 즐기는지 걱정이 되었습니다."

"그는 아직 아라한이 되지 못한 사람이다. 아라한은 결코 법복을 버리고 세속으로 돌아가는 일이 없다. 그러나 걱정할 필요 없다. 이레 뒤에는 다시 여기로 와서 번뇌를 없애는 수행을 할 것이다. 상사리불이 세속으로 나간 것은 전생의 업에 이끌렸을 뿐이다."

상사리불은 과연 이레 뒤에 부처님을 찾아왔다. 다시 사문의 행을 닦기를 청하였다. 부처님이 이를 허락했다. 그는 다시 비구가 되어 열심히 수행한 끝에 곧 아라한이 되었다. 어느 날 상사리불은 걸식을 하기 위해 가사를 입고 발우를 들고 성중으로 들어갔다. 이를 본 어떤 범지가 '저 사문의 허물을 폭로하리라'고 생각하고 사람들에게 말했다.

"저 사람은 한때 아라한인 척하더니 세속으로 돌아가 오욕락을 누렸다. 이제는 다시 사문이 되어 걸식하면서 거짓으로 청렴결백한 척한다. 그러나 그는 여자들만 보면 이리저리 생각하고 상상하며 욕정을 일으키는 사람이다."

사람들은 그 말을 듣고 이상하게 생각하여 상사리불에게 물었다.

"존자는 그 전에 아라한이었는데 어떻게 세속으로 돌아갔으며, 왜 다시 출가했습니까?"

"나는 과거에 아라한이 아니었습니다. 아라한은 법복을 버리고 세속으로 돌아가는 일이 없습니다. 번뇌가 다한 아라한은 결코 11가지 행동을 하지 않습니다. 즉 법복을 버리고 세속으로 돌아가지 않으며,

세속의 욕락을 익히지 않으며, 살생하지 않으며, 훔치지 않으며, 음식을 남겨두지 않으며, 거짓말하지 않으며, 나쁜 말을 하지 않으며, 의심이 없으며, 두려워하지 않으며, 다른 스승에게 배우지 않고, 다시는 재생을 받지 않습니다."

상사리불이 솔직하고 미묘한 설법을 하자 저들은 의심을 풀고 존경하기를 마다하지 않았다.

증일아함 46권 제49 〈목우품(牧牛品)〉 제4경

무엇을 잘하는 사람이고 싶은가

부처님이 사밧티 기원정사에 계실 때의 일이다. 어느 날 생루(生漏) 범지가 부처님을 찾아와서 여섯 종류의 사람들이 무엇을 잘하고, 무엇을 좋아하며, 그들이 이루고자 하는 목적은 무엇인지에 대해 물었다. 부처님은 그를 위해 자세하게 가르쳐 주었다.

"부처님, 크샤트리아는 무엇을 좋아하고 무엇을 잘하며, 무엇을 목적으로 삼는 사람입니까?"

"크샤트리아 종족은 싸우기를 좋아하고, 온갖 기술이 좋으며 일을 하면 끝까지 해서 중간에 쉬지 않는 것이 특징이니라."

"그러면 바라문은 무엇을 좋아하고 무엇을 잘하며, 무엇을 목적으로 삼는 사람입니까?"

"바라문은 주술을 잘하며 반드시 살 집을 짓는 것을 좋아하느니라."

"그러면 국왕은 무엇을 좋아하고 무엇을 잘하며, 무엇을 목적으로 삼는 사람입니까?"

"왕은 정치의 권력을 좋아하고 마음은 무기에 있으며 재물을 탐착하느니라."

"그러면 도둑은 무엇을 좋아하고 무엇을 잘하며, 무엇을 목적으로 삼는 사람입니까?"

"도둑은 간특한 마음을 가지고 있으며, 남이 자기가 저지른 일을 모르게 하도록 애쓰는 것이 특징이니라."

"그러면 여자는 무엇을 좋아하고 무엇을 잘하며, 무엇을 목적으로 삼는 사람입니까?"

"여자는 생각이 늘 남자에게 있으며 재물에 탐착하는 것을 좋아하고, 남녀 간의 일이 자기 마음대로 되기를 바라느니라."

"부처님께서는 그런 세속사람들의 일까지 다 아시니 참으로 놀라우십니다. 그것은 진실이요 헛말이 아닙니다. 끝으로 한 가지만 더 여쭙겠습니다. 출가수행자는 무엇을 구하는 사람들인지요?"

"수행자는 계덕을 갖추기를 잘하고, 마음은 늘 도법에 머무는 것을 좋아하며, 뜻은 네 가지 진리를 구하는데 있고, 열반에 이르는 것을 궁극적 목적으로 삼는 사람들이니라."

부처님이 이렇게 상세하게 가르쳐주자 범지는 매우 기뻐하며 이렇게 찬탄하고 돌아갔다.

"부처님의 말씀은 너무나 자상하고 친절하셨습니다. 마치 눈먼 사람에게 눈을 뜨게 해주고 귀먹은 사람에게 소리를 듣게 해주고 어둠 속에 있는 사람에게 등불을 주신 것처럼 부처님의 말씀도 그러하나이다. 저는 이제 나라 일이 많으니 돌아가고자 합니다."

증일아함 30권 제37 〈육중품(六重品)〉 제7경

모든 부처님의 가르침

부처님이 열반한 직후의 일이다. 대중 가운데 우두머리인 카사파, 많은 장로들, 법문을 가장 많이 들은 아난다 등은 부처님의 사리를 받들고 쿠시나가라에서 마가다로 왔다.

이때 카사파는 '바른 법의 근본을 어떻게 널리 펴서 이 세상을 이롭게 할까'를 생각했다. 카사파는 아난다로 하여금 부처님의 가르침을 정리하도록 하는 것이 좋다고 생각했다. 아난다는 부처님의 가르침을 가장 많이 들은 제자이기 때문이었다. 이에 그 뜻을 아난다에게 밝혔으나 그는 '부처님이 이 세상에 계실 때 카사파 존자와 자리의 반을 나누어 앉았으며, 그에게 법을 부촉했다'면서 사양했다. 그러자 카사파는 다시 아난다에게 이렇게 청했다.

"비록 그렇기는 하나 나는 나이가 많아 스승의 가르침을 잊어버린 것이 많다. 하지만 그대는 모두 기억하는 지혜의 업이 있으니 이 일에는 그대 보다 나은 사람이 없다. 그러니 이 일을 감당해 주었으면 하노라."

아난다는 카사파 존자와 대중의 요청을 승낙하고 순서에 따라 부처님이 생전에 말씀한 가르침을 사부대중을 위해 정리해서 들려주었다.

먼저 카사파가 아난다에게 물었다.

"어떻게 증일아함에서 서른일곱 가지 도품의 가르침(三十七助道品)이 생기게 되었으며, 모든 법이 다 이것을 말미암아 생기게 되었는가?"

"그렇습니다. 증일아함에는 서른일곱 가지 법이 모두 들어 있습니다. 그렇지만 증일아함은 한 가지 게송에서 생겨 나오는 것입니다. 그 게송은 다음과 같습니다.

모든 나쁜 짓은 절대 하지 말라. (諸惡莫作)
모든 착한 일은 부지런히 행하라. (衆善奉行)
스스로 그 마음을 깨끗하게 하라. (自淨其意)
이것이 모든 부처님의 가르침이니라. (是諸佛敎)

아난다는 이어서 그 이유를 다음과 같이 말했다.

"모든 악을 짓지 말라는 것은 계행의 근본을 말하는 것이며, 모든 선을 행하라는 것은 마음이 청정해지라는 것이며, 스스로 그 뜻을 깨끗하게 하라는 것은 그릇된 착각을 버리라는 것이며, 이것이 모든 부처님의 가르침이라는 것은 어리석고 미혹한 생각을 버리라는 것입니다. 이렇게 하면 서른일곱 가지 도품의 결과를 성취하게 될 것이므로 이 게송 속에 모든 법이 다 들어있다고 하는 것입니다."

증일아함 1권 제1 〈서품(序品)〉

불교교단이 의지해야 할 곳

　부처님이 열반에 든 지 오래되지 않았을 때의 일이다. 이 무렵 아난다는 라자가하에 머물고 있었는데 어느 날 아침 걸식에 나가기 전에 잠시 바라문 구묵목건련의 집을 방문했다. 그는 반갑게 아난다를 맞이하며 인사를 했다. 두 사람이 문안인사를 하는 동안 마침 마가다국의 우세 대신이 지나는 길에 권속들과 함께 구묵목건련의 집에 들렀다. 우세는 아난다를 만난 김에 평소 궁금했던 점을 질문했다.

　"스님, 부처님께서 혹시 이 세상에 계실 때 혹시 어떤 제자를 내세워 당신의 후계자로 삼고 그를 의지하라고 말하신 적이 없습니까?"

　"그런 적도 없고 그렇게 지목 받은 제자도 없습니다."

　"스님의 말씀대로라면 불교교단은 지금 지도자도 없고 의지할 사람도 없습니다. 그런데도 스님들은 부처님이 이 세상에 계실 때처럼 서로 존경하여 다투지 않으며, 깊은 믿음으로 다같이 가르침을 받들며, 물과 젖이 하나로 합하듯이 화합승가를 이루고 있습니까?"

"우세여, 그대는 우리 승가가 의지할 데가 없다고 말하지 마십시오. 우리는 의지할 데가 있습니다."

"스님은 부처님이 어떤 비구를 내세워 후계자로 삼고 그에게 의지하라고 하시지 않았다고 하지 않았습니까? 그런데 의지할 데가 있다니 말씀의 앞뒤가 맞지 않습니다."

"그렇지 않습니다. 우리는 사람에 의지하지 않고 법에 의지합니다. 보름이 되면 한곳에 모여 포살을 하는데 그때 계목(戒目)을 잘 아는 비구에게 법을 청하여 듣습니다. 그가 청정하면 그의 말을 받들어 행하고 만일 그가 청정하지 않으면 우리는 법에 따라 조치합니다."

이 말을 들은 우세는 이렇게 감탄했다.

"아난다 스님의 설명은 스님들이 어떤 일을 결정할 때 마음대로 하는 것이 아니라 오직 법에 따라 조치를 한다는 말씀입니다. 그렇다면 부처님이 계시지 않고 후계자를 지목하지 않아 의지할 데가 없어도 법은 오래 존속할 것이며, 불교승가는 물과 젖이 합치듯 화합하여 다투지 않을 것입니다. 부처님이 계실 때와 같을 것입니다."

중아함 36권 145경 《구묵목건련경(瞿黙目犍連經)》

제**14**장

사색과 성찰

지혜로운 사람과 어리석은 사람

부처님이 라자가하의 죽림정사에 계실 때였다. 어느 날 부처님은 다음과 같은 비유를 들어 제자들을 가르쳤다.

"세상에는 네 종류의 좋은 말(馬)이 있다.

첫 번째로 좋은 말은 등에 안장을 올려놓으면 채찍의 그림자만 보아도 달리는 말이며, 두 번째로 좋은 말은 채찍으로 털끝을 조금 스치기만 해도 달리는 말이다. 세 번째로 좋은 말은 살갗에 채찍이 떨어져야 달리는 말이며, 네 번째로 좋은 말은 채찍으로 등을 얻어맞고 고삐를 잡아채야 달리는 말이다.

바른 법을 공부하는 사람에도 네 부류가 있다.

첫 번째로 지혜로운 사람은 누가 병들어 고통 받다가 죽었다는 말만 듣고도 생사를 두려워하여 바른 생각을 일으켜 열심히 공부한다. 이는 첫 번째 말과 같은 사람이다.

두 번째로 지혜로운 사람은 죽은 사람의 상여가 나가는 것만 보아도 생사를 두려워하여 바른 마음을 일으켜 열심히 공부한다. 이는 두 번째 말과 같은 사람이다.

세 번째로 지혜로운 사람은 친족이나 아는 사람이 병들어 신음하다 죽는 것을 옆에서 직접 보아야 두려운 마음을 일으켜 열심히 공부한다. 이는 세 번째 말과 같은 사람이다.

네 번째로 지혜로운 사람은 자신이 병들어 고통 받다가 죽을 때가 돼서야 생사를 두려워하는 마음을 내서 공부하기 시작한다. 이는 네 번째 말과 같은 사람이다."

잡아함 33권 922경 《편영경(鞭影經)》

무상의 인식은 수행의 근본

부처님이 사밧티 기수급고독원에 계실 때의 일이다. 어느 날 부처님은 비구들에게 이렇게 말씀했다.

"비구들이여, 만일 어떤 이학외도들이 그대들에게 무엇이 모든 일의 근본이 되느냐고 묻거든 욕심이 근본이 된다고 대답하라. 그들이 다시 무엇이 존재(有)가 되느냐고 묻거든 사상(思想)이 유(有)가 된다고 대답하라. 그들이 다시 무엇이 상주(上主)가 되느냐고 묻거든 염(念)이 상주가 된다고 대답하라. 그들이 다시 무엇이 앞(前)이 되느냐고 묻거든 선정이 앞이 된다고 대답하라.

비구들이여, 그들이 다시 무엇이 위(上)가 되느냐고 묻거든 지혜가 위가 된다고 대답하라. 그들이 다시 무엇으로써 참(眞)을 삼느냐고 묻거든 해탈로써 참을 삼는다고 대답하라. 그들이 다시 무엇으로써 마지막(訖)을 삼느냐고 묻거든 열반으로써 마지막을 삼는다고 대답하라. 비구는 마땅히 이렇게 알고 이렇게 배우며 이렇게 대답해야 하느니라.

비구들이여, 집을 나와 도를 배우려는 사람은 모든 것이 무상하다는 생각을 익히며, 무상한 것은 괴롭다는 생각을 익히며, 괴로움은 나가 없으며 깨끗하지 않다는 생각을 익히며, 거친 음식을 싫어하지 않는다는 생각을 익히며, 일체 세간은 즐거워할 것이 못된다는 생각을 익히며, 세속적 습관을 멀리하는 생각을 익히며, 해탈의 참 모양을 그것을 성취할 생각을 익혀야 한다.

비구들이여, 이렇게 하면 비구들이 애욕을 끊고 맺음을 없애며, 모든 법을 바르게 알고 바르게 관찰하여 괴로움의 끝을 보게 되느니라."

부처님께서 이렇게 말씀하자 비구들은 깊이 새겨듣고 받들어 행하여 큰 이익을 얻었다.

중아함 28권 113경 《제법본경(諸法本經)》

정신과 육체 · 의식의 삼각관계

부처님이 라자가하 죽림정사에 계실 때의 일이다. 그 무렵 사리풋타와 마하코티카는 그리드라쿠타 산에서 함께 수행하고 있었다. 어느 날 해질 무렵 마하코티카는 한 가지 궁금한 것이 있어서 사리풋타에게 물었다.

"존자께서는 늙음과 죽음을 누가 만들었다고 생각합니까? 자기가 만든 것입니까, 남이 만든 것입니까? 아니면 아무 원인도 없이 만들어진 것입니까?"

"내가 생각하기에 늙음과 죽음은 누가 만든 것이 아닙니다. 또 원인 없이 만들어진 것도 아닙니다. 다만 태어남을 인연하기 때문에 늙음과 죽음이 있는 것입니다."

"그렇다면 늙음과 죽음이 일어나는 정신과 육체는 누가 만든 것입니까? 자기가 만든 것입니까, 남이 만든 것입니까? 아니면 아무 원인 없이 만들어진 것입니까?"

"정신(名)과 육체(色)도 누가 만든 것이 아닙니다. 다만 그것은 의식(識)을 인연하여 생긴 것입니다."

"그러면 의식은 누가 만든 것입니까? 내가 만든 것입니까, 남이 만든 것입니까?

아니면 아무 원인 없이 만들어진 것입니까?"

"그것은 정신과 육체를 인연하여 생기는 것입니다."

"사리풋타님, 조금 전에 정신과 육체는 의식을 인연하여 생긴다고 했습니다.

그런데 다시 이번에는 의식이 정신과 육체를 인연하여 생긴다니 이는 무슨 뜻입니까?"

"비유로 말씀드리지요. 여기 세 개의 갈대가 있다고 합시다. 이 갈대가 땅에 서려고 하면 서로서로 의지해야 합니다.

만일 하나가 없어도 둘은 서지 못하고, 둘이 없어서도 하나는 서지 못합니다.

의식이 정신과 육체를 의지하는 것이나, 정신과 육체가 의식을 의지하는 것도 이와 같습니다."

"좋습니다. 참으로 훌륭한 설명입니다. 이제는 더 이상 의심하거나 번뇌를 일으키지 않아도 될 것 같습니다."

잡아함 12권 288경 《노경(蘆經)》

누구에게나 찾아오는 죽음

부처님이 사밧티의 기원정사에 계실 때의 일이다. 그 무렵 키사고타미 비구니는 기원정사 인근의 비구니 처소에 머무르고 있었다. 어느 날 그녀는 탁발을 마치고 돌아와 한 나무 밑에 앉아 명상을 하고 있었다. 그때 악마가 나타나 그녀에게 이렇게 속삭였다.

"너는 왜 아들을 잃고 눈물을 흘리면서 시름하고 있는가? 혼자 나무 밑에 앉아 있지 말고 세속으로 나가 남자를 구해보는 것이 어떤가?"

그녀는 문득 정신을 차리고 악마에게 이렇게 말했다.

"자식의 모습을 잊고 나면 번민하거나 근심하지 않게 되리라. 모든 근심과 괴로움을 다 버리면 어둠은 사라지고 참된 진리를 얻게 되어 마침내 편안하고 고요하게 되리라."

악마는 이 말을 듣고 더 이상의 유혹을 포기하고 사라졌다.

잡아함 45권 1200경 《구담미경(瞿曇彌經)》

부처님의 영가법문

부처님이 사밧티의 기원정사에 계실 때의 일이다. 어느 날 코살라국의 파세나디 왕이 부처님을 찾아왔다. 그의 모습은 몹시 지치고 슬픔이 가득했다.

"대왕은 어디서 오기에 해진 옷을 입고 머리를 흐트러뜨리고 있습니까?"

"부처님, 저에게는 할머니가 있어서 존경하고 의지했는데 갑자기 세상을 떠났습니다. 오늘 성밖에 나가 화장을 하고 슬픔을 가눌 길 없어 이렇게 세존을 찾아왔습니다."

"왕은 조모님을 얼마나 존경하고 사랑하셨습니까?"

"만약 이 나라에 있는 모든 코끼리를 주고, 그것도 모자라면 왕위라도 주어서 조모님의 목숨을 구할 수 있다면 그렇게 했을 것입니다. 그러나 이미 돌아가셨으니 슬픔과 그리움과 근심과 괴로움에 견딜 수가 없습니다. 오늘 일을 당하고 보니 예전에 부처님께서 '일체 중생은 모두 죽는다. 한번 태어난 것으로서 죽지 않는 것은 없다'고 하신 말씀이 진실하고 옳은 것인 줄 알겠나이다."

"그렇습니다. 한번 태어난 것은 설사 온 천하를 차지한 전륜성왕이라도 죽지 않는 사람은 없습니다. 설사 번뇌가 다하고 모든 속박에서 벗어난 아라한이라도, 열 가지 힘을 갖춘 부처라도 마침내는 몸을 버리고 열반에 드는 것입니다. 그러므로 대왕은 알아야 할 것입니다. 모든 중생은 목숨이 붙어 있을 때 선행을 쌓으면 천상에 오르게 되고, 악업을 지으면 나쁜 곳에 떨어지게 됩니다. 그러나 훌륭하고 묘한 도를 닦아 번뇌가 다하면 윤회가 없는 열반에 듭니다. 여래와 성문 제자들이 그러합니다."

잡아함 46권 1227경 《모경(母經)》

어떻게 죽음을 맞을 것인가

부처님이 사밧티 기원정사에 계실 때의 일이다. 어느 날 독실한 재가불자인 파세나디 왕이 외출한 사이에 왕의 모후가 임종을 했다. 왕에게는 불사밀(不奢蜜)이라는 신하가 있었다. 그는 왕의 슬픔을 달래기 위해 꾀를 냈다. 5백 마리의 흰코끼리와 말, 5백 명의 보병과 기녀, 5백 명의 바라문과 사문, 5백 벌의 의상과 보배를 장엄한 화려한 상여를 꾸몄다.

외출에서 돌아오던 왕은 이 화려한 행렬을 보고 신하에게 누구의 행렬인지 물었다. 신하는 이렇게 대답했다.

"어떤 장자의 어머니가 죽었는데 저것들을 염라대왕에게 보내 죽은 이의 목숨을 대신하려고 보내는 행렬이라고 합니다."

"그것은 미련한 짓이다. 코끼리와 말을 대신 희생한들 죽은 사람은 살릴 수 없다. 바라문과 사문들이 빌어도 안 되고, 기녀를 보내 달래도 어림없다. 군사를 보내 싸워도 안 되고, 보물로 뇌물을 써도 안 될 일이다. 태어난 사람이 죽지 않을 방법은 없다. 슬퍼해도 소용없다."

대신은 그제서야 왕에게 모후의 죽음을 알렸다.

"실은 오늘 모후께서 임종했습니다. 태어난 사람은 모두 죽는 것이니 너무 슬퍼 마옵소서."

왕은 슬픔을 누르고 궁으로 돌아가서 절차에 따라 장례를 치루고 부처님을 찾아갔다. 부처님은 파세나디 왕을 위로하며 이렇게 말씀했다.

"왕이여, 너무 슬퍼하지 마시오. 일체 중생은 다 죽음으로 돌아가오. 아무리 애를 써도 그렇게 되지 않을 수 없소. 사람의 몸은 눈덩이나 흙덩이를 뭉쳐 놓은 것 같아서 반드시 부서지게 돼 있소. 아지랑이 같아서 허망하고 진실한 것이 아니오. 거기에 집착하는 것은 빈주먹으로 어린아이를 속이는 것과 같소. 그러니 이 몸을 믿지 말고 근심도 하지 마시오."

부처님은 또 이렇게 죽음의 불가피성을 말씀했다.

"죽음은 교묘한 말이나 주술이나 약이나 부적으로 막을 수 있는 것이 아니오. 늙음은 청춘을 부수어 아름다움을 없애고, 병은 건강을 부수고, 죽음은 목숨을 부수고, 항상하다고 믿는 모든 것은 덧없음으로 돌아가는 것이오. 대왕도 여기에서 벗어날 수 없소. 그러나 이런 것을 미리 알고 몸과 마음을 다스려 법을 깨닫게 되면 죽은 뒤에 천상에 태어나고, 그렇지 않으면 지옥에 떨어질 것이오."

증일아함 18권 제26 〈사의단품(四意斷品)〉 제7경

죽음은 언제쯤 찾아오는가

부처님이 사밧티 기원정사에 계실 때의 일이다. 어느 날 부처님은 제자들에게 죽음을 어떻게 생각하고 수행해야 하는지에 대해 물었다.

"그대들은 죽음이 언제쯤 찾아온다고 생각하고 어떻게 수행을 하고 있는가?"

그때 한 제자가 나서서 이렇게 대답했다.

"저는 죽음이 이레쯤 뒤에 찾아온다고 생각하고 일곱 가지 각의(七覺意: ① 지혜로서 모든 법을 살피고 선악의 진위를 간택하는 택법각의

(擇法覺意), ② 쓸데없는 사행을 버리고 바른 도에 전력하여 게으르지 않는 정진각의(精進覺意), ③ 선법을 얻어서 마음으로 기뻐하는 희각의(喜覺意), ④ 그릇된 견해나 번뇌를 끊어버리는 제각의(除覺意), ⑤ 거짓되고 참되지 못한 것을 추억하는 마음을 버리는 사각의(捨覺意), ⑥ 선정에 들어 번뇌망상을 일으키지 않는 정각의(定覺意), ⑦ 정과 혜를 한결같이 하는 염각의(念覺意))를 부지런히 닦으면 반드시 좋은 이익이 있을 것이며 뒷날에도 후회가 없을 것으로 생각합니다."

"그렇게 말하지 말라. 그것은 죽음이 오는 때를 바르게 알고 닦는 수행이 아니니라."

그러자 또 한 제자가 일어나 이렇게 아뢰었다.

"저는 죽음이 엿새 뒤에 찾아온다고 생각하고 일곱 가지 각의를 부지런히 닦고자 합니다."

"그렇게 말하지 말라. 그것은 방일하게 수행하는 것이니라."

제자들은 차례로 일어나 닷새, 나흘, 사흘, 이틀쯤 뒤에 죽음이 찾아온다고 생각하고 죽음을 대비한 일곱 가지 각의를 닦으면 될 것이라고 했다. 그러나 부처님은 그것들에 대해 모두 '게으른 수행'이라고 했다. 마지막으로 한 제자가 일어나 다시 아뢰었다.

"저는 아침에 일어나 사밧티에 들어가 걸식을 마친 뒤 정사에 돌아와 조용한 방에서 일곱 가지 각의를 생각하다가 목숨을 마치면 그것이 죽음이 오는 때를 알고 그것에 대비하여 수행하는 것이라고 생각합니다."

"그렇게 말하지 말라. 그대들은 모두 죽음이 오는 때를 모르고 게으르게 수행하는 것이다. 그러면 죽음이 언제 온다고 생각하고 어떻게 수행해야 하는가. 저 박칼리 비구는 호흡지간에 죽음이 있다고 생각하고 드나드는 숨길에 생각을 매어두고 그 숫자를 헤아리며 일곱 각의를 닦았다. 그러므로 수행자들이여, 그대들도 이렇게 드나드는 숨길 속에 죽음이 있다고 생각하고 수행해야 생로병사와 근심, 걱정, 고통, 번민에서 헤어날 수 있을 것이다."

증일아함 35권 제40 〈칠일품(七日品)〉 제8경

자살에 대한 불교의 입장

부처님이 라자가하 죽림정사에 계실 때의 일이다. 그 무렵 찬나 존자는 나라 마을 암라나무 숲에서 수행하고 있었는데 병이 들어 매우 위중한 상태였다. 이 소식을 들은 장로 사리풋타와 마하카트야나는 찬나가 머무르고 있는 나라 마을 암라나무 숲으로 병문안을 갔다.

"좀 어떠하십니까? 위중하다고 들었습니다만……."

"아주 고통스럽습니다. 병은 더해만 가고 덜하지 않습니다. 스스로 목숨을 끊고 싶습니다. 더 이상 고통스러운 삶은 바라지 않습니다."

"제발 그러지 마십시오. 필요하다면 제가 옆에서 간호를 해드리겠습니다."

"간호로 나을 병이 아닙니다. 죽는 것이 고통을 더는 길입니다."

"그러면 한 가지 묻겠습니다. 존자는 눈과 귀와 코와 혀와 몸이, 보고 듣고 냄새 맡고 맛보고 감촉을 느끼는 것이 진실한 자기라고 생각하십니까?"

"아닙니다. 눈과 귀와 코와 혀와 몸과 의식은 모두 참다운 내가 아닙니다. 나는 그것이 나(我)라거나 내 것(我所)이라거나 나의 본체(我體)라고 생각하지 않습니다."

이렇게 말한 찬나는 그 다음날 혼자서 칼로 자살을 하고 말았다. 사리풋타와 카트야나는 안타까운 심정으로 찬나 비구의 육신을 화장하고 죽림정사로 돌아왔다. 그들은 부처님께 자초지종을 아뢰고 그의 행위가 옳은지 그른 것인지를 여쭈었다.

"나는 그에게 큰 허물이 있다고 말하지 않으리라. 너희들이 말했듯이 그는 일체의 집착과 속박에서 벗어났다. 따라서 그는 죽은 뒤에도 다른 업신(業身)을 받지 않을 것이다. 그러므로 나는 그에게 큰 허물이 없다고 말하는 것이다."

잡아함 47권 1266경 《천타경(闡陀經)》

이모의 장례를 치르는 부처님

　부처님이 베살리의 보회강당에 계실 때의 일이다. 그 무렵 베살리의 고대사(高臺寺)에는 이모 대애도(大愛道, 마하파자파티) 비구니가 다른 비구니들과 수행하고 있었다. 어느 날 이들은 "이 안거가 끝나면 부처님은 쿠시나가라로 가시는데 아무래도 곧 열반에 드실 것 같다."는 말을 들었다. 대애도 비구니는 이 말을 듣고 부처님을 찾아와 한 가지 청을 올렸다.
　"원컨대 이제부터는 비구니가 비구니를 위해 계를 설하도록 하소서."
　"그렇게 하십시오. 앞으로는 비구니가 비구니를 위해 설계(說戒)하는 것을 허락합니다. 다만 여래가 전에 설계한 것처럼 하여 틀림이 없도록 해야 할 것입니다."
　설계 허락을 받은 대애도 비구니는 부처님을 하직하면서 이렇게 말했다.
　"아무래도 이제는 저도 다시 여래의 얼굴을 볼 수 없을 것 같습니다."
　대애도 비구니는 처소로 돌아온 지 얼마 되지 않아 열반에 들었다. 이에 앞서 함께 수행하던 다른 여러 비구니들도 먼저 열반에 들었다. 이 소식을 들은 부처님은 아난다를 시켜 장례를 준비시켰다. 아난다는 야수제(耶輸提)라는 대장을 찾아가 장례에 필요한 평상과 기름과 꽃과 향과 수레를 부탁했다. 야수제는 부처님의 지시로 이미 열반에 든 다른 비구니들의 시신을 거두었다. 그가 시신을 거두려고 문을 열자 옆에 있던 두 명의 사미니가 '스승님들을 시끄럽게 하지 말라'고 했다. 야수제가 '그대의 스승님들은 이미 열반에 들었다'고 하자 두 사미니도 곧 열반에 들었다. 야수제는 이들의 시신도 수습해서 공양했다.

대애도 비구니의 시신은 부처님이 직접 수습했다. 대애도 비구니의 시신은 아난다와 난다와 라훌라에 의해 평상에 모셔졌다. 이어서 부처님도 몸소 평상의 한쪽 다리를 들고 교외의 화장터로 향하였다. 제자들이 민망히 여겨 대신하려고 했으나 부처님은 허락하지 않았다.

"그만두라. 이 일은 내가 알아서 할 것이다. 부모가 자식을 낳아 젖을 먹이고 안아주고 길러준 은혜는 매우 크다. 그 은혜를 갚지 않으면 안 된다."

화장장에 도착한 부처님은 앞서 열반한 비구니들과 사미니의 시신을 공양한 뒤 화장토록 했다. 이어서 대애도 비구니 몸 위에도 꽃과 향을 뿌리고 이렇게 게송을 읊었다.

일체의 현상은 덧없는 것　　　(一切行無常)
한번 나면 반드시 다함이 있네.　(生者必有盡)
태어나지 않으면 죽지 않나니　　(不生則不死)
이 열반이 가장 큰 즐거움이네.　(此滅爲最樂)

게송이 끝난 뒤에는 찬다나 섶나무에 불을 붙여 화장을 했다. 화장이 끝나자 사람들은 대애도 비구니와 다른 비구니들을 사리를 거두어서 탑을 세우고 공양했다.

증일아함 50권 제52 〈대애도반열반품(大愛道般涅槃品)〉 제1경

어리석은 현자가 되지 말라

부처님이 사밧티 기수급고독원에 계실 때의 일이다. 어느 날 부처님이 많은 제자들을 모아 놓고 이렇게 설법했다.

"오늘은 그대들을 위하여 어리석게 사는 법과 지혜롭게 사는 법에 대해 말하리니 자세히 듣고 잘 기억하라. 먼저 어리석은 사람이 어리석게 사는 법이란 무엇인가? 어리석게 사는 사람은 세 가지 모양과 특징이 있으니 첫째는 나쁜 생각을 하고, 둘째는 나쁜 말을 하고, 셋째는 나쁜 행동을 한다.

이렇게 생각과 말과 행동으로 어리석은 짓을 하는 사람은 다시 현재에서 몸과 마음으로 세 가지 근심과 고통을 받게 된다. 어떻게 고통을 받는가? 첫째, 어리석게 사는 사람은 뒷골목에 있거나 네 거리에 있거나 어리석은 짓만 골라서 한다. 어리석기 때문에 살생과 도둑

질과 사음과 거짓말과 사특한 소견과 한량없는 나쁜 짓을 한다. 다른 사람은 이를 보고 그를 비난하는 말을 하게 된다. 어리석은 사람은 이를 보고 만일 다른 사람이 나의 나쁜 짓을 알게 되면 저렇게 나쁜 말을 할 것을 알고 근심과 고통을 겪게 된다. 둘째, 어리석게 사는 사람은 나라의 관리가 죄인을 붙잡아다가 여러 가지 가혹한 형벌을 가하는 것을 보게 된다. 손발을 묶거나 끊고, 귀와 코를 자르고 머리칼과 수염을 뽑으며, 작은 함 속에 가두거나 쇠창살로 찌르며, 갈고리로 긁거나 몽둥이로 때리는 장면을 보면서 자기에게도 저런 고문이 가해질 것을 알고 근심과 고통에 휩싸이게 된다. 셋째, 어리석게 사는 사람은 몸과 입과 생각으로 악행을 하다가 늙고 병이 들어 죽음을 앞두게 되면 자기가 복을 짓지 않고 악행만 했기 때문에 죽은 다음에 갈 곳은 반드시 지옥과 축생과 같은 나쁜 곳에 갈 것을 안다. 이로 인해 그는 몸과 마음이 근심과 고통에 빠지게 된다."

이어서 부처님은 지혜롭게 사는 사람이 가는 지혜로운 길에 대해 말씀했다.

"그러면 어떤 것이 지혜롭게 사는 법인가? 지혜롭게 사는 사람은 세 가지 모양과 특질이 있으니 첫째는 착한 생각을 하고, 둘째는 착한 말을 하고, 셋째는 착한 행동을 한다. 이렇게 생각과 말과 행동으로 착한 짓을 하는 사람은 다시 현재에서 몸과 마음으로 세 가지 기쁨과 즐거움을 누린다.

어떻게 즐거움을 누리는가? 첫째, 지혜롭게 사는 사람은 뒷골목에 있거나 네거리에 있거나 지혜로운 일만 골라서 한다. 지혜롭기 때문에 살생과 도둑질과 사음과 거짓말과 사특한 소견과 한량없는 나쁜 짓을 하지 않는다. 다른 사람은 이를 보고 그를 칭찬하는 말을 한다. 지혜로운 사람은 이를 보고 만일 다른 사람이 나의 착한 행동을 알게 되면 저렇게 칭찬하는 말을 할 것을 알고 기쁨과 즐거움을 누린다. 둘째, 지혜롭게 사는 사람은 나라의 관리가 죄인을 붙잡아다가 여러 가지 가혹한 형벌을 가하는 것을 보게 된다. 손발을 묶거나 끊고, 귀와 코를 자르고 머리칼과 수염을 뽑으며, 작은 함 속에 가두거나 쇠창살로 찌르며, 갈고리로 긁거나 몽둥이로 때리는 장면을 보면서 자기에게는 저런 고문이 가해지지 않을 것을 알고 기쁨과 즐거움을 누리게 된다. 셋째, 지혜롭게 사는 사람은 몸과 입과 생각으로 선행을 하다가 늙고 병이 들어 죽음을 앞두게 되면 자기가 복을 짓고 선행을 했기 때문에 죽은 다음에 갈 곳은 반드시 좋은 곳이라는 사실을 안다. 이로 인해 그는 현재에도 몸과 마음이 기쁨과 즐거움을 누리게 된다."

중아함 제53권 199경 《치혜지경(癡慧地經)》

'대장부'의 불교적 조건

부처님이 기원정사에 계실 때의 일이다. 어느 날 한 제자가 여쭈었다.

"언젠가 부처님께서 진정한 대장부에 대해 말씀하신 적이 있습니다. 그러나 저는 아직 그 뜻을 잘 모르겠습니다. 부처님께서는 어떤 사람을 가리켜 대장부라 하고, 어떤 사람은 대장부가 아니라 하시는지요?"

이에 부처님은 이렇게 대답했다.

"내가 대장부가 아니라고 하는 사람은 이런 사람이다. 자신의 육신을 영원하다고 생각하여 거기에 집착함으로써 욕심을 버리지 못하고 번뇌를 버리지 못하는 사람이다. 왜냐하면 그는 그로 인해 해탈을 얻지 못하기 때문이다.

반대로 내가 대장부라고 하는 사람은 이런 사람이다. 자신의 육신을 영원하다고 생각하지 않으며 따라서 거기에 집착하지 않는 사람, 그리하여 욕심과 번뇌를 다 버리는 사람이다. 왜냐하면 그는 그로 인해 해탈을 얻기 때문이다."

잡아함 24권 614경 《대장부경(大丈夫經)》

성자도 피할 수 없는 업보

부처님이 라자가하 죽림정사에 계실 때의 일이다. 그 무렵 장로 목갈라나는 사리풋타와 함께 부처님을 모시고 있었다. 어느 날 그는 걸식을 하러 혼자 마을로 들어갔다. 평소 부처님과 제자들을 시기하던 집장(執杖) 바라문들은 목갈라나가 오는 것을 보고 해코지하기로 했다.

"저 사람은 부처님의 제자 중에서도 뛰어난 사람이다. 우리가 에워싸고 때려죽이자."

그들은 목갈라나를 둘러싸고 기왓장과 돌로 폭행을 가했다. 목갈라나의 온몸은 뼈가 드러나고 살이 문드러져 고통이 이만저만이 아니었다. 외도들은 목갈라나가 쓰러지자 그대로 내버려두고 도망갔다. 간신히 정신을 차린 목갈라나는 죽을 힘을 다해 정사로 돌아왔다.

상처투성이가 돼 돌아온 목갈라나는 오랜 친구 사리풋타에게 자초지종을 털어놓았다.

"걸식을 나갔는데 집장 바라문들이 나를 에워싸고 돌과 몽둥이로 때려 이렇게 됐네. 지금 온몸은 너무나 고통스러워 견디기 힘들 정도네. 아무래도 열반에 들어야 할 것 같아 자네에게 이별의 인사를 하러 왔네."

"자네는 부처님 제자 중에서 신통이 제일이네. 피하려면 큰 위력으로 피할 수도 있었을 텐데 왜 그렇게 하지 않았는가?"

"내가 지은 업보는 매우 깊고 무거운 것이네. 그 갚음은 언제가 받아야 하는 것이므로 피하지 않았네. 만약 내가 허공으로 피했다면 거기서도 갚음을 받았을 것이네. 그나저나 나는 지금 매우 고통스럽네. 자네를 봤으니 이제는 열반에 들고자 하네."

목갈라나의 죽음을 예견한 사리풋타는 자리에서 일어났다. 그리고 자신도 열반에 들기 위해 부처님을 친견한 뒤 시자 균두 사미만 데리고 고향인 마수국으로 가서 임종을 맞았다. 목갈라나는 사리풋타를 화장한 사리가 도착한 것을 보고 이내 열반에 들었다.

이렇게 두 사람의 장로제자가 앞서거니 뒤서거니 먼저 떠나가자 부처님은 매우 안타까워하면서 이렇게 말했다.

"나는 지금 가지가 없는 큰 나무와 같다. 사리풋타와 목갈라나가 열반에 든 것은 큰 나무에 가지가 잘려나간 것 같다. 대중들을 살펴보니 마치 텅 빈 것 같구나. 그들이 없기 때문이다. 만일 두 사람이 있었으면 이렇게 쓸쓸하지는 않았을 것이다."

증일아함 18권 제26 〈사의단품(四意斷品)〉 제9경

늙음은 부서진 수레와 같나니

부처님이 사밧티 기원정사에 계실 때의 일이다. 어느 날 아난다는 부처님의 늙은 육신을 보고 슬픈 얼굴로 이렇게 말했다.

"거룩하신 몸도 과거와는 다르옵니다. 거룩하신 몸이 왜 이렇게 쪼글쪼글하나이까?"

"네 말처럼 나의 몸은 이전과 다르구나. 왜냐하면 사람의 몸이란 늙고 병들어 죽는 것을 피할 수 없기 때문이니라. 나도 벌써 늙어 나이가 80세가 넘었구나."

다음 날 부처님은 아난다와 사밧티로 걸식을 나갔다가 파세나디 왕의 궁전 앞을 지나게 되었다. 궁전 앞에는 낡아서 부서진 수레가 여러 대 버려져 있었다. 아난다는 그 수레를 보고 이렇게 말했다.

"저 수레도 옛날에는 매우 아름답더니 오늘 보니 부서진 기와조각과 같나이다."

"그렇구나. 네 말처럼 저 수레들도 옛날에는 매우 아름다웠을 것이다. 그러나 오늘은 낡고 부서져 다시는 쓸데가 없게 됐다. 물건도 이렇거늘 하물며 사람 몸은 어떻겠느냐. 비록 백년을 산다 해도 이 몸은 무너져 죽음으로 돌아가느니라."

그때 마침 수행자들에게 아침 공양을 올리던 파세나디 왕이 부처님께 여쭈었다.

"여래의 몸도 늙음과 병듦과 죽음이 있나이까?"

"그렇다. 여래에게도 생로병사(生老病死)가 있다. 여래도 사람일 뿐이다."

부처님은 탁발을 마치고 기원정사로 돌아와 수행자들에게 말씀했다.

"세상 사람들은 네 가지를 좋아한다. 젊음과 건강과 장수와 은애를 좋아한다. 또 네 가지를 싫어한다. 늙음과 병듦과 죽음과 은애가 모였다가 흩어지는 것을 싫어한다. 그러나 누구도 좋아하는 것만 좋아하고 싫어하는 것을 피할 수는 없다. 그렇지만 이 사실을 깨닫고 거룩한 계율과 삼매와 지혜와 해탈의 도를 배우면 생로병사의 뿌리를 끊고 다시는 후생을 받지 않을 것이다. 그러므로 그대들은 나지도 않고 늙지도 않고 병들지도 않으며 죽지도 않는 고요한 열반을 성취하도록 하여야 한다."

증일아함 18권 제26 〈사의단품(四意斷品)〉 제6경

하루 동안 수행한 공덕

부처님이 베살리의 원숭이 연못가에 머물고 계실 때의 일이다. 부처님은 때가 되어 가사를 입고 발우를 들고 아난다와 함께 베살리 성중으로 걸식하러 들어갔다.

베살리 성중에는 비라선이라는 장자가 있었다. 그는 많은 재산을 가진 부자로서 많은 미녀들을 데리고 후궁에서 풍류를 즐기면서 살았지만 늘 인색해서 보시할 마음이 없었다. 이를 안 부처님은 그 집 앞을 지나다가 아난다에게 이렇게 말했다.

"저 장자는 지금부터 이레 뒤에 목숨을 마치고 체곡(涕哭)지옥에 떨어질 것이다. 왜냐하면 저 장자는 오직 과거에 지은 복만으로 먹고 살았을 뿐 새 복을 짓지 않았기 때문이다."

"저 장자가 목숨을 마치지 않게 할 방법은 없겠는지요?"

"지은 업이 다했으니 그럴 방법은 없다. 다만 체곡지옥에 들어가지 않으려면 수염과 머리를 깎고 도를 배우면 그 업을 면할 것이다."

그 말을 들은 아난다는 장자에게 찾아가 부처님의 말씀을 전하고 며칠만이라도 출가하여 도를 닦을 것을 권했다. 그러나 비라선 장자는 '이레라면 아직 며칠 남았다. 우선 다섯 가지 향락을 즐기고 가도 늦지 않다'고 생각하고 아난다를 먼저 보냈다.

"아난다님 먼저 가십시오. 정리 되는 대로 따라가겠습니다."

아난다는 이튿날 다시 찾아가 "이제 엿새밖에 남지 않았으니 수행하러 가자."고 권했다. 그러나 그는 역시 곧 따라가겠다고만 하고 미적미적했다. 그렇게 사흘, 나흘, 닷새, 엿새가 됐다. 아난다는 장자의 집으로 가서 이렇게 말했다.

"이제 하루 남았다. 수행하지 않고 목숨을 잃으면 체곡지옥에 떨어져 크게 후회할 것이다."

아난다는 장자를 절로 데리고 와서 머리를 깎고 가사를 입히고 바른 법을 배우게 했다.

"불·법·승 삼보에 귀의하고 계율과 보시를 생각하고 들숨 날숨의 숨길에 집중하여 관하라. 그러면 큰 공덕이 있을 것이다."

장자는 하루 동안 수행하고 목숨을 마친 뒤 그 공덕으로 사천왕천에 태어났다. 부처님은 "그가 일곱 생을 천상과 인간의 세계를 돌아다니다가 최후로 사람으로 태어나 출가 수행하여 완전히 괴로움에서 벗어날 것이다."라고 말했다. 왜냐하면 어떤 중생이 소의 젖을 짜는 동안만이라도 바른 법을 믿는 마음으로 수행하면 그 복은 헤아릴 수 없이 크기 때문이었다.

증일아함 34권 제40 〈칠일품(七日品)〉 제5경

슬픈 우리 인생의 현실

부처님이 사밧티 기원정사에 계실 때의 일이다. 어느 날 부처님은 제자들에게 이런 것을 물었다.

"어떻게 생각하는가. 그대들이 생사의 바다에 돌아다니면서 고통을 겪고 거기서 슬피 울며 흘린 눈물이 많은가, 저 갠지스 강의 물이 더 많은가."

"저희들이 여래께서 말씀하신 뜻을 생각해 보면 생사를 겪으면서 흘린 눈물이 저 갠지스 강의 물보다 더 많은 것 같습니다."

"참으로 그렇다. 그대들의 말이 틀림없다. 그대들이 생사를 헤매면서 흘린 눈물은 갠지스 강의 물보다 많다. 왜냐하면 그 생사 중에서는 부모가 돌아가셨을 것이니 거기서 흘린 눈물이 헤아릴 수 없을 것이다. 또 긴 밤 동안 형제자매와 처자와 친척들의 모든 사랑과 은혜를 추모하여 슬피 울면서 흘린 눈물이 헤아릴 수 없기 때문이다.

그러므로 수행자들은 그 생사를 싫어하고 근심해서 그것을 떠나도록 수행해야 할 것이다."

부처님이 이렇게 말하자 거기에 있던 60명의 비구들은 번뇌가 없어지고 의심이 풀렸다.

부처님은 또 어느 날 다시 제자들에게 이런 것을 물었다.

"어떻게 생각하는가. 그대들이 생사의 바다에 돌아다니면서 몸이 헐어 흘린 피가 많은가, 저 갠지스 강의 물이 더 많은가."

"저희들이 여래께서 말씀하신 뜻을 생각해 보면 생사를 겪으면서 흘린 피가 저 갠지스 강의 물보다 더 많은 것 같습니다."

"참으로 그렇다. 그대들의 말이 틀림없다. 그대들이 생사를 헤매면서 흘린 피가 갠지스 강의 물보다 많다. 왜 그런가 하면 생사 중에 있으면서는 소, 염소, 돼지, 개, 사슴, 말, 새, 짐승과 그밖의 무수한 것들이 되어 겪은 고통은 실로 싫어하고 근심할 만한 것이기 때문이다. 그러므로 그것을 버리기를 생각하고 열심히 공부해야 할 것이다."

부처님이 이렇게 말씀하자 거기에 있던 60명의 비구들은 번뇌가 없어지고 의심이 풀렸다.

증일아함 49권 제51 〈비상품(非常品)〉 제1-2경

청춘의 아름다움은 어디로 갔나

부처님이 사밧티 기원정사에 계실 때의 일이다. 어느 날 제자들은 아침 탁발을 나갔다가 시간이 너무 일러 외도들이 있는 곳에서 쉬고 있을 때였다. 외도들은 비구들이 오는 것을 보자 "부처님의 가르침과 우리의 도(道)가 별로 다른 것이 없다."고 말했다. 비구들은 탁발을 마치고 돌아와 이 사실을 부처님께 아뢰고 과연 그런지를 여쭈었다.

"아니다. 그렇지 않다. 그들은 욕심과 육체와 느낌에 집착한다. 그러나 나는 그것이 가져올 화(禍)를 알고 있으므로 그것에 집착하지 말라고 가르친다. 왜냐하면 그것은 집착할 대상이 아니기 때문이다.

탐욕은 안(眼)·이(耳)·비(鼻)·설(舌)·신(身) 다섯 가지 감각기관이 색(色)·성(聲)·향(香)·미(味)·촉(觸)의 대상을 만나면 생긴다. 그러나 여기에 집착하면 근심이 생긴다.

예를 들어 어떤 사람이 어려움을 무릅쓰고 열심히 일을 해서 재물을 얻었다고 하자. 그는 고생 끝에 얻은 재물을 왕이나 도둑에게 빼앗기지 않으려고 여러 가지 방법을 생각했다. 그런데 땅에 묻으려니 뒤에 잊어버릴까 걱정이고, 이자를 놓자니 받지 못할까 걱정이고, 그냥 놔두자니 집안에 나쁜 자식이 태어나 탕진할까 걱정을 한다. 그러니 욕심은 큰 걱정이 되는 것이다.

육체는 어리거나 젊었을 때는 매우 아름답다. 그래서 아름다운 육체를 가신 사람을 보면 사랑하고 기뻐하게 된다.

그러나 여기에 집착하면 근심이 생긴다. 예를 들어 아무리 아름다운 여인이라 하더라도 나이가 80세, 90세, 100세가 되면 몸뚱이는 낡은 수레처럼 이가 빠지고 등이 굽고 숨이 가빠진다. 그것 만해도 걱정인데 중병에 걸려 누워서 대소변을 받아내면 더 걱정일 것이다. 그녀는 아름답던 몸이 무너져 무덤으로 간다. 그 시체는 까마귀와 독수리가 와서 쪼아 먹거나 벌레가 와서 파먹는다. 짐승이 와서 반쯤 파먹다가 떠나면 창자와 피와 더러운 것이 드러난다. 나중에는 그것마저 없어지고 뼈만 하얗게 남는다. 그 뼈는 다시 흩어져 나뭇가지처럼 굴러다닌다. 그러다가 끝내는 그것마저 썩어서 흙이 된다. 본래는 그처럼 아름답던 육체가 저렇게 변한 것을 보게 되면 즐거움이 도리어 괴로움이 되고 만다. 이것을 알게 될 때 얼마나 걱정스럽겠는가.

느낌이란 어떤 상태에 대해 즐거움과 괴로움과 괴롭지도 즐겁지도 않다고 느끼는 것이다.

그러나 여기에 집착하면 근심이 생긴다. 예를 들어 맛있는 것을 먹는 것은 즐거운 듯하지만 그 즐거움을 잃을까 걱정이 되고, 맛이 없는 음식을 먹고 괴로운 느낌이 되면 그런 느낌이 계속될까 걱정이 된다. 즐겁지도 괴롭지도 않은 상태에서는 언제 괴로움이 찾아올까 걱정을 하게 된다.

그러므로 수행자들은 욕심과 육신과 느낌에 집착하면 그것이 큰 걱정이 되고 괴로움이 되는 줄 알고 그 집착을 버려야 한다. 그대들은 항상 이렇게 생각하고 고요한 곳에서 고요하게 명상하기를 게을리 하지 말아야 할 것이다."

증일아함 12권 제21 〈삼보품(三寶品)〉 제9경

겹쳐서 오는 불행 이겨내기

부처님이 제자 나가바라(那伽波羅) 존자가 녹야원에 있을 때의 일이다. 어느 날 존자와 어릴 적부터 친한 친구였던 바라문이 찾아왔다. 그는 존자와 인사를 나누고 이렇게 말했다.

"그대는 행복한 사람 중에서도 가장 행복한 사람이다."

"무슨 이유로 그렇게 말하는가? 혹 무슨 일이라도 있는가?"

"나는 지난 이레 전에 아들을 일곱이나 잃었네. 그들은 모두 용맹스럽고 제주가 많았고 지혜는 따를 자가 없던 애들이었지. 엿새 전에는 일꾼 열둘을 잃었네. 그들은 모두 부지런하고 게으르지 않은 사람들이었네. 닷새 전에는 네 형제를 잃었네. 그들은 온갖 기술에 익숙한 아까운 형제들이었네. 나흘 전에는 부모를 잃었네. 나이가 백세가 넘은 분들인데 나를 버리고 먼저 가셨네. 사흘 전에는 두 아내가 죽었네. 그녀들은 얼굴이 아름답고 뛰어난 미인들이었네. 또 어제는 집 안에 있는 여덟 개나 되는 보물창고가 다 사라졌네. 내가 최근에 당한 이런 고통은 이루 다 말할 수가 없네. 그러나 그대는 그런 재앙에서 일찌감치 떠나서 다시는 근심과 걱정을 하지 않고 오직 도를 닦으며 살아가니 어찌 행복한 사람 중에서도 가장 행복한 사람이라고 하지 않겠는가."

"자네라면 혹 그런 일을 미리 막을 수도 있지 않았는가?"

"나도 그들을 죽지 않게 하려고, 또 재물도 잃지 않으려고 온갖 애를 다써보았네. 때에 따라 보시도 해서 공덕을 지었고, 하늘에 제사도 지내고, 늙은 바라문을 초청해 공양도 했네. 귀신을 달래려고 주문도 외우고, 별을 보고 점도 쳤고, 온갖 약도 만들어 먹고, 맛난 음식도 곤궁한 이들에게 보시하는 등 이루 말할 수 없는 노력을 다했네. 그렇지만 끝내 그들의 목숨을 건질 수는 없었네. 그래서 묻네. 어떻게 해야 이런 고통을 없앨 수 있겠는가?"

이에 나가바라 존자는 게송으로 대답했다.

    은혜와 사랑은 무명의 근본　　　　　（恩愛無明本）
    온갖 고뇌와 우환을 일으키나니　　　（興諸苦惱患）
    그것이 사라져 남음이 없도록 하면　（彼滅而無餘）
    다시는 고통이 없으리라.　　　　　　（便無復有苦）

그는 이 말을 듣고 비록 늙었지만 출가하여 수행하기를 청했다. 존자는 그의 머리를 깎고 법복을 주어서 집을 나와 도를 닦게 했다. 존자는 그에게 자신의 머리털과 손톱과 이빨과 피부와 골수와 창자와 몸뚱이가 어디서 와서 어디로 갈 지에 대해 관찰하도록 했다. 그는 한적한 곳에 가서 시키는 대로 명상을 하여 할 일을 다 마치고 후생의 몸을 받지 않게 될지를 아는 아라한이 되었다.

증일아함 35권 제41 〈막외품(莫畏品)〉 제2경

나만 불행하지 않다

부처님이 제자 나라타 존자가 파탈리풋타에 있는 어느 장자의 숲에 있을 때의 일이다. 그 무렵 문다 왕의 첫째 부인이 목숨을 마쳤다. 부인을 매우 사랑했던 왕은 시신을 기름에 담가 옆에 둔 채 떠나보내지 않았다. 왕은 슬픔에 겨워 할 일도 제대로 못할 지경이었다.

왕의 신하 중에 선념(善念)이라는 사람이 있었다. 선념은 왕에게 나라타 존자를 소개했다. 왕은 나라타 존자를 찾아가 설법을 청했다. 존자는 왕을 위해 이렇게 설법했다.

"대왕은 알아야 합니다. 꿈이나 허깨비, 물거품이나 눈덩이 같이 아무리 붙들어놓으려 해도 그렇게 되지 않는 것이 다섯 가지가 있습니다. 유한한 것이 무한하기를 바라는 것, 사라질 것이 사라지지 않기를 바라는 것, 늙어갈 수밖에 없는 인생이 늙지 않기를 바라는 것, 병들 수밖에 없는 인생이 병들지 않기를 바라는 것, 죽을 수밖에 없는 인생이 죽지 않기를 바라는 것이 그것입니다.

대왕은 알아야 합니다. 유한한 것은 반드시 사라지게 되어 있습니다. 그것은 성현의 제자도 마찬가지입니다. 그러므로 '내가 지금 잃은 것은 나만이 아니라 다른 사람도 마찬가지'라고 생각해야 합니다. 또 없어질 것은 반드시 없어지게 되어 있습니다. 그것은 성현의 제자도 마찬가지입니다. 그러므로 '지금 없어진 것은 나만이 아니라 다른 사람도 마찬가지'라고 생각해야 합니다.

또 늙어갈 몸은 반드시 늙어가게 되어 있습니다. 그것은 성현의 제자도 마찬가지입니다. 그러므로 '지금 늙어 가는 것은 나만이 아니라 다른 사람도 마찬가지'라고 생각해야 합니다. 또 병들어갈 몸은 반드시 병들게 되어 있습니다. 그것은 성현의 제자도 마찬가지입니다. 그러므로 '지금 병이 든 것은 나만이 아니라 다른 사람도 마찬가지'라고 생각해야 합니다. 또 죽을 목숨은 반드시 죽게 되어 있습니다. 그것은 성현의 제자도 마찬가지입니다. 그러므로 '죽는 것은 나만이 아니라 다른 사람도 마찬가지'라고 생각해야 합니다.

그럼에도 이런 일은 나에게만 있다고 생각하고 근심하고 걱정한다면 그것은 옳지 않습니다. 그렇게 하면 친척들을 걱정하게 하고 원수를 기뻐하게 합니다. 음식은 소화되지 않고 병이 생겨 그로 말미암아 목숨을 잃을 수도 있습니다. 그러나 이때 근심과 두려움의 가시를 빼면 생로병사에서 벗어나 다시는 재앙과 고뇌에 시달리는 일이 없을 것입니다."

설법을 들은 왕은 이 설법의 이름이 무엇이냐고 물었더니 존자는

'근심 병 고치기'라고 대답해주었다. 대왕은 기뻐하면서 불법에 귀의해 우바새가 되었다.

증일아함 24권 제32 〈선취품(善聚品)〉 제7경

불교의 시간론

부처님이 사밧티 기원정사에 계실 때의 일이다. 어느 날 생루(生漏) 바라문이 찾아와 시간에 관한 문제를 여쭈었다.
"과거에는 몇 겁(劫)이 있었습니까?"
"과거의 겁은 이루 다 헤아릴 수 없느니라."
"부처님께서는 항상 과거·현재·미래의 삼세를 말씀하십니다. 부처님께서는 삼세의 아시는 분이십니다. 원컨대 삼세의 겁수(劫數)에 대해 가르쳐주옵소서."
"만일 현재의 겁에서 시작해서 다시 다음다음의 겁을 설명하려면 내가 죽고 네가 목숨을 마치더라도 그 겁수의 이치는 다 알지 못할 것이다. 왜냐하면 지금은 사람의 수명이 매우 짧아서 한껏 살아야 1백년을 넘지 못하기 때문이다. 그러므로 그 백년 동안 겁을 센다고 하더라도 다 헤아릴 수 없느니라. 그러나 바라문이여 알라. 여래는 지혜가 있어서 그 겁수를 분별하고, 중생들의 수명의 길기와 짧기, 그리고 어떤 고락을 받을 지를 안다. 이제 너를 위해 비유로써 말하리라. 저 갠지스 강의 모래알 수는 한량이 없어서 계산할 수 없는 것처럼 과거의 겁수도 그와 같아서 다 헤아릴 수 없느니라."

"그러면 미래의 겁수는 얼마나 되나이까?"

"그것도 갠지스 강의 모래알 수와 같아서 한량이 없고 다 헤아릴 수 없느니라."

"그러면 현재의 겁에는 이루어지는 겁(成劫)이 있고 무너지는 겁(壞劫)이 있나이까?"

"이루어지는 겁도 있고 무너지는 겁도 있다. 그것은 1겁이나 100겁 정도가 아니다. 마치 그릇이 위태로운 자리에 있으면 끝내 가만히 머무르지 않고 무너지는 것처럼 세계의 모든 경계도 그와 같다. 즉 이루어지기도 하고 무너지기도 하여 그 수는 헤아리기 어렵다. 왜냐하면 생사의 길은 멀고 멀어서 그 끝이 없기 때문이다. 중생은 무명과 번뇌로 말미암아 이승에서 저승으로, 저승에서 이승으로 떠돌아다니면서 긴 밤 동안 고통을 받는다. 그러므로 그것을 싫어하고 거기서 떠나도록 수행을 해야 하느니라."

증일아함 48권 제50 〈예삼보품(禮三寶品)〉 제9경

우주생성과 권력형성의 과정

부처님이 사밧티 녹자모강당 계실 때의 일이다. 그 무렵 훌륭한 사밧티의 바라문들은 부처님에게 귀의한 바실타와 바라타라는 두 바라문에 대해 비난을 하고 다녔다. 바라문은 범천의 입에서 태어난 종족인데 두 바라문이 자신의 신분을 망각하고 불자가 된 것은 잘못됐다는 것이었다. 어느 날 이 사실을 알게 된 부처님은 바실타에게 이렇게 말했다.

"바라문들은 자신들은 청정하고 희며 다른 족성은 어둡고 검다고 한다. 그들은 다른 족성을 경멸한다. 그러나 나는 미천한 족성을 경멸하지 않으며 교만한 마음을 갖지 말라고 말한다. 교만한 마음을 품는다면 끝내 참답고 바른 도를 이루지 못할 것이기 때문이다.

사성계급이란 찰제리와 바라문과 거사와 노예를 말한다. 그러나 귀족인 찰제리라 하더라도 살생·도둑질·음행 등 10악을 짓지 않는 것이 아니다. 이 점은 다른 족성이라 해도 다를 바가 없다. 반대로 사성계급 누구라도 삼보에 귀의하고 선한 공덕을 쌓으면 세간의 복전이 될 수도 있다. 이렇게 본다면 계급차이란 있을 수 없다."

이어서 부처님은 바실타에게 왜 사성계급이 생겨나게 되었는지 그 본연(本緣)을 설명했다

"옛날 천지의 마지막 겁(劫)이 다해 무너질 때 중생은 목숨을 마치고 다 광음천에 태어났다. 그들은 자연히 화생(化生)하였으며 기쁨

으로 음식을 삼고 살았다. 그 뒤 땅은 다 물로 변하고 큰 어둠이 있었다. 이 물이 다시 변해 천지가 되었고 모든 광음천의 무리들은 복이 다해 땅에 태어났다. 그들은 땅에서 솟아나는 단샘을 먹고 살았는데 오랜 시간이 지나자 단샘은 말라 버렸다. 그 대신 지비(地肥)가 나타나 그걸 먹었다. 그러다가 지비가 다하자 이번에는 멥쌀을 먹고 살게 되었다. 그 사이에 사람들은 점점 얼굴이 추하게 변해 갔다.

멥쌀을 먹게 되면서 남녀의 음욕이 왕성해져 드디어 집을 짓고 아이를 낳기 시작했다. 그러자 사람들은 어느 때부터 멥쌀을 축적하기 시작했다. 이어서 땅을 갈라 표지를 세워 경계를 삼기 시작했으며 도둑이 생기므로 지도자가 필요하게 되었다.

이에 임금을 뽑아 다스리게 했으니 이를 왕족, 귀족이라 했다. 이때 무리 중에 '집이란 걱정거리'라고 생각해 집을 떠나 수행하는 사람이 생겼으니 이를 바라문이라 했다. 또한 세간에서 즐거이 살림을 경영해 재보를 저축하는 사람들이 있었으니 이들을 거사라 했다. 그리고 재주가 많아 물건을 만들어내는 사람들은 수트라(노예 천민)라고 했다. 이것이 4성 계급의 본래 인연이다. 그러나 이에 더해 제5의 종성이 있으니 이는 사문이다. 이들은 앞의 4성 계급 가운데 자신들의 신분을 버리고 머리와 수염을 깎고 출가하여 수행하는 사람들이다.

바실타여, 이 모든 종성들은 종성 때문에 과보를 받는 것이 아니라 스스로 짓는 착하고 깨끗한 행위와 어둡고 악한 행위에 의해 과보를 받는 것이니라. 그런데 이들 가운데 몸소 진리를 체험해 지혜와 선법을 완성하여 윤회에서 벗어나는 종성은 아라한이 된 제5의 종성이니라."

장아함 6권 5경 《소연경(小緣經)》

제 **15**장

부처님의 가르침

부처님의 산상수훈

부처님이 깨달음을 성취한 지 얼마 되지 않았을 때의 일이다. 그 무렵 부처님은 우루벨라 지방에 머물면서 불을 섬기던 카사파 3형제와 추종자 1,000명을 교화했다. 어느 날 부처님은 이들을 이끌고 가야시사 산(象頭山)에 올랐다. 마침 해질 무렵이어서 온천지가 저녁노을로 불타는 듯했다. 부처님은 이를 보고 제자들을 향해 이렇게 설법했다.

"비구들이여, 사람도 저와 같이 불타고 있다. 사람의 무엇이 불타고 있는가. 눈(眼)이 타고 눈의 인식 대상인 물질(色)이 타고 있다. 귀(耳)가 타고 귀의 인식 대상인 소리(聲)가 타고 있다. 코(鼻)가 타고 코의 인식 대상인 냄새(香)가 타고 있다. 혀(舌)가 타고 혀의 인식 대상인 맛(味)이 타고 있다. 몸(身)이 타고 몸의 인식 대상인 감촉(觸)이 타고 있다. 의식(意)이 타고 의식의 인식 대상인 생각(法)이 타고 있다.

비구들이여, 이것들은 무엇 때문에 이렇게 불타고 있는 것인가. 그것은 탐욕(貪)과 성냄(瞋)과 어리석음(癡) 때문에 불타는 것이다. 그로 인해 태어남(生)과 늙음(老)과 병듦(病)과 죽음(死)이 불타는 것이다. 또한 근심(愁)과 슬픔(悲)과 번뇌(惱)와 괴로움(苦)이 불타는 것이다.

그러므로 비구들이여, 너희들은 이 모든 불타는 것과 그 원인에 대해 싫어하는 생각을 가져야 한다. 일체에 대해 싫어하는 생각을 가질 때 탐·진·치의 불꽃이 꺼지고 생로병사와 수비뇌고에서 벗어나 해탈을 얻게 된다."

잡아함 8권 197권 《시현경(示現經)》

진실로 내 것이 아니면 버리라

부처님이 사밧티의 기원정사에 계실 때의 일이다. 어느 날 부처님은 제자들을 모아놓고 이렇게 말씀하셨다.

"비구들이여, 진실로 너희들의 소유가 아닌 것은 다 버려야 한다. 그래야만 긴 밤 동안 편안해지리라. 비구들이여, 너희들은 어떻게 생각하느냐? 이 제타 숲에 있는 모든 초목과 잎사귀와 가지를 어떤 사람이 가지고 간다고 하자. 그러면 너희들은 '그것은 내 것인데 왜 가지고 가는가' 하고 따지겠는가?"

"아닙니다, 부처님이시여. 왜냐하면 그것은 '나(我)'도 아니고 '내 것(我所有)'도 아니기 때문입니다."

부처님과 제자들의 문답은 계속된다.

"그러면 다시 묻겠다. 너희가 가지고 있는 눈(眼)·귀(耳)·코(鼻)·혀(舌)·몸(身)·뜻(意)은 영원한 것인가, 아닌가?"

"영원한 것이 아닙니다."

"영원한 것이 아니라면 괴로운 것인가, 아닌가?"

"괴로운 것입니다."

"그렇다면 비구들이여, 괴롭고 영원하지 않은 것에 집착할 이유가 무엇인가? 그것은 아무리 집착해도 '나'도 아니고 '나의 것'도 아니니라. 이렇게 관찰하면 모든 세간의 일에 대해서도 집착할 것이 없고 집착할 것이 없으므로 열반을 깨닫게 된다. 그래서 이번 생이 다하면 다시는 윤회의 몸을 받지 않게 된다. 그러므로 비구들이여, 긴 밤 동안 안락하고자 하거든 내 것이 아닌 것은 모두 버리라."

잡아함 10권 274경 《기사경(棄捨經)》

사성제의 진리를 터득하라

부처님이 바라나시에 있는 사슴동산(鹿野苑)에 머무르실 때의 일이다. 어느 날 부처님은 제자들에게 이렇게 설법했다.

"네 가지의 성스럽고 참다운 진리가 있다. 무엇을 네 가지라고 하는가. 첫째는 모든 것은 괴롭다는 진리요(苦聖諦), 둘째는 괴로움의 원인은 쌓임에 있다는 진리요(苦集聖諦), 셋째는 모든 괴로움이 소멸된 진리요(苦滅聖諦), 넷째는 괴로움을 소멸시키는 방법의 진리(苦滅

道聖諦)다.

만약 수행자로서 이미 모든 것이 괴롭다는 진리를 알고 이해하며(知), 괴로움의 원인이 쌓임에 있음을 알고 끊으며(斷), 괴로움이 소멸된 진리를 알고 증득하며(證), 괴로움이 사라지는 방법의 진리를 알고 닦았다면(修), 그런 사람은 빗장과 자물통이 없고, 구덩이를 편편하게 고르고, 모든 험하고 어렵고 얽매이는 것으로부터 벗어났다고 하리라. 그는 어질고 성스러운 사람(賢聖)이라 부를 것이며 거룩한 깃대를 세웠다고 하리라."

잡아함 15권 386경 《현성경(賢聖經)》

전생의 일을 화제 삼지 말라

부처님이 라자가하 죽림정사에 계실 때의 일이다. 어느 날 오후 비구들은 공양이 끝난 후 식당에 둘러앉아 이런 저런 얘기를 하다가 전생(前生)에 관한 얘기를 화제로 삼았다. '누구는 전생에 어떤 업을 지었으며 그때 어떤 일을 얼마나 잘 하였을까' 하는 식으로 많은 시간을 허비했다.

마침 부처님은 정사의 외진 곳에서 홀로 명상에 잠겨 있다가 소란스런 웃음소리와 말소리가 들리자 비구들이 있는 곳으로 왔다.

"너희들은 지금까지 무슨 얘기를 나누었느냐?"

"전생에 관한 얘기를 나누었습니다."

"비구들아, 너희들은 앞으로 전생에 관한 얘기를 화제로 삼지 말라. 왜냐하면 그런 얘기는 진리를 알게 하는 것도 아니고 깨끗한 행위에 도움을 주는 것도 아니다. 지혜나 바른 깨달음에 도움을 주는 것도 아니고 열반으로 향하는 데 도움을 주는 것도 아니다.

너희들이 마땅히 화제로 삼아야 할 것은 여래가 가르친 '괴로움의 진리, 괴로움이 모이는 진리, 괴로움이 소멸된 진리, 괴로움을 소멸하는 방법에 관한 진리(四聖諦)'에 관한 것이다. 왜냐하면 이런 화제는 진리를 알게 하는 데 도움이 되며, 깨끗한 행위와 참다운 지혜와 바른 깨달음을 이루는 데 도움을 주기 때문이다.

그러므로 비구들이여, 애써 진리에 관한 얘기를 나눌지언정 열반으로 향하는 데 도움이 되지 않는 얘기를 화제로 삼지 말라."

잡아함 16권 424경 《숙명경(宿命經)》

열반이란 무엇인가

부처님이 장로제자 사리풋타와 함께 마가다 국의 나알라라는 마을에 머물고 계실 때의 일이다. 어느 날 사리풋타의 옛 친구 잠부카다카(閻浮車)라는 사람이 찾아왔다. 잠부카다카는 외도를 따르는 수행자였는데 부처님의 명성을 듣고 그의 제자로 있는 사리풋타를 찾아온 것이었다. 그가 사리풋타를 찾아온 것은 부처님의 가르침에 대한 궁금증을 물어보고자 해서였다.

"친구여, 한 가지 물어볼 것이 있네. 당신의 스승은 자주 열반에 대해서 말하고 있는데 도대체 열반이라는 것은 어떤 상태를 가리키는 것인가?"

"친구여, 열반이란 것은 탐욕이 영원히 다하고, 분노가 영원히 다하고, 어리석음이 영원히 다한 상태를 말하는 것이네(貪慾永盡 瞋恚永盡 愚癡永盡 是名涅槃)."

"그러면 한 가지만 더 묻겠네. 우리가 그 열반에 이르려면 어떤 길을 걸어야 하는가? 어떻게 해야 열반을 얻게 되는가?"

"열반으로 가는 길을 물었는가? 그 길은 여덟 가지가 있네. 이를 팔정도라 하네. 팔정도란 바른 소견(正見), 바른 사색(正思惟), 바른 말(正語), 바른 행동(正業), 바른 생활(正命), 바른 노력(正精進), 바른 생각(正念), 바른 명상(正定)이네. 어떤 사람이든 이 여덟 가지 길을 걷게 되면 열반에 이를 수 있네."

사리풋타의 간명한 대답을 들은 잠부카다카는 기쁜 얼굴로 돌아갔다.

잡아함 18권 490경 《염부차경(閻浮車經)》

불자의 몸가짐, 마음가짐

부처님이 만년의 마지막 안거를 베살리의 나씨 동산에서 마치고 제자들과 함께 여행길에 올랐다. 부처님은 베살리를 돌아보면서 이렇게 감회를 말씀했다.

"지금 보는 저 베살리를 다시는 보지 못하겠구나. 다시는 저곳으로 돌아가지 못할 것이니 이제 하직을 하고 떠나야겠구나."

이 말을 들은 베살리 사람들은 부처님이 머지않아 세상을 떠날 것을 알고 슬퍼했다. 부처님은 눈물을 흘리는 사람들에게 이렇게 말씀했다.

"그치거라. 슬퍼하지 말라. 부서져야 할 물건을 부서지지 않게 할 방법은 없느니라. 그래서 나는 그대들에게 늘 이렇게 가르쳤다. '모든 것은 덧없는 것이다(諸行無常). 무상한 것은 괴로운 것이다(一切皆苦). 모든 괴로운 것은 실체가 있는 것이 아니다(諸法無我). 그리고 이것을 알면 완전한 평화를 얻게 된다(涅槃寂靜).' 여래는 오래지 않아 이 세상을 떠날 것이다. 그대들은 이 네 가지 법을 근본으로 삼아 열심히 수행하고 다른 사람에게도 가르쳐라."

부처님은 여행을 재촉하여 쿠시나가라에 이르렀다. 부처님은 아난다에게 사라나무 사이에 자리를 펴게 하고 북쪽으로 머리를 두고 누웠다. 그리고 세 가지 법복을 제정했다. 부처님은 궁금해 하는 아난다에게 이렇게 그 연유를 설명했다.

"내가 죽은 뒤에 불법은 북천축(北天竺)에서 크게 일어날 것이다. 그래서 머리를 북쪽으로 향하게 했다. 세 가지 법복은 오는 세상 단월들이 공덕을 지을 수 있도록 하기 위해서다."

아난다는 출가한 비구가 여성을 어떻게 대해야 할지에 대해서도 물었다.

"가급적 쳐다보지 말라. 보더라도 말하지 말라. 만일 말하게 되더라도 마음을 온전히 하라."

이어서 부처님은 마지막 제자인 수바드라를 교화한 뒤, 나이 많은 수행자를 어떻게 불러야 할지에 대해서도 말씀했다.

"이제부터 수행자들은 서로 '아무개'라고 부르지 말라. 나이가 많은 수행자에 대해서는 형님(尊)이라고 하고, 나이가 적은 수행자에 대해서는 아우님(賢)이라고 부르며 서로 형제처럼 지내라. 또한 지금부터는 부모가 지어준 성(姓)을 쓰지 말고 석자사문(釋子沙門)이라고 하라. 젊은 비구는 늙은 비구를 장로(長老)로 일컫고, 늙은 비구는 젊은 비구에 대해 이름을 부르라. 또한 비구들이 새로 이름을 지으려면 삼보에 의지해야 한다."

증일아함 37권 제42 〈팔난품(八難品)〉 제3경

지옥의 길, 열반의 길

부처님이 사밧티 기원정사에 계실 때의 일이다. 어느 날 부처님은 제자들에게 지옥으로 가는 여덟 가지 길과 열반으로 가는 여덟 가지 길이 어떻게 다른지에 대해 이렇게 말씀했다.

"지옥으로 가는 길도 여덟 가지가 있고, 열반으로 가는 길도 여덟 가지가 있다. 잘 듣고 명심하여 빠뜨리는 일이 없도록 하라. 그러면 어떤 것이 여덟 가지인가.

첫째는 올바른 소견(正見)을 갖는 것이다. 그러면 열반으로 향할 것이다. 그러나 삿된 소견(邪見)을 가지면 지옥으로 향하게 된다. 둘째는 올바른 사색(正思惟)을 하는 것이다. 그러면 열반으로 향할 것이다. 그러나 삿된 사색(邪思惟)을 하면 지옥으로 향하게 된다. 셋째는 올바른 말(正語)을 하는 것이다. 그러면 열반으로 향할 것이다. 그러나 삿된 말(邪語)을 한다면 지옥으로 향하게 된다. 넷째는 올바른 업(正業)을 행하는 것이다. 그러면 열반으로 향할 것이다. 그러나 삿된 업(邪業)을 행하면 지옥으로 향하게 된다.

다섯째는 올바른 생활(正命)을 하는 것이다. 그러면 열반으로 향할 것이다. 그러나 삿된 생활(邪命)을 하면 지옥으로 향하게 된다. 여섯째는 올바른 정진(正精進)을 실천하는 것이다. 그러면 열반으로 향할 것이다. 그러나 삿된 정진(邪精進)을 실천하면 지옥으로 향하게 된다. 일곱째는 올바른 사념(正念)을 실천하는 것이다. 그러면 열반으로 향할 것이다. 그러나 삿된 사념(邪念)을 실천하면 지옥으로 향하게 된다. 여덟째는 올바른 선정(正定)을 닦는 것이다. 그러면 열반으로 향할 것이다. 그러나 삿된 선정(邪定)을 닦으면 지옥으로 향하게 된다.

수행자들이여, 이것이 지옥으로 가는 여덟 가지 길이고 열반으로 가는 여덟 가지 길이다. 그러므로 그대들은 한가한 곳이나 나무 밑에 앉아 좌선하기를 즐겨하고 게으르지 말라. 지금 부지런히 닦지 않으면 나중에 후회해도 소용이 없느니라."

증일아함 37권 제42 〈팔난품(八難品)〉 제10경

불교공부는 무상을 깨닫는 것

부처님이 사밧티 기원정사에 계실 때의 일이다. 어느 날 부처님은 수행자가 가장 먼저 깨달아야 할 것이 무엇인지에 대해 이렇게 말씀했다.

"그대들은 늘 모든 것이 무상하다는 생각을 하고 그 생각을 모든 것에 적용시켜라. 모든 것이 덧없다고 생각하고 무상하다는 생각을 모든 것에 적용시키면 욕심의 세계(欲界)와 형상의 세계(色界)와 무형의 세계(無色界)에 있는 모든 욕망을 끊고, 무명과 교만을 없애게 될 것이다. 비유하면 마치 불로 모든 초목을 태워 남김이 없고 그 자취마저 없도록 하는 것처럼 모든 것은 덧없다는 생각을 하고 수행한다면 욕심의 세계와 형상의 세계와 무형의 세계에 있는 모든 욕망과 무명과 교만을 끊어 남음이 아주 없게 될 것이다.

왜냐하면 수행자가 항상 '모든 것이 덧없다'는 생각을 하게 되면 욕심이 없어지기 때문이다.

그는 욕심이 없으므로 곧 법을 잘 분별하고 그 뜻을 생각하여 근심과 걱정과 고통과 번민이 없어지고, 법의 뜻을 생각함으로써 곧 어리석음과 미혹이 없어질 것이다.

그래서 그는 혹시 싸우는 사람을 보면 '저 사람들은 모든 것이 덧없다는 생각을 닦지 않고 덧없다는 생각을 모든 것에 적용시키지 않기 때문에 저렇게 싸운다'고 생각한다.

실제로 사람들은 싸우면서 그 뜻을 보지 못하고, 그 뜻을 보지 못하기 때문에 곧 미혹하는 마음이 생기는 것이다. 그가 끝내 그런 미혹한 마음을 가진 채 목숨을 마치면 아귀·축생·지옥의 세 가지 나쁜 곳에 떨어지게 되느니라.

그러므로 수행자들이여, 그대들은 항상 모든 것이 덧없다는 생각을 하고 그 생각을 모든 것에 적용시키라.

그렇게 하면 성냄과 분노와 어리석은 마음이 없어져서 능히 법을 보고, 그 뜻을 보아 목숨을 마친 뒤에는 천상·인간·열반의 세 가지 좋은 곳에 태어나게 될 것이다. 그러니 그대들을 반드시 이와 같이 수행해 나가야 할 것이다."

부처님이 설법을 마치자 비구들은 이 말씀을 듣고 기뻐하며 받들어 행하였다.

증일아함 31권 제38 〈역품(力品)〉 제2경

이 세상에서 가장 소중한 것

부처님이 사밧티 기수급고독원에 계실 때의 일이다. 어느 날 부처님은 비구들에게 이렇게 말씀했다.

"파세나디 왕의 명령이 미치는 땅에서는 파세나디 왕의 권력과 재물이 제일이라고 한다. 그러나 파세나디 왕도 무상의 법칙에서 벗어나지 못한다. 파세나디 왕의 권력이나 재물도, 파세나디 왕 자신도 끝내는 다 사라진다. 많이 아는 제자가 이와 같이 관찰한다면 그는 왕이 되는 것을 바라지 않을 것이요, 권력과 재물을 제일 많이 갖는 것도 바라지 않을 것이다. 그런데 하물며 그보다 못한 하천한 것을 바라겠는가?

해와 달이 광명을 비치는 1천 세계도 마찬가지다. 수미산과 사천왕천과 도리천과 염마천과 도솔천과 화자재천과 타화자재천을 만들었다고 하는 대범천이 있는데 그는 스스로 중생을 만들어낸 중생의 아버지라고 한다. 그러나 그도 결국은 무상의 법칙에서 벗어나지 못한다. 많이 아는 제자로서 이와 같이 관찰한다면 그는 대범천왕이 되는 것을 바라지 않을 것이요, 대범천왕이 갖고 있는 제일의 능력도 바라지 않을 것이다. 그런데 하물며 그보다 못한 하천한 것을 바라겠는가?

그러므로 그대들은 알아야 한다. 이른바 변하지 않는 나(我)란 없는 것이며, 나의 것(我所有) 나의 본체(我體)라는 것도 없는 것이다. 이것을 증득하는 것을 도(道)라고 하나니 그것만이 제일로 깨끗하고 밝은 것이니라.

또 그대들은 알아야 한다. 생과 멸을 떠나 슬기로써 일체의 참모습을 보아야 하나니, 그렇게 해야 이 세상에서 가장 중요한 제1의 열반을 얻을 수 있다."

중아함 59권 215경 《제일득경(第一得經)》

세상에서 가장 즐거운 일

부처님이 사밧티의 기원정사에 계실 때의 일이다.

어느 날 코살라 국의 파세나디 왕을 비롯한 여러 귀족들이 한자리에 모여 연회를 벌였다. 그들은 권세와 재물에 있어서 부러울 것이 없었으므로 아름다운 미녀와 음악과 좋은 음식으로 화락을 즐겼다.

연회가 한참 무르익는 중에 누군가가 '이 세상에서 가장 즐거운 것이 무엇인가'를 화제로 꺼냈다.

이에 대해 한 왕은 '아름다운 모습(色)이 가장 즐겁다'고 말했다. 그러자 다른 사람은 '아름다운 소리(聲)가 가장 즐겁다'고 말했다. 그러자 다른 왕은 향기(香), 또 어떤 왕은 맛(味), 또 다른 왕은 감촉(觸)이라고 말했다.

의견이 이렇게 각각이어서 왕들은 좀처럼 가장 좋은 것이 무엇인지에 대한 결론을 내릴 수 없었다. 그러자 파세나디 왕이 부처님을 찾아가 이 문제를 어떻게 생각해야 하는지에 대해 의견을 듣자고 했다. 그들은 기원정사에 계시는 부처님을 찾아가 자기들이 논의했던 주제에 대해 설명하고 어떤 것이 가장 즐거운 것인지를 여쭈었다. 왕들의 얘기를 다 듣고 난 부처님은 이렇게 말했다.

"대왕들이여, 모든 즐거움은 자기의 뜻에 맞아야 가장 즐거운 것이 되는 것이니라. 자기의 뜻에 맞는다는 것은 무엇인가. 다섯 가지 감각기관으로 어떤 느낌을 받아들일 때 지나치거나 모자라지 않고 적절한 것을 뜻에 맞는다고 하느니라. 그러므로 대왕들이여, 나는 적절하게 유쾌한 것이 가장 즐거운 것이라고 생각한다."

부처님이 이렇게 소박하고 일상적인 화제를 통해서 중도의 원리를 설명하자 왕들은 모두 고개를 끄덕였다.

잡아함 42권 1149경 《칠왕경(七王經)》

영원한 것은 아무 것도 없다

부처님이 사밧티 기원정사에 계실 때의 일이다. 어느 날 부처님은 제자에게 이런 질문을 받았다.

"이 세상에서 변하지 않고 영원히 존재하는 물질(色)은 없는지요. 또는 감각(受)이나 표상(想)과 의지(行)와 의식(識) 중 하나라도 변하지 않고 영원히 존재하는 것은 없는지요?"

"수행자여, 이 세상에서 변하지 않고 영원히 존재하는 물질은 존재하지 않는다. 감각이나 표상과 의지나 의식 중 하나라도 변하지 않고 영원히 존재하는 것도 없다. 만약 그런 것이 있다면 굳이 괴롭다고 할 것도 없다. 그런 것이 없기 때문에 그것을 바르게 알고 괴로움의 근본을 없애기 위해 수행을 하는 것이다."

부처님은 좀더 자세히 가르쳐주려고 흙을 조금 집어서 손톱 위에 올려놓고 그에게 물었다.

"이 흙이 얼마나 많은 양인가?"

"그것은 넓은 대지에 비하면 아주 작은 양입니다."

"수행자여, 만일 요만큼이라도 물질이나 감각이나 의지나 현상이나 의식이 항상 존재하는 것이 있다면 범행을 닦는 사람은 그것을 알고 괴로움에서 벗어나려고 하는 일이 없을 것이다. 그러나 손끝의 흙만큼도 한상 변하지 않는 존재가 없기 때문에 수행자는 그것을 바르게 알고 범행을 닦아 괴로움에서 벗어나고자 하는 것이다."

여기까지 말씀한 부처님은 수행자들에게 거듭 색(色)·수(受)·상(想)·행(行)·식(識)이 변치 않고 영원히 존재하는 것인가, 영원히 존재하지 않는 것인가를 물었다. 수행자들은 부처님이 방금 가르친 대로 '영원히 존재하는 것이 없다'고 대답했다.

"그렇다면 과연 그것을 나(我)요, 나의 것(我所)이요, 나의 본질(我體)이라고 할 수 있는가?"

제자들은 당연히 아니라고 대답했다. 그러자 부처님은 비구들을 칭찬하면서 이렇게 말했다.

"그렇다, 수행자들이여. '어떤 것도 변하지 않는 영원한 것이 없다(無常)'고 관찰하는 것이 옳다. 그러므로 수행들은 거짓 존재(色受想行識)를 싫어하게 되고, 싫어하면 탐착하지 않게 되고, 참착하지 않으면 해탈하게 된다. 해탈은 얻게 되면 '이제 더 이상 미혹의 삶을 되풀이하는 일이 없을 것이다'라고 알게 된다."

증일아함 14권 제24 〈고당품(高幢品)〉 제4경

육신과 자아를 관찰하는 법

부처님이 바라나시의 녹야원에 계실 때의 일이다. 어느 날 부처님은 다섯 비구에게 설법하다가 이런 질문을 했다.

"비구들이여, 내가 물을 테니 아는 대로 대답해 보라. 육체(色)란 영원히 변하지 않는 것인가, 시시각각 변해서 무상한 것인가?"

"무상한 것입니다."

"무상한 것이라면 즐거운 것인가 괴로운 것인가?"

"괴로운 것입니다."

"육체가 무상하고 괴로운 것이라면 '그것은 나의 것(我所)이며, 나(我)이며, 나의 본체(我體)이다'라고 생각하는 것이 옳은가 그른가?"

"옳지 않습니다. 그것은 나가 아닙니다(無我)."

"그러면 정신의 세계인 느낌(受)과 생각(想)과 의지(行)와 의식(識)은 어떠한가?"

"그것 역시 영원한 것이 아니며, 즐거운 것이 아니며, 나의 것도 나의 본체도 아닙니다."

"참으로 그러하다. 그렇게 관찰하는 것이 옳다. 그러므로 나의 성스러운 제자들은 모든 존재(五蘊: 色, 受, 想, 行, 識)를 싫어하게 된다(厭離). 모든 존재를 싫어하면 탐착하지 않게 되고(離貪), 탐착하지 않으면 마침내 해탈(解脫)을 얻게 된다. 해탈을 얻게 되면 '이제 미혹한 삶은 끝났다. 더 이상 미혹의 삶을 되풀이하는 일(輪廻)이 없을 것이다'라고 스스로 알게 되는 것이다."

잡아함 1권 34경 《오비구경(五比丘經)》

12개의 고리로 맺어진 인생의 비밀

부처님이 사밧티의 기원정사에 계실 때의 일이다. 어느 날 부처님은 당신께서 아직 깨달음을 얻기 전에 이런 생각을 했다고 회상했다.

'정말로 이 세상은 고통 가운데 있다. 모든 사람은 태어나서 늙고 병들어 죽는다. 그리고 다시 태어나 마찬가지의 과정을 겪는다. 이 고통으로부터 벗어날 방법은 무엇인가.'

부처님은 이 문제의 해결을 위해 먼저 그 원인부터 탐구해 들어갔다. 그리하여 부처님이 올바른 사유와 지혜로써 도달한 결론은 다음과 같은 것이었다.

"노병사의 고통은 태어남(生)이 있기 때문이다. 태어남은 어떤 존재(有)가 있어서다. 그 존재는 집착이 모인 덩어리(取)다. 집착의 모임은 애욕(愛) 때문에 생긴다. 애욕은 받아들임(受)에 의해 일어난다. 받아들임은 접촉(觸)에 의한 것이다. 접촉은 여섯 가지 감각기관(六入)에 의해서다. 감각기관은 육체와 정신(名色)이 있기 때문이다. 명색은 의식(識)에 의해 생긴다. 의식은 의지(行)에 의해 일어난다. 그 의지는 어리석음(無明) 때문에 생긴 것이다."

이러한 원인을 알게 된 부처님은 고통에서 벗어나는 방법을 깨닫게 되었다. 즉 '무명이 소멸하면 행이 소멸하고, 행이 소멸하면 식, 명색, 육입, 촉, 수, 애, 취, 유가 소멸한다. 그리고 유가 소멸하면 생이 없어지고 생이 없으면 노병사가 없어지고 노병사가 없으면 수비뇌고(愁悲惱苦)가 사라진다'는 것이다. 부처님은 이것을 깨닫고 부처님이 되었다.

잡아함 12권 285경 《불박경(佛縛經)》

무엇이 윤회하는가

부처님이 사밧티 기수급고독원에 계실 때의 일이다. 그 무렵 출가하기 전에 어부의 아들이었던 사티 비구는 이런 말을 하고 다녔다.
"부처님은 '사람이 죽어 저 세상에 가는 것은 현재의 식(識)이 그대로 가는 것'이라고 가르친다."
다른 비구들이 그의 잘못된 소견을 고쳐주려고 했으나 사티는 말을 듣지 않았다. 비구들은 이 사실을 부처님께 아뢰었다. 부처님은 사티를 불러 '너는 어떤 것이 식이라고 생각하는가'를 물었다. 사티 비구는 '식이란 말하고 깨달으며, 스스로 업을 짓게 하며, 나중에 그 과보를 받는 주체를 말하는 것'이라고 대답했다. 그러자 부처님은 사티에게 '그대는 잘못 알고 있다. 그렇게 말하는 것은 나를 모함하고 비방하는 것'이라며 나무랐다. 이어 부처님은 옆에 있던 다른 비구들에게 '그대들은 내가 어떻게 설법한다고 알고 있는가?'를 물었다. 비구들은 이렇게 대답했다.

"부처님께서는 '식은 무엇에 의지해 생긴다'고 말씀하셨습니다. 또 '식은 인연이 있으면 생기고 인연이 없으면 멸한다'고 말씀하셨나이다."

"그렇다. 그대들은 나의 설법을 잘 이해하고 있다. 그러나 저 어리석은 비구는 내 설법을 잘못 알고 있다. 나는 항상 식은 무엇에 인연에 의해 생긴다. 식은 인연이 없으면 멸한다고 말한다. 그러면 식은 무엇에 인연해 일어나는 것인가. 눈에 색깔이 보이면 이를 인연해 식이 생기고, 귀에 소리가 들리면 이를 인연해 식이 생기며, 코가 냄새를 맡으면 이를 인연해 식이 생기며, 혀가 맛을 보면 이를 인연해 식이 생기며, 몸이 무엇과 접촉하면 이를 인연해 식이 생기며, 의식이 무엇을 생각을 이를 인연해 식이 생기는 것이다. 그것은 마치 불(火)이 나무를 인연해 생기는 것과 같나니, 불이 생긴 뒤에는 이를 '나무불'이라고 하고, 풀에 의지해 생기면 '풀불'이라고 한다. 이와 같이 식이란 인연에 따라 생기고 인연에 따라 멸하는 것이다."

부처님은 다시 비구들에게 이렇게 말했다.

"나의 제자들은 마땅히 이렇게 알고 이렇게 말해야 한다. 저 비구처럼 잘못 알고 잘못 말하면 이는 나를 비방하는 것이며, 모함하는 것이며, 계를 범하는 것이며, 죄를 짓는 것이며, 꾸지람을 받아야 하는 행위다."

중아함 54권 201경 《다제경(茶帝經)》

누가 진리를 만들었는가

부처님이 쿠루수의 조우 마을에 계실 때의 일이다. 어느 날 젊은 제자 한 사람이 찾아와 다음과 같은 질문을 했다.

"부처님, 이른바 연기법(緣起法)은 부처님께서 만든 것입니까, 아니면 다른 누가 만든 것입니까?"

이에 대해 부처님은 이렇게 말씀했다.

"연기법이란 내가 만든 것도 아니고 다른 사람이 만든 것도 아니다. 따라서 그것은 여래가 세상에 나오든 나오지 않든 법계에 항상 머물러 있는 것이다. 다만 나는 이 연기법을 스스로 깨닫고, 깨달음을 이룬 뒤에 모든 중생을 위해 연설하고 드러내 보일 뿐이다. 즉 '이것이 있으므로 저것이 있고, 저것이 있으므로 이것이 있다. 이것이 사라지므로 저것이 사라지고 저것이 사라지므로 이것이 사라진다'고 말하는 것이다."

잡아함 12권 299경 《연기법경(緣起法經)》

사념처를 바르게 닦는 공덕

부처님이 쿠루수의 수도 캄마싯담마에 계실 때의 일이다. 어느 날 부처님은 제자들에게 사념처 닦는 법에 대해 말씀했다.

"중생들을 깨끗하게 하고 근심과 두려움을 없애주며 괴로움과 번뇌를 멸하게 하는 수행방법이 있으니 사념처(四念處)가 그것이다. 과거의 모든 부처님도 사념처를 바르게 닦아 위없는 깨달음을 얻었으며, 미래의 모든 부처님도 사념처를 바르게 닦아야 위없는 깨달음을 얻게 될 것이다. 사념처란 무엇인가? 몸(身)과 느낌(受)과 마음(心)과 만유(法)를 있는 그대로 관찰하여 그 생각에 머무는 것이다.

어떻게 하는 것이 몸을 있는 그대로 관찰하는 것인가? 다니거나 머무르거나 앉거나 눕거나 자거나 깨거나 할 때 있는 그대로 관찰하는 것이다. 또 바깥을 출입하거나 옷을 입고 벗을 때, 말하거나 침묵할 때, 들숨과 날숨을 쉴 때 그 현상을 있는 그대로 알고 관찰하는 것이다. 또 몸이 잘생겼든 못생겼든 머리끝에서 발끝가지 부정한 것으로 가득 차 있다고 관찰하고, 송장이 까마귀에 솔개에 쪼아 먹히고 불에 태워지거나 땅에 묻히고 썩어 문드러지는 것을 보고 자기 몸도 그렇게 될 것을 관찰한다. 몸을 관찰할 때는 윗니와 아랫니를 서로 붙이고 혀는 입천장에 대고 마음을 다스려야 번뇌를 끊고 벗하여야 한다. 몸을 이렇게 있는 그대로 관찰해 아는 것을 신념처관(身念處觀)이라고 한다.

어떻게 하는 것이 느낌을 있는 그대로 관찰하는 것인가? 몸이나 마음의 즐거운 느낌과 괴로운 느낌, 즐겁지도 괴롭지도 않은 느낌을 있는 그대로 관찰하는 것이다.

음식을 먹을 때나 욕구가 일어날 때의 즐거운 느낌과 괴로운 느낌, 즐겁지도 괴롭지도 않은 느낌을 있는 그대로 관찰하는 것이다. 느낌을 이렇게 있는 그대로 관찰해 아는 것을 느낌이 있는 수념처관(受念處觀)이라고 한다.

어떻게 하는 것이 마음을 있는 그대로 관찰하는 것인가? 욕심과 노여움이 일어났다가 사라지거나 어리석음과 슬기로운 마음, 겸손함과 으스댐, 더러운 마음과 깨끗한 마음, 안정된 마음과 산란한 마음이 일어났다가 사라지는 상태를 있는 그대로 관찰하는 것이다.

마음을 이렇게 있는 그대로 관찰해 아는 것을 심념처관(心念處觀)이라 한다.

어떻게 하는 것이 만유를 있는 그대로 관찰하는 것인가? 안(眼)·이(耳)·비(鼻)·설(舌)·신(身)·의(意)는 색(色)·성(聲)·향(香)·미(味)·촉(觸)·법(法)을 인연하여 번뇌가 생기는 것이니 마음에 번뇌가 있으면 있는 그대로, 없으면 없는 그대로 관찰해 아는 것이다. 만유를 이렇게 있는 그대로 관찰해 아는 것을 법념처관(法念處觀)이라고 한다."

부처님은 이어서 이렇게 말씀했다.

"만약 어떤 수행자가 7년 동안 사념처를 바르게 닦으면 현세에 구경지를 얻거나 최소한 아나함과를 얻을 것이다. 7년은 그만두고 7개월 동안만, 7개월은 그만두고 7일 동안만, 7일은 그만두고 아침저녁

동안만 사념처에 바르게 머물게 되면 그에 합당한 경지에 나아가게 될 것이다."

중아함 24권 98경 《염처경(念處經)》

성적 욕망을 제어하는 법

부처님이 라자가하 죽림정사에 계실 때의 일이다. 어느 날 아난다와 함께 마을로 들어가 걸식을 하던 존자 다기사는 미모가 뛰어난 젊고 아름다운 여자를 보게 되었다. 다기사는 애욕의 불꽃이 타올라 마음이 어지러워졌다.

"아난다님, 저는 저 여자로 인해 애욕의 불꽃이 타오르고 있습니다. 어떻게 해야 합니까?"

"부처님을 생각하면서 일어나는 잡념을 없애버리게. 그러면 애욕의 불꽃이 사라질 것이네."

아난다의 말을 듣고 마음을 제어한 다기사는 걸식이 끝나는 대로 빨리 부처님이 계신 곳으로 돌아가려고 했다.

그런데 조금 전에 보았던 아름다운 여인이 멀리서 다기사의 모습을 보고 다시 환하게 웃었다. 다기사는 그 여자의 웃음을 보고 이렇게 생각했다.

'저 여자의 아름다운 육체는 뼈를 세워놓고 가죽으로 싸놓은 것이다. 그것은 마치 그림을 그려놓은 병과 같다. 그러나 그 안에는 온갖 더러운 것이 가득 들어 있다. 그러니 저 육체에서 탐낼 것이 무엇이 있겠는가. …… 나는 남의 몸을 관찰하기보다는 나의 몸을 살펴보리라. 이 탐욕은 어디서 생겨났는가.

그것은 다만 생각에서 생긴 것이다. 이제 만일 내가 이 생각을 버린다면 탐욕은 곧 없어지리라'

이렇게 하여 번뇌에서 벗어난 다기사는 아난다와 함께 정사로 돌아왔다. 부처님이 이를 알고 어떻게 그런 기특한 생각을 하게 되었는지 물었다. 이에 다기사는 이렇게 대답했다.

"부처님께서는 늘 이렇게 말씀하셨습니다.

'육체(色)는 물거품과 같아서 견고하지 않으며, 거짓되어 진실한 것이 아니다. 감각(受)은 물거품 같아서 견고하지 않으며, 거짓되어 진실한 것이 아니다. 표상(想)은 아지랑이와 같아서 견고하지 않으며, 거짓되어 진실한 것이 아니다. 의지(行)는 파초와 같아서 알맹이가 없으며 견고하지 않으며, 거짓되어 진실한 것이 아니다. 의식(識)은 허깨비와 같아서 견고하지 않으며, 거짓되어 진실한 것이 아니다.

이 다섯 가지 쌓임(五蘊)은 모두 견고하지 않으며, 거짓되어 진실한 것이 아니다.'라고. 아름다운 여인을 보고 마음이 어지러울 때 이렇게 생각하자 번뇌의 불꽃이 꺼졌나이다."

"훌륭하구나, 다기사야. 너는 참으로 오온의 근본을 잘 관찰했구나. 모든 수행하는 사람은 오온이 견고하지 않다고 관찰해야 한다.

왜냐하면 내가 보리수 아래서 위없는 깨달음을 얻었을 때도 오늘 네가 관찰한 것처럼 오온이 견고하지 않다고 관찰했기 때문이니라."

증일아함 27권 제35 〈사취품(邪聚品)〉 제9경

생명은 거짓 인연의 집합

부처님이 사밧티 기원정사에 계실 때의 일이다. 어느 날 부처님은 이 세상에서 가장 공한 것(第一最空法)이 무엇인지에 대해 이렇게 말씀했다.

"눈(眼)이 생길 때는 어디서 오는지 알지 못하고, 그것이 없어질 때는 어디로 가는지 알지 못한다. 귀(耳)와 코(鼻)와 혀(舌)와 몸(身)과 뜻(意)도 마찬가지여서 그것이 생길 때는 어디서 오는지 알지 못하고, 그것이 없어질 때는 어디로 가는지 알지 못한다. 왜냐하면 그것은 '거짓 이름의 존재(假號之法)'이기 때문이다.

거짓 이름의 존재란 이것이 생기면 이것이 생기고, 이것이 없어지면 저것이 없어지는 것을 말한다. 그러므로 이 여섯 가지 감각기관의 정신적 요소와 물질적 요소는 누가 만든 것이 아니다. 단지 부모로 말미암아 태가 생겨나는 것이다. 또한 그것도 인연에 의한 것으로써 거짓 이름에 불과하다.

그러므로 육근(六根)이란 어떤 대상이 있어야 비로소 존재하는 것이다. 비유하면 나무를 마찰시켜 불을 일으키려고 할 때 나무가 있어야 불이 일어나는 것과 같다. 그러나 불은 나무에서 나온 것도 아니요, 또한 나무를 떠나서 있는 것도 아니다. 만약 나무를 쪼개서 불을 찾으려 해도 불은 찾을 수 없다. 그것은 인연이 모인 뒤라야 불이 생기기 때문이다."

이어서 부처님은 생명이 어떻게 만들어지는가에 대해 이렇게 말씀했다.

"처음에는 어머니 태 안에 들며 차츰 어린 소(酥)와 같다가 드디어는 저 우무버섯과 같다가 다음에는 어떤 형상을 만들게 된다. 머리와 목이 먼저 생기고 손발이 생기며 온갖 뼈마디가 생기고 털과 손톱과 이가 생긴다. 만일 그 어머니가 온갖 음식과 갖가지 요리를 먹으면 그 영양분으로 살아가나니 이것이 태를 받은 목숨의 근본이니라. 이로써 모든 형체가 이루어지고 모든 감각기관이 갖추어지면 드디어 어머니에 의지하여 태어나게 되느니라. 그러므로 비구들이여 알라. 이 몸은 이렇게 인연이 모여 이루어졌느니라."

부처님은 계속해서 이렇게 말씀했다.

"비구들이여, 한 사람의 몸에는 360개의 뼈가 있고, 9만 9천 개의 털구멍이 있으며, 5백 개의 맥이 있고 5백 개의 힘줄이 있으며, 팔만 종류의 벌레가 있다. 비구들이여, 여섯 가지 감각기관으로 된 이 몸은 이렇게 인연이 모여 이루어진 것이라고 생각해야 한다. 이렇게 알고 한적한 곳에 앉아서 좌선하기를 게을리 하지 말아야 한다. 그렇게 하면 곧 아나함이나 아라한의 결과를 얻게 될 것이다."

증일아함 30권 제37 〈육중품(六重品)〉 제7경

부끄럽지 않은 패배

부처님이 베살리의 어떤 숲에서 많은 제자와 함께 있을 때의 일이다. 어느 날 다섯 비구 가운데 한 명인 앗사지(馬勝)가 성중에 들어가 걸식하는데 사차카니간타(薩遮尼健子)가 다가와 물었다.

"그대의 스승은 무엇을 가르치는가?"

"오온(五蘊)은 덧없는 것이다. 덧없는 것은 괴로운 것이며, 괴로운 것은 나(我)가 없는 것이며, 나가 없는 것은 공한 것이다. 공한 것은 내 것이 아니며, 내 것이 아닌 것은 나의 소유가 아니다. 우리 스승의 가르치는 것은 이와 같다."

사차카니간타는 이 말을 듣고 '말도 안 되는 소리'라면서 귀를 막고 자기는 '오온은 덧없는 것이 아니라 항상된 것'이라면서 언제 부처님을 만나서 대론(對論)하여 굴복시키겠다고 큰소리쳤다. 그는 베살리 성중에서 젊은이들을 만나 이 같은 자기의 결심을 말한 뒤 그들과 함께 부처님을 찾아갔다. 그는 부처님을 만나자 '오온은 항상된 것이며 자기를 따라온 젊은이들도 그렇게 생각한다'고 주장했다. 그러자 부처님이 물었다.

"오온이란 항상되지 않고 자아가 있는 것이 아니다. 그것은 거짓으로 모인 이름뿐이며 눈덩이처럼 견고하지 않다. 내가 한 가지 비유로 물어볼 테니 아는 대로 대답해보라. 전륜성왕은 자기 국토 안에서 그는 무엇이든지 할 수 있는 절대적인 권력을 갖는다. 하지만 그가 그 권력으로 늙음과 죽음을 묶어두거나 지연시킬 수 있는가?"

그는 땀을 뻘뻘 흘리면서 '그럴 수 없다'고 했다. 부처님은 다시 물었다.

"그러면 오온은 항상된 것인가? 항상되지 않다면 변하고 바뀌는 것인데 그것을 자아라고 할 수 있는가? 자아가 아니라면 나의 것이라고 할 수 있는가?"

그는 자기의 주장이 이치에 어긋난다는 것을 인정하고 부처님과 그 가르침과 승가에 귀의하는 재가제자가 되기를 청했다. 그는 집으로 돌아가 공양을 마련하고 부처님과 제자들을 청했다. 부처님은 보시와 지계와 생천의 차제로 설법하여 그를 기쁘게 해주었다.

한편 과거에 사차카니간타를 따르던 제자들은 자기들의 스승이 부처님의 제자가 된 것을 인정하지 못했다. 그래서 그가 부처님을 찾아가 설법을 듣고 오는 것을 보자 기왓장과 돌을 들어 그를 때려죽이고 말았다. 이 사실을 전해들은 부처님은 이렇게 말씀했다.

"그는 이미 세 가지 번뇌(三毒心)을 없애고 네 가지 진리(四聖諦)

를 완전히 터득했다. 그는 곧 괴로움에서 완전히 벗어날 것이다. 그러므로 그대들도 열심히 수행하라."

증일아함 30권 제37 〈육중품(六重品)〉 제10경

번뇌를 극복하는 방법

부처님이 사밧티 기원정사에 계실 때의 일이다. 어느 날 부처님은 일곱 가지 번뇌와 그것을 극복하는 일곱 가지 방법에 대해 이렇게 가르쳤다.

"수행자들이여, 일곱 가지 번뇌란 무엇인가? 첫째는 탐욕(貪慾)의 번뇌요, 둘째는 성냄(瞋恚)의 번뇌요, 셋째는 교만(驕慢)의 번뇌요, 넷째는 어리석음(愚癡)의 번뇌요, 다섯째는 의심(疑)의 번뇌요, 여섯째는 삿된 소견(邪見)의 번뇌요, 일곱째는 현상세계에 대한 욕심(欲世間)의 번뇌다.

수행자들이여, 이 일곱 가지 번뇌가 있어서 중생들로 하여금 영원히 그 몸을 결박하고, 어둠 속에서 세간을 떠돌게 하며, 생사의 근본을 알지 못하게 하느니라. 마치 흰 소와 검은 소가 한 굴레에 매여 함께 끌려가면서 서로 떠나지 못하는 것처럼 중생들도 그와 같아서 탐욕의 번뇌와 무명의 번뇌에 결박되어 서로 떠나지 못하며, 그 밖의 다섯 가지 번뇌도 따라다니는 것이다.

만일 범부로서 이 일곱 가지 번뇌에 묶이게 되면 생사에 흘러 다니면서 벗어나지 못하고 괴로움의 근본도 알지 못하는 것이니라. 또한 이 일곱 가지 번뇌로 말미암아 지옥·아귀·축생의 나쁜 길로 들어가게 되고, 악마의 사슬에서도 벗어나지 못하게 되는 것이니라.

그러나 수행자들이여, 이 일곱 가지 번뇌에는 또한 일곱 가지 약이 있다. 즉 탐욕의 번뇌는 바른 생각을 하는 염각의(念覺意)로 다스리고, 성냄의 번뇌는 지혜로서 모든 법을 살펴 선악의 진위를 간택하는 택법각의(擇法覺意)로 다스리고, 삿된 소견의 번뇌는 쓸데없는 사행을 버리고 바른 도에 전력하여 게으르지 않는 정진각의(精進覺意)로 다스리고, 현상계에 대한 욕심의 번뇌는 마음에 선법을 얻어서 기뻐하는 희각의(喜覺意)로 다스리며, 교만의 번뇌는 그릇된 번뇌를 끊어버리는 제각의(除覺意)로 다스리며, 의심의 번뇌는 정에 들어 번뇌망상을 일으키지 않는 정각의(定覺意)로 다스리며, 무명 번뇌는 외부적 경계와 참되지 못한 것을 추억하는 마음을 버리는 사각의(捨覺意)로 다스린다.

수행자들이여, 내가 아직 불도를 이루지 못하고 보리수 아래서 수행할 때 욕심세계 중생들이 무엇에 얽매여 있는가를 생각하니 일곱 가지 번뇌에 얽매여 있었다. 그래서 생사에 흘러 다니며 고통에서 벗어나지 못하는 것이었다. 그때 나는 다시 무엇으로 이 일곱 가지 번뇌를 다스릴까를 생각한 끝에 일곱 가지 각의로 다스려야 한다고 생각했다. 그러자 곧 번뇌가 없어지고 마음이 해탈하여 위없는 바른 도를 성취하게 되었다."

증일아함 34권 제40 〈칠일품(七日品)〉 제3경